“价值经济学新体系系列专著”之一

“第四代”西方经济学“新体系”

DISIDAI XIFANGJINGJIXUE XINTIXI

——高级经济学

GAOJIJINGJIXUE

周天华　周　京／著　周天勇／主审

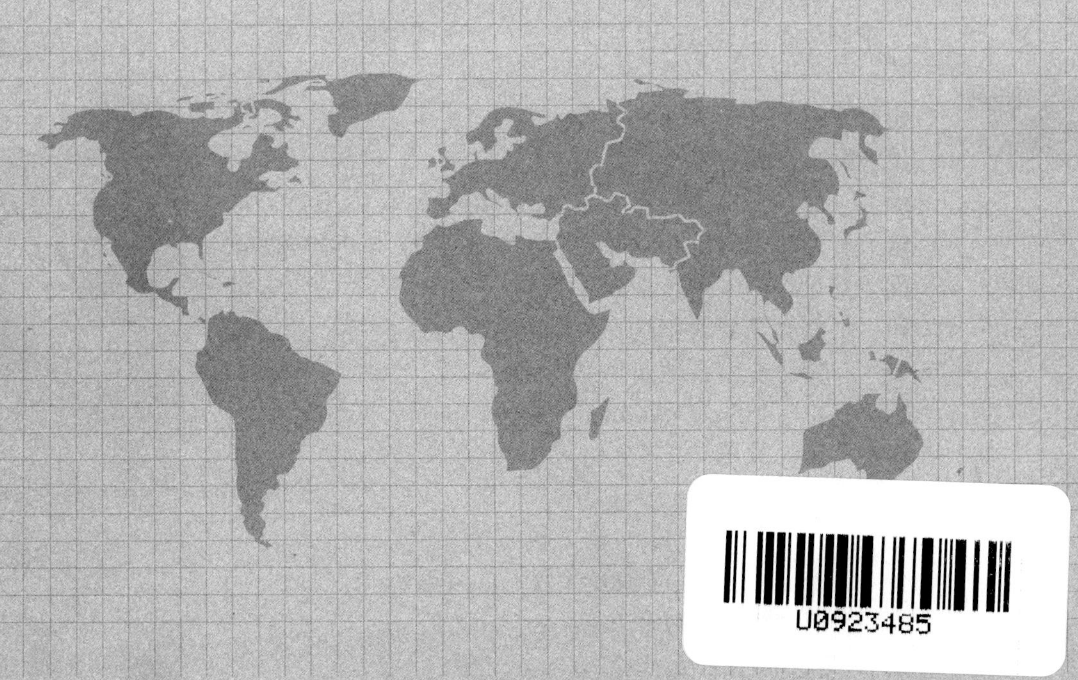

天津大学出版社
TIANJIN UNIVERSITY PRESS

内 容 简 介

本书共分十章，主要内容包括：传统西方经济学简介、高级西方经济学理论基础、项目前期的商品价值形成原理、企业生产过程的商品价值形成原理、商品销售的价值形成原理、市场的商品价值形成原理、国际贸易价值原理、剩余价值形成原理、剩余价值分配原理和宏观经济调控价值原理。

本书可作为一切经济管理类专业教学及研究人员、企业家和创业者的学习参考用书，也可作为普通高等院校经济管理类专业的教材和培训用书。

图书在版编目(CIP)数据

"第四代"西方经济学"新体系":高级经济学／周天华,周京著.—天津:天津大学出版社,2009.11

(价值经济学新体系系列专著)

ISBN 978-7-5618-3267-7

Ⅰ.①第… Ⅱ.①周…②周… Ⅲ.①现代资产阶级经济学－研究 Ⅳ.①F091.3

中国版本图书馆 CIP 数据核字(2009)第 196251 号

出版发行 天津大学出版社
出 版 人 杨欢
地　　址 天津市卫津路 92 号天津大学内(邮编:300072)
电　　话 发行部:022-27403647　邮购部:022-27402742
网　　址 www.tjup.com
印　　刷 昌黎太阳红彩色印刷有限责任公司
经　　销 全国各地新华书店
开　　本 185mm×240mm
印　　张 22.25
字　　数 478 千
版　　次 2009 年 11 月第 1 版
印　　次 2009 年 11 月第 1 次
印　　数 1－4 000
定　　价 62.00 元

序　言

看了周天华、周京所著的《“第四代”西方经济学“新体系”——高级经济学》一书，我感到非常震惊和欣慰。全书以全面商品价值论为核心，是建立在Tianhua无距离空间基础上的实证分析，综合了经济、管理、财务、会计、金融、国际贸易等学科理论精华，形成了完整的价值经济学新体系，从而使传统的西方经济学理论上了一个新台阶。

我们知道，市场经济条件下的经济学理论就要以商品为研究对象。而一切商品尽管外形各有不同，却都是由内在的价值所组成的，所以商品的价值论是整个经济学理论的“心脏”。进而，我们会发现：有什么样的商品价值论就会产生什么样的经济学理论体系，缺少商品价值论的经济学理论就是缺少心脏的经济学理论。而各种片面的商品价值论，必然是“心脏”不健康的经济学理论体系，必然会产生这样或那样的难解“之谜”，并带来各种理论“之争”，形成对现实社会经济的各种误导等。只有全面商品价值论下的经济学理论才能形成全面的系统的经济学理论，破解各种理论“之谜”及带来的理论“之争”，并有效解决现实社会中迫切需要解决的各种实际问题。

一、能有效解决现实经济中的各种突出问题

1. 对防治金融危机与通货膨胀有所启示

几百年来，金融危机与通货膨胀交替出现，治理了金融危机之后，跟着会产生通货膨胀；治理了通货膨胀之后，又会带来了金融危机。那么怎样从根本上采用中医的疗法来防治金融危机与通货膨胀的交替出现呢？本书给出了科学的方法与答案。

2. 一切投资商品价值统一评估

大家知道，投资商品，如项目、企业、资产、房地产、矿业权、土地、股票、债券等，是一个国家财产的“家底”，如果对投资商品的价值判断不准确，就会对整个国家的经济活动产生各种负面影响，国有资产的保值与增值就是一句空话。而目前很多国家对于投资商品的价值评估尚处于探索阶段，同一国家不同行业或同一行业的价值评估方法各异，并且采用分不同侧面的评估计算方法，如只以成本或只以收益等来作为整个投资商品的价值判断依据，而抛开这些投资商品的其他部分的价值。这样，只以某一部分价值作为整个价值的评估方法，会给投资商品的价值判断带来极大的混乱，所评估出来的结果并不能真正反映投资商品的全部价值，给国家资产造成的损失将是不可估量的。

不但如此，由于没有统一的商品价值计量单位，受通货膨胀与金融危机的影响，使用货币作为投资商品的价值计量单位，就会偏离实际的价值而误导社会经济。而有了本书中的"世界一切商品价值评估计算统一模型"，不但所有投资商品可以进行统一的价值评估，而且可以把投资商品的价值与一切消费品的价值放在一起进行评估，不但建立了统一的评估计算公式，还给出了统一的价值度量单位，真正体现了商品的价值。当有了这一"模型"之后，就能容易地计算出任何一种商品、任何一个家庭、一个国家的财产价值，甚至连整个世界的财产的价值都能够统一计算出来，同时也为国际贸易创造了更加便利的条件。

3. 国内生产总值*GDP*指标新发展

大家知道，国内生产总值*GDP*是衡量一个国家或社会一年或一定时期新增加的消费品市场价值总和，归根结底是一个只反映新增消费品的社会福利指标。而作为一个国家或社会宏观经济全貌，不但只包括消费品，还包括投资商品；不但包括商品体现的价值，而且还包括潜在自然资源的价值。只有这些所有现实的或潜在的资源的价值都计算在内时，才是整个国家或社会一年或一定时期的经济的全貌，这样，就需要对国内生产总值*GDP*进行推广和发展。对此，西方国家的经济学家都知道国内生产总值*GDP*的不足性，但是如何具体地发展为全面的经济总量指标，还只处于猜想阶段。通过本书所提供的国民经济TH价值判断指标体系，就能够全面计算一个国家或社会国内生产总值*GDP*加上投资商品的价值总量及增量，这样，通过这个价值的总量或增量的确定，就能正确确定国家或社会的货币发行量，从而消除金融危机及通货膨胀交替出现的金融病态，使世界经济长期处于健康的金融状态之下。

另外，通过这一指标体系的运用，还可以计算出一个国家或地方的一定时期的经济总量及增量，并以此作为政府考核干部的依据，就会更加公平地评价领导干部的执政业绩，激励政府领导干部执政的积极性。

4. 提供了按商品价值规律进行企业生产经营的具体模型

人们常说，市场经济社会的一切经济活动都要自觉遵循商品的价值规律。那么人们不禁要问，具体做到了哪些才算是遵循了商品的价值规律呢？对此，本书在经济学理论中首次给出了按商品价值规律进行投资、企业生产经营的具体模型，这样就能够从根本上防止盲目投资及生产经营所带来的经济损失。

二、完善与发展了传统的西方经济学理论

具体体现在：①以全面商品价值论的核心价值观为指导建立了宏观经济调控理论新体系，能够有效地解决当前世界各国所面临的各种实际经济问题；②首次创立了一切

商品效用的统一度量与计算方法，使传统的经济学理论变得更加完美、科学；③从两个变量的经济学理论发展为多个变量的经济学理论，使传统的西方经济学理论解决问题时从特殊走向一般；④国际贸易原理之谜——“里昂惕夫之谜”得以有效破解，使国际贸易原理变得更加简单；⑤技术经济国民经济效益分析中首次提出使用价值单位取代影子价格，使计量更加准确，操作更加容易；⑥会计核算结果的价值度量能克服货币度量带来的通货膨胀与通货紧缩的价值失真的误导；⑦长期的经济学中的价值悖论得以有效破解；⑧在实证分析方法上，克服了传统经济学理论的平面距离空间的不足，使之发展为经济本身所在的无距离Tianhua空间上的实证分析，使经济学理论不断走向深入。

另外，需要说明的一点的是，由于传统的经济学理论使用了太多的假设，甚至出现过一个问题有几十个乃至上百个假设的现象，又由于假设是一种特定条件的主观性的反映，只有符合这些假设的结论才能够使用，而实际中却很少有符合这么多假设的现象，这样，传统经济学理论解决实际问题的能力就非常有限。而本书中很少使用假设来说明经济学原理，这也是本书理论能够有效解决现实经济问题的重要依据。

最后，作者对于学术的专注执著是非常难得的，祝天华“价值经济学新体系系列专著”的26个分册早日问世，让我们共同迎接世界价值经济学新时代的到来。

周天勇

前 言

本书介绍的“世界商品价值评估计算统一模型”的全面价值论是怎样产生的呢？

这要回溯到2007年7月，本人正担任中国矿产资源网矿业权栏目主编，曾用了一个多月的时间赴云南省对麻栗坡县政府的钨矿资源整合中的23个矿业权评估报告进行审核。工作中发现了一个问题，该县投资最多的是一个由新加坡客商投资的钨矿，其评估结果价值却最小，而其他投入很少的钨矿，评估结果价值却很大，不符合常理。之后，我又受托到广西进行铜矿的矿业权报告评估审核，还发现了一个投入500万元的铜矿，用收益净现值*NPV*（*i*）法评估结果却只有几十万元。此时，国土资源部及财政部都在向社会征求评估准则修改意见。对此，我感觉到问题严重，它关系国家财产千百亿元的损失及资本的保值与增值问题。结合自己的技术经济专业及多年的项目决策评估教学与研究的经历，我开始对这个问题进行深入研究。我认为，要解决这些问题，必须要先解决以下两个问题。

第一个问题，收益净现值*NPV*（*i*）的含义是什么？

我发现，收益净现值*NPV*（*i*）法只是项目投资决策评估判断中的一个动态收益指标，与静态指标所不同的只是去掉了资金本身时间价值或资金金融投资对比的时间价值，即这个指标在项目前评估中是虚设的，或者是选取一定的折现率或按一定方法确定的各年净现金流量*NCF*分别折现加总计算的结果。只有在项目后评估中根据实际的折现率及各处的净现金流量*NCF*分别折现加总的结果，而要把它作为投资商品的价值评估方法使用时，只能作为投资商品的效用部分的价值，并且只能在投资商品的投资项目运作结束时才能盖棺定论，不能作为投资商品的全部价值判断的依据。如果以收益净现值*NPV*（*i*）法进行整个矿业权价值或资产价值或一切投资商品价值的评估依据，则必然是犯了以部分价值取代整体价值的逻辑错误。例如，要计算母鸡的价值，不能只以预测的鸡蛋收益净现值*NPV*（*i*）作为母鸡的全部价值，而应当将母鸡的肉也算做整个价值中的一部分，两者合起来才是整个母鸡的实际的价值。

第二个问题，这样计算出来的价值结果是否符合一般商品的价值含义？

这个问题也就是收益净现值*NPV*（*i*）能否代表矿业权或一切投资商品及消费品的价值。如果能够则正确；否则，一定不正确。经过研究，我发现在这些投资类商品的价值评估方法中，还没有一种项目价值评估方法能够涵盖企业、资产、矿业权、房地产、股票、债券等各领域的价值评估。既然评估出来的结果无法对比，评估结果还有什么用呢？那就更谈不上价值了。要确定商品的价值，只有通过经济学的统一价值定论才可以，或者只有符合经济学统一的价值标准的评估方法才能体现商品的价值。此外，对同一个资产，采用多种评估方法更是不可思议的。一个商品，价值只能是唯一的，怎么会有多种结果？资产评估的几种方法也只是间断的价值表现，而商品的价值从新到旧是一个连续的过程。消费品是整个商品集合中的一大块，是人们生产的最终目的，可是经济学理论中却没有对这类商品的价值评估与计算方法。通常所说的"商品的价格围绕价值上下波动"，这个价值不统一，又没有独立的价值单位，连价值在哪里都看不到，这不等于说"松下问童子，言师采药去，只在此山中，云深不知处"吗？投资类资产评估，关系到投资者甚至整个国家的经济命脉，是含糊不得的。我再次感到了问题的严重性。

为此，我查找了国内外大量的经济学中关于商品价值的统一定义，结果看到的只是各种不同的价值论及争论。于是，我又开始了对西方经济学史的反复研究，结合自己在首都高校多年的教学体会，我感觉到整个西方经济学理论体系存在着这样或那样的无法解释的问题。最后，我确定是西方经济学的价值论出了问题，因为它缺少这样一个全面商品价值论的核心。再结合整个世界近代以来的经济表现及西方经济学家对西方经济学的评价，我终于确认，整个西方经济学需要建立在完全的商品的价值论基础上。

于是，我只好进行逻辑推敲，对以往的各种商品价值论，如劳动价值论、效用价值论、要素价值论等逐一研究，进行综合分析，可是感觉到这些观点都是对于商品的价值的"盲人摸象"的片面看法，即只从整个价值的一个方面研究整体的价值。为什么不能综合起来得出结论呢？劳动价值论是属于要素价值论当中的一部分，所以，可以用要素价值论代替劳动价值论，而效用价值论是不可取代的。所以综合起来，我就得到了一切投资商品及消费品的统一价值计算方法，即一切商品的价值都是由投入与效用组成的，不论商品的外表形式如何，都离不开这两个要素，就如同一切物质不论外形是什么样的，固体、液体或气体都不重要，都是由统一的分子、原子组成的。这样，矿业权的价值就应当是要素投入加上收益净现值$NPV(i)$的和。这样，我发现了单独使用收益净现值$NPV(i)$法只能体现矿业权价值中的一个组成部分，并不是整个矿业权的全部价值。如果只用收益净现值$NPV(i)$作为评估依据，在评估中就会出现把投入几百万元的矿业权评估成几十万元的现象。如果按此法购买国家矿业权，国家财产将血本无归。

经过市场试验，我们在市场上所看到的一切消费品和投资商品无一不具备这种属性，这样一切商品的价值评估计算方法就得出来了。但是，接下来的问题是，这样计算出来的商品价值与一般商品的价格是什么关系？如果能够将两者联合在一起，就能运用价格表示价值，就更实用了。要想做到这一点，必须有独立的商品的价值单位以区分商品的价格与价值。这样，我又经过潜心研究，得到了与世界黄金和美元对比的独立的商品的价值单位，并且是62年不变的结果。只要通过简单的计算通货膨胀率或通货紧缩率就可以了。到此，一个全面商品价值论的"世界一切商品价值评估计算统一模型”系统全面形成了。

然而，问题又出来了，西方经济学理论为什么能得到数学分析的支持与实证呢？对此，我进行了认真的思索：如果数学分析的实证分析正确，为什么用它指导社会经济及教学又出现那么多理论上的错误呢？还是不能自圆其说。这时，一个突然的想法闪现出来：数学分析是建立在平面空间上的，是通过平面直角坐标系中的线段无限靠近于一点或一个区间而得到的极限，再通过定义增量的极限得出导数概念，再从导数到微分，从微分到积分，都是在平面上或距离空间中。而现实中的经济现象并不是平面上的现象或者不是距离空间的现象，经济规律并没有距离的要求，经济现象是在无距离空间中的现象，所以，对于西方经济学的实证分析必须建立在无距离的空间之上。

关于实证空间问题，我原来是在否定了平面空间经济学的同时，引用了一般无距离拓扑空间，但经过一段时间考虑以后，感觉到在拓扑空间进行经济学实证分析也是不当的，虽然经济现象是无距离空间中的现象，但是个别有距离的经济现象也是存在的。然而，将经济学问题拿到拓扑空间中进行研究，虽然无距离了，但经济现象是否满足拓扑空间的三条定义，即空集的存在性，对于其幂集的子集的任意并集及有限交集的封闭性，我们却难以回答。这样，经济学存在的空间问题就遇到了尴尬，它既不是平面距离空间上的现象，不能用平面坐标系中的曲线方法来证明；也不是拓扑空间上的现象，因为完全满足拓扑空间定义的经济现象难以找到；更不是当代数学尖端的线性拓扑空间所能体现的。因为线性拓扑空间是在原来一般拓扑空间的三条定义基础上，再加上线性空间的八条定义，合计为11条。而满足这11条的集合本来就几乎是没有的，怎么能作为研究经济现象的空间来使用呢？于是，经济现象的空间是什么的问题出现了，数学为经济学服务的有限性，使数学包括传统成套的数学分析内容非常庞大，却在经济学的实证中用不上。所以，我们不得不从经济现象的本身来寻找其存在的空间，既不能把别人的空间随便拿来，也不能把自己的部分空间拿来作为定义，只能实事求是地根据经济现象本身的特点属性来定义其存在空间。最终，我找到了经济空间的定义方法，即经济现象存在于一切社会现象的空间中，包括长、宽、高的立体空间及时间、温度、亮度，还有市场经济社会中商品的实质内容——价值形成中的土地、资本、劳动、科技、企业家，还包括商品流通买卖中的心理，共12维互不相干的因素空间，多了或少了都不能完全体现经济现象的存在空间。

这样，我们就需要先寻找一个新的数学空间，既不是距离空间的特殊性空间，也不是拓扑空间及线性拓扑空间的某种虚拟性空间，而应是体现一般现实社会各种经济现象及规律的本来的空间。定义后的新的空间，应当是以前的距离空间的推广，使此前的距离空间成为新定义的空间的特殊空间，又能充分体现包括经济、社会等一切现象的特点，抛开特殊性与虚拟性，体现实践性、广泛性、科学性。于是，就有了

Tianhua空间的概念，其优越性在于一方面抛开了距离的束缚，另一方面也避免了拓扑空间脱离实际的不足，是能体现现实经济、社会等各种现象的空间，这样的空间才是一个优化了的空间。Tianhua空间包括空集，相当于距离空间中的零，还能进行加、减、乘、除四则运算，还满足各种运算律，如交换律、结合律、吸收律、包容律等，还可以定义各种关系，如相等、包含等。这样的数学空间才是能够运算的空间，是抛开距离而又体现现实社会广泛现象的数学新空间。

前面所定义的经济空间除了心理等非计量性因素外，全部包含在Tianhua数学空间中，这样，就可以用Tianhua数学空间来对西方经济学进行各种实证分析了。

把两者结合起来，既满足Tianhua数学空间，又满足经济现象的空间，称为Tianhua经济空间。

目前我们还找不到任何一个社会现象能脱离Tianhua数学空间，也找不到任何一种经济现象能脱离Tianhua经济空间而存在，这样我们就成功了。

如此一来，我终于使数学的尴尬得以解除，使经济学找到了原本属于自己的"家"。

参加本书审稿的领导、专家及企业家有：

云南师范大学商学院院长、教授　兰　靖

云南师范大学商学院常务院长、教授　张云钢

云南师范大学商学院副院长、副教授　王昆来

云南师范大学商学院会计系教师　管彦芳

天津农学院经济管理系主任、教授　李　广

中国国际职业资格认证协会常务理事　王全一

北京中瑞诚联合会计师事务所业务总监　姜长青

北京华仁堂药物科技有限公司董事长兼总经理　余坦羽

北京欣欣诺广告有限公司董事长　李　欣

此外，王松林、敖伊兰、顾力行、许保国、李治权、张涛、吴凤、刘陈、胡伟洁、杨建国等也对本书内容提出过宝贵的意见与建议，在此一并致谢。

我的联系方式如下：

手　　机：13810735521　　13811745763

电子邮箱：zhouth1@163.com　490580561@qq.com

博　　客：http://zhouth1.blog.163.com

欢迎各位专家学者、广大读者来电来函交流、讨论。

周天华

目　录

第一章

传统西方经济学简介

第一节

经济与经济学

一、经济

经济是一个广泛而抽象的概念，它包括投资、生产、分配、消费、市场、政治、法律、文化和宗教等多方面的各个环节。一个社会的经济现象和经济规律是这些方面综合作用的结果，这是本书要介绍的主要内容。

下面分别介绍和经济相关的主要概念。

1. 投资

投资是经济活动的第一个环节。

从社会投资角度来看，投资是把资本金转化为企业商品生产的一种经济行为，如向企业注入资金，开展企业的商品生产活动等。

从政府投资角度来看，投资除了将基础设施转化为商品外，还有公益投资。这种投资只是向社会提供公益的回报，而社会投资者的投资都是以营利为目的的，尽管客观上可能存在亏损。例如，一些经营管理水平差的企业，由于没有把握好投资的基本原理，或者选错了行业，或者没有评估好市场，或者受技术限制，或者因管理不善、资金周转不灵，往往寿命很短，平均只有几年的存活期。

投资的主体包括企业、金融机构、社会和政府等部门。

投资分为直接投资和间接投资两种方式。直接投资是指资金所有者将资本金直接注入投资对象的投资，如对企业进行的直接投资行为。间接投资是通过中介机构所进行的投资，如通过金融机构或证券机构进行的投资，这些中介机构从投资者的资本金中收取经销费的差价或代理费。例如，银行将储蓄者的存款投资到某些企业或项目当中，这时，储蓄者相对于银行投资的对象来讲，就是间接的投资者。再如，社会成员或组织通过证券公司购买某上市公司的股票，证券公司加上一定的差价再转卖给企业，这时，购买股票的社会成员或组织相对于上市公司来讲，就是间接投资者，因为他们是通过中介机构来实现投资的。

生产上的投资是通过将资本金转化为生产要素，如土地、资本、劳动、科技及企业家，形成商品的生产成本及期间费用，最后全部通过商品的销售价格得以补偿。其利润的剩余价值部分，就是投资者投资的目的和动力所在。

对于投资者来说，投资是资金的运作，至于投资到什么行业或什么项目上去，都只是形式而已。投资业绩或企业经营的结果是以资本金保值与增值的多少来衡量的，而并不是看投资于什么行业或生产哪些商品，这些行业或商品都只是资本运作的中介而已。

当然，“天下没有免费的午餐”，没有消费者或再投资者对商品效用的认可，就不会有这种商品的销售，如果是这样，投资者生产出来的商品不但不会增值，甚至可能血本无归。因此，投资并非都能赢利，也会出现亏损，赢利是在避开风险的基础上形成的，因此常常被称为风险回报。所以，我们要进行投资的收益与风险分析，即在投资之前进行技术经济分析，如对投资项目的市场、经济、技术、规模、选址及风险等进行综合分析预测。这也是经济学着重要研究的第一个问题，投资是经济的前提，影响着企业经营的全过程，也会影响整个社会的宏观经济调控，如使得社会经济“过热”或“过冷”。

投资决定所有权或控制权。企业的股东对企业的资产拥有所有权，而贷款人对企业的资产有不受损失的控制权，如通过财务报表来监督资金，拥有对于债务人的破产还偿权等。

正因为一切经济行为都要从投资开始，或者说，一切经济行为归根结底都是资本金投入与回报的循环过程，所以，一切企业家都应当是合格的投资专家，也就是所谓的“资本家”。企业家天然地对投资者投入的资金负有使其保值与增值的责任。这种资本金的保值与增值是建立在资本金时间价值分析判断基础上的。因为没有对于资金时间价值的准确计算，就不知道投资经营的结果是否真的实现了资本金的保值与增值，特别是在世界300多年来的通货膨胀及通货紧缩的金融危机交替发生的情况下，只有准确进行资金时间价值的计算，才能判断出是否值得投资，即能否取得超过资金时间价值以外的回报。

当然，要实现资本金的升值，除了企业本身的运作之外，政府宏观经济调控及国际贸易也会对企业的生产经营带来正面或负面的影响，所以，投资研究也要涉及政府宏观经济调控及国际贸易，如政府可以通过制定税收政策影响企业的商品成本、费用，从而影响企业的商品利润，最终影响投资决策。例如，政府鼓励社会资源的综合利用和环保，就会通过制定一定的政策来影响这些行业的投资，如在税收或项目审批方面给予优惠；反过来，对于污染企业，政府则通过征收排污费增加其商品价格中的支出部分，以使这些企业的利润有所减少，从而影响投资决策。

从理论上讲，投资是企业一切生产经营活动和政府宏观经济调控的第一个环节，会影响后面的各个环节，但实际上，企业总是正常经营的，而投资是在生产经营中不断进行的，除了新建项目的前期或建设期一次性注入以外，企业正常的生产经营中是根据需要不断注入资金的，即通过每天的支出商品生产成本、费用等实现投资并通过商品销售实现回报，在这种成本投入与销售收入中实现投资再投资及利润的增长或亏损。

投资的一般模式是：

资本——商品——资本——商品……

2. 生产

生产是人类生存区别于动物生存的基本点。动物的生存需要生产，但完全是靠先天具有的本能适应自然环境的结果，而人类的生产则是通过制造并使用工具来实现的，现代社会中更是依靠科技来实现的。通过工具取代人体本身的体力消耗，从而获得了超过一切动物的生产能力，人类最终战胜动物而成为世界的主宰，所以，人类的生产是一种理性思维下的结果。在现代市场经济社会条件下，人类的生产是通过专业化分工及商品买卖的等价交换来实现的。

3. 分配

由于现代市场经济下的生产是通过企业的联合化进行的，由生产中的生产要素，如土地、资本、劳动、科技、企业家等综合而成，所以，就要按这些生产要素的投入进行分配。不但如此，按现代市场经济社会的商品经济规律，谁提供商品谁收取服务费，谁消费商品谁支付服务费，而且谁提供了多少商品价值的服务，谁就应该收取相应价值的货币价格的收益。同时，作为生产要素，谁为生产商品提供的要素多，谁就应该多收入；谁为生产这种商品提供的要素少，收入就应该少。也就是按比例投入商品的生产要素，要按商品的剩余价值的相应比例进行分配。

但是，近代以来，生产的分配出现了两种极端的现象：①要么只强调资本对商品生产的贡献，只按资本进行分配，导致资本家拿到商品生产的绝大部分利润，忽视了其他要素的分配，即出现了近百年以来的资本主义商品生产，即工人阶级受剥削的现象。②要么只强调劳动生产要素的作用，或只强调了体力劳动的分配的表面现象，不看贡献结果，而排除其他生产要素对商品生产的贡献，实行所谓的"平均主义"、"大锅饭”，使社会生产效率极度低下，经济难以维系。

4. 消费

消费是人类生产的目的，没有消费就不需要进行生产了，在市场经济社会条件下，生产是自由进行的，除非国家宏观调控、法律限制另有规定。这样，就有了以消费拉动生产的市场经济社会的基本现象。当然，战争之后或社会经历大灾大难之后，当社会成为一片废墟时，生产是主要的，其次再谈消费。

人类的消费包括吃、穿、住、行、教育、医疗、旅游等方式。

区别于一般动物只是被动地谋求“吃”和“住”的生存本能，人类消费从低级不断走向高级。一些科幻小说中描绘的场景，经过一段时间都变成了现实。例如，坐在家里看电视，在过去只是一种想象或想都不敢想，现在变成了现实。未来世界人的消费是什么样，我们也不得而知。

人类消费的多样化导致了人类生产的多样化。所谓三百六十行，只要有人类生活需要的商品，就会有人来生产，形成以商品的消费为纽带的各行各业的生产行为。

5. 市场

市场是市场经济社会的载体。市场经济社会的一切商品都要通过市场中介实现销售并产生利润的剩余价值。通过市场上商品的等价交换带来市场经济社会高度的专业化生产分工，大大提高了生产效率，使市场经济社会几百年创造的财富超过了封建经济社会几千年创造的财富，被马克思称为生产的“奇迹”。而这一切都离不开市场这个载体，就像是船再大，也离不开大海的支撑一样。对商品剩余价值的利润追求是社会资金对某种商品的投资导向，某种商品的利润大，就会吸引蜂拥而至的投资者把资金投入到这种商品生产中来，与这种商品生产有关的各种资源，如土地、资本、劳动、科技、企业家等的价格就会上升。而一旦某种商品的市场需求过剩，就会形成投资亏损，于是，资金就会从这些行业或商品生产中退出，相应地这些商品的要素供给也会降价。这样，市场起到了社会资源的自动调节作用。

另外，市场类型不同，也会影响到商品销售的剩余价值形成的利润，所以，市场也是决定商品生产的一个重要方面。市场是连接消费者与生产者之间的桥梁，使消费者能够通过市场获取消费品，满足生活需要，而生产者通过市场来实现商品的销售，获得商品的剩余价值——利润的货币表示。市场为消费者和生产者提供良好互动的舞台。所以，通过法律建立公平的市场体系，是市场经济社会的基础所在。

6. 政治

政治是决定生产方式的根源，一个社会有什么样的政治体制，便会形成什么样的生产方式，影响生产的效率、财富的分配及社会财富的增减。一切经济活动都要在政府的政治作用之下才能进行。例如，资本主义商品生产的经济体制还是社会主义的计划经济体制，就关系到如何生产与分配及效率等问题，影响到人们生产、生活的各个方面。

7. 法律

从经济角度看问题，经济规律是经济自身的规律，只有按经济本身的规律从事经济活动，才能达到预期效果。但是，由于人所与生俱来的以自我利益最大化为追求的动物本质，就会产生某些违反经济规律的行为，如以假充真、短斤少两等，这样就会损害商品使用者的利益。为此，需要一定的社会强制力来保护商品使用者的利益，因为商品的生产者知道商品的真实情况，而使用者则不知道，只有通过法律规范才能保障商品使用者的合法权益。可以说，市场经济在一定意义上就是法制经济、规则经济。当然，政府法律政策的正确性也会影响经济的运行。

经济本身是一个综合运作的系统，同时也是与外部其他社会系统、政治系统、法律系统、文化系统、宗教系统综合交叉在一起的动态运作的系统。

经济活动是人类社会活动的基本活动，这一点人类与动物界的生存原理没有本质的区别。一个国家或社会的政治、文化、宗教、哲学、科学技术等都是以经济为基础的。经济运行需要一定的秩序来维持，这样，经济活动也必须在法律之下才能进行下去，所以，经济是法律的基础，反过来，法律构成了经济的内容之一。

生活在社会上的人们，通常一切活动都是直接或间接围绕经济活动展开的。反过来说，没有涉及经济的活动，也是不经济的。围绕经济问题，形成了世界上的战争与和平，形成了中国长达几千年各个朝代发生的数不清的农民起义，导致了战争与和平的交替出现。

从当前我国的现实社会情况来看，要实现国民经济计划发展目标，也必须从发展经济着手，要解决当前我国社会的各种矛盾，也必须通过发展经济来实现，"发展才是硬道理"。

要促进社会经济发展，就要严格按经济规律办事，特别是要按商品价值规律进行投资、生产、分配、消费、国际贸易及政府宏观经济调控等。

二、经济学

为了理解什么是经济学，我们先介绍几个和经济学相关的概念。

1. 资源

资源是生产资料和生活资料的天然来源，是自然界的产物，是人类赖以生存的基础，也是研究经济的前提条件。温度、时间、空间、森林、矿藏、大海、空气等都是资源，是不加定义的经济学概念。下面我们来列举几种资源。

温度是一种重要的资源，充分利用这种资源可以带来经济发展，如我国海南岛冬季温度较高、空气湿润，可以利用这种与内地及国外的温差来发展冬季旅游；而哈尔滨夏季温度较低，则可以发展夏季旅游。这就是充分利用了温度资源发展经济的表现。

时间是一种重要的资源。人的生命是有限的，指的是人类只能使用到无限的时间资源的一部分，如果一生无所事事，则时间一去不复返，就是白白浪费了时间资源；而在有限的时间里多做些工作，就是变相增加了对时间资源的利用。

空间是一种重要的资源，如上海利用其海上贸易优势与世界100多个国家通航，搞活了一方经济；我国香港与深圳一河之隔的空间造就了“前店后厂”的经济互补格局，深圳的内地劳动力与香港的国际贸易中心地位合作得天衣无缝，带动了整个广东省及临近省份的经济发展；我国香港利用海上国际贸易的地理优势，发展国际贸易，带动了金融等多种产业的发展；北京则利用首都优势，大力发展文化产业。我国的航天事业，就是直接利用空间资源优势为生产、生活、军事服务，为科研服务的，如农作物种子在太空中走过后，品质更加优化，产量大幅提高。2007年11月6日我国成功发射的“嫦娥”绕月卫星，就是利用空间资源为我国军事和科学经济活动提供了有力保障。

从发展经济的角度来看，每一个地方都有自己独特的自然资源，就看能否利用和发挥好。

资源是有限的还是无限的呢？这个问题一直争论了半个世纪，也没有最后的结论。一种观点认为资源是有限的，如某种矿藏，以煤为例，会越采越少，终将枯竭，以此类推，世界将会灭亡。与之对立的另一种观点则认为资源是无限的，如时间、空间、海水、风、光等，取之不尽，用之不竭，即便煤燃烧完了，按照物质不灭定律，也不是灭失了而是转化成了别的物质。因此地球不会毁灭，过去没有，将来也不会。

我们的回答是：资源是无限的，而人类所运用到的资源是有限的，只能通过科学发现、发明来使用自然界中无穷无尽的资源。例如，通过光电原理，利用太阳能发电，许多城市公路两边照明用电都不再用煤来发电了。每一个自然科学的新发现，都可看成是对资源的有效利用。在当今时代，实现社会自然资源的综合利用，就是科学发展观的具体体现。在进行国家或一个城市的规划时，既要看眼前，又要看长远；既要发展经济，又要注重环保；既要有经济的发展，又要注重人的发展。

2. 物品

人类运用自然资源来生产物品，以满足生存、发展之需要，按对资源取得时是否付出代价，物品可分为自由取用物品和经济物品。

自由取用物品指各种自然资源，如海水、空气等。获取时不需要付出代价。

经济物品指人类通过生产产出的商品（有形产品、无形服务）。经济物品取得时是要付出代价的，如成本、费用、税等。

3. 商品

商品是市场经济社会的产物，商品是用于买卖的有形产品或无形服务或产品加服务。在市场经济社会条件下，人们每时每刻都离不开商品。商品的生产者通过出卖商品获取利润，商品的购买者通过购买商品满足消费和投资需求。市场经济的生产都是商品生产，即生产的产品或服务不是自己享用，而是为了出卖获得其利润的剩余价值，而商品的购买是为了实现消费或投资收益。商品的生产与使用具有二重性。

按商品的效用属性划分，商品可以分为消费品和投资商品。

消费品是人们每天生活中所消费的商品，如吃、穿、住、行、旅游、医疗等都是用于消费需要。因此，消费品也被称为最终商品。

投资商品是用于实现投资收益的商品，如投资项目、企业、资产、房地产、矿业权、股票、债券等。通过对投资商品的购买或投资，能够带来高于投资资本金以外的利润回报。

消费品和投资商品二者之间关系是，投资商品最终要转化为消费品，如纺纱厂把棉花纺成纱，纱是不能消费的，不是消费品，即不是最终产品，需要继续深加工，经过以后多道工序才能成为消费品——服装。服装才是最终产品。

商品的生产过程既是商品的形成过程，也是投资资本金的运作过程，并且二者是相辅相成的。通过商品的效用产生商品的利润的剩余价值，而商品的要素投入转化为商品的成本价值。商品生产经营过程就是商品的价值及剩余价值的实现过程。一切商品的共同本质属性是存在统一、全面的内在价值。

4. 稀缺性

社会资源的有限性和人类欲望的无限性的矛盾，称为稀缺性。

5. 选择

稀缺性就是同一有限资源，用做一种用途，就不能用做他种用途，这就产生了选择的问题。无论消费还是生产，都面临选择问题。例如，如何用较少的钱买到合适的商品。生产也一样，投入的生产要素，既不能过多，也不能过少，而要有适度的比例和规模才行。所以，决定了必须选择。

选择所要解决的问题是：将有限的资源用于生产商品，生产什么、生产多少、为谁生产、怎样生产等。

美国经济学家斯蒂格利茨在他的《经济学》中指出："经济学是研究我们社会中的个人、企业、政府和其他经济组织如何进行选择，以及这些选择如何决定社会资源的使用方式。"例如，当前国民经济发展的指导方针是保护环境，对煤、化工等污染严重的产业进行限制，而鼓励多运用太阳能、风力、海水等发电，城市中推广城铁交通，又快又环保。

如果一个社会的资源是无限的，人类的欲望也是无限的，如《西游记》小说中想象的"自由王国"那样，则社会就不需要经济学了。反之，对于有限的社会资源来说，人们的欲望也是有限的，则也不需要经济学。大家都愿意受穷，就没必要研究经济规律，也没有必要通过少投入、多产出对经济进行研究。然而，追求幸福生活是人类的天然本能，因此就不可能不通过经济活动来实现。所以，每个人每天都在追求经济，"一切为挣钱，挣钱为一切"，也就是说，市场经济条件下人人都是本质上的"钱奴"。因为金钱体现了商品的价值，体现了财富和生活的幸福。人们考虑最多的是如何少花钱多办事，甚至不花钱也办事。所以，不论是经济专家的理性思维，还是一般人的本能思维，都在为经济而忙活着，这正如其他动物依本能生存一样。

由于一定的资源综合作用在一起才能进行生产，如土地、资本、劳动、科技、企业家等，可以这样组合，也可以那样组合，如多用人工、少用科技，或是多用资本、少用劳动等。而不同的组合可能会带来不同的经济效益，比如通过机械化生产替代人工生产可能速度快、质量好，如一些精密弹簧的机械化生产就比人工生产要精密得多；而反过来，可能生产速度慢、质量差甚至根本生产不出来。这样，就形成资源的有效组合，按一定的适当比例进行组合，就可以既保证生产要求，又没有闲置要素，没有浪费和窝工，做到生产要素的最大利用。所以，经济学研究生产上的如何少投入、多产出，是通过对资源的科学有效组合来实现的。

另一方面，从消费上讲，也要各种商品有效组合，不能只有房子，没有吃的，或只有穿的，没有住的，必须安排好吃、穿、住、行、教育、医疗等开支，做到品种上有效组合，数量上恰到好处，价格上一分钱买到一份效用，即实现商品购买中的质价相等。

所以，对于同样的资源，可以这样组合，也可以那样组合，而如何科学地组合，才能做到少投入、多产出，是经济学研究的基本任务。

这样，我们就得到了经济学的常用定义：

经济学是研究各种资源有效配置和利用的一门科学，研究如何以有限的资源满足人类无限欲望的科学，即是一门关于选择的科学。由于商品是市场经济社会的"细胞"，而任何商品都存在着全面统一的价值，所以，市场经济社会的经济学必须以全面商品价值论为核心。

由此可见，经济学产生于社会资源的有限性及人类欲望的无限性的矛盾及选择的基础之上，必须以商品的价值为核心。

当然，目前世界上对于经济和经济学的定义还有其他，本书引用的是比较常用的定义。

经济与经济学的关系是，经济不等于经济学。经济学是研究经济规律的学问，或者是研究经济现象的科学。经济是客观存在的，而经济学则属于意识形态领域的范畴，是人类大脑的主观对经济现象的客观认识的结果，然后通过系统化理论体现出来。

经济是自然存在的现象，经济可以在无任何指导下任意发展，是由人类的动物本能决定的。自从人类有了思维以后，也可以通过系统的经济学理论来指导经济行为，从而形成经济的快速发展。通过经济学对经济规律的总结与概括，可以避免经济出现各种不正常现象，避免经济发展中的大起大落。所以，经济需要经济学指导，同时经济学也要围绕经济的发展不断适应与发展自身，而不能停留在一个层次与水平上。如果社会经济发生了重大变化而经济学还是老一套，则可能失去其正确的指导意义，甚至还会严重误导社会经济。比如，实施市场经济体制，就不能用计划经济体制的理论来指导，或现代市场经济体制下的经济就不能用纯资本主义市场经济体制的理论来指导。

总之，经济问题需要经济学指导，反过来，经济学也要适应现实社会经济发展的需要不断与时俱进，形成经济与经济学的良好互动，体现经济学的经济作用与价值。

三、经济学分类

大体上经济学分为理论经济学和应用经济学两大类，还可分为狭义经济学和广义经济学。狭义经济学指西方经济学，包括微观部分和宏观部分，广义经济学指除此而外的包括管理、财务、金融、税务等在内的各种经济学。

1. 理论经济学

理论经济学主要包括：微观经济学、宏观经济学、经济数学、经济统计学、经济计量学、经济学发展史各分支（中国经济史、英国经济史、欧洲经济史、拉丁美洲经济史、世界经济史、工业发展史、农业发展史、银行发展史、古代经济史、近代经济史、现代经济史等）。

2. 应用经济学

1）以国民经济个别部门的经济活动为研究对象的学科，如工业经济学、农业经济学、林业经济学、商业经济学、建筑经济学、运输经济学、国防经济学、劳动经济学、财政学、金融学等。

2）以国民经济个别部门的经济活动为研究对象的学科，如城市经济学、农村经济学、区域经济学（经济地区规划、生产力布局）等。

3）以国际间的经济活动为研究对象的学科，如国际经济学等。

4）以企业经营管理活动为研究对象的学科，如管理经济学、企业管理学、财务管理、会计学、市场营销学等。

5）按生产力划分为技术经济学、生产力经济学等。

6）按科学技术划分为生态经济学、国土经济学、区域经济学等。

7）按经济数量关系划分为数理经济学、计量经济学等。

8）与非经济学科交叉联结的边缘经济学科，如与人口学相交叉的人口经济学，与教育学相交叉的教育经济学，与法学相交叉的经济法学，与生态学相交叉的生态经济学或环境经济学，与社会学相交叉的社会经济学，与自然地理学相交叉的经济地理学、国土经济学、资源经济学等。

说明：通常所说的经济学，如没有附加说明，一般指西方经济学（微观部分及宏观部分），是狭义的经济学，而广义的经济学则是狭义的西方经济学及以外的包括经济、管理、财务会计、金融学等学科在内的所有经济学。广义的经济学以狭义的经济学理论为基础，狭义的经济学理论是对广义的经济学理论的抽象和概括。

第二节

传统西方经济学假设

同一般学科的假设一样，西方经济学理论也是建立在一定的假设基础之上的学说，具体说来，目前的西方经济学是建立在“经济人”、“理性人”及“信息完全”等假设之上的。

一、“经济人”假设

“经济人”假设是西方经济学理论的基本前提，即自然人或经济组织主观上总是追求个人利益或组织利益的最大化。

“经济人”假设，揭示了人的自然本质。按此假设，整个市场经济社会总是在人人“主观为自己、客观为别人”的过程中发展的，即每个企业的经营及员工的劳动，主观上都是通过商品生产及销售达到获取利润的目的，而在客观上，必须通过这种商品效用为用户所认可，愿意通过包含其利润的剩余价值的价格购买来实现。如果某种商品不能为用户提供有效的服务，就不会形成商品生产利润的剩余价值，甚至会导致商品堆积在仓库中，企业生产无法进行下去，迟早要退出市场，其员工也会下岗或失业。

“经济人”是自然人生来就具有的本性。“经济人”具有两面性。一方面，“经济人”的本质决定了为了追求个人利益最大化，不惜付出各种努力，包括体力或脑力劳动来创造商品价值，分享商品价值，实现幸福生活理想，这成为社会生产经营及生活消费行为等经济现象的原动力。如果没有对个人利益的追求，社会就不会有任何经济行为，没必要千方百计节省支出进行经济活动，其结果肯定是不经济的。所以，“经济人”观点是市场经济社会经济理论的基础。另一方面，“经济人”的本质也会导致经济活动中的不道德甚至是违法犯罪现象，必须有社会法律来规范经济行为。

一切企业经营管理的精打细算，也都是为了获得最终剩余价值而进行的，如果没有“经济人”的这种对剩余价值的追求，就没有任何一个企业家愿意煞费苦心地经营企业，社会生产效率也就无从谈起。

需要说明的是，从“经济人”的社会现实情况出发，采取相应的中国古代的国学理论及各种宗教理论来教化社会，是当前中国及世界迫切需要的。但是，如果把它用于企业生产经营管理当中，处处人情化、关系化治理企业，则这个企业就什么事也做不成，空谈和内斗是不能产生生产力的。所以，企业管理必须实行合同化，责、权、利明确的合同体现企业与员工的劳动要素的等价交换。而不能按身份、关系来用人和分配。企业的制度化体现的是企业的商品价值创造及剩余价值形成的过程，是市场经济社会的社会法制化在企业经营管理中的延伸。

二、“理性人”假设

“理性人”假设是指人们对经济的认识不是处于盲目的情况下，而是在理性分析情况下作出经济决策。而实际上“理性人”是很少见到的。

三、“信息完全”假设

“信息完全”假设是指人们在信息完全情况下得出经济结论。而这其实是难以做到的，我们只能最大限度地追求“信息完全”。

为此，特请读者注意，目前的西方经济学是建立在对人性认识的这三个基本假设前提下的经济规律的概括与总结，离开了上述的这三个假设，西方经济学的原理就不一定成立，如一个人无私奉献，就不会发生买卖中的讨价还价现象，也不会有精打细算的企业生产经营过程和消费者对消费效用最大化的追求，也就得不出西方经济学中的各种理论、结论。

除此之外，“经济人”假设也是西方国家市场经济社会制度存在的基础，还是世界各国法律存在的前提。如果没有“经济人”的利己本性，就不会有市场经济的竞争制度，竞争中也不会出现违反公平合理秩序的现象。因此，正因为有了“经济人”，才有必要实行市场经济，从而才有必要用法律来规范市场经济秩序。

当然，现实社会中的人不一定都是“经济人”，但是作为一门学科研究来说，其理论要求应是严谨的，所以，只能统一运用这一假设，何况现实世界中大多数都是"经济人"，而且经济人在主观利己的动机下，客观上实现了为别人。社会实现了"人人为我，我为人人"、"谁也离不开谁"的基本经济现象，这才使社会经济得以存在和发展。

在现实社会中，一些企业家，开始时是出于挣钱的目的而艰苦创业，而当把事业做大了的时候，就开始考虑回报社会，如比尔·盖茨、李嘉诚等著名企业家的大量社会捐款就说明了人性的另一面。同时也必须看到，企业的经营利润是用户对企业商品效用的奖赏，体现的是企业对社会资源的有效利用，是少投入、多产出的结果，是对消费者、用户及国家税收等社会经济贡献的结果。

"经济人"的具体体现，作为消费者个人来说，其利益最大化体现为，在商品效用相同的情况下，总是价格越低越好。作为组织的企业来讲，其购买的生产要素（土地、资本、劳动、科技、企业家）在生产效用一样的情况下，总是价格越低越好。

而作为自然人的个人或企业在销售商品时，却要求价格越高越好，这就是西方经济学中供求曲线的成因。当买卖双方发生利益冲突时，就形成了一种商品的较长期的稳定价格。这样，市场上商品的价格，一方面取决于商品生产中各种要素的投入，另一方面也取决于买卖双方的个人或企业利益最大化的讨价还价能力，最终形成稳定的平衡价格。在这样的价格作用下，形成稳定的各个行业结构，如果哪个行业的价格利润大，这个行业就会迅速发展起来，而由于利润的驱使，也会使其他企业加入到这一行业中来，又由于新加入到这个行业的企业过多，使商品在市场上供大于求，于是，厂家之间纷纷降价，导致一些企业亏损和退出，于是供求关系缓和，直到供小于求时，企业又赢利了，于是又有了新加入者。以此类推，形成第二轮的竞争。而进入或退出一个行业，是需要经过项目决策到筹资建设到投资经营等长期过程的，不是一朝一夕能完成的。这样，从长期看，各个行业就处于一个稳定状态，形成了专业化分工。

第三节

传统西方经济学的主要内容

传统西方经济学微观部分的主要内容包括需求、供给、供需均衡、弹性、生产理论、消费效用理论、投资理论、市场理论和博弈理论等，以生产、分配、消费、投资、市场及博弈内容研究为主线。其中，体现了各种均衡观点，如供求均衡、消费者均衡、生产者均衡等，研究了两个经济主体——厂商和消费者之间的关系及在市场上的表现，如图1-1所示。

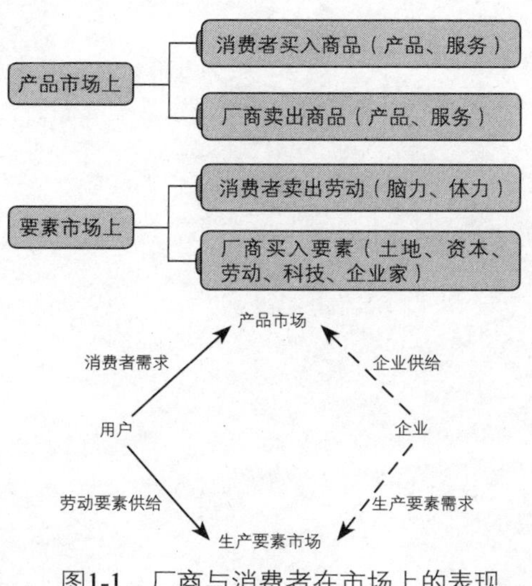

图1-1　厂商与消费者在市场上的表现

说明：图1-1揭示了消费者、厂商如何通过两个市场（产品市场、生产要素市场）进行商品买卖交换及两个市场之间的互动关系，这些构成西方经济学微观部分研究的基本内容。

传统西方经济学的宏观部分，主要研究国民经济判断指标，如国内生产总值系列指标及通货膨胀与通货紧缩治理，通过财政政策与货币政策的综合运用来实现。此外，还有失业、再就业及经济周期、经济发展等。宏观经济学体系比较繁杂，而近代宏观经济学对社会经济的引导作用还处于摸索阶段。现在看起来，宏观经济调控是否存在一个固定模型及必要性，还是值得研究的。

第四节

传统西方经济学研究问题的方法

西方经济学研究问题的思想方法包括模型分析方法、实证分析方法、规范分析方法、静态分析方法、动态分析方法、均衡分析方法、机会成本分析方法和边际分析方法等。

（一）经济模型

由于经济现象是一个涉及众多系统而复杂运作的结果，所以，只能在总的经济系统中给定一些假设得出相应的结论，并且只是在这些假设条件下得出某种经济学结论，如果某种假设的条件变了，其结论也会发生变化。例如，经济平稳情况下得出一个经济预测结果，而如果出现了意外情况，则这个结果就不会出现了。而且这种假设越多，其满足现实的实际的可能性越小。因此，必须尽量减少假设才能使经济学变得有用。

1. 给定假设，简化关系

在经济学研究中，一个结果往往是由多种因素共同作用而产生的。例如，影响某一物品需求量的因素，就包括该物品的价格、消费者的收入、与该物品有关的其他物品的价格、促销手段和力度、消费者的偏好，甚至于某些意外事件等。为了把这些因素对结果的影响说清楚，经济学只能从最简单的情况研究起，即在假定其他条件不变的前提下，分析某一或某几个自变量对因变量的影响。

分析中，通常是使用函数变化关系揭示数量变化规律，并经常采用将多元函数简化为一元函数的方法。

2. 放松假设，逼近现实

显然，简化关系后得到的结论与现实生活是有很大差距的。为了缩小差距，经济学就必须不断放松假设，用与现实状况更加接近的非理想状态取代理想状态，并分析其对研究对象的影响。

（二）实证分析与规范分析

1. 实证分析

实证分析主要用于提示有关经济变量之间的函数关系和因果关系，分析和预测人们经济行为的效果。可以用事实、证据或逻辑加以证实或区分真假。它回答在既定的假定条件下，如果作出某种选择，将会带来怎样经济后果的问题。

到目前为止的一切经济学大都通过数学分析方法进行实证分析，如通过在平面直角坐标系上的横轴的包含着某点的线段的长度的无限缩小带来纵轴上的某点的线段的无限靠近某一点来得出其函数在这一点的极限，通过极限的增量比定义导数、微分和积分，然后通过对函数求导来定义边际等问题。因此，此前的西方经济学也可以称为平面经济学。

2. 规范分析

规范分析是以既定的价值判断标准为前提分析和评价事物发展状态的研究方法。它不能用事实、证据或者从逻辑上加以证实或区分真假。它回答的是事物应该是什么的问题。规范分析由于人们的立场、观点和伦理道德标准不同，对同一经济问题可以得出不同的甚至于相反的看法，因此，规范分析没有正确与错误之分。例如，"人们的收入差距是大一点好些，还是小一点好些"，人们各有不同的看法，来自于人们不同的立场、观点及道德标准，所得结论不同，各说各的理。

实证分析与规范分析二者的关系是：一般说来，实证分析以规范分析为指导。实证分析命题的选择、假设的确定、方法的采用都涉及研究者的价值判断问题。同时，价值判断往往产生于一定的实证分析结论。因此，实证分析与规范分析二者是相辅相成的，要有机结合起来使用。

（三）静态分析和动态分析

在分析经济现象时采用静态分析方法，往往不考虑时间因素，只是静止、孤立地分析问题。

动态分析是把经济现象与时间紧紧联系在一起的分析方法，把经济现象看成是一个连续不断的过程。显然，静态是动态的特殊状况，即时间为某一时点时的动态状况。

静、动态的分析方法的区别在于是否考虑时间因素，或者说，是考察某一时点的经济现象，还是考察一个时期（区间）的经济现象的问题。

（四）均衡分析

均衡原本是物理学的一个概念，是指作用于物体上的合力为零时，物体处于静止或匀速直线运动状态。

均衡分析就是在假定经济体系中的经济变量既定条件下，考察体系达到均衡时所出现的状态以及实现均衡所需要的条件。如消费者在消费多种商品时，综合考虑其利益最大化，不能再作其他选择时所作的分析，称为消费者均衡分析；厂商在考虑生产要素的投入如何恰到好处时，所得到的是生产者均衡分析等。

均衡分析分为局部均衡分析和一般均衡分析。

1. 局部均衡分析

指在分析一种商品的价格决定时，总是假定其他条件不变，多用于单个市场的均衡分析。

2. 一般均衡分析

指在分析商品的价格决定时，不仅考虑本身的供给与需求，而且还考虑其他商品的价格及供求情况。一种商品价格和供求的均衡，以所有商品的价格和供求的均衡为前提。它多用于多个市场的均衡分析。

均衡现象是经济中的一种现象，但是实际上，经济现象是一个动态的变化过程，是一个链式原理的现象。而且由于这种变化让人难以想象，以至于一些经济学家的判断经常出错，这除了以往的西方经济学基本理论上的漏洞或错误之外，社会市场变化之快，也是其中的一个原因。

（五）机会成本分析方法

机会成本分析方法，就是不但研究商品生产中有实际货币投入时的成本，还要研究没有货币支出但客观上也存在的一种成本。对于具有多种用途的同一资源来说，如果用于某一种用途上，就不能用于其他用途，这是因为用于其他用途的最大收入，作为该种用途的机会损失，就是经济学所要考虑的一种成本——机会成本。机会成本分析的要义在于如何最大限度地发挥资源的作用，把有限的资源用在最能发挥经济效益、产生更多剩余价值的应用上，而在会计学上就没有这种成本。

（六）边际分析方法

这是经济学研究问题的另一个特别方法。

边际分析方法是使用数学分析的实证分析方法，找到企业商品生产及消费者消费的适度的量，即导数为零时的量，称为边际量。

第五节

传统西方经济学的三个里程碑

传统西方经济学经历了重商主义、古典经济学、边际革命到新古典经济学、新古典经济学危机与凯恩斯革命、萨谬尔森与新古典综合、新剑桥学派、凯恩斯主义经济学、哈耶克的新自由主义经济学说、弗莱保学派、供给学派、货币学派、理性预期学派、新制度主义经济学派、公共选择学派、发展经济学派、博弈论等复杂历史。其中，主要是英国和美国的一些著名经济学家对经济学作出了杰出的贡献。

西方经济学的代表人物主要有亚当·斯密、阿尔弗雷德·马歇尔和约翰·梅纳德·凯恩斯，他们构成了整个传统西方经济学的三个里程碑，或称三个时代。

1. 亚当·斯密的《国富论》与自由经济奠基阶段

西方经济学从亚当·斯密开始成形，具体说是以他的《国富论》来奠基的。该书原名为《国民财富性质和原因研究》，发表于1776年，与美国的《独立宣言》同时问世。如果说，美国的《独立宣言》是国家的政治宣言，《国富论》则是国家经济自由的宣言。这一自由经济思想引领了世界200多年来的基本经济思想，形成整个市场经济的基本特征之一。

《国富论》的基本思想包括以下方面。

1）**"看不见的手"原理**。即指出任何组织和个人对利益最大化的追求，像是一只"看不见的手"引导着人们对经济的追求。显然，这是从人的动物本能特点来看待人的。亚当·斯密认为，不应对人的利己思想进行批判，利己思想并不都是坏事，现实的社会现象可以说明，如果没有"经济人"的利益最大化追求，或者说，没有商品生产及消费上的利益最大化——对利润或剩余价值的追求，人们就不会去苦心经营企业和生产出商品，也不会去购买商品。正是由于有了这种个人利益最大的追求，才能使全国及全世界的商品流动起来，使得人们坐在家里就能够享受到世界各地的商品，带来生活品质的提高。也正是由于这种个人利益最大化，才引导企业精心生产与组织，研究经济规律。从商品的效用需求来决定生产商品，生产什么及生产多少。在商品的生产与消费中实现双方共同利益的最大化，即产生剩余价值，共同分享商品的剩余价值——利润。在商品的生产与消费之间的剩余价值共同瓜分中实现共赢，发展整个社会的经济。市场经济社会的人是没有人来管的，生产选择上的自由化与不得不进行生产的不自由的矛盾体现在每一个人的身上，决定着人生的命运。

当然，这种个人利益最大化的“看不见的手”的原理，也会产生对经济行为的负面影响，如经济犯罪、贪污、故意的渎职和坑蒙拐骗等。而在亚当·斯密的另一本著作中，就专门讲述了“道德人”的问题。

2）**分工是提高生产率的关键**。为此，亚当·斯密作了制造针的试验，把其制造过程分为18个阶段，每个阶段都由熟练的技工进行。试验结果证明，分工是提高生产率的关键。

3）**劳动价值论。即商品的价值是由劳动决定的**。

4）**反对殖民政策**。

5）**主张经济上的“自由放任”**。

6）**指出了政府的主要职责**。政府的主要职责一是抵御国外侵略，二是提供社会公共服务及司法等。

7）**教育的重要性**。

从以上七条当中可以看出，大部分是符合经济规律的，但自身也存在着某些不可实现的内容。例如，专业化分工问题指出专业化分工可以提高生产效率是正确的，但是，这要建立在商品的可买卖交换基础上，否则，生产出来的商品卖不出去，生产者没有流动资金，生产就无法进行下去。

《国富论》在问世126年后的1902年，由严复第一次引入我国。当时翻译的书名为《原富》。而作者本名也并不叫做亚当·斯密，而叫史密斯。由于西方译著中叫史密斯的人太多，包括拓扑学中也有叫史密斯的数学家，不好区别，所以，后来的翻译学者都不敢轻易改过来，怕引起极大混乱，所以，就只好“以讹传讹”。今天特在此正名。

值得一提的是，亚当·斯密，作为一个西方经济学的奠基人，个人生活却很孤单，终生未娶。去世后，在他的墓碑上只写着简单的一句话：“《国富论》的作者，亚当·斯密。”

亚当·斯密对经济理论的贡献，主要表现在以下几个方面。

1）社会分工会促进生产力的发展和社会财富的增长，也就是论证了市场经济比封建自给自足的小农经济更能提高经济效益、发展生产力、提高人民生活水平。而近几百年的世界经济发展的历史及世界各国不同经济制度对比中，也说明了这一点。我国目前在偏远的山区还保留着一小部分自给自足的小农经济，是扶贫工作的重点。

亚当·斯密是从人的利己本性出发进行论述的。他认为，利己是人的本性，或称为动物本性，但前提是不能损害他人利益。这样的利己的个人活动反而会导致社会的合作。利己的本性通过商品交换活动，客观上起到了利他的效果。他还举出实例进行了证明：厂商为了追求利润，不断地改进技术、扩大生产规模，迎合客观需要，生产出更多的好商品；而作为个人的打工者，主观上为了增加收入，而努力贡献体力或脑力劳动，客观上为企业作出了贡献。企业也付出了代价，双方进行了等价交换，实现了各自的均衡，谁也不亏欠于谁，共同合作与发展了。如果员工不想进取，也不努力干好工作，企业亏损了，个人也亏损了，整个社会经济就停滞不前了。他指出，我们每天生活中所需要的各种生活资料或生产资料，不是出于厂商的恩惠，而是为了自己挣钱——获利才得以实现的。

交换是建立在自愿基础上的，交换导致分工。专业化生产提高了生产效率，所以贸易带动经济发展，包括国际国内贸易等。事实上，近代世界各国经济发达的国家和地区，都是贸易带动了生产，从而带动了就业及人民生活水平的提高。专业化生产，需要专业化人才，所以，打工就是出卖专业或技能。而那些没有专业技术的岗位，由于竞争激烈，所以工资收入就很少。

2）亚当·斯密区分了交换价值和使用价值的概念，并描述了商品自然价值和市场价格的关系。

3）亚当·斯密提倡经济自由主义，反对国家干预，也成为完备市场经济的基本要素。我国目前的改革开放正不断向自由市场经济迈进。

亚当·斯密设想市场经济的基本模式是：企业（或个人）只管自己，法律之下，随意经营各种商品，只有向政府纳税的义务，政府运用这些税收管理社会公共事务。

除此而外，斯密还是一位重商主义者，他认为，一个国家的财富主要来自国际贸易的出口。而国内的贸易，并没有增加国民收入，买卖双方交易时，有挣有赔，总的国民财富没能增加。而国际贸易的出口，是挣了外国人的钱，通过商品出口的利润来体现，从而增加了本国的国民财富。这些思想至今还在起着重要作用。世界上各国都制定了较高的关税，以防止本国货币大量外流。但贸易是建立在互利基础上的，哪个国家不打开国门，也别想出口，所以国际贸易中的一些矛盾就出现了。究竟应怎样互利，打开彼此的贸易大门呢？靠的是国际公约和公法及互利关系。世界贸易组织（WTO）就是这样产生的。

2. 马歇尔与西方经济学体系的建立

英国经济学家阿尔弗雷德·马歇尔是现代微观经济学体系的奠基者、新古典经济学的奠基者、英国剑桥学派的创始人和主要代表。

马歇尔体系的主要特点是综合性，贯穿于经济学体系的始终。

马歇尔自称继承和发展了英国古典政治经济学的传统，所以被称为新古典学派的创始人。其理论体系的特点主要体现在以下方面。

1）以心理分析为基础。

2）强调经济的连续性原则。

3）边际增量分析。

4）均衡概念的运用。

5）数理方法的充分运用。

虽然马歇尔对经济学体系的建立作出了重要贡献，但是，至少有两点需要指出。一是他取消了经济学中的商品价值论，这无异于把人体的心脏扔掉了。因此，其体系就出现了严重的理论偏差。二是他关于边际思想的实证分析，是建立在R^2的平面空间上的数学分析的实证分析的结果，如函数的极限、微分、导数及积分等，而经济规律及现象通常并不是平面距离空间上的现象，而是一个无距离空间上的现象，所以，这些实证分析的结果就难以令人信服，其科学性就会受到质疑。

马歇尔的主要著作有：《经济学原理》（1890）、《工业与贸易》（1919）和《货币、信用与商业》（1923）。

马歇尔对西方经济学的最大贡献在于把经济学从此前的政治经济学中分离出来。

3. 凯恩斯与宏观经济调控理论的建立

马歇尔的得意门生英国著名经济学家约翰·梅纳德·凯恩斯，针对亚当·斯密的“自由放任思想”带来的经济危机等问题，提出了宏观经济调控的经济理论。

凯恩斯宏观经济调控理论的内容主要包括国民经济的国内生产总值*GDP*、通货膨胀理论、乘数理论、货币工资与物价、失业等，其主要著作有《就业、利息和货币通论》（1936）。

总之，西方经济学理论像一座大厦，200多年来有无数的经济学家为它添砖加瓦，使之不断趋于完善，接近科学。

第六节

传统西方经济学商品价值论简介

传统西方经济学商品价值论主要经历了以下几个阶段。

1．第一阶段：古典经济学时代的劳动价值论

劳动价值论是西方经济学形成之初的最朴素的商品价值论。

劳动价值论认为只有劳动构成商品价值的全部内涵，并否认土地等其他要素对商品的价值的贡献。

劳动价值论的代表人物是威廉•佩蒂，他认为商品的价值取决于生产中所消耗的劳动。因此，商品交换的基础是包含相等的劳动量，即“等量劳动决定等量价值”。

这一时代的古典经济学代表人物主要有伯纳德•孟德维尔、大卫•休谟、亚当•斯密、大卫•李嘉图、托马斯•罗伯特•马尔萨斯。

2．第二阶段：新古典经济学时代的效用价值论

在否定了劳动价值论以后，西方经济学家们又提出了效用价值论。

效用价值论认为商品的价值是通过效用体现的，商品的效用有多大，价值就有多大，而商品效用以外的其他生产要素投入都不是商品价值的组成部分。例如，投资商品的效用就是利润收益的总额去掉资金时间价值后的净现值$NPV(i)$，所以，一切投资商品的价值就只用收益净现值$NPV(i)$来计算，而其他有关投资商品形成过程中所投入的各种生产要素的资产成本都不是商品价值的组成部分。在此理论基础上，形成了自世界市场经济社会形成以来的各种投资商品，如企业、资产、矿业权、股票、债券等各种资产类商品的价值评估中普遍使用的收益净现值*NPV*（*i*）法。此外，还有整个宏观经济调控理论的国内生产总值*GDP*等理论也都是建立在效用价值论基础上的。

效用价值论在19世纪60年代前主要表现为一般效用论，自19世纪70年代后主要表现为边际效用率。

把商品交换的基础归结为物品效用的观点，在古希腊思想家亚里士多德和中世纪教会思想家托马斯•阿奎那的著作中已见端倪。这种观点同他们所处的阶级地位和以消费为特征的经济要求相吻合，也是当时商品生产和交换尚处于初期发展阶段的反映。意大利经济学家加利尼亚是最初提出主观效用价值观点的人之一。他认为，价值是物品同人的需求的比率，价值取决于交换当事人对商品效用的估价，或者说，价值由效用和物品稀少性决定。资本主义商品交换关系的发展，是效用价值论在17至18世纪上半期得以存在和发展的条件。

效用价值论在18世纪下半期和19世纪初期处于踏步不前的状态。产业革命的实现和社会生产力的大发展，为资产阶级古典政治经济学建立劳动价值论和以它为基础的理论体系创造了客观前提。英国古典政治经济学的代表人物李嘉图等在阐述劳动价值论过程中，对效用价值论作了有力的批判。19世纪30年代后，在对抗古典经济学劳动价值论的背景下，逐渐出现了边际效用价值论。边际效用价值论认为：①商品的价值取决于人的欲望及人对物品的估价；②人的欲望和估价会随物品数量的变动而变化，并在欲望被满足和不被满足的边际上表现出来。

边际效用价值论的主要代表人物有卡尔•门格尔、威廉•斯坦利•杰文斯等。

3. 第三阶段：要素价值论

与效用价值论相反，要素价值论认为商品的价值完全由其投入的生产要素决定，即商品价格中的生产成本决定商品的价值。显然，要素价值论否定了商品生产要素以外的、新增加到价格中的利润的剩余价值的存在。

总之，劳动价值论、效用价值论、要素价值论等各种商品价值论，都只是从商品价值内涵的各个侧面解释商品价值的，而不是对商品内在全面价值的解释。

4. 第四阶段：取消商品价值论阶段

由于西方古典经济学，特别是商品价值理论的自身缺陷及自相矛盾，最终使其逐步走向解体，出现了1820至1830年长达10年之久的西方经济学停滞阶段。

而使新古典经济学成为体系集大成者的是著名的英国经济学家阿尔弗雷德•马歇尔，他继承了前人的经济学成果，使西方经济学成为独立的学科，但他并没有给出商品价值的新的论述，只是给出了关于商品价格的常态表现形式——供需均衡价格问题。

马歇尔在西方经济学理论中取消了商品价值论，主要体现在以供求关系确定商品的价格取代价值分析。我们知道，决定商品价格的内在因素是商品本身内含的价值，只有商品的价值才是商品价格的主要决定因素。不同商品的不同价值决定了其不同价格，供需关系只是影响商品价格的一个因素。某种商品的价值由其内在因素确定，而不是由于外来因素决定的，任何一种商品的内在价值都是恒定的，而价格只是其价值的货币表现形式而已。因此，商品价值评估的任务，就是要找出商品本身内在的价值，而不是价值以外的东西。

商品价格围绕商品的恒定价值上下浮动，浮动的原因是市场供求。某种商品，当市场的供给大于需求时，价格低于恒定价值；当供求相等时，价格等于恒定价值；当供给小于需求时，价格高于恒定价值。

故商品价格是由价值决定的，受供求关系的影响，而并非商品的供求关系决定其价值。正因为如此，一架飞机的价值大于一个台灯的价值，所以，一架飞机的价格必然高于一个台灯的价格，但由于其市场供求关系不同，一架飞机的价格可能围绕其恒定价值上下浮动，一个台灯的价格也会围绕其恒定价值上下浮动，但无论如何二者价格不会相等。

此外，还有很多其他商品价值论，但都不能全面反映世界一切商品的共同本质，所以，在实践上无法加以使用。

第七节

传统西方经济学理论简评

1. 缺少全面统一的商品价值论核心

传统的西方经济学理论主要是建立在劳动价值论、要素价值论、效用价值论及取消商品价值论基础之上的。

由于市场经济社会就是商品经济社会，一切商品以价值为核心，不同的价值论便会带来不同的经济学观点和体系，带来传统的西方经济学理论上的各种谜团和争论，并使得相关的财务、会计、金融、管理、国际贸易等各门学科的理论争议不断。

2. 建立在平面距离空间上的数学分析和实证分析

显然，经济现象及规律与距离并无关联，所以不能使用距离空间的数学理论来进行实证分析。而传统的西方经济学却使用平面距离空间上的数学分析，如极限导数、微分和积分等方法来对经济原理进行实证分析，这等于是使用别的空间来进行经济学实证分析，所得出的理论结果难免会受到质疑。

另外，由于西方传统经济学是使用平面空间进行实证分析的，那么就要把大量无距离空间中的各种复杂的经济现象和规律统一映射到平面上进行数学变换，这样，就不得不使用过多的假设来进行实证分析，而现实中是否存在满足这么多假设的经济现象呢？

3. 缺少学科综合理论

西方经济学理论作为一切经济、管理、财务、会计、金融、国际贸易等学科的共同基础，毫不例外地要体现这些学科的理论原理，使之融为一体。也只有这样，才能使经济学理论成为这些学科的共同理论基础。但是，200多年来的传统西方经济学理论并没有体现出这一点来。

综上所述，由于传统的西方经济学缺少全面统一的商品价值论，加上实证分析空间脱节及缺少与相关学科的融合，导致了西方经济学界对传统西方经济学理论的质疑，目前还处于"被大多数业内成员所认可"的理论发展阶段，而对大量的社会经济中的实际问题，如高通货膨胀下的金融危机交替出现等现象，却无法从根本上加以治理。

那么，如何发展传统的西方经济学，使之真正成为"有用"的科学呢？我认为必须实现三个突破。

1）突破传统西方经济学理论中缺少统一的商品价值论这一不足，使之发展为全面的商品价值论。

2）突破传统西方经济学理论在平面距离空间上利用数学方法进行实证分析这一不足，使之发展为在无距离的Tianhua空间上的实证分析，要给传统西方经济学找到属于自己的"家"。

3）突破传统西方经济学"单兵突进"的理论不足，使之发展为综合了经济学、技术经济学、管理学、财务、会计、金融、国际贸易等多学科理论精华的综合理论，只有这样，传统西方经济学理论才能真正成为经济、管理、财务、会计、金融、保险、国际贸易等学科共同的理论基础。

本书在以后各章中将具体研究这些问题。

本章知识网络图

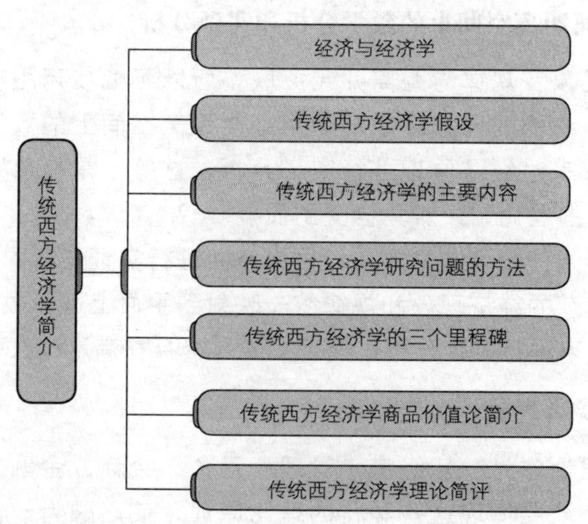

第二章

高级西方经济学理论基础

01 “世界一切商品价值评估计算统一模型”

02 经济学综合

03 Tianhua空间

第一节

“世界一切商品价值评估计算统一模型”

一、“世界一切商品价值评估计算统一模型”简介

综合此前的各种商品价值论研究结果，我们可以得出全面商品价值论的结果，以全面商品价值论来研究经济学问题的观点，称为核心价值观。

显然，世界一切商品都离不开土地、资本、劳动、科技及企业家等生产要素的投入，离不开商品的效用。商品的生产要素投入与商品带来的效用，概括了世界一切商品的共同本质。所以，我们把商品的生产要素投入与商品的效用之和定义为一切商品的统一价值，商品的统一价值体现了商品的统一性质，它抛开了世界一切商品的各种不同外形，如同世界上的一切物质，尽管外形有所不同，但都是由分子、原子组成的一样。

世界一切商品的价值=投入+效用

其中，投入指的是一切商品的生产要素的投入。而效用则分为两种情况：①作为消费品的效用，指的是消费品本身的消费效用，如大米能充饥，房屋能遮风寒，车船能代步等；②作为投资商品的效用，只能根据投资商品的性质来解释，投资商品的效用就是投资收益，不论投资哪种商品，只能通过收益大小确定其效用。所以，一切投资商品的统一效用就是投资收益，如项目、企业、资产、房地产、矿业权、股票、债券等。尽管作为投资商品的形式各有不同，但是，作为效用价值，就看哪种商品的收

益大，哪种商品的效用就大，从而判断出这种投资商品的总的价值也大。

另外，投资商品效用与消费商品效用的不同还体现在，投资商品的效用不但包括本身的收益效用，还包括外部效用。因为投资商品在生产、经营过程中要产生一些外部影响，如污染项目能够带来社会环境的破坏，所以效用为负数，而社会公益项目则有利于社会公共福利的改善。

例如，2008年北京奥运会投资项目的价值，由该项目投入的生产要素加上投资收益效用两部分组成，其中的收益效用，不但包括门票收入带来的内部效用，还包括奥运会对国家和北京城市品牌提升带来的外部效用。公路建设除了本身的收费带来的收益效用是价值中一部分外，对于整个国家商品流动、人员流动及城市工作效率提高的效用也是公路项目价值效用中的一部分。造林项目除了其木材的收益外，还有治理风沙及环境保护等外部效用。一个地方新上一个大型矿业项目，就会改变这个地方的经济产业结构，带动农业产业向工业产业的提升等。

如果商品的效用为正数，表明是在原来的要素投入基础上新增加了价值，称为增值，即剩余价值。此时，商品全部价值要在投入价值基础上加上新增价值，如消费上的满足感觉及投资上带来的收益等。如果效用为零，表明只有要素投入部分的价值，没有效用部分价值，也称为保值；而如果效用为负数，则称为价值贬值，此时要在原来投入的价值基础上减去相应的负效用。但是，作为消费品的外部效用，只能由消费者自己来判断，并且通常是较小的，所以，本书不再赘述。

根据此定义，一种商品的投入一定，其产出的效用越大，价值越大；反之，价值低或是贬值。而效用一定，其投入越小，在市场同样的销售价格确定的价值之下，其厂家的收益就越多。所以，企业的生产要围绕着增加商品的效用及减少生产要素成本投入为宗旨，才能提高剩余价值，一切成功企业无一不是这样经营的结果。

根据上述模型可以看出，因为商品的价值是由投入与效用共同确定的，所以有较高的投入及效用，商品总价值大；反之，投入少效用小的商品总价值小。例如，建造一艘轮船，投入大、效用也大，所以一艘轮船的价值很大；而生产一枝铅笔，则投入少、效用也小，其价值也小。

生产要素投入形成了商品，商品通过效用增减带来了商品总价值的增减。由效用增加带来的这部分价值，称为剩余价值。商品的剩余价值对应着相应的消费者的消费满足或投资者的投资收益的满足。

（一）影响商品价值的投入因素

1. 利润因素

这是由“经济人”的自我利益最大化本质所决定的。作为商品的生产经营者，虽然在客观上为社会创造了商品价值的社会财富，但在主观上主要是为了获得投资的剩余价值。

投资者投资行为是一个通过商品为纽带实现剩余价值最大化的过程。所以，生产什么商品并不是主要的，关键是看哪种商品的剩余价值最大，就生产哪种商品，并决定生产多少。

2. 资金能力

在确定了利润的目标及技术经济分析以后，融资能力也是影响投入的一个重要因素。只有足够的项目投资，才能够实现商品生产与经营，剩余价值才能实现。

3. 宏观经济调控政策、法律

宏观经济调控政策、法律影响商品的利润，如存款利率、税率、折现率直接影响商品的成本，也影响到利润的大小。所以，宏观经济调控政策、法律也是影响商品投入的因素之一。

（二）影响商品价值的效用因素

1. 因人、因地、因时而异

商品的效用判断是由商品的购买者确定的，如消费者或投资者会根据自己的经验和偏好来对商品的效用价值作出判断。

由于商品的效用会因不同的人、不同时间、不同地点等有所不同，这就决定了同一商品的效用不同，价值也不同。

2. 稀缺性

一种商品的稀缺性越大，其效用就越大，如秦始皇陵，最为稀缺，它的效用最大，因此拉动价值增加。越是古代的物品，越是稀缺，其效用越大。在集邮中看到一种现象，越是古老的邮票，越是稀少，效用越大，价值越大，其价格就越高。拍卖名人字画也是一样，越是稀缺的名人字画，效用越大，价值越大，价格越高。

3. 商品的替代效应和收入效应

由于有些商品的效用可以相互替代，如塑料盆和瓷盆可以相互替代，效用大致相同，这时销售上就只看价格了。价格影响到替代品之间的效用，即影响利润。

收入效应，体现在收入水平拉动需求上，如一个地区的人均收入较高，其商品的利润也会相对高一些，会带来效用价值增加。

传统的西方经济学理论中的“价值悖论”，说的是水对人的生命有重要效用，而钻石的效用相对很小。可是为什么钻石的价值会大于水的价值？现在根据“世界一切商品价值评估计算统一模型”的全面商品价值论来解释这一长期以来的经济学之谜就会变得特别容易了。

要对比钻石与水的价值，只有从钻石与水的全面价值组成来进行对比，即把钻石的投入与效用之和的价值与水的投入与效用之和的价值进行对比，才是这两种商品各自的全面价值对比。水的价值小，是由于它的稀缺性不足，拉动的效用较小并拉动投入少而形成的。而钻石，则由于其稀缺性，带来效用价值大，另外，由于钻石的世界储量少，开采需要投入大量的生产要素，其投入部分的价值也大。两者合起来钻石的价值也就大了。所以，钻石的价值当然大于水的价值了。

本模型的主要组成部分包括“独立的价值计量单位”，即以黄金为基准作为商品的价值单位，所计算出来的商品价值结果不受商品价格的影响，但可以把一切商品的价格，包括本国货币和外国货币，都统一换算成价值单位。这样，我们就可以方便地通过商品的价格来计算出商品的价值。这如同长度、质量、温度必须有统一的度量单位才不至于相互混淆一样。

本模型原理可以延伸到一切社会科学的价值判断当中，形成当代社会科学价值判断的新体系。例如，人生的价值，虽然人生不是商品，或者只有进入工作岗位工作时才形成商品，但市场经济社会下人生的价值也是投入和产出的总和，属于社会科学中价值判断的结果。

商品是市场经济的汪洋大海，所以，当我们揭开了隐藏在商品内部的价值的神秘面纱后，整个市场经济社会的一切经济现象就会暴露在光天化日之下，市场经济社会的本质就被我们抓住了。市场经济的一切经济现象就可以得到非常容易的解释了。以“世界一切商品价值评估计算统一模型”为基础的全面商品价值论将成为高级西方经济学理论的核心。由于西方经济学是一切广义的经济学各分支共同的理论基础，因此，本模型也将成为一切广义经济学理论核心的核心。

二、“世界一切商品价值评估计算统一模型”的内容

1. 商品的价值与价格

“世界一切商品价值评估计算统一模型”反映了世界一切商品统一不变的价值，我们可以在世界范围内通过商品的价值计算来进行商品的买卖。这样，国际贸易结算就会变得特别简单，不用汇率换算了，也不会形成通货膨胀或金融危机等问题。

但是，现行的市场经济社会都是通过商品的货币价格计算来进行商品买卖的，那么，商品的价格与价值是什么关系呢？如果世界各国的一切货币的价值与商品的价值完全一致，则完全可以用价值表示价格，或者说价格就是价值，而事实上并不是这样。如果货币发行量超过商品的价值量，则形成过量的货币表示商品的价值，这就是

通货膨胀现象；反之，如果以过少的货币表示商品的价值，则会形成通货紧缩。

这样，我们可以看到，商品的货币价格与商品的价值之间存在一定比例的换算关系，这个比例就是通货膨胀率或通货紧缩率，带来整个经济、管理、财务、会计、金融、保险、国际贸易等各种理论上的谜团。

这种价值与价格之间的换算关系体现了商品的价值与价格之间的关系，即商品的价格是价值的影子。商品的价格可以脱离价值以一定的比例表示商品的价值，形成商品的价格与价值之间的水涨船高或水落船低的关系。

现在我们就来研究商品的价值与价格之间的关系。

为此，我们必须首先来研究货币问题。

2. 货币

代表一切商品价值的某种商品称为货币，如黄金、白银等。

正因为货币本身的性质是商品，所以，它可以代表一切商品的价值，并形成与商品价值的一定比例的换算关系。

黄金或白银表示商品价值时，由于黄金与白银作为商品来说，本身的价值与其他一切商品的价值相等，所以，使用黄金或白银为货币的年代，不会产生通货膨胀或通货紧缩。但是，随着货币的发展，出现纸币以后，当纸币的价值与黄金或白银的价值一致时，也不会形成通货膨胀或通货紧缩；而当纸币脱离黄金或白银的价值时，则会形成通货膨胀或通货紧缩。纸币发行量脱离黄金或白银的价值完全起源于政府宏观经济调控时的金融政策。形象地说，就是当政府人为地以超过或少于实际的黄金或白银的商品的价值量发行纸币时，就形成了通货膨胀或通货紧缩。

商品的价格：商品的价格是商品的价值的货币表示。

由于商品的价值是恒定的，表示商品的价值的货币价格可以高于商品的价值数量来表示，也可以低于商品的价值数量来表示，也可以等于商品的价值数量来表示，即商品的价格是价值的影子，所以，形成了商品的价格围绕商品的价值上下波动。

汇率：汇率是指不同国家的货币之间的价值换算比率。

汇率是各国货币通过黄金或白银价值为统一"参照物"进行价值换算的结果。显然，一国过量发行货币，即形成通货膨胀时，外汇的汇率会下降，如美国长期通货膨胀，即过量发行美元，使美元对比黄金或白银的价值下降，所以，美元对比其他国家的货币的价值和汇率也会下降。例如，美元对人民币的汇率由几年前的1:8左右，下降为2009年的1:7或更低。或者其他国家的货币回笼，也会提升本国货币的价值，提高本国货币的汇率。

这样，我们就可以找到商品的价值与价格的关系了。

商品的生产要素投入的价值换算为商品的货币价格时，就形成了商品价格中的成本，而商品的效用价值换算为货币价格时，就形成了商品价格中的利润。

作为商品价格中的利润，只有在商品成交时才能确定来下，所以，对于没有成交的商品的价值，如库存商品的价值，分两种情况来处理：没有出库时的价值，只能按成本价格来计算；而当拿到市场销售时，就按成交价格计算。作为库存商品的预测价值来讲，可以通过公允价值法进行评估，即设定相同的市场环境的价格。

商品的价值=成交价格

特别值得指出的是，使用商品的价格表示价值时，要注意的是：由于商品的成交价格中包含了增值税，所以，成交价格的价值也称为含税价值。以后我们研究问题使用成交价格表示价值时，都是指含税价值。而增值税并不是商品的投入，是国家在商品销售上的利益分成，是通过权力的强制作用来保障的。而对于没有成交的商品的公允价值，由于不含增值税，所以称为不含税价值，也就是商品本来的价值。公允价值认定方法与目前会计上对库存商品的价值认定方法是一致的。

这样，我们就得了商品的价值与价格、剩余价值与利润的对比计算问题。

商品价值=投入+效用　（价值计算法）

商品价格=成本+利润　（价格计算法）

从商品的效用等于利润来看，一个企业或商品生产者生产经营的利润越多，其对商品的使用者带来的效用就越大。例如，一个食品厂的利润是10%，则当它经营一年获得了10元利润的时候，表明它为社会消费者提供了100元成本的食品。一切商品的利润都是这样一个小小数字对应着巨大的社会财富的商品的投入的结果，而且还是建立在一定的市场、经济、社会、政治、法律风险基础上的。所以，靠利润的积累来发展企业速度是很慢的，因此，近代以来，世界各国盛行通过吸股、债券等资本运营来快速发展企业。

所以，在市场经济条件下，投资者投资时选择商品，要把商品对消费者或投资者的使用效用放在第一位，这是因为消费者或用户能够给商家的商品带来利润的剩余价值。为此，一些服务行业还规定出了对消费者和用户微笑的具体标准，完全是“经济人”商品利润剩余价值追求驱使的结果。不但如此，商家在定价时，在考虑自己的利润的剩余价值时，还要考虑其生产成本的消费者或用户的购买能力，才能产生其商品生产带来的投资资本金的增值，以获得剩余价值。这就是商品的价值追求决定商品投资的基本价值规律，也是市场经济商品需求自动调节商品生产的基本价值规律。而如果没有对这个利润的剩余价值的追求，或者不是“经济人”，则商家无论如何也不会这样对待消费者和用户，其生产的商品是难以为消费者或用户所接受的。

而在市场经济条件下，企业的一切生产经营本质上都是一个投资回报的经济行为，其他一切生产要素，如土地、资本、劳动、科技、企业家都是企业利润剩余价值形成的工具。而商品的剩余价值的利润形成于商品的市场买卖当中，在长期的市场经济的买方市场条件下，就要以市场为导向生产适销对路的商品，这就完全取决于企业对未来市场形势的分析预测及整个企业的投入产出比的财务经济效用分析，这就要求企业在确定生产商品之前，进行项目投资决策分析，通过对商品的国内外市场形势分析，通过市场调查与预测，将市场细分化，摸准目标市场。对目标市场实行产品、价格、渠道、促销等现代市场营销。而没有摸准目标市场，所生产出来的商品，一旦市场不对路，不能为消费者或投资者带来某种消费效用或投资收益的效用，则商品就难以销售出去，其剩余价值的利润就无法形成。

现实生活当中，当我们走进百货商场时，看到有琳琅满目的商品，虽然商品有所不同，但却都有着统一的以货币为单位的价格标签。这时，每一种商品的价格标价签上所标明的价格，就大致地反映出该商品的价值。其中包括商品的生产成本，如直接材料、直接人工、制造费用，还有期间费用，包括管理费用、财务费用、销售费用的分摊，还有税，包括增值税、所得税等，也就是价值中的要素投入部分。此外，还有利润，是商品的效用的价值部分。如果按标价交款，则标价就是价值。如果不以标价交款，则以其实际交款的价格为该种商品的价值。

一般情况下，商品卖家很少以低于其成本的价值销售商品，而是以包括利润在内的价值增值作为定价的依据。这只不过是利润部分的剩余价值由谁多得谁少得的问题，于是就产生商品买卖中的讨价还价现象，实质是利润的剩余价值的瓜分过程。如果卖方价格高了，买方就要损失其商品的效用部分的剩余价值；反之，如果商品的价格低了，卖方则失去了利润部分的剩余价值。而在其他各种市场上，商品的买卖规律也都是一样的。商品的价格围绕价值波动，实际是围绕其投入的成本加上期望利润的价格波动，波动的是由市场供求关系影响和决定的。所以，在商品买卖成交前，其商品的价值是不确定的。

总之，由商品的土地、资本、劳动、科技及企业家等生产要素的投入形成商品的价格中的成本，而要素投入之后产生的商品价格中的效用（包括消费品的消费效用和投资商品的收益效用）形成商品的利润。两者都是一切商品的全部价值的有机组成部分之一，也就成为确定商品价格的依据所在。

在会计上，商品成本是指生产上所投入的资金，包括直接材料、直接人工和制造费用三大项，再加上生产以外的期间费用，包括管理费用、财务费用和销售费用，形成商品最终的销售成本，所以，商品的生产要素投入部分的价值，就是指销售成本的价值，包括生产成本和期间费用，即直接材料、直接人工、制造费用、管理费用、财务费用和销售费用之和。

而现实社会中市场上的所有商品，其价格并不只是销售成本和利润，还包括税在内，如商品买卖流转中征收的利润的增值税和企业经营成果的利润的所得税。那么，商品的税与价值是什么关系呢？由于税是对商品的流转或经营结果的利润征收的一定比例的利润，这部分利润体现的是商品的效用，是被商品购买者所认可的效用，所以，税实质是商品的价值中的效用的一部分。这样，国家在向商品征收流转增值税或利润所得税时，也就征收了商品价值的效用中的一部分。当它进入商品的价格时，最终还是由商品的购买者（消费者或投资者）承担了。这样，商品的购买者就通过价格中的税为国家作了贡献。国家税收是与商品购买者分享利润的剩余价值。如果一个地方的商品经济活跃，则政府的税收也跟着水涨船高，从而提升政府的财力。商家需要获得的是商品销售成本和税以外的利润的剩余价值。税对于商家带来的是其商品价格上的“水涨船高”或“水落船低”。

3．商品的价值单位

前面我们讲过，商品的价格与价值之间存在一个换算关系，即价格是价值的“影子”，那么，如何具体进行商品的价格与价值的换算呢，我们知道，商品的价格可以通过货币单位来计量，如元、角、分等，而对于商品的价值则缺少一个换算单位，因而无法进行换算，这样，为了对世界一切商品的价值能够统一计算计量和进行价值与价格的换算，必须新定义一个独立的商品价值单位。这样，就能直接进行货币价格与价值的换算了。

事实上，如果世界市场经济社会一开始就先定义出来一切商品的统一价值单位及计算方法，之后再来定义商品的价格单位，就不会出现通货膨胀或经济危机了，而国际贸易中的汇率名词也就不会出现了。

根据当代世界市场上的货币情况来看，黄金与美元作为主要货币流通，而日常通过美元纸币进行商品交易，所以，我们就以黄金及美元作为世界一切商品的价值的参照物来定义世界一切商品的统一的价值单位。又由于近代美元对黄金的通货膨胀率相当大，由1946年的每克黄金1.12美元发展为2008年的每克黄金27.33美元，这样，为了使价值单位具稳定性，就需要计算从1946到2008年的62年平均值作为一个价值单位。

自1946到2008年62年中的1克黄金平均价格是（1.12+27.33）/2=14.225美元，故定义：美国自1946到2008年的62年间的1克黄金的平均价格的美元数14.225对应的价值为1个价值单位，用Tianhua表示。

为什么以过去62年间的美元对黄金的价格作为价值单位，是因为未来的美元与黄金的价格无法知道，只能以过去发生的事实作为参照来进行定义。

为什么采用黄金与美元作为标准来定义价值单位，回答是，事实上完全可以其他商品或货币为参照来定义商品的价值单位，但是，从实践上看，没有其他任何商品与货币能像黄金与美元在当今世界的流通性一样广泛，这样，使用起来就方便多了。

根据这一定义，要把一国的商品的价格单位换算成价值单位，就要把本国的货币按一定的汇率换算成美元，再用美元数除以14.225所得到的结果就是1个价值单位，并用Tianhua表示，各国不同的货币统一表示成一个可确指的价值单位的方法是：

第一步，运用“模型”以本国货币为单位来计算价格；

第二步，由于资金时间价值是变化的，所以，要把货币表示的价格进行资金时间价值的等值换算，即去掉通货膨胀或通货紧缩的因素，按本国通货膨胀率或通货紧缩率折现后还原成某一基年的货币数；

第三步，按本国货币与美元的汇率比价换算成美元；

第四步，用美元数除以14.225，便得到以Tianhua为基本价值单位的价值结果（为计算方便，本书将以Tianhua为价值单位的结果精确到个位）。

这样，在国际贸易中，同一商品，只需计算Tianhua价值单位即可进行对比，使世界商品的流动由价值低的国家向价值高的国家流动，实现世界统一的分工。这也是国际经济中如何生产、国际贸易中如何确定价格的基本前提。

商品的价值单位区别于价格单位的最大优点在于去掉了价格单位中通货膨胀或通货紧缩对商品的价值表示带来的不确定性，就像是长度、重量、温度等计量单位长期固定不变一样。

为了计算上的方便，本书以后都以美元对人民币的汇率=1:7作为汇率计算标准。

例1 ≫

试将3 000元人民币换算为价值单位。

解：

根据前面所讲，在1美元:1人民币=1:7时，3 000元人民币约相当于30 Tianhua价值。计算过程如下：

3 000/7≈428.57美元，428.57/14.225≈30.13 Tianhua

注意，这是指在没有通货膨胀或通货紧缩时的货币单位与价值单位的换算结果。

实际上，3 000元人民币在存在通货膨胀或通货紧缩的情况下，不同时间段上的价值是不同的。通货膨胀时能够购买到的商品的数量少，价值较小；反之，通货紧缩时，能够购买到的商品的数量较多，价值较大。这时，可以通过进行资金时间价值的等值换算后还原为原来的货币数，再换算成价值单位，则得到的结果在任何时间上都是一样的，这样，货币的价值结果就是一个比较恒定的数字了。而商品的价格围绕价值上下波动的这个价值就是一个能够看得见的价值了。

关于货币资金的时间价值的等值换算，在后面的第八章第二节中我们将作专门介绍。

例2 ≫

已知某商品的单位商品平均成本、费用为1 120元，销售利润是300元，试计算该商品的价值。假设没有通货膨胀现象发生。

解：

第一步，计算货币价格表示的价值。

价格价值=1 120+300=1 420元

第二步，把货币表示的商品的价值换算为商品的价值单位。

由于没有考虑通货膨胀率，所以不用将资金时间价值进行折现。

1 420/7≈202.86美元

202.86/14.225≈14.26 Tianhua

即1 420元价值商品，就是大约14 Tianhua的价值。

由于地理位置确定的各国自然资源不同、各国发展历史不同，带来的科技水平不同、劳动力价格不同、商品市场销售价格表现不同等，同一商品在不同国家必然产生不同的价格及价值上的差异。需要通过计算价值差异，再还原成价格差异来确定国际生产与贸易经济中的生产产品及贸易种类。

当把同一商品统一换算为世界统一的Tianhua价值单位以后，就可以直接进行比较了，就可以确定由该种商品价值较小的国家出口到价值较大的国家，获取价值差，然后再还原成美元价格差，这样，世界贸易如同国内贸易一样简单。但这里不考虑税与贸易的运输费、保险费及银行手续费等，需要各国在商品的贸易中分不同情况单独计算。

每类商品都有一个平均成本加上平均利润的平均价格。这个平均价格换算成价值单位以后的价值结果，就是这类商品的平均价值。根据商品的市场供求关系不同，商品供小于求时，会出现商品以高于平均价格出售，这时厂家获得了超过平均价格的价值，即更多的剩余价值；反之，供大于求时，会出现价格小于平均价值，出现亏损贬值。但总的来说，商品的价格总是围绕着平均价格的价值上下波动，不会偏离过远，这就是商品的价格围绕价值上下波动的基本经济规律。由此形成了不同商品的不同价格及价值或偶然的相同的价格或价值。例如，一台彩电的平均价格是1 200元人民币，则这台彩电的平均价值是12 Tianhua。其价格只能围绕着1 200元上下波动，即围绕着12 Tianhua的价值上下波动，不会离开12 Tianhua的价值太远。而一部手机的平均价格也是1 200元，则手机的平均价值为12 Tianhua，这时，手机的价格也会围绕12 Tianhua的价值上下波动，不会偏离太远。这时，一部手机和一台彩电的价值大致相同。而一个台灯的平均价格是100元人民币，则这个台灯的平均价值是1 Tianhua，则一个台灯与一台彩电或一部手机的价值不同，其价格也会不同。这样，商品的价格围绕价值上下波动，就不再是一句空话了，而且可以具体计算商品的价格怎样围绕具体的价值上下波动。

当我们有了商品的价值单位以后，一切商品，不论什么形式，包括货物、服务、各国货币都可以统一进行价值度量了。这种度量使一切商品的价值有了统一对比的可行性。不论什么形式的商品或是哪国的货币，只要换算成价值单位，就能够进行数量对比，从而进行商品间或是商品与货币间的等价交换的买卖对比。比如，在国际贸易的金融结算上，就可以直接通过价值单位进行价格谈判，在经济行为的法律实践上更是得心应手了，如司法审判中，可以统一将钱、物或服务换算成价值单位确定经济量。再如，在企业上市的资产认定上也可以使用价值单位。总之，一切投资商品或是消费品相互之间都可以通过具体的价值计算进行价值对比。这时，一切商品，不论是物还是服务还是钱，外形已经不重要了，只有价值内涵有大小或相等之对比，而商品的等价交换成为可操作的现实，并由此带来市场经济社会的专业化生产及行业形成的高效率。

商品的价值单位是"世界一切商品价值评估计算统一模型"的有机组成部分之一，离开了商品价值的统一计算方法和统一的价值单位，就不能构成对世界一切商品价值的完整体现。它构成了世界一切商品的全部价值内涵。

不同形式的商品的货币单位统一换算成价值单位的情况如图2-1所示。无论商品还是货币都以其价值为尺度来衡量，无论是商品或货币都是价值为核心的外在表现形式，即相同价值的商品和货币的价值相等。所以，可以用货币购买商品，或者使用货币单位来表示商品的价值。只有价值才是商品或货币的共同的本质。

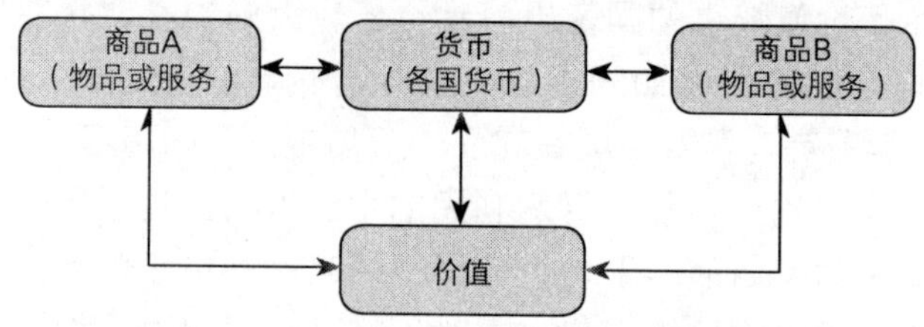

图2-1　一切商品或货币都可以换算成统一价值

由此可见，一切商品不论外形如何，都统一于价值本质，除了价值之外，难以找到不同商品的共同点了。

正是由于有了商品或货币与价值的对应性，故在经济分析中，有时用商品表示价值，有时用货币表示价值，或者用价格表示价值。

而在社会市场上，我们经常所说的准备买多少钱的商品，就是指的多少钱的价值能够买到多少价值的产品或服务，只有这样才能物有所值。而有些广告指出，该商品的价格物超所值，则意指其价格的价值小于实际的产品或服务的价值。让消费者能够少花钱，诱导消费者或投资者获得超过价格的货币价值以外的剩余价值，以达到薄利多销的目的，或为了更大范围地占领市场。

4．商品价值的统一评估与计算

如前所述，由于商品价格是商品价值的"影子"，所以，一种商品的价格高，其换算成的价值也大；反之，一种商品的价格低，换算成的价值也小。这样就可以通过每天每时形成的商品价格来判断商品的价值了，即通过商品的价格计算再经过价格换算得到商品的价值计算结果。

例3 ≫

已知某个房地产商品成交的总价格为8 000万元，具体的会计成本及利润核算结果如下：

土地使用费分摊：3 000万元。

资本投入（含利息）分摊：800万元。

职工劳动工资及福利分摊：300万元。

科技购买费分摊：100万元。

企业家年薪分摊：100万元。

利润：3 700万元。

试分别找出当中包含的土地部分的价值、资本部分的价值、劳动部分的价值、科技部分的价值、企业家贡献的价值及增值部分的价值。

解：

土地部分的价值就是土地使用费等与土地有关的支出的价格中的价值，即3 000万元的价值单位为30万Tianhua。同样方法可以得到资本、劳动、科技、企业家部分价值分别为：8万Tianhua、3万Tianhua、1万Tianhua、1万Tianha，价值增值为37万Tianhua。

5. 消费品的价值计算

消费品的价值就是成交价格换算成价值单位的结果。

消费品的价值=成交价格的价值单位

其中，成交价格中包括成本、利润及税。例如，某消费者购买了一台便携式计算机，其成交价格为6 000元人民币，换算成价值单位是60 Tianhua，则这台便携式计算机的价值就是60 Tianhua。

消费品的效用是消费品价值中的一部分，可以统一用价值单位来度量，即一种商品的价格中的利润是多少，换算成价值单位以后的效用就有多大。如这台便携式计算机价格中的利润是1 000元，则换算成价值单位为10 Tianhua的话，则该台便携式计算机的效用就是10 Tianhhua。这种定义方法表明，作为商家生产出来的商品，其获得的利润的剩余价值正好等于为消费者创造的效用。形成商品的利润、效用和剩余价值的三统一。所以，在本书以后的叙述中，商品的效用、利润和剩余价值是同义语，即一种商品的利润有多大， 其效用就有多大，表明商家新创造的剩余价值就有多大。同时也对应着消费者消费的价值或投资者的投资收益，即商家所新增加的商品的剩余价值完全建立在消费者消费的效用或投资者收益之上，形成了生产与消费的对立统一关系，体现了经济学的价值理论的完美性。为了消费者的消费效用而生产商品，体现市场经济社会生产的目的性，没有消费者对商品效用的认可，商家商品生产的利润的剩余价值也就不复存在了。市场经济社会的生产的高效率就体现在这一点上，就是力争最大限度防止盲目生产所带来的资源的浪费。为了消费而生产，为消费者提供有效用的商品，成为一切商家生产的出发点，成为企业生存的基础。

6. 投资商品的价值计算

投资商品与消费品在性质上有所不同，投资商品的利润的效用表现形式与消费品也就有所不同。消费品的剩余价值是在商品买卖成交时，通过商品的价格一次性完成利润收益的，而投资商品的利润收益并不是一次性完成的，需要在投资商品运作过程中分次实现。例如，投资项目需要在项目运行期间内分期或分年回收现金利润，一般要经过几年、几十年甚至几百年（如中国三峡工程项目）才能完成，股票、债券也是通过各年分红或利息获得回报的，这么长时间的分期的利润回报如果等到项目结束再计算，则成为"雨后送伞"了，知道了也没有多大用处，只能作为责任追究的依据。所以，对于投资类商品的利润的剩余价值来说，一般都是在形成之前进行收益的预测分析，进行技术经济可行性分析评估。

由于项目期较长的原因，投资资本及各年收益的现金利润受社会通货膨胀或通货紧缩的影响，会偏离实际价值，所以，要对各年收益的现金利润进行通货膨胀率或通货紧缩率的资金时间价值的等值换算，即对各年回收到的现金利润都按当时的通货膨胀率或通货紧缩率折现到期初值再加总。这样得到的结果是去掉了各年收益的现金利润的资金时间价值增值或贬值以后净资本金的增值，所以，称为净现值，用$NPV(i)$表示。所以，一切投资商品的利润的剩余价值就是收益净现值$NPV(i)$，它是全部投资商品的价值增值部分，而并不是投资商品的全部价值，投资商品全部的价值除了这部分增值外，还包括投入的资产的成本部分，所以：

投资商品的价值=评估日的资产的价值单位+收益净现值$NPV(i)$的价值单位

评估日的资产是评估日时的投入价值，收益净现值$NPV(i)$是评估日的总的收益，即该投资商品的全部收益的剩余价值。原理上与消费品的一次性利润的剩余价值是一样的，只是多了一个各年收益的现金利润的资金时间价值的等值换算加总而已。

如某个企业作为投资商品，评估日的资产是3 000万元，预测未来存续期30年内能够带来10 000万元的收益净现值，则该企业作为投资商品来说的价值是3 000+10 000=13 000万元，换算成价值单位的结果是130万Tianhua。

对于投资商品的收益部分的剩余价值，只能以预测结果来作为法定价值加以认定，并通过各种评估准则、法规加以规范，也只能如此。如果评估准则制定得不科学？法规不规范或执行不力，评估的结果就会产生各种误差，使投资商品的价值认定上产生失真。

而目前世界各国各种投资商品（资产评估、矿业权价值评估、股票、债券等）价值评估中，单独使用收益净现值$NPV(i)$法时，只以投资商品收益的净现值$NPV(i)$的剩余价值部分作为整个投资商品的全部价值来认定，就是把投资商品的价值中的绝大部分资产的成本部分拱手让给了购买者。这对于整个国家资产的"家底"损失是不可估量的。例如，我国广西某个矿业权评估时，国家对一个铜矿的投入是500万元，按收益净现值$NPV(i)$法计算的结果却只有30万元，如果按30万元作为整个铜矿价值加以认定，那国家的损失是巨大的。

对于可以成为投资商品也可以成为消费品的双栖类商品，如房子、汽车等，房子可以用于炒房地产，也可以用于生活居住，前者为投资商品，后者为消费品；汽车，可以用于出租，也可以用于自己使用，前者为投资商品，后者为消费品。对于这类商品的价值评估，要先确定商品的用途，区分是投资商品还是消费品，再来按投资商品或消费品不同的价值评估方法进行分析评估。对于投资商品，要通过有资质的专业评估部门进行评估，对于消费品通过价格的价值单位换算可以直接评估出来。

还需要说明的是，计算投资类商品的效用时不要忘记它本身收益的内部效用，还要计算该投资商品带来的对社会、市场的外部效用。对于一些公益性较大或污染较大的投资商品，外部效用是相当大的一块价值组成部分或效用组成部分。

最后，在现实的社会中，如何判断一个人创造了多少价值，就看他挣了多少钱，并把这些钱换算为价值单位，就是确切的价值结果；如何判断一个人创造了多少剩余价值，就看他在商品买卖中获得多少利润，并把这些利润换算为价值单位，就是确切的剩余价值结果。

7. 商品的等价交换

商品的价值判断是抛开商品的外在形式及自然属性，单独从其内在本质上所进行的判断。正像人们对于物质的组成，不分外形，只看其分子、原子组成一样，具有统一性的抽象性。

一切商品除了价值具有统一性外，在其他方面都有着不同的属性，如消费品的各种消费作用各有不同，投资商品的收益能力各有不同等。但不论消费品消费怎样多样化及投资商品收益差异如何，在价值上却都具有统一的可比性，如相等或不等。

例如，一个汽车是20万元人民币，即2 000 Tianhua价值，而一个房子也是20万元人民币，折合价值仍是2 000 Tianhhua价值，这时，这个汽车和这个房子的价值是“相等”的，而不管其消费作用或投资收益的其他方面的不同。一切价值相同的商品，才可以通过货币——商品价值的中介物进行买卖交换。例如，某人生产粮食，卖了1 000元，即10 Tianhua价值，而另一个人生产皮包，也是卖了1 000元，也是10 Tianhua价值。这时，这些粮食与这个皮包的价值相等，都是10 Tianhua，可以进行交换，操作上就是这个人可以把粮食卖了1 000元，再用这1 000元钱来买这个皮包，这时就实现了粮食与皮包的等价交换。反之，皮包商也可以先卖掉皮包得了1 000元，再用这1 000元买到粮食，货币成为商品价值的中介物。市场上一切花钱购买商品的行为都是商品的等价交换行为，只不过是货币与商品对于商品的价值表现形式有所不同罢了。一切价值相等的商品都可以通过货币进行买卖交换。

反之，同一类商品，由于生产要素的成本的投入不同，产生的商品效用大小不同，其价格不同，折合成价值单位后也是不同的。如同是皮鞋商品，可以是60元价格的价值，也可能是500元价格的价值。

一切商品不论外形如何，自然属性如何，都可以统一进行价值判断，除了价值能够进行统一性判断以外，任何商品其他方面都做不到这一点，即不同商品无法进行比较，或同一种商品只能以质量或性能比较，而做不到不分种类、质量或性能的统一比较。

根据"世界一切商品价值评估计算统一模型"，商品的价值相等，指的是商品生产及流通中投入的生产要素与产出的商品的效用之和相等，只有投入与效用之和价值相等的商品才能进行交换。古代时人们使用黄金作为商品价值相等的中介物，这是因为有了多少黄金，就对应着有多少价值的商品。虽然古代不是完善的市场经济社会，商品生产不发达，但是，在商品的交换中也自觉不自觉地使用了等价交换的原理。

现代市场经济社会中，使用了纸币来替代黄金作为货币符号，于是货币充当了商品的等价中介物。但是，作为社会的执政政府，可以根据需要人为地多发行货币，即超过实际的价值发行货币，于是形成了通货膨胀，也可以根据需要少发行货币，这样又产生了通货紧缩的金融危机。

通常，现实社会中商品的等价交换，并不是直接的商品与商品的交换，而是通过把所有商品的价值都与货币表示的价值进行对比，通过货币统一购买任何商品，即多少价值的商品要用相对应的多少价值的货币来购买。现实世界中的每个人每天每时所进行的商品买卖交换行为，无一不是货币的价值与商品的价值相等的等价交换。比如，一辆小汽车价值是100万元的时候，亦即指它的价值是1万Tianhua。反之，当我们手中有了100万元时，亦即表示有了1万Tianhua价值的所有商品的购买能力，如购买小汽车。

在商场上经常可以看到不同的商品价格相同，这是其价值相等的结果。例如，一个便携式计算机是5 000元，而500 g海参也是5 000元，这时，我们就说，这台便携式计算机和这500 g海参价值相等，都可以通过5 000元价值的货币来购买。或者说5 000元价值的货币，既可以购买一台便携式计算机，也可以购买500 g海参。特别是中国人过春节时，准备了1万元钱，到了市场上，可以买这种商品，也可以买其他商品，但总消费价值是1万元人民币对应的价值100 Tianhua。

不仅在一国之内，世界各国都可以用货币进行商品买卖，只不过国际贸易中使用货币进行商品买卖时要进行外汇汇率换算而已。

一般，n个价值相等的商品称为等价物，等价物之间可以通过货币进行买卖交换。

同一种类的商品有不同的价格，不同的商品有不同的价格，甚至不同商品也会有相同的价格，这是为什么呢？原来都是由商品内在的价值决定的，或者说是由商品价值模型揭示的商品生产中投入的生产要素和商品的效用不同或相同所决定的。

至此，我们常说的商品等价交换就不再是只可意会不可言传的"空中楼阁"，而是实实在在能够具体进行等价交换的计算了。

通过商品的等价交换及生产的分工才形成了现实社会中的工作分工，通过工作的成果——商品的买卖交换，实现人与人之间的相互服务或互惠互利的关系——“人人为我，我为人人”。比如，当一个理发员为顾客理发（提供服务）后，得到了顾客的报偿60元，当他把这些钱拿到市场上用于购买大米时，就实现了从理发服务到大米生产厂家的等价的商品交换，两者的劳动结果是一样的，可以通过价格的货币为媒介来计量出来。这样，一个人可以一生从事理发，另一个人也可以专门从事种水稻，各自的技术都得到了发挥，你种大米为我服务，我理发为你服务，虽然相互都不认识，但通过商品的等价交换实现了劳动合作。货币在此充当了一切商品的价值的中介物。正是有了商品的等价交换，才能形成社会的专业化分工，商品的等价交换带来的生产的专业化分工，形成各种专业化生产经营的企业及各种行业的区别，创造了资本主义市场经济社会几百年创造的社会财富超过封建社会经济几千年的财富的人间奇迹，带来了科学技术的飞速发展。

这样，任何商品都存在二重性，当我们从商品的价值上认识商品的时候是商品的经济属性，而从商品的技术或科学原理上解释的是商品的自然属性，对一个商品既进行经济属性的价值研究，又进行自然属性的研究，才是完美的认识，而在缺少全面统一商品价值论之前是做不到这一点的。

在市场经济买方经济前提下，任何一个社会活动都是经济活动，在经济活动的前提下，或经济的可行性之下，才有了生产的可能性。这样的生产及经营活动才是经济的，否则就是不经济的。

市场经济社会中，首先是商品的经济属性决定了其他的生产价值，才决定了是否生产、生产多少、怎样生产等。没有剩余价值的经济价值的商品是没有人愿意生产的，而且生产了也是不经济的。所以，市场经济社会中，在长期的买方市场情况下，经济研究在先，而生产技术在后，社会一旦需要某种商品，这种商品的剩余价值就大，于是包括生产该种商品的一切生产要素马上就会形成，拉动生产进行。如房子价格高，利润的剩余价值大，于是关于房子生产的所有要素包括科技都在应运而生，而一旦市场形势不好，房地产的要素也贬值，这就是市场经济社会需求拉动生产的原理，归根到底是经济决定技术及其他生产要素。

这就是市场经济社会商品的剩余价值追求的“看不见的手”的原理的体现。即市场需求拉动社会生产，带来资源的自动整合。

把经济与技术等综合在一起进行的经济分析，就是技术经济。技术经济在现代国民经济建设中有着巨大的应用价值。而技术经济也要遵守商品的价值规律，或者说建立在商品的价值规律基础上的技术经济才是可靠的经济分析，因此，需要将技术经济加入价值分析，而各种实业投资商品的价值分析也离不开技术经济分析。

最后再补充一点，正是因为有了商品的价值的货币表示，所以，当一社会的货币流通时，就带来了社会财富的异地转移，或通过人口流动带来了货币流动影响到社会财富的商品的异地流通。例如，中央向一个地方进行财政拨款时，拨付了多少货币资金，就带来了这个地方相应的多少商品财富的增加。反之，一个纳税人向国家上缴了多少税，就意味着为国家提供了与税额的货币数对应的社会财富。异地邮局汇款也是财富的价值转移过程。

总之，价值相等的商品通过货币可以进行买卖交换，而价值不等的商品不能买卖交换。商品买卖的形成，正是建立在商品的价值流动即货币价值与商品的价值相等基础上的结果。

经济学不研究商品本身的外形、质量及技术问题，而只是研究一切商品的全面统一的价值问题及由此形成的商品交换、生产、流通等问题。经济学也是建立在任何商品都有价值的统一性基础上的。这样对于经济现象我们就可以找到根本解释了。

8. 一切商品的价值本质

前面我们所讲的商品的价值模型，指的都是商品形成时的价值。

然而，事实上，当商品的购买者将商品买到手以后，由于时间的增加，其价值也是不断变化的，大多数呈不断下降趋势，也有的呈上升趋势。所以，我们不但要研究商品形成时的新商品的价值，而且还要研究商品的任何时间段或点的价值，只有这样，才能牢牢把握商品价值的内涵及外在表现。

事实上，大部分商品都是以旧商品的形式存在的，而并不是以新商品而存在，新商品只是商品存在的一个时点而已，任何商品的价值总是处于形成到废弃的变化之中，并且这种变化是一个连续的过程。因此，商品的价值评估，严格上讲，既包括形成时的价值，也包括存在的任何时点的价值，还包括清算作废时的价值。商品本身价值的连续现象，要求商品价值评估中必须使用一个模型，而不能使用某个间断点的价值表示整个价值。现行国内外有关资产评估理论中的几种使用方法，都是间断的价值结果。

商品都处于由新到旧的变化过程中，一方面由于自然损耗，如房产的砖等建筑材料的老化，使其价值的投入部分在减少，而且由于其风化，其使用上的效用也在减少，也就是从价值内涵的两个方面上不断减少价值，直到形成危房报废为止。另一方面是由于技术进步带来的使用效用的相对减少，影响其价格，带来价值的减少，如过去的"大哥大"，一个价值上万元人民币，而到了现在，一般手机价格只有千元左右，是由于技术上的进步，导致价值内涵中的科技投入不断增加，旧的技术投入在减少，其价值也在减少。而古董、名人字画，则会随着时间的增加，效用的价值连续增加，其总价值也不断增加。

下面我们区分投资商品及消费品来介绍一下商品价值变化过程及评估方法。

一切商品的价值本质与外在形式如图2-2所示，土地、资本、劳动、科技、企业家等生产要素投入形成商品的价值原始部分，所生产出来的产品或服务或产品加服务，构成整个商品的价值的全部。当我们认识到一切商品的统一的价值内涵时，就抓住了一切商品的本质，外在的形式及其效用如投资类商品的投资收益及消费品的消费效用是它的存在的另一种方式。例如，一辆汽车的价值就是汽车的成本加上其利润表示的价值，其外在形式是一辆汽车的有形产品。花钱听一次学术讲座，其票价是成本加利润的结果，是听这场讲座的服务商品的价值。乘坐飞机花的机票钱，既包括产品的飞机票价格，也包括在机上所接受到的服务，包括微笑等，就是产品加服务的外在形式的价值。不论哪种形式的商品的价值，都统一于其价值单位表示的价值或价格换算后所表示的价值。如果把投入的生产要素的成本称作商品的基础价值，把商品的效用利润称为增值价值，为了研究方便，可以把商品的价值解释为

一切商品的价值=基础价值±增值价值

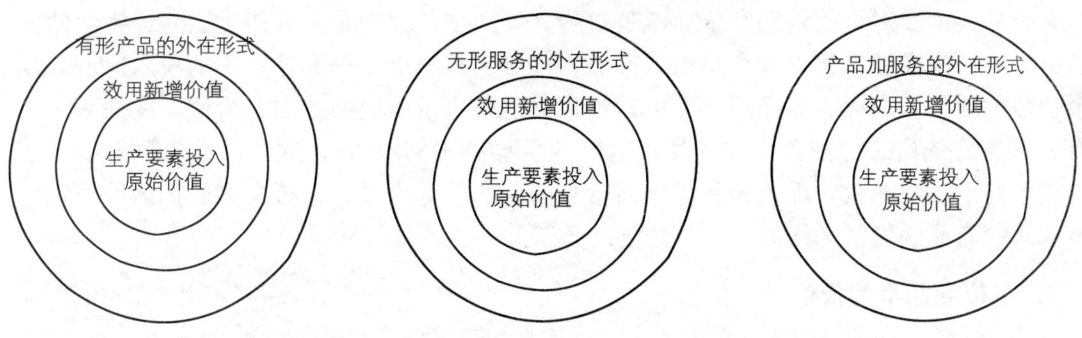

图2-2　一切商品的价值本质与外在形式

世界上每种商品的基础价值都有一个平均值，如500g大米的利润平均为0.1元左右，而一部汽车的平均利润可能是3万元左右。对于消费品的价值增值评估，就是消费者在市场购买时，根据以往市场同类商品的平均价值判断。

这样，现实生活中当我们走进商场时，摆放在我们面前的一切商品的价值就可以容易进行价值计算了。例如，对于一件棉袄来说，在没有成交时，价格为500元，这时这个棉袄的价值就是500+0，所标明的价格只是期望值，不是实际的价值。而只有当有人购买了该商品，付了款时，商品的价值才最后确定下来。

一种商品的总价值，就是生产中创造的价值加上中间各个流通环节所创造的价值之和。企业生产及流通中，如果以小于这个要素投入或大于其平均利润价值销售，就会获得超额的价值，也称剩余价值。它是企业所追求的目标，也是企业生产经营管理作用的体现。要获得投资所带来的某种商品的剩余价值，就要从商品价值的生产、流通等各个环节来节省，就像是从麻布中挤出水滴一样，稍有不慎，就会亏本。

任何商品的总价值等于生产环节要素投入及效用增值+流通环节要素投入及效用增值，即等于一切生产及流通环节的要素投入及增值。

一种现象值得注意，就是同一件商品，夏日里摆在室外的小摊，价格会明显低于大商场中的价格，这是为什么呢？是因为外面摆摊商家没有多少投入成本，所以，成本低，带来了价格低，从而价值低。而大商场却投入了空调、电梯等设施，拉动了商场内所有商品的成本升高，使成本价值增加，带来价格上涨，只有如此，才能达到商品价值的保值、增值目的。

正常情况下，厂家是不会以低于其商品生产中的生产要素投入的成本、费用的价值出卖的，都要以超过其价值出卖，才能获得剩余价值。因此，只要消费者或用户购买某种商品，也一定会给厂家带来所生产的商品的价值增值，给企业生产者带来剩余价值。所以，企业要以用户为上帝，以销定产，是为了实现剩余价值而作出的努力。当一个人走进酒店、旅店、商场、超市、影院等消费场所时，几乎所有的服务员、售货员……都是笑脸相迎，老板每天都在对员工讲顾客永远都是对的，其内在的原因是因为通过这些促销活动，能够给企业带来商品销售中剩余价值的形成，最终老板与员工一同按不同的投入比例分享剩余价值的成果。所以，商品服务中的营销人员的笑也创造商品的剩余价值。以往有一个调查，形象好的员工比形象不好的员工的收入平均高出5%左右，这是因为形象好的员工能够树立好的公司形象，促进销售，因而带来商品的价值增值，老板自然要把这种促销作用所带来的商品的价值增值的一部分分配给员工。

9. 单位商品平均价值

在商品买卖交换中，经常要用到某类商品的平均价值问题。对于区分不同商品的不同价值有直接作用。现在我们来定义单位商品平均价值问题。

单位商品的平均价值=单位商品平均成本、费用+单位商品平均利润

由于每种商品的生产中所投入的成本、费用大致相同，全国平均起来，就会形成该种商品的平均生产成本、费用。例如，生产一台便携式计算机的成本投入可能是1万元，也可能是8 000元，也可能是12 000元，但是，平均起来是1万元，这样，便携式计算机的平均成本就为1万元，其成本价值就是1万元。而市场销售上的利润也一样，每种商品存在一定的平均利润。例如，每台便携式计算机的销售利润可能是3 000元，可能是5 000元，也可能是8 000元，这样，全国平均起来就有一个固定的平均数。而商品的平均价值就是平均成本与平均利润的和。

每种商品，理论上存在着这样的平均价值，但实际上由于不同的生产厂家的管理不同，经营结果不同，市场不同，每种商品的实际价值是不同的，且同类商品的价值也不尽相同，如同是买一部汽车，不同的品牌及车型、不同的保修条款等，价值不同，表现出价格也不同，而且相同的一部汽车在不同国家及不同市场上或不同的时间里的价值也有所不同，因而价格不同。

而研究同一种商品的平均价值或价格在理论上有特别重要的意义。

第一，它回答了商品的价格围绕商品价值上下波动的原理的可操作性。商品价格

围绕商品的价值上下波动，如果我们考察的是平均价格，则要围绕平均价值波动。如果是具体的某商品的价格，则要围绕具体的某商品的价值波动。而当有了商品独立价值单位的时候，商品价格围绕着价值波动就有了标杆。而在没有这些理论以前，不明确商品的价格是围绕商品的平均价值波动，还是围绕具体的商品的价值波动，价格与价值单位一致，到底是价格还是价值区分不了。

第二，有了平均商品价值概念以后，商品的成本价值及剩余价值就一目了然了。如果企业以低于其单位产品平均成本、费用价值生产出来，以高于这个价值的数销售出去，就可以获得商品的价值增值——剩余价值。而如果以高于平均利润的价格销售出去，则获得了超额的剩余价值。如果以既低于单位商品平均成本、费用，又高于单位商品平均利润销售，则同时两次获得了商品的利润——剩余价值。

这样，当我们可以用会计学原理解释商品价值的时候，要计算某种商品的价值，只需要计算其单位商品平均成本、费用及销售利润就得到其货币表示的商品的价值，再通过货币价格换算成价值单位，就得到属于商品本身的价值结果了。

根据以上的分析，一切商品的形成过程需要有生产要素土地、资本、劳动、科技、企业家等投入，这些投入转化为会计上的生产成本和期间费用，包括直接材料、直接人工、制造费用、管理费用、财务费用、销售费用。

10. 社会财富的价值

作为“世界一切商品价值评估计算统一模型”，不但反映了世界一切商品的共同的本质的价值，而且还可以推广到商品以外的其他社会学、哲学、心理学等价值观上。这里不做专门研究，只对涉及社会经济的一切财富的价值计算问题作些发挥说明。

由于社会市场经济的一切社会财富，除了商品以外，还有非商品形式存在。如自然界生长的森林、矿藏及大海，虽然不是商品，但也是一种社会财富，它们的价值是否也符合“世界一切商品价值评估计算统一模型”的核心价值观原理呢？回答是肯定的。对于自然界所赋予的原始森林、矿藏、大海等，虽然不是商品，但是却都是存在效用的；虽然没有投入，但也是模型中的效用价值部分，只不过是投入为零的价值。只要投入或效用二者有其一，就构成商品价值的一部分，而且当投资主体进行开采并用于出卖时，就形成了真正的商品的价值。这样，就结束了长期以来的矿业权价值评估中对于埋藏在地下的自然矿藏是否有价值的争论。埋藏在地下的各种矿产资源，虽然不是商品，没有现实价值，但是一种潜在价值。

提示注意的是，这种自然赋予的财富的价值，完全可以进行评估，就是这些森林、矿藏、大海的储量乘以其单价的结果。如某地探明石油储量为10 000亿t，每吨石油的价格为a元，则这个石油矿藏的潜在的价值是10 000a亿元，表示石油的价值是100a亿Tianhua。

我们把商品投入与产出的效用的价值称为现实价值，而把自然界赋予财富的价值称为潜在价值。

最后，我们来研究商品的价值及剩余价值的形成因素。

（1）商家

商家是商品的生产者及流通者。包括商品的生产环节和流通环节及税都是价值的组成部分。

从生产环节来看，商品的成本价值包括项目投资决策过程、项目建设、企业生产当中的人、财、物、产、供各种环节管理上成本的减少或质量的提高。

从商品流通环节上来说，商品的利润增值价值，取决于商品销售中流通环节的多少，商品每转手流通一次，成本、利润和税等就增加一次，带来价值的大量增值，而最终都由商品的购买者来承担。

这是供给环节上决定的商品的价值。

（2）商品使用者

商品的使用者，也称购买者，包括消费品及投资商品的购买者。这个部分对商品价值的价格的决定作用，主要来自于对商品的购买能力即收入水平上。另一个就是取决于对某种商品效用需求的欲望上。

这是需求环节上决定的商品的价值。

（3）市场

市场上商品的供求决定了价格其是以大于价值还是小于价值的价格出卖，所以，也决定了商品的一部分价值。当然它不可能决定全部价值，对于一个轮船及一把椅子来说，不论各自的市场供求怎样变化，二者的价格也绝不会是相同的，其价值也是不会相同的，因为生产一个轮船的投入远远大于生产一把椅子的投入。

市场对商品的价值决定与影响作用，主要体现在不同类型的市场对商品价格的决定作用上，如完全自由竞争市场的价格是由购买者决定的，相同的商品，只看价格，卖家把价格定高了，别人就不会来买，所以，此时的价值是由市场决定的。而对于垄断市场，如微软的计算机操作系统Windows，由于其技术的独家垄断性，价格由厂家来决定，因此，厂家能够自己决定商品的价格，也就决定了其价值。

（4）国际贸易

由于市场经济社会的国际经济一体化，商品的需求与供给是一个国际范围内的比较，针对各国不同的商品价格，有外汇可创，商品就出口；反之，就大量进口。这也影响到商品的价格，进而影响商品的价值。

（5）政府宏观经济调控

政府可以通过税收来影响商品的成本价格，进而影响商品的成本部分的价值。政府还可以通过制定土地价格影响商品的成本价值，还可以直接通过制定鼓励和限制的政策影响商品的成本或价格，进而影响整个商品的价值。

所以，商品的价值及剩余价值形成是一个上述各因素多方面综合作用的结果。商品的价值及剩余价值形成的多种因素中，企业作为商品的提供者，对价值起到主导作用，而其他方面影响也是不可缺少的。本书先主要从企业商品生产经营中的价值形成原理开始研究，得出成功企业的价值模型。继而研究生产的另一个侧面——作为商品使用者的消费者与投资者的价值原理，再跳出国界，站在世界经济一体化的角度来研究商品的生产与消费。最后站在政府的角度来研究一下宏观经济调控的价值原理。

三、“世界一切商品价值评估计算统一模型”的应用

1. 能够计算世界一切商品在任何时点的价值及剩余价值

一切商品都存在统一的价值，只有通过商品价值的具体计算与使用，才能实现按商品价值规律办事，才能作出符合商品经济规律的经济行为，才能形成整个经济学理论的科学性和系统性。

然而，到目前为止，关于商品的价值问题，在经济学中并没能给出一个统一的定义及计算方法，也没有独立的价值单位。各种商品价值论之间的争论，使世界一切商品的价值无法全面统一计算，导致商品价值问题成为永远的空谈，而以一元价值论的片面商品价值论为基础的各种经济学、财务会计学、金融学、保险学、管理学等理论形成不同的派别，导致缺少对一切投资商品价值的统一评估方法，也没有消费品的价值评估方法。投资商品如企业、资产、矿业权、房地产、土地、股票、债券等，不同行业不同部门的价值计算方法不同，甚至同一行业的评估方法也有所不同，如矿业权评估方法分成探矿权和采矿权。这样，目前的这些投资商品所评估出来的结果无法进行对比，导致评估结果与商品价值风马牛不相及，将会严重误导社会经济。

面对各种投资商品价值评估中的困惑，多年以来，世界各国都在向社会征求评估方法，盼望得到真正体现投资商品价值的评估结果，但是一直处于难解之谜当中，如项目、企业、资产、房地产、矿业权、股票、债券等价值评估还处于各自为政的评估当中。传统的西方经济学理论由于本身缺少这种价值理论的全面化、系统化，也不能给出统一的评估方法。

此外，人们对每日每时所使用和消费的商品，也不知道具体价值是多少，更不能把这些价值与投资商品的价值放在一起进行对比。

而当使用“世界一切商品价值评估计算统一模型”之后，这些问题就会迎刃而解，该“模型”对于准确摸清一个国家全部资产的“家底”，从而进行管理有着至关

重要的作用及不可估量的经济价值。

使用这一模型评估商品价值，不但对于新生产出来的投资商品及消费品的价值能够进行评估计算，而且还可以评估一切商品在任何时点的价值。

2. 建立国民经济TH价值判断指标新体系，正确引导世界各国国民经济发展

根据国内生产总值*GDP*的定义，它是指一国一年新增的最终商品的市场价值总和。由于一个国家地域之广大，最终商品难以完全统计到，所以，通过这个定义，至少可以看出，它不是一国一年当中新增的全部最终商品的价值，而只能是一国家一年当中新增的部分最终商品的市场价值。由于最终商品的市场价值是通过商品的价格来计算的，所以，为了去掉通货膨胀或通货紧缩的影响，就要有*GDP*平减指数来配合，计算起来比较复杂。这样，至少让我们感觉到国内生产总值*GDP*不是明亮的"指路灯"，而作为一个国家经济发展方向的"指路灯"不明亮，如同大江大海上的航标灯塔不明亮一样，会形成对整个社会经济的误导。

对于传统西方经济学理论中的国内生产总值*GDP*的这种"不明亮"性，西方经济学家们早已指出它不是一个万能的指标，只是在没有新指标体系可取代之前，它是不可缺少的。

而当以"世界一切商品价值评估计算统一模型"为核心建立起国民经济TH价值判断指标体系后，不但能够计算出一国乃至世界一年"新增消费品价值"，而且能够计算出全部社会商品财富价值，甚至是全部潜在自然资源的价值，从而全面反映一个国家的综合实力及发展速度，而原来的国内生产总值*GDP*成为这一指标体系中的一个特例，而且也不必使用"*GDP*平减指数"这一复杂计算了。

3. 对通货膨胀与金融危机治理的启示

金融危机及通货膨胀是世界各国几百年来长期交替出现的社会现象，是世界各国长期经济发展中社会金融现象的病态反映，无论哪种情况，都会给社会经济带来灾难性的后果。通货膨胀时，人民生活难以维系；金融危机时，企业生产无法进行。美国的近代经济发展史说明了这一点，特别是当前西方国家发生的严重金融危机波及世界，并将影响今后一段历史时期的世界经济。长期以来，对通货膨胀与金融危机，人们都是采取就现象论现象的治理方法，最终达不到根本治疗的效果。

为什么会反复出现通货膨胀及金融危机呢？难道通货膨胀及金融危机就不能根治了吗？或者只有经过金融危机生死考验的社会经济才是健康的经济？回答是否定的。

今天，当我们用全面商品价值论的核心价值观来看待世界300多年以来为各国政府首脑所一直发愁的通货膨胀与经济危机交替进行的时候，问题就变得特别简单了。

所谓通货膨胀或金融危机实质是一个国家或社会的货币发行量偏离现存的社会财富的商品价值量所对应的货币数量的结果，并且只与政府货币发行量有关，与其他无关。

商品价格上涨及商品生产成本过大，只是通货膨胀产生的表面现象，而不是通货膨胀的病理所在。当一个国家或社会的货币总量一定时，货币的价值就一定了。过量地发行货币，货币就会失去本身的价值计量功能。用过多的货币来表示商品的价值，就是通货膨胀，反之，就是通货紧缩。而被有些人奉为与相对论齐名的乘数效应更是只有在神话世界中才可以看到，现实中完全找不到这种现象，在银行贷款资金的多次转递中，中间的银行只是一个债权债务链的传递者，类似于小孩子玩丢手绢游戏，不论怎样丢手绢、手绢落在谁的手中，也只有一个，不会无中生有新生一个手绢出来。货币在贷款的多家银行的转递道理也一样，无论经过几层转贷，也不可能格外多创造出货币来。以此理论为指导的银行准备金制度几百年来为什么没有见到效果？事实能说明一切，如果这个乘数效应真的能成立，由于货币代表商品价值和社会财富，则我们什么都不用做了，只要整天印发货币就可以了。

对于通货膨胀治理的另一个提法是通过失业来实现，即菲利普斯曲线所指出的，通货膨胀与失业是反向关系。如果按此方法治理通货膨胀，其结果是什么呢？通货膨胀治理了，社会失业人员增加了，这个社会经济就是一个失败的经济了。

而通过国民经济TH判断指标体系来确定一国的国民经济价值总量及增量，根据这一价值计算结果发行货币，则货币发行量就建立在一个可“适度”控制的范围内，而不是现在的只凭摸索，过量或少量注入或回笼货币，以至于永远不能根治通货膨胀与金融危机。

4. 对解决社会失业问题的贡献

失业问题是世界各国共同面临的关系民生的社会大问题，特别对于我国这样有十几亿人口、农业向工业化过渡的大国，不但急迫需要解决每年六七百万大学毕业生就业问题，而且要解决长远的每年数以千万计的农民工进城问题，再加上原有的下岗再就业等，成为国家和社会的沉重负担。我们是绝对不能通过增加失业来治理通货膨胀的，那么，怎样在不增加失业基础上来根治通货膨胀？根据“全面商品价值论”观点，要解决这么多人的就业，就要建立与这些失业人数配套的企业或单位。要新建和扩建相应数量的企业，就要完善相应的企业商品生产经营所需要的其他生产要素，如土地、资本、科技、企业家等，提供物质保障及相关政策，而不能只通过招聘会方法来解决。政府目前所提出的各种支持大学生创业的贷款政策，也体现了对“全面商品价值论”的应用。

5. 可理顺市场经济社会的分配关系

按商品价值形成中生产要素投入的比例来分配商品的剩余价值，体现了市场经济社会分配本质，即谁提供商品服务谁收费，谁接受商品服务谁付费。作为商品剩余价值形成中的生产要素提供者为商品形成所提供的各种服务也一样，无论哪种生产要素，谁为商品剩余价值的形成提供了服务，谁就应向商品的剩余价值收费，为商品剩余价值形成提供了多少比例服务就向商品的剩余价值收取多少比例的费用。这才符合市场经济社会公平分配的基本原理。这就是按要素进行价值分配的基本原理。而目前世界各国市场经济广泛使用的是按资分配的分配方式，即只按资本要素进行价值分配的方法，而其他要素处于被支配地位，虽然同样提供或提供了相应比例的价值贡献，却得不到相应的价值分配。

这是因为资本的货币作为一切商品价值的表现形式而使用，用钱能够买一切商品。所以，当资本方通过货币资本来购买其他一些生产要素，如土地、劳动者、科技和企业家时，这些其他要素就不再具有其投资商品属性了，而只能作为资本方的消费品而存在。要素的资本方花钱买了其他这些要素后，这些要素成为资本方的私人所有的商品了，理所当然地要为资本方挣钱服务。例如，资本方花钱购买了土地，则土地就为资本方企业生产和经营服务了，而购买劳动力，招聘员工，支付了劳动合同规定的工资加福利后，员工在岗位上工作就为资本方的企业获取利润剩余价值提供服务了。购买科技、企业家等性质也一样。这样，这些资本以外的其他要素就只能是资本方的挣钱工具了，即只拿到工资加福利的固定数，而剩余下的风险利润由资本方来承担。这样，企业的员工并不是在为自己干活，而是处于被支配被奴役地位，久而久之，形成阶级对立，甚至暴发社会革命。

按要素贡献比例分配商品的剩余价值，就有力地调动了一切生产要素的各个方面参与商品生产及经营的积极性，消灭了阶级对立，能够实现长久的社会安定与和谐。在实践上，这一新分配方式还有力地破解了当代唯一没有产业优势但多年占据世界500强之首的“沃尔玛”的成功之谜。

6. 标准市场经济社会的新理论是和谐社会与和谐世界的保障

按照要素贡献比例分配商品的剩余价值所建立起来的市场经济社会，就是标准市场经济社会，能有效克服此前其他各种特色的市场经济体制之不足，使世界经济保持长期平稳发展，造福世界人民。

7. 建立政府执政业绩考核价值评价指标新体系

政府人员也是人，也有“经济人”的一面，它追求个人利益最大化并不为过，关键是通过什么样的方式来实现个人利益最大化。是通过正面的为社会作出重大贡献的双赢基础上的最大化，还是通过收礼、送礼、“跑部钱进”的腐败行为实现个人利益最大化？政府执政关系社会经济的成败，因此要有一个好的执政价值指标体系刺激政府执政的积极性，也就是管理学上的激励。

而如果政府没有一个对执政效果的科学的价值判断指标体系，就无法确定政府人员的工作结果到底是什么？就如同学生没有考试，不知道学习成绩好坏，企业没有年末利润判断，无法确定企业家贡献一样。考核不科学，就会产生费心经营不得好，走后门搞腐败还能高升的腐败现象。政府腐败，企业微观层面的经济也难搞上去。

当前我国社会问题的关键词是反腐败、保民生、抓稳定，其根源在哪里？值得深思，而建立这套政府执政考核价值判断指标体系以后，通过一个地方长官在一个地方经营一段时期所创造的全部社会财富的价值总和及增量价值，就一目了然地显示了他的执政能力，用事实证明其是否是真正的人才。

使用这套价值判断考核体系以后，能够刺激政府长官正面经营的工作积极性。发展是硬道理，而经济总量与增量则是硬指标。充分发挥“经济人”的正面作用，使官员把一个地方当成自己的家来经营，这样，在为地方创造巨大经营业绩的前提下，自己也能获得相应比例的奖励，如同企业家对企业贡献大则获得较高的年薪一样。这样，可实现政府长官与老百姓共赢的良性循环的社会经济运行状态。

8. 消除技术经济分析中的理论难点

技术经济学对投资项目经济效益的分析，通常是使用“影子价格”及“影子汇率”来计量。然而，使用“影子价格”及“影子汇率”不但理论上复杂，使用了大量的高等数学计算，而且在实际上也难以操作。如劳动力的影子价格，就很难把握，其他方面也很难确定供求关系。而在财务经济效益及国民经济效益分析中使用其价值单位来计量则一目了然，资源的稀缺性影响到商品的效用，直接体现在商品的价值当中，通过取商品的价值单位来反映投资项目宏观经济效益，这种评估的结果可以与其他一切投资商品或消费品价值进行对比。

9. 按商品价值规律进行企业的生产经营

“世界一切商品价值评估计算统一模型”，直接揭示了商品的价值、剩余价值的形成原理和剩余价值分配方法，反映了企业围绕商品的剩余价值进行生产经营的基本价值规律，企业只有按照这一模型确定的价值规律进行投资、生产经营和分配，才是按商品价值规律办事，才能有效地防止背离商品的价值规律带来的盲目投资、生产经营和分配，使商品的生产行为和消费行为建立在价值规律的科学基础上。

通过价值模型原理，可以有效地判断出商品生产的投入与产出之比的盈亏情况。通过商品的效用增加拉动企业的剩余价值的形成，并作出商品生产的正确判断。

1）如果生产要素投入价值＜商品的价值=要素投入+效用，即商品效用为正数，则企业通过这种商品生产带来了剩余价值，其剩余价值就是商品的效用带来的。

2）如果生产要素投入价值=商品的价值=要素投入+效用，此时，商品的效用是零，因此没有带来剩余价值，但也没有亏损，此时为保本。

3）如果生产要素投入价值＞商品的价值=要素投入+效用，则商品的效用是负的，企业的生产是亏损的。

总之，企业按“该模型”的价值原理进行投资、生产经营和分配，就是按商品的价值规律进行的投资、生产经营和分配，是按经济规律从事经济活动的具体体现，而离开此模型进行的投资、生产经营和分配活动，必然是离开商品价值规律的投资、生产经营和分配，难免会出现投资、生产经营上的亏损。

10. 建立市场营销新观念

由于商品利润的剩余价值来自于商品的销售环节，消费者消费商品，主要是消费它的效用，并为此愿意承担价格中的生产要素投入的成本部分再加上效用部分形成的价格，所以，企业要想通过商品生产实现利润的剩余价值，就要以消费品的"效用"作为营销策划的出发点，体现在商品投资决策、企业生产经营等全过程，体现在营销环节上的广告、公关、人员推销等，要以效用说服消费者。而对于投资商品也一样，能够给买方带来怎样的投资收益的剩余价值的效用，也是营销策划的出发点，要围绕效用进行促销，以此实现利润剩余价值目标。

例如，对于消费品的促销，使用这种价值观，就要向消费者说明以下商品的效用。

吃的方面，饭店的菜单，介绍菜品的香、形、色、味等。

穿的方面，由什么原料制成的服装，穿起来能带来怎样的好处，如棉制品的不伤皮肤等。

住的方面，房地产商的售楼宣传单，该房地产处于什么样的环境，整个服务设施、价格等。

行的方面，汽车的销售产品介绍，时速、耗油量、智能化功能等。铁路服务、飞机服务介绍等。

教育方面，民办大学的招生广告，介绍师资情况、教学楼、学校历史、哪些名师、出了什么名人等。

医疗方面，医院的级别，名医多少、服务宗旨等。药品的说明书更是直截了当地介绍这种药能治什么病，由什么组成等。

影片介绍，片中的内容，投资多少亿元，场面宏大，气势磅礴等。

信息方面，电脑、手机功能、特点介绍等。

通过这种对于投入与效用的介绍，体现了商品的价值，吸引消费者购买。所以，厂家要打开商品市场，就要做好对商品的这种效用价值的介绍。

11. 财务会计计量单位新革命

为什么不同行业的企业生产经营成果可以用统一的会计方法来核算和计量，这是因为企业所生产出来的各种不同商品都存在统一的投入与产出之和的内在价值，可以把这种价值换算成商品价格，用统一的货币表示。否则，一个社会的各行各业生产出来的数不清种类的商品能够用一个统一的会计方法来核算，是不可思议的事情了。而在没有价值的统一计算方法之前出现的这种用货币计量的会计核算，虽然实质也是价值核算，但是由于商品的货币表示的价格与商品的内在价值之间相差了一个通货膨胀率或通货紧缩率，就会形成会计核算结果上的价值失真。即通过商品的价格只能看到商品价值的“影子”，并不是直接的价值结果，这种商品的价格与价值之间的影子关系，会随通货膨胀率或通货紧缩率的增加或减少而夸大企业的剩余价值或缩小企业的剩余价值，如同同样一个电线杆子，高度是一样的，由于太阳的运转时间不同，影子长短有所不同一样。只有把价格去掉通货膨胀率或通货紧缩率后换算价值单位时，才能看到商品价值的真正作用。

用货币价格作为会计核算的度量单位，至少有以下两方面的不足或误导。

一是货币是有时间价值的，即同一数量的货币，在不同的时间点或时间段上对应的商品价值是不同的。如国家多印发货币或少印发货币，就会形成用不同数量的货币数表示相同的商品价值的情况，即世界几百年来长期交替出现的通货膨胀或通货紧缩带来的货币对商品价值表示的失真情况。这仅是指对比资金本身的时间价值变化而言，即箱子里的资本金的时间价值而言。

例如某企业同是100万元的货币利润，不同时期对应的财富的价值各有不同，在通货膨胀的年份里，由于通货膨胀引起的整个社会商品的物价上升，所以，能买到的商品的数量很少，因此，货币利润的价值很小。反之，同样是这100万元的利润，在通货紧缩时，由于全社会所有商品的物价都较低，所以能够买到更多的商品。这时100万元利润货币的价值就大于通货膨胀年份时的100万元利润所表示的价值。对于企业会计核算单位的财务成果就出现了相同的商品价值不同的货币数结果，无法让人最终确认哪一个是准确的。

而使用商品“价值”计量单位来进行会计记账或核算，就可以有效避免因通货膨胀或通货紧缩带来的企业利润价值失真的现象。因为价值单位本身是去掉了通货膨胀或通货紧缩的世界统一度量单位，不论在哪一个国家都可以通用。

另外，采用价值度量单位来进行会计成果度量，还可以有效避免货币度量中“公允价值”的难以操作及通过“当期损益”调整的麻烦。

二是“权责发生制”的记账方法。目前的会计核算方法下的会计利润是权责发生制下的结果，不是现金或商品的实际拥有量的测度。如果存在大量欠款情况下，则一个企业的账面上的利润很大，但由于用户的长期欠款，导致企业并无法使用现金，甚至会出现企业账面上永远的利润事实上只是永远的债权，这样对于企业生产经营来说，无疑是雪上加霜。因为利润确定以后，就要按一定比例上缴所得税。这样，本来在生产中投入大量的现金及其他生产要素成本，现在不但没有得到现金回报，还要额外先上缴一定比例的所得税，这样，企业就会陷入举步维艰的境地。在我国改革开放之初到目前的企业中，三角债拖跨企业的例子比比皆是。如果国家以此作为宏观经济调控的参考依据，则会建立在偏离实际的空中楼阁之上，产生名义上的赢利掩埋事实上的亏损现象，会计利润就不是一个可以信赖的指标。

而使用价值单位作为会计核算的度量单位，由于价值计算是根据现金为依据的，就不受权责发生制影响，企业只有收到了现金，才能作为价值判定的依据，这样就有效避免了企业账面上赢利、实际上亏损的局面。

把货币计量与权责发生制带来的误差加在一起，企业的会计核算结果就不知会相差多少了。这就会带来企业对自身财产家底子的真正价值有所不知，无法考核企业家的经营成果和进行正确的投资决策。而直接使用会计上的"价值计量"方法，就能有效克服上述财务成果计量上的误差及不确定性，而且可以破解目前财务会计理论上的各种不同观点的长期争论。

12. 增值税、所得税的价值解释

我们知道，增值税是国家对企业商品销售中所征收的流转税，即对商品出卖带来的利润的一定比例征收的税，根据"世界一切商品价值计算统一模型"，商品的利润就是商品的增值的价值，所以，增值税是真正对商品价值增值部分征收的税。相应地，对于企业会计期末（通常一年）征收的所得税，则是对企业作为一个投资商品的增值部分征收的税，在原理上与商品的流转税是一样的。这也从另外一个侧面证明了"世界一切商品价值评估计算统一模型"的实用性。

13. 保险理赔中的合理价值判断

由于投资商品和消费品在性质上的差异，带来了价值计算上的结果不同，比如消费品的价值只是成交价格体现的价值，所以，只按价格的价值单位进行赔偿就可以了，因为这类商品没有再生的剩余价值。而对于投资商品来说，情形就完全不同了，除了有投入部分的成本价值以外，还有投资商品带来的未来收益也是价值中的一部分，虽然是一种机会收益，但是，也因投资商品的损坏而无法获得，所以，要计算整个投资商品的价值，不但要计算投入的成本部分的价值，还要计算未来收益损失的机会收益净现值NPV（i），而目前保险公司所使用的只是对财产的商品投入成本价值进行保险，丢掉了投资商品的"收益"部分的保险。就如只计算饲养母鸡投入的饲料及肉的损失，却丢掉了母鸡不能下蛋的收益净现值NPV（i）部分的价值损失。这种保险对于投资商品的投保人失去了保险作用，等于把投资商品的价值当成消费品的价值进行评估了。

14. 国际贸易原理之谜得到破解

国际贸易原理经历了劳动价值论下的绝对优势原理、相对优势原理，发展为要素价值论下的要素禀赋原理，并形成"里昂惕夫之谜"等过程。而使用"世界一切商品价值评估计算统一模型"建立"价值优势原理"，一切国际贸易原理的谜团都会迎刃而解。

由于世界各国历史、国情、生产要素禀赋的不同，同一商品在不同的国家中会产生不同的价值量。当一国对某种商品拥有较低的价值时，出口到价值较高的国家的商品，就有价值比较优势或价格比较优势。这是对此前一切国际贸易的各种优势原理全面概括和总结的结果。体现商品价值的全面对比，而不是只就商品价值中的某一个方面，如劳动成本要素的对比，称为国际贸易中的价值优势原理或称为价格优势原理。国际贸易是一国国内经济的组成部分，所以，研究经济学不但要研究国内经济，而且还要把国内经济与国际经济包括国际贸易等联系在一起研究，并把国内经济与国际经济（包括国际贸易）与一国的宏观经济政策的调控方针结合起来，而且要以全面的商品价值论为核心。

对于上面给出的国际贸易中的价值优势原理或称为价格优势原理，我们举例如下。

一辆汽车在美国是1万美元的价格，折合成价值为100Tianhua，而在中国则为2万美元，折合成价值单位为200Tianhua，则美国向中国出口汽车就有价值上的比较优势，或称价格上的比较优势。

注意：这种比较是汽车商品全面价值对比的结果，而不只是汽车价值中的生产要素投入的成本的比较，是包括生产要素成本及利润在内的全面价值的比较，通过价格体现出来。

而以往的国际经济学中的国际贸易原理都是建立在各种片面商品价值论基础上的，如单独的劳动价值论的绝对优势原理、比较优势原理、要素价值论下的要素禀赋原理及形成的“里昂惕夫之谜”，则只是对商品价值中的部分内容分析统计的结果。所以，在片面的价值论下，“里昂惕夫之谜”将永远是一个“谜”。而在全面价值论下，这个谜也就不称其为“谜”了。

根据“世界一切商品价值评估计算统一模型”原理，国际贸易中只需要将商品的成本的要素投入与利润的效用收益即价格进行对比就可以了。而在实际上，一切国家的国际贸易都一直是这样操作的。而把它上升为系统的国际经济学中的国际贸易优势原理却没有人正式提出过。这样，我们就能够从商品的全面价值论的理论上来解释当前世界各国国际贸易操作上的理论原理。

15. 对劳动要素商品的价值判断

按照“世界一切商品价值评估计算统一模型”原理，市场经济条件下的自然人，作为生产要素中之一的商品的劳动，其价值就是劳动者本人的专业培养费的成本投入加上在工作岗位上的专业贡献的效用。如果用货币表示劳动者的商品的价值，就是劳动者与用人单位所签订的劳动合同上的工资、福利的全部价格换算成价值单位的结果。

例如，当某个人与企业签订了劳动合同，合同期5年，年薪10万元人民币，这时，这个劳动者在5年中的价值就是5×10=50万元人民币，即5000Tianhua价值。

而5年之后的其他年份，另签订一份劳动合同，则按另一个合同的劳动价格换算成价值单位，构成这个合同期的价值，一生中总的价值，就是各个阶段的价值之和。

人生价值=最后毕业学历投入的培养费的价值+此间的生活费的价值+参加工作后各阶段的工作合同收入的价值+退休后到临终时的退休金收入价值

其中，合同收入的价格的价值，包括其本人的专业技术及生活投入的费用及剩余价值，或个人劳动投入的成本、费用（专业培养费等）及利润（超过生活需要以外的部分）。

注意，最后结果是以价值单位来表示的。

在校大学生的价值=此前的培养费价值+预测毕业后工作的净现值NPV（i）价值+预测的退休后的全部收入的价值

大学生要实现自我价值，就要把自己的专业学好，在毕业以后的专业技术上过得硬，增加每年的净现金流量NCF，按通货膨胀折现到毕业时的现金加总，就能提高自己的人生价值。

对于体力劳动者来说，一来需要的培训费用较少，因此，价值中的投入较小；二来其岗位贡献效用只是身体上的力量，靠消耗身体的化学能体现的效用，力量很小，所以贡献效用较小。从投入与效用两个方面看都相对较小，导致其价值之和变小，因此，对应的货币表示的价值的工资及福利也较少，这就是为什么有人说，靠体力劳动一辈子，只能混口饭吃，在就业难的情况下，甚至连口饭都混不上。没有专业技术，就没有就业竞争力。

相比之下，对于高级专业技术人才，由于其在专业形成过程中从小学到博士甚至博士后的培养费不计其数，再加上工作在关键岗位，导致效用特别大，这个岗位离开此人就无法维持下去，特别对于企业来说，关键技术岗位可能导致整个企业的成败。这样，由投入与效用两方面的拉动作用，使得高级专业技术人员的价值较大，因而较大的价值所对应的货币工资及福利也较多。

例如，瓦特发明了蒸汽机后，用于铁路运输，取代人工，相当于几千人甚至几十万人的体力劳动，如果从一个时代的角度来看，是不可估量的，为英国的世界帝国地位作出了重要贡献。而一个普通的体力劳动者尽管一生出了特别多的力，受尽了苦难，但是其效用贡献还是相对很小。

再如，现代科技人员发明的机器人取代人的体力劳动，其作用远远超过我们自然人的力量。袁隆平院士发明的水稻杂交品种解决了很多中国人和世界人口的吃饭问题，这些劳动的效用价值大得是不可估量的。

所以，专业技术及管理是生产力，也是商品价值的体现。当一个人在大学里拼命读书，毕业时专业上学有所成，达到毕业水平要求时，他已经提升了自己的效用价值，从而提升了自己作为劳动者的价值。只有这样，才能奉献社会，为社会提供商品的效用，在创造社会商品的价值贡献的同时实现自我价值，而离开这一点，实现自我价值就无从谈起。

当一个人在自己的工作岗位上工作时，通过专业应用并与其他各种生产要素，如土地、资本、科技、企业家等一起配合生产出来商品的时候，就创造了商品的效用价值，也就创造了价值。例如，工人在做工时、农民在种地时、军人在训练时、科技人员在科研时、商人在商业经营时、教师在执教时、医生在给病人看病时、政府公务人员在执行公务时、汽车司机在路上开车时都是在创造商品价值的过程中。其商品的效用部分价值通过商品的利润体现出来，并在劳动者、企业及政府间分享。如劳动者分享工资及福利，企业分享未分配利润，政府分享税收部分的利润。

由此还可以看出，一个人的价值是通过其对商品生产的效用贡献体现的，最终通过对岗位工作奉献或经营企业的货币收入体现出来。

专业人才的价值，体现在通过专业对企业或单位商品生产中效用的贡献上，这样，同样学历或职称的专业人才，在本专业部门，则其价值大，而离开专业的岗位或部门则价值就会小。因为对岗位及生产经营中所带来的效用不及本专业人才大。

专业人才与企业或单位的这种劳动交换关系，或共同创造商品价值及分享商品价值的分配关系，是通过聘用合同的责、权、利来具体体现的。

正因为如此，高考中如何选择自己的专业就成了决定将来工作中的劳动作为商品的价值的关键，找到了专业对口的工作，对单位的效用大，拉动劳动商品的效用部分的价值大，相应的工资加福利的分配就较多，即在为单位创造更多的生产经营中的专业技术或管理的效用的价值增值的基础上，自己也分享了较高的价值回报，即高薪待遇。否则，所学专业被社会市场所淘汰，则企业用不上，自身缺少专业技术性，因而可替代性较大，甚至可有可无，这样就不会拿到高薪。所以，报考大学的专业选择过程，也是大学生作为未来劳动价值大小的决择过程。所以，报考大学时，专业甚至比学校更重要。因为它影响和决定你的一生，所谓“男怕干错行”就是这个道理。

而人才商品作用的发挥，并不完全取决于个人因素。如果一个社会缺少人才制度和观念，如果人才无处就业或在工作单位无法得到专业效用价值发挥的机会，则人才作为商品的总的价值就会贬值。全社会就会形成整个的人才商品财富的价值贬值，最终造成整个社会经济的落后。而市场经济社会能够促进生产力的发展，具体就体现在人才商品的价值效用的自由发挥上，并以劳动的结果作为人才的标志来认定。

16. 一切商品的效用的统一测度

按传统的西方经济学观点，消费品的效用因人因时因地不同而无法统一测度，因而有了无差异曲线等难点理论，在商品的实际消费中也无法使用得上，出现了经济学理论研究中的困境。事实上，当我们大家坐在同一个教室里，其温度效用是一个固定的数，是否会因人不同而温度不同？同坐在一辆汽车上，能否因某一个人急或不急而出现两种车速？每种商品本身的效用，包括产品的消费效用及服务效用甚至是投资商品投资效用等都是固定不变的，怎么能说商品（本身）的效用会因人而变？现实社会中不会存在，除非在神话世界中任意想象出来。

而当我们有了全面商品价值论下的"世界一切商品价值评估计算统一模型"之后，不但一切消费品的效用可以统一测度，而且一切投资商品的效用也可以统一测度了，这便体现了经济理论的统一性之美。

17. 日常生活消费中的商品价值判断

有了"世界一切商品价值评估计算统一模型"，在日常生活的商品买卖中，我们就能随时随地计算出所购买的消费品的价值。比如，当您漫步到市场上，买了一塑料袋商品回到自己家里时，合计一下共花了60元钱，立即就会算出这袋商品的价值是0.6Tianhua，其中的效用价值是利润部分价值，是消费掉的价值，其余是生产要素投入的成本价值，是商家转移过来的价值，并且60元货币商品的价值与这袋商品的价值实现了等价交换。只是货币（商品）与这袋商品的形式不同罢了。少了钱是拿不到的，多了也是不会付出的，几个朋友在一起去了一次饭店，结账时支付人民币500元，则马上可以判断出消费了5Tianhua的价值。

另外，由于消费者对所购买到的消费品的生产过程及技术等不知情，所以，在商品的销售上，卖方总是占有主导作用，而消费者总是处于不利地位，所以，才有了各国与消费者权益保护相关的法律法规加以规范。规定的一年保修期，就是保证消费者对于所购买的带有技术性的产品或服务，确保其相应的消费效用部分的价值实现，它也影响到商品的价格。如购买一个新空调，商家承诺一年内免费保修，这样，在一年内，如果因为技术或质量问题，一旦坏了，可以得到无偿的维修，以保证空调商品的价值中的效用的实现，因此价格也较高。而买一个旧的空调，如果厂家承诺不保换和保修，则一旦买到手第二天坏了，就无法使用了，其商品中的价值的"效用"部分就丢失了，因此，价格较新空调要低许多才会有人购买。

一般来讲，商品的保修承诺，往往是对消费者的使用效用的保证，从根本上来讲，是对消费者买到手的商品的价值的保证。还有关于合格证及ISO9000系统等，都是为了保证消费者的商品价值中的效用，从而使消费者放心购买。有时甚至可以花高价来购买保值的商品，即保质、保量、保维修甚至是保更新，如瑞星杀毒软件，可以随时升级。

18. 对特殊商品的价值评估计算

通常商品效用会随着使用时间的增加而减少，价值不断降低。对于消费品如房地产折旧、家用电器使用磨损、汽车使用中的行驶路程减少等，对于投资商品如土地随使用时间的增加，肥力会减少，机器设备会磨损、技术会老化、矿业的储量随开采而减少等，带来价值的降低。所以，一般商品的价值随着时间的增加而不断减少。因此，可以使用本模型根据商品在任何时间的效用减少情况进行适时评估。

但是，对于另一类商品，如古物、已故艺术家作品，会随着时间的增加而价值不断增加，在拍卖中卖价越来越高。这是为什么呢？按“世界一切商品价值评估计算统一模型”的解释，这是因为这类商品由于时间的增加，其生产的可替代性日益减少，所以，市场存量相对越来越少，因而无法找到可替代的效用，其显现出效用部分的价值就越来越大。如对于北京故宫这样的建筑物，如果现在建设的话，无论怎样高的投入，怎样高超的技术，也比不了500年前时皇帝在里面办公时所带来的效用，仿制就不是原样。再比如长城，现代也可以建设，但是，其古代的防御作用及时代的久远性是无法复制的，在世界的影响作用也不能与古代相比，所以，这类商品的价值会随时间的久远而价值越来越大，因此，形成了收藏业的经济效益。把著名艺术家的书法还有集邮品收藏起来，经过一段时间以后，效用的可替代性越来越小，因而其价值中的效用部分越来越大，拉动整个商品剩余价值越来越大，因而其总价值越来越大。这类商品的价值评估就要根据时间的久远程度及带来的效用的不断增加判断其价值中效用的大小，得出总价值的大小分值。此外，还应考虑其当时的社会作用，如同一时代中，皇帝的玉玺与一般平民的手镯的价值不同。而同是考古挖出的手镯，不同时代价值不同，前1 000年的与前20年的效用也不同。

19. “价值悖论”、“谜团”的破解

传统的西方经济学中一个著名的价值悖论是钻石与水的价值对比问题，即钻石对人们生活的贡献小于水，为何价值大于水，使用“模型”分解一下价值内涵就一目了然了。从价值的投入上分析，钻石获得时需要大量生产要素投入，而水的投入则较小。从价值的效用上来说，钻石比较稀缺，所以效用较大，水没有稀缺性，所以效用小。把组成这两种商品价值的投入与效用加起来对比，就可以看出，钻石的价值大于水的价值，除非全世界只剩下一滴水，而且能够挽救生命，只有在此时，水的投入及效用的价值才会大于钻石。

以上我们列举了“世界一切商品价值评估计算统一模型”的应用，实际上它的应用远不止这些，正如我们在前言中所指出的那样：它突出体现在对当前世界各国金融危机导致的经济危机的一次性根本治理上，对传统的广义的西方经济学包括经济、管理、财务、会计、金融、保险、国际贸易……理论的各种“谜团”的破解及整个理论体系的完善发展上，对于当前世界各国关于一切投资类商品的价值的统一评估方法上。

总之，我们无法一一列举“世界一切商品评估计算统一模型”在广义下的经济学研究、投资者投资、企业生产经营、人们日常生活及政府执政和政府宏观经济调控等各个方面上的具体应用。全面商品价值论如同一把万能的金钥匙，可以简单而直白地解释市场经济社会的经济现象和经济规律。

第二节

经济学综合

显然，任何社会经济现象都不是孤立存在的，都是一个综合的系统运作过程，如经济现象离不开项目投资决策而存在，离不开企业管理而存在，离不开市场营销而存在，离不开财务管理、会计、金融、消费、博弈……而存在，所以，一个完整的经济学理论体系至少要包括技术经济学、企业管理学、市场营销学、财务管理学、会计学、金融学、消费学、数学、博弈论等内容，否则经济学就会脱离经济现象的系统性而成为“无用”的理论。经济学既要从这些学科理论中抽象出基本原理，又要用这些基本原理来指导这些学科的理论与发展，才是全面系统化的经济学，因而才是有用的经济学。而目前传统的西方经济学则恰是离开了经济现象及规律的这些方面形成的独立的理论，因而是脱离了整个社会经济全貌的片面的经济学，传统的西方经济学对整个经济现象及规律的研究及对其他学科的指导作用就没有显现出来，因此被西方经济学家们指责为无用，并认为企业管理理论、会计学理论、金融学理论、技术经济学理论、商品价值评估学理论不健全、各自为政、缺少价值分析及价值计算，并产生各种不同观点的争论。

而作为传统西方经济学的最新完善与发展的“第四代”西方经济学“新体系”——高级经济学，就是以全面商品价值论为核心，以无距离空间为实证分析方法的包括“技术经济学”、“企业管理学”、“市场营销学”、“国际经济学”、“财务管理学”、“会计学”、“金融学”、“消费学”、“数学”、“博弈论”等各门学科综合结果的统一理论体系的现代经济学。“第四代”西方经济学“新体系”——高级经济学作为集合来看，是“技术经济学”、“企业管理学”、“市场营销学”、“技术经济学”、“财务管理学”、“会计学”、“国际经济学”、“金融学”、“消费学”、“数学”、“博弈论”

等学科集合的交集，也必然是这些学科的共同的基础理论。因而使传统的西方经济学变成有用的科学。所以，当我们找到了西方经济学的全面的商品价值论模型的时候，也就同时给这些广义上的经济学安上了一颗共同的心脏，抓住了这个心脏来研究广义的经济学，也会水到渠成，其各种理论上的片面也会迎刃而解。这一点在本书通过商品的价值形成过程中可以明显看到，如图2-3所示。

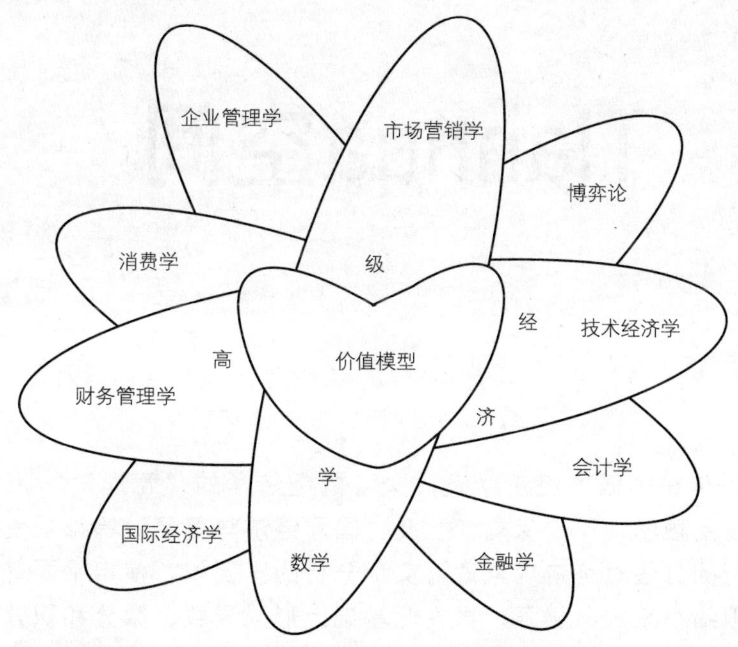

图2-3　全面商品价值论的“核心价值观”对各学科理论的共同基础作用图

从图2-3中不难看出，一切经济管理类学科以商品为研究对象，而商品以“世界一切商品价值评估计算统一模型”为核心，所以，以“世界一切商品价值评估计算统一评估模型”为核心的“第四代”西方经济学业“新体系”——高级经济学形成整个经济管理类理论的新体系。

除此而外，由于“第四代”西方经济学“新体系”——高级经济学统一了全面商品价值论，所以，也成为一切商品价值评估学的共同理论基础，如“项目价值评估学”、“企业价值评估学”、“资产价值评估学”、“矿业权价值评估学”、“房地产价值评估学”、“土地价值评估学”、“股票价值评估学”、“债券价值评估学”、“消费品价值评估学”等共同的理论基础，并且使世界一切商品的价值可以统一评估与计算，使商品的价值问题不再“只能意会，不能言传”，而变为能够被广泛使用的价值经济学。

第三节

Tianhua空间

大家知道，传统的西方经济学及广义下的经济学的“管理学”、“财务学”、“会计学”、“金融学”、“保险学”及“国际经济与贸易”等都是使用平面距离空间上的数学分析的方法对经济现象进行实证分析的。例如，使用平面直角坐标系坐标轴上线段的无限缩小来定义极限，再在此基础上形成导数、微分和积分等对经济现象进行实证分析，因此而得出目前世界经济学理论中所谓的特别重要的边际理论。对于一般各种经济函数，通过求一阶导数得到所谓的边际结果或通过积分等得到一些所谓的分析判断结果等。因此也可把此前的一切经济学科统称为“平面经济学”、“平面管理学”或“平面国际经济学”……不难发现，把无距离空间上的现象的经济规律硬性地映射到有距离的直线、平面或立体空间中去总是牵强附会、纷繁复杂、无法理解。所以这些经济学理论在使用数学分析进行实证分析时，使得经济学显得无比深奥而很少能解决企业管理及经济生活中的各种实际问题。事实上，经济现象及规律，一般并不是存在于平面之上的，而是一个无距离空间上的现象。

为此，经济学必须找到属于经济本身所在的无距离空间，找到属于经济现象及规律的本身所在的“家”进行经济学研究，对经济学理论进行实证分析，才是经济现象本身空间上的真正的实证分析，作为一门学科才能体现其科学性。

怎样找到属于经济现象本身的空间，是一个较为困难的事情。首先一点是无距离性，其次是能够进行一般的代数运算。为此，首先介绍一下集合论的有关知识。

一、集合的有关知识

大到宇宙的各种星系，小到物质的分子、原子……无一不是集合。到目前为止，人类还没有发现有超过集合的广义程度的概念来概括世界的统一性。从数学的角度看问题，可以说，世界上除了集合之外，什么也没有。

目前数学上还没有能够给出关于集合的统一定义，只是对集合现象的描述性解释而已，并以集合为舞台来研究数学问题。通常把满足某种条件的集合，定义为某种空间，如向量空间，拓扑空间、线性拓扑空间等。

1. 集合的含义

康托尔认为，“所谓集合是我们直觉中或者理智中的确定的、互不相同的事物的一个汇集，它被设想为一个整体（单体）。”

康托尔集合描述中的确定性反映了集合的两个基本性质：第一，任何一个集合的元素都是确定的；第二，任何一个确定的集合，元素都应该具有不可重复性，即两个相同的元素被视为同一个元素。

2. 集合的包含关系

集合的包含关系反映集合与集合或集合与元素之间的隶属性关系。

如果一个集合的全部元素都包含在另一个集合当中，则称这个集合为另一个集合的子集，如中国土地属于世界土地的一部分，所以，中国土地集合是世界土地集合的一个子集。

如图2-4所示，集合A中的全部所有元素都是集合B中的元素，则称集合A是集合B的子集。由于B当中至少有一个元素m包含在B且不包含在A中，此时的子集称为真子集，如中国土地之外存在一些国土属于世界但不属于中国，所以，中国土地是世界土地集合的真子集。

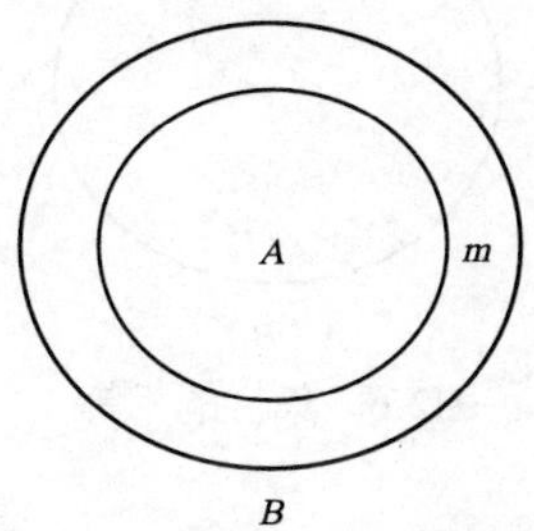

图2-4 集合的包含（真子集）

A包含在B中，可以表示为

$$A \subset B$$

通常一个集合是另一个集合的子集，指的是真子集情况。

另外，作为集合A可以等于集合B，这时的集合A仍然符合子集的定义，此时的集合A作为集合B的子集可以记为

$$A \subseteq B$$

此时，集合B也可以是集合A的子集，即互为子集，如图2-5所示。

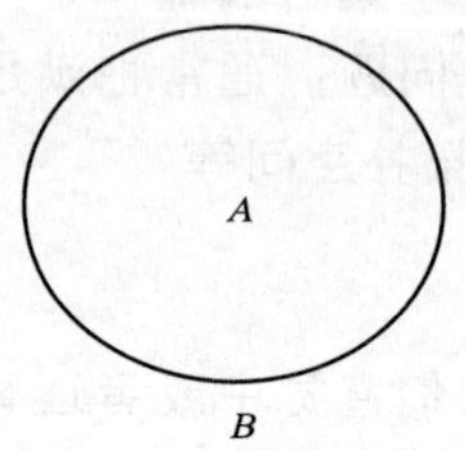

图2-5　集合的包含（非真子集）

什么元素也没有的集合称为空集，空集包含在任何集合之中。或者说，任何集合都包含了一个空集。

空集是集合当中最重要的一个集合，它并不是实数意义上的零，而是表示不包含任何元素的集合，如寿命为1 000岁的人集合就是一个空集。

3. 集合的相等

集合的相等，指两个或多个集合的元素完全一样，如图2-6所示。

集合A与B相等，记为

$$A=B$$

亦即，集合A与集合B的元素是完全相同的。

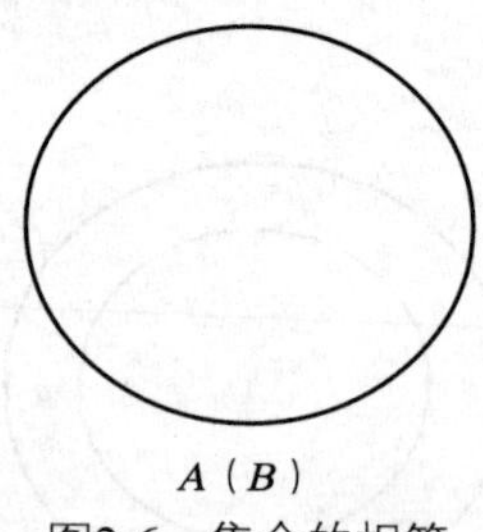

图2-6　集合的相等

4. 集合的并集

集合A的元素与集合B的元素全部放在一起，称为集合A与集合B的并集，设这个并集用X表示，则集合A与B的并集记为

$$X=A \cup B$$

集合A与B并集可以用图2-7来表示。实数集合的并的运算，也就是通常的代数的加法运算。

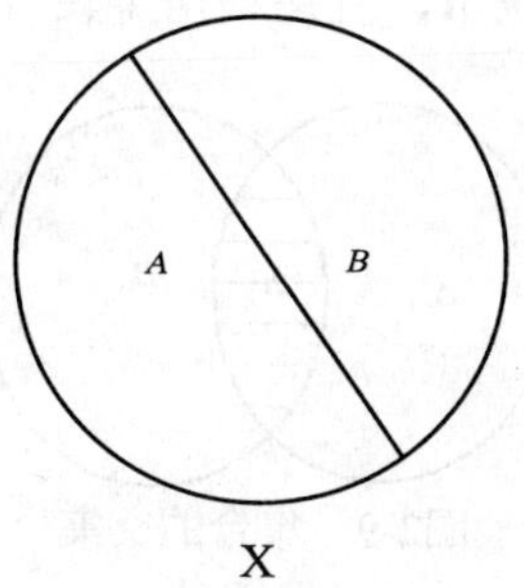

图2-7　集合的并集

5. 集合的补集

设集合X，A、B分别是集合X当中的真子集，集合X去掉A的元素以外的集合B称为集合A的差集，或集合X中去掉B的集合剩余的子集称为集合B的差集，如图2-8所示。此时，集合A与B之间的关系称为互余关系或互补关系。

集合A的差集（或称集合A的余集、或称A的补集）B可以表示为

$$B=X-A$$

集合B的差集（或称余集或补集）A表示为

$$A=X-B$$

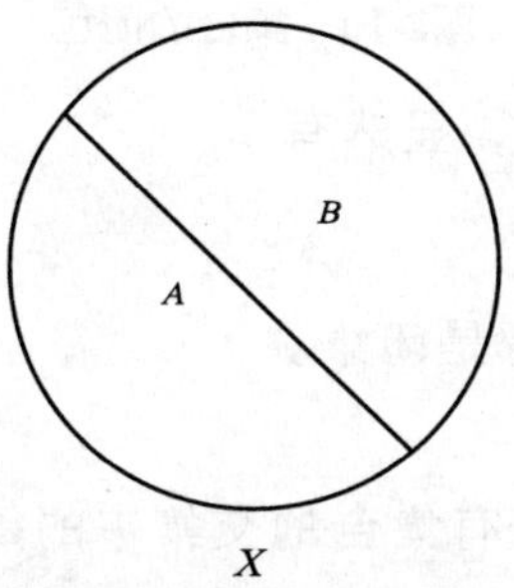

图2-8　集合的差集

由此可见，集合A的补集是集合B，反过来，集合B的补集为集合A。A与B是互补关系。也称补集为余集。这样，也可以说，集合A与集合B是X中的互余的集合。

实数集合的差的运算，也就是平常的实数的减法运算。

6. 集合的交集

集合A的元素与集合B的元素的共同部分，称为集合A与集合B的交集。

设两个集合的交集用X来表示，则有

$$X=A\cap B$$

亦即对于X中的任意一个元素，即属于A同时又属于B的集合，如图2-9中阴影部分。城市中的公交车线路几乎绕遍了整个城市，就是利用了集合的交集的性质带来业务收入的。

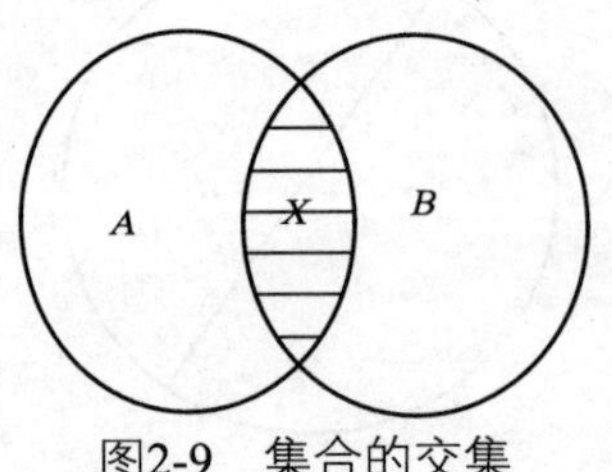

图2-9　集合的交集

7. 集合的闭包

设集合为A，则包含了A的一切集合的交集的每一个集合都称为集合A的闭包，如图2-10所示。

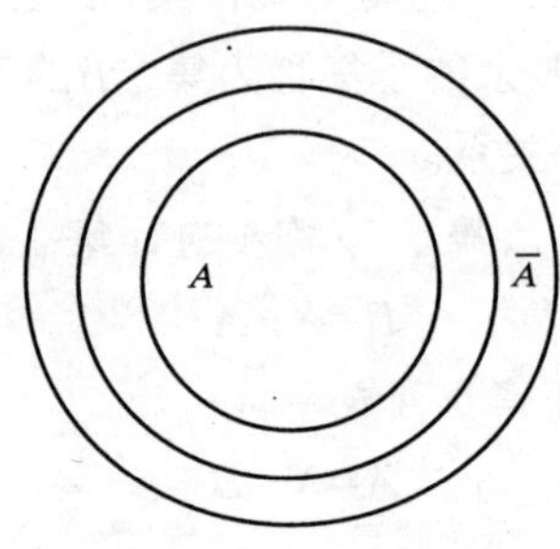

图2-10　集合的闭包

集合A的闭包用符号$\overline{A}$来表示，显然有

$$A\subset\overline{A}$$

这时，闭包集合中的每一个都是闭集。

8. 集合的内部

设集合为A，包含在A中的所有集合的交集中的每一个集合都是集合A的内部，用符号A^{o}来表示，如图2-11所示。

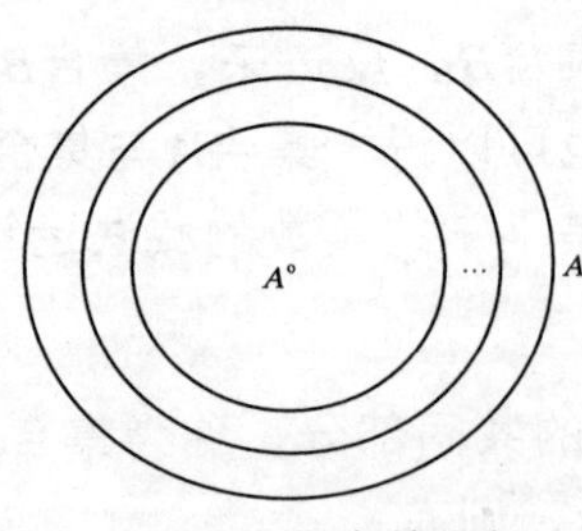

图2-11　集合的内部

显然有

$$A^{\circ} \subset A$$

集合A的内部是集合A的所有闭包的余集，所以是开集。

显然，对于任何集合，都有

$$A^{\circ} \subset A \subset \overline{A}$$

任何一个集合A都存在它的闭包与内部，即任何集合A都包含在其闭包$\overline{A}$中，并且包含了内部A°，如图2-12所示。

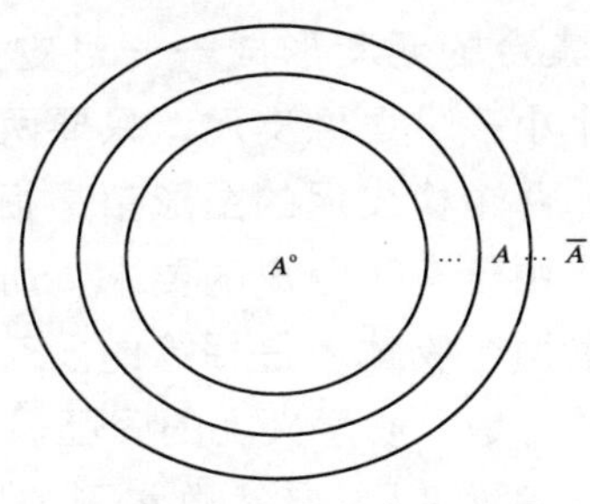

图2-12　集合的包含关系

二、Tianhua空间

定义一：Tianhua空间

一个集合X满足以下条件：

1）存在一个空集ϕ和全集X。

2）当中的子集的并、差、交运算是封闭的。

3）可以定义各种关系。

Tianhua空间是具有广泛使用性意义的一种空间，最大优点在于条件简单，则所能包容的自然和社会现象就非常之大，在此基础上赋予不同的附加条件便会形成各种不同的空间。以此为依托，可开辟整个数学在经济学及社会学中的广泛应用。

定义二：Tianhua经济空间

对于实数集合$\mathbf{R}$，满足以下条件，就构成Tianhua经济空间。它是Tianhua空间的一种延伸发展和在经济学中的应用空间。

1）存在一个空集ϕ和全集$\mathbf{R}$。

2）元素间可以进行加、减、乘、除、乘方、开方等数学运算，且运算结果是封闭的。

3）这些运算满足交换律、结合律、加乘分配律。

4）可以定义各种关系。

这样，整个经济学的实证分析就可以建立在Tianhua无距离经济空间基础上了，本书所使用的实证分析就是建立在Tianhua经济空间基础上的，是经济现象和规律本身所在的空间。

三、同胚

同胚是点集拓扑学中的一个重要概念，也是Tianhua经济空间中的一个重要概念。

定义：对于两个（或多个）集合，只要彼此间的元素建立了一一对应关系，则称这些集合是同胚的。

根据这一定义，只要两个集合的元素形成一一对应关系，不管距离长短、形状如何，都是相等的图形。就像两个小孩子捏橡皮泥，只要两个橡皮泥的点的个数相同，不管每个小孩各自捏成什么形状，两个橡皮泥的图形都是相等的，即两个图形是同胚的。而对于距离空间，则不一样了，由于有了距离的要求，所以必须是半径相等的两个球才是相等的图形。或是形状全等的两个物体才是相等的。而没有距离约束的两个集合的点建立了一一对应关系的这种同胚才是一般意义上的同胚。

对于任意元素构成的集合，都可以与自然数集形成同胚，所以，在研究经济问题时，虽然其元素的变量可是多种含义的，如产量集合、价格集合、利润集合、生产要素集合等，但都可以与自然数集形成同胚，从而运用自然数的四则运算。只不过此时脱离了距离限制。

四、Tianhua空间函数

定义：Tianhua经济空间的函数指从一个集合到另一个集合的映射。

五、网收敛

现在，我们先来回顾一下传统的数学分析中函数在一点处的极限定义方法。

在平面直角坐标系中，对于横轴上的任一点x的任意领域区间，都对应纵轴上的点A的一个邻域，只要横轴上的线段的长任意小，就有纵轴上的点A的邻域线段的无限小，从而描述了随着横轴的线段的无限小，即无限靠近点x时，纵轴上就有无限小的区间套住点A。

理解这一定义要特别注意两点：

一是两坐标轴上线段的任意短特别重要，如果横轴上的区间不能任意小，则也不能得出纵轴上的点A的区间的任意小。

二是靠近横轴或纵轴上的自变量的点或因变量的点是通过线段的距离来衡量的。在平面上，如果离开距离难以做到这一点。而如何在保留这种自变量与因变量互动关系的机理前提下，脱掉距离，我们给出以下方法。

对于集合X上所包含的点x，对应着集合Y上的一个点A，只要X上包含点x的集合的数量是无限的，即存在X上的点x的闭包集合，则对应着集合Y上的包含点A的集合也是无限的，每一个集合都包含着很多的子集，即存在Y上的点A的闭包集合，且每一个闭包集合都是不空的。这时就称集合Y上的函数是收敛于点A的。

形象地说，就是通过集合X中的点x之外的集合的无限包围关系体现无限缩小，达到集合Y上点A集合包围圈的无限缩小，从而达到Y中的点无限靠近点A的结果。

1. Tianhua经济空间上的网收敛的定义

设$Y=f(x)$是定义在集合A上，取值在集合B上的Tianhua空间上的函数。对于集合A上的任意一点x_0，存在集合B上的一点y_0，使之，只要$x_0 \in u \subset A$，便有$y_0 \in V \subset B$，则称函数在定义域集A上的点趋向于x_0时，函数$Y=f(x)$以y_0为极限，记为

$$\lim f(x)=y_0$$

说明，u、v分别是Tianhua经济空间中的任意集合。

2. 推论

在同胚的两个及多个集合中，如果一个集合是收敛的，则其他与之同胚的集合都是收敛的。

最后，作为本章的结束，我们要指出的是，有了全面商品价值论及Tianhua空间的同胚概念，一切商品，不论其外在形式如何，只要是两种或多种商品之间建立了价值上的等值关系，就是同胚的，正是因为有了这一个同胚的集合的存在，世界的一切商品才可以进行等量交换，才有价格上的对等，人们手里有多少钱，就对应着多少商品的效用的使用权，如消费品的消费效用及投资类商品的投资收益。世界一切商品均可以自由买卖与价值评估，并统一于价值基础上的评估与买卖。隐藏在商品内部的价值变成能看得见、用得着的经济分析工具，而不是此前的“只在此山中，云深不知处”，只能意会，却不能言传，或只能言传，却不能使用、计算或统一计算。

经济现象，是生产、消费、投资、分配综合运作的系统，其中生产现象，作为集合满足Tianhua经济空间的定义，如空集属于任何集合，当然也属于生产集合，产量集合可以进行加减乘运算，并且运算满足交换律、结合律和分配律。产量之间存在相等关系，所以，生产现象是Tianhua经济空间中的现象。其他消费、投资、分配等也都满足Tianhua经济空间定义，故本书所进行的生产、消费、分配等实证分析都是在Tianhua经济空间中进行的。这样，就不再是距离空间的实证分析了，而是回到了属于经济现象本身所在的空间的实证分析。

在同胚的两个及多个集合中，如果一个集合是收敛的，则其他与之同胚的集合都是收敛的。

本章知识网络图

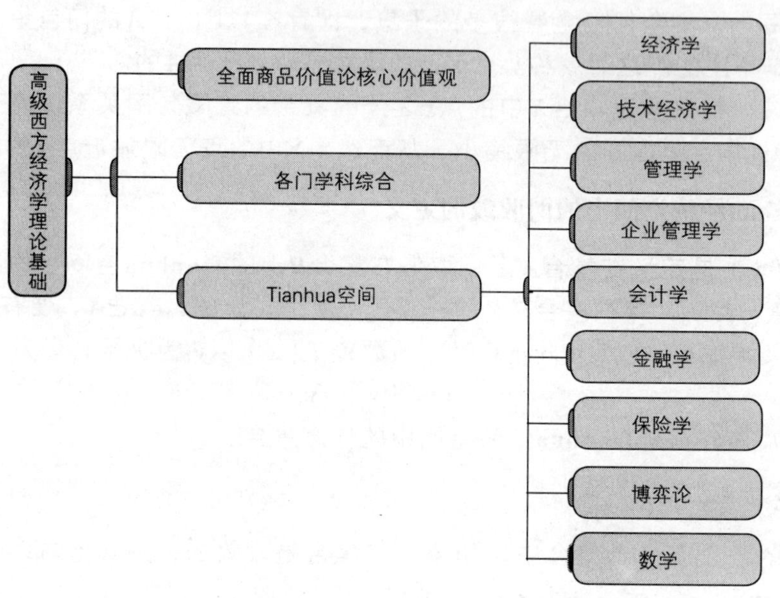

第三章

项目前期的商品价值形成原理

根据"世界一切商品价值评估计算统一模型"，世界上一切商品的价值都是由生产要素的投入加上商品的效用共同决定的。其中，生产要素的投入转化为商品价格中的成本，是在企业商品生产经营过程中形成的；商品的效用产生商品的利润，也称为剩余价值，是通过商品销售形成的。

所以，要想研究商品的价值问题，就要研究从企业商品生产经营到商品销售的全过程，此外还包括国际经济一体化中国际贸易及政府宏观经济调控影响等因素。从微观层面上看，企业商品生产包括项目前期投资决策分析、项目建设、企业生产经营管理，即人、财、物、产、供、销、市场分析等全过程；从宏观层面上看，则包括国际贸易、政府宏观经济调控政策、法律等。本章及后面几章将对这些内容进行详细阐述。

以上是通过价值形成来研究企业生产经营管理与政府宏观经济调控。另一方面，商品价值也决定着商品的剩余价值，关系着企业生产经营的成败。只有通过商品的价值研究，才能找到商品剩余价值的形成原理，从而创造商品剩余价值，即商品利润，并在企业的商品剩余价值基础上形成以整个企业为投资商品的剩余价值，即整个企业的会计期末的经营成果的利润。

因此，本书关于商品的价值及剩余价值形成原理的模型，也是一切成功企业必备的价值模型。相应地，国家宏观经济调控也要建立在"世界一切商品价值评估计算统一模型"的全面商品价值论的核心价值观基础上。所以，本书所阐述的宏观经济调控价值原理是一个国家成功进行宏观经济调控的基本模型。

显然，商品的价值从其生产要素的投入组成部分来看，取决于商品的生产经营过程，而在市场经济条件下，企业的商品生产经营首先取决于前期的项目投资决策。投资决策是企业的胚胎，企业建成后，整个企业所面临的市场、生产工艺、规模、选址、财务、风险等都基本确定了，此时再谈投资决策，就回天乏术了。即使改变行业或产品、服务，也只能是相近的生产工艺及技术等，否则，就会形成整个投资项目的"沉没成本"。

在和平年代及社会生产力高度发展的情况下，市场经济社会往往表现为买方市场，即任何商品只有卖不出去的，没有生产不出来的。而企业要想通过商品生产经营中的市场销售来实现利润的剩余价值，就要时时处处以市场为导向，或者说，只有生产出市场对路的商品，才能通过价格中的利润实现剩余价值，而这一切都体现在企业的前期投资项目决策、项目建设及企业生产经营的全过程当中。如果把影响企业成功经营的因素确定为100%的话，企业前期投资项目决策就占60%。选择什么样的行业，生产什么样的商品，确定多大规模，企业地址选在哪里，财务经济效益分析结果的收益及风险有多大，这些都取决于这一阶段的分析与预测的决策结果。而企业生产经营过程中的战略调整，即企业与市场的互动适应性约占20%，因为即使企业投资决策项目预测判断准确，但是，在企业长期（几十年甚至几百年）经营过程中，受市场供求规律的影响，商品的销售利润是不断变化的，这就要求企业在原有基础上不断调整产品结构、种类、规格等。总之，企业投资决策及战略是企业经营成败的关键。而剩下的20%才是企业管理带来的节约效益，但也是不可或缺的成功因素，因为在通常情况下，企业的商品利润往往很小，在决策与战略都正确的情况下，利润高低就取决于管理了。

一个投资项目是一个系统工程（见图3-1），整个投资项目一般要经历前期决策阶段、项目建设阶段、企业生产经营阶段和清算或转产重组阶段。项目前期投资决策阶段包括项目建议书制作阶段、项目可行性研究阶段和项目评估阶段；企业生产经营阶段包括人、财、物、产、供、销的综合调度，以及计划、组织、领导、控制、协调、激励等经营管理过程。每一个阶段都是商品生产过程中不可缺少的环节，也是形成商品价值及剩余价值不可缺少的阶段。

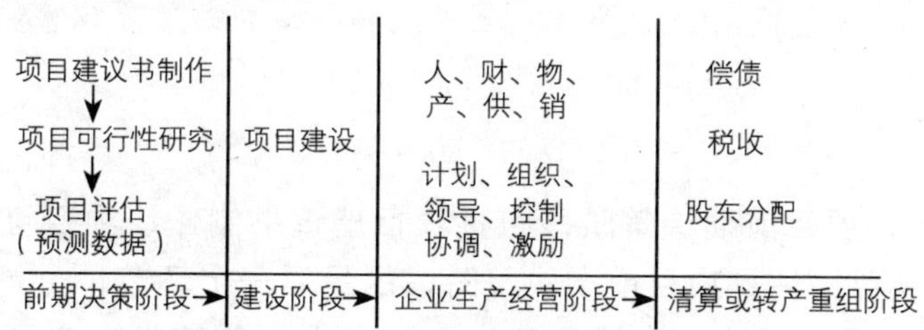

图3-1　项目系统图

第一节

项目评估价值原理

如图3-1所示，项目前期决策阶段包括项目建议书制作、项目可行性研究和项目评估这三个阶段，项目评估是项目前期决策阶段的最后一个环节，也是最关键的环节。

下面介绍一下项目评估的主要内容，主要包括如何节省生产要素成本投入、增加利润的效用产出和防范投资风险。

1. 社会市场的必要性分析

由于社会生产力及科技的高度发展，市场经济社会通常是一个以买方市场为主的社会，即由市场消费者的需求来拉动企业商品生产。

市场分析包括国内市场分析和国外市场分析，是决定项目成败的关键。通过市场分析，找出项目商品或服务未来市场供求关系的缺口。只有正确分析社会市场，后面的评估才有社会可能性和经济可能性。

社会分析是指对国家宏观调控政策各种批文、法律法规、环保（环保审批的一票否决制）等的分析而这一切都要建立在国家的大政方针及国家宏观经济调控的法律政策的基础之上，否则，如果受到法律的制裁或宏观调控政策的限制，很有可能会导致项目失败，或使经营举步维艰。

社会市场的必要性分析，主要是找出目前及未来社会对项目商品的需求缺口，满足市场对商品的消费或投资需求。需求拉动生产的经济规律决定了项目前期决策中的行业选择问题。显然，社会消费趋向于哪一个方面，哪个行业的生产就会兴旺发达。例如，当前中国社会市场对IT行业、房地产业等商品的需求较大，带动了这些行业对其生产要素需求的增加，这些行业的生产要素对创造商品的剩余价值的效用贡献就大。因而这些行业的生产要素如土地、资本、劳动、科技、企业家等的价值就会增大，从而导致价格的上涨。例如，该行业的劳动技术工人需求大，专业的技术人员的工资就会上涨，技术费用就会增加。反之，哪类生产消费品的需求减少，这个行业的产量便会减少，其相应的生产要素也会因此而贬值。

总之，作为企业胚胎的项目投资决策，只有在市场需求增大，且能填补其商品供应缺口时，企业才能获得价格大于价值的利润回报，而在正常的市场供求平衡情况下，其投资行为只能带来同一种商品的供应过剩，并形成企业在投资上的亏损。从这一点来说，企业的投资行为就是一种市场投机行为，通过这种投机行为，填补市场需求空白或缺口，包括国内市场和国外市场。

事实上，企业的投机经营是市场经济体系自动运行及调节而产生的结果，市场经济正是在这种资本的投机中来满足社会消费者或投资者随时变化的需求。所以有人说，市场经济社会，有钱有一切，一切都可以通过钱来表示。而如果投机带来损失，无疑表明其投资决策是错误的。没有一个投资者不是通过社会市场的商品需求来考虑投资行为的，除非是外行。

任何商业投机行为都建立在消费者或投资者认可的基础上，否则，投机是无法实现的，而消费者或投资者也不愿意在无用的效用上花冤枉钱。

其实，市场经济下投资者的投机行为是自由市场经济的本质体现，它节省了政府的微观管理支出。投机行为总是建立在效用需求及商品买卖双方的“两利”基础之上。

由于一切投资项目和企业生产经营的全过程都要时刻遵守商品的价值规律，所以，在项目前期的决策分析中，要处处使用商品的投入与产出对比，即全面商品价值论的核心价值观来分析。

2. 规模、选址及项目期分析

项目规模的确定，首先要考虑国内外两个市场对项目产品或服务的未来供求缺口，其次还要考虑生产相应产量的最低成本要求。在未来的市场商品缺口范围内，并不是企业规模越大越好，也不是越小越好，每个行业都有一个合适的规模，如纺纱厂，一般以3万锭为宜，过大或过小都会带来管理上的不便或导致成本过大，影响经济效益。

选址分析评估，关系到项目的商品或服务的市场供应，关系到一个地区的整体规划，关系到项目的物流成本，并涉及整个项目的生产成本及费用。与项目期一起形成项目基本存在方式。项目投资是一个长期的过程，一般的情况下，不动产投资较大，不易于搬迁。因此，在选址时，除了考虑市场及原料供应以外，还要考虑到项目所在地的软硬环境，以便于使项目能在该地生根开花。实际上，不同国家不同地区都有一定的地方特色，项目选址时要适应当地的政策、法令、观念及人文、民俗习惯等。

项目期分析，是指要将项目期确定在项目商品或服务的市场供小于求的上升期及成熟期内。

项目规模、选址及项目期的决策是项目的基本胚胎。

3. 生产技术的工艺分析

这是项目是否可行的保证条件。一个项目如果技术上不可行，即使市场缺口再大也是不可行的，特别是市场供求平衡条件下的投资项目，其成败主要取决于生产技术的先进性。例如，IT行业新产品层出不穷，更新换代速度很快，要想在此行业获得投资收益，就需在技术上处于领先地位。不但如此，生产技术的工艺分析还关系到项目的投资成本及费用，从而影响项目的经济效益。

4. 财务经济效益分析

如果说前面的分析评估是前提的话，那么财务经济效益分析就是项目分析评估的核心。具体的财务数字分析说明是确切而可信的可行性依据，财务上可行，项目才有可行性可言。

财务经济效益分析主要包括收益能力分析和偿债能力分析，其中收益能力分析又可分为不考虑资金时间价值的静态指标分析和考虑资金时间价值的动态指标分析。

静态指标，是指不考虑投资资本金时间价值变化的指标，包括投资利润率、投资利税率、资本金利润率、资本金利税率和静态投资回收期等。由于没有考虑通货膨胀或通货紧缩时资金时间价值的变化，所以，静态指标是一个较为粗略的指标。而事实上，从300多年来西方国家市场经济的发展过程来看，一定量的社会资金，如投资资金，在经过一段时间以后，总会产生通货膨胀时的价值贬值或通货紧缩时的价值增值。因此，仅用静态指标是不能真实体现项目收益的货币价值的。所以，只有通过资金时间价值分析得出的收益指标才是投资项目时应真正关心的。

动态指标，即考虑资金时间价值变化以后的项目收益指标，其中净现值$NPV(i)$是核心指标，并由此生成其他动态指标，如内部收益率IRR、净现值指数、净现值率及动态投资回收期等。

由于投资项目是一个系统，对外部社会自然会产生各种影响，所以，在评估项目投资收益时不但要考虑项目本身的收益，还要考虑对外部社会的环境保护、产业结构调整、国家税收等的影响。

财务经济效益分析主要通过一系列的财务数据、报表、指标、公式来实现。

5. 国民经济效益分析

国民经济效益分析是项目的外部效益分析。通常情况下，一个市场是供需平衡的，一个新的投资项目特别是大型投资项目会对一个行业甚至整个国民经济产生影响。例如，三峡工程对国家的整个电力行业的结构调整及当地旅游业、农业等都带来了很大甚至是决定性的影响。

一个投资项目对国民经济的影响包括正面和负面两大方面。如体育公益事业的项目，带来的正面效益如提高全民身体素质就较大；而造纸厂、水泥厂等项目，虽然本身财务经济效益可能很大，但是，对社会环境造成的负面影响也很大。

项目总效益=内部财务经济效益±外部效益（国民经济效益）。

另外，国民经济效益分析中，所使用的价格并不是现行的市场价格，而是“影子价格”。简单地说影子价格就是市场价格乘以一个换算系数。有了前面的商品价值单位以后，影子价格完全可以用价格的价值单位来表示，这样就有力地克服了技术经济学分析中关于国民经济效益分析中影子价格烦琐的数学证明，并避免了缺少价值表示的不当结果。

6. 不同项目的比较与选择

事实上，任何一个投资项目也不可能一下子就满足项目评估的各种数据指标要求，都只能在多种方案的调整对比中进行择优确定。这就要求决策者站在项目之外，进行各种方案的对比与选择，从中得到适合目标要求的评估结果。

7. 投资估算

在进行了前面的一系列分析评估之后，项目投资需要多少资金是必须解决的问题，以便于筹措资金，保证实施。

投资估算的主要思路是把一个项目的总投资额分为建设投资和流动资金两大块。其中，建设投资形成项目建成投产的企业的固定资产；而流动资金则是企业生产初期垫付的一部分，取固定资产的一定比例，一般为固定资产的30%，称为铺底流动资金，当然30%也不是一定的，要根据实际情况进行安排。

8. 资金筹措

主要是根据投资估算的结果，筹措资金。现实中，完全由一家企业出资的项目是少见的，大多数投资项目都实行多种渠道筹措资金。主要是固定资产及铺底流动资金，使得项目能够及时开工上马。

资金筹措的方式关系到资金筹措的成本、费用，也关系到项目未来的所有权及债权。一般使用直接借债及发行债券（如三峡工程债券）形成债权；而通过发行股票的方式所筹集到的资金，则涉及项目建成投产后项目或企业的所有权，从而带来企业管理权、决策权的变化。

9. 不确定性分析

因为一个投资项目要持续几年、几十年甚至几百年之久，这么长的时间里，社会、自然、市场等都会发生很多不可预料的变化，如何预见这种变化对项目所带来的财务经济效益的影响就显得十分重要，可通过不确定性分析，即风险分析来实现。

不确定性分析的主要内容包括盈亏平衡分析、敏感性分析和概率分析。

盈亏平衡分析研究的是在一定的市场价格下，项目商品销售量达到多少时才能保本，否则就会亏损。

敏感性分析的要义是找出影响项目财务经济效益的各种敏感因素，再分析这些敏感因素变化在一定区间时带来的财务经济效益净现值及内部收益率等财务指标的变化。一般通过图像实现分析。

概率分析主要是分析这些敏感因素发生变化的可能性，最后确定该投资项目发生一定净现值$NPV(i)$或内部收益率IRR的可能性有多大，找出偏差，便于掌控财务经济效益的变化，降低投资风险。

10. 总评估

显然，对于投资项目评估来说，并不是只看项目单个方面的优势，而是要将各种因素综合起来进行分析，从这一点上来说，项目评估即按一定的原理和规范进行评估分析的过程。通过总评估，全面分析判断项目的整个情况，最终得出项目的结论。

这些综合分析在一点一滴中决定了商品的成本价值，决定了销售利润，也决定了商品的剩余价值，并最终决定了企业的剩余价值的增加，即规模的扩大。

第二节

项目建设中的商品价值形成原理

项目建设阶段是在项目投资决策分析之后，进入项目建设施工建设到项目投产使用前的阶段。

由于项目建设阶段的所有投入，构成整个项目价值的投入的一个重要组成部分。并且这种投入最终要分摊到商品的成本价值之中，影响到商品的剩余价值，并最终影响到项目的剩余价值。所以，要研究企业的商品的价值及剩余价值，也离不开研究其建设期间的投入与产出的经济效益问题。该阶段的主要任务是在保证项目工程质量及按期交工的基础上，最大限度地节省项目建设成本，做好成本控制，就为以后企业的生产经营减少了投资，也是对商品生产中的成本价值减少的一个重要贡献过程。

一个好的投资项目，不但要求决策正确，同时也要求管理上的科学。只有这两者结合在一起，才能起到企业的优生作用。当然，长期的企业生产经营管理也是项目的主要产出阶段，即便有了一个优生的投资项目，没有好的企业生产经营管理做保障，也是无济于事的，但是反过来，一个没有优生的投资项目，纵然企业生产经营中再努力，也是没有多大作用的。正如一个人只有先天优生，后天才能健康一样。

项目建设阶段对商品的价值的价格的影响主要体现在建设成本的节约、质量的保障及投资的及时上。

一、项目建设资金估算

项目建设资金包括基本建设投资和流动资金两大块，如图3-2所示。

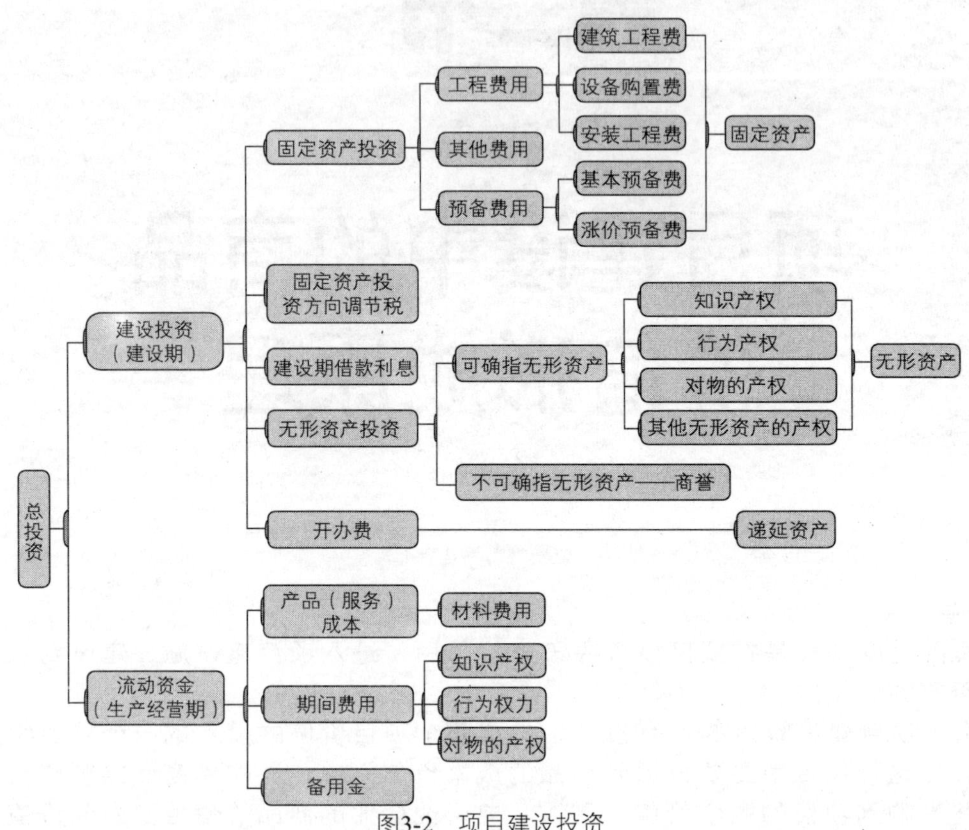

图3-2　项目建设投资

其中，建设投资包括固定资产投资、固定资产投资方向调节税、建设期借款利息、无形资产投资和开办费五大项。其中的固定资产投资又包括工程费用、其他费用和预备费用，而工程费用又包括建筑工程费用、设备购置费用和安装费用。预备费用包括基本预备费和涨价预备费。无形资产投资包括可确指的无形资产投资和不可确指的无形资产投资，可确指的无形资产投资又包括知识产权、行为产权、对物的产权和对其他无形资产的产权，不可确指的无形资产主要包括商誉、品牌和商标等。这些都形成项目建成后的企业的固定资产、无形资产和递延资产。

而流动资产部分是为了保证正常运营所需要的资金，如同项目或企业的血脉一样。流动资金包括产品成本、期间费用和备用金。其中，期间费用包括管理费用、财务费用和销售费用。最终这些流动资金形成流动资产。

而流动资金与其他建设投资有所不同，建设投资必须一下子在项目建设期间到位。至少也要有占总资金三分之一的铺底流动资金，项目才能上马开工建设。否则，国家将给以项目审批中的否决，主要是为了保证项目能如期建设完成，避免大量的建设投资搁浅，带来投资资本金大量的利息或其他金融投资的资金时间价值的收益损失以及其他社会资源，如土地等的占用和浪费等。而且越是重大投资项目，这种损失就越大，耽误一天上马所带来的投资及收益损失可以万元、百万元甚至千万元上亿元为单位来计算，所以，项目建设期间的项目管理就显得特别重要，也是影响和决定项目下的企业商品的成本价值的一个重要因素，因为所有的项目建设的投入，最终都要分摊到商品的成本价值之中，也影响到商品利润的“剩余价值”或投资项目的剩余价值——收益净现值$NPV(i)$。

项目总投资形成项目的投入部分的价值，而前面提到的项目的收益净现值$NPV(i)$则形成项目的效用部分的价值。

项目建设成本的节省离不开项目的管理。项目管理是决定项目成本价值的重要方面，从而也能影响到项目下商品的成本及利润剩余价值的大小。因为一切项目建设的成本费用等最终要通过项目下企业的商品销售利润来分摊。

二、项目管理

项目建设阶段的管理也遵循一般的管理学原理要求，包括计划、组织、指挥、控制、协调、激励和信息沟通。

1. 项目计划

项目建设期要有计划地实施，按时保质保量交工，是实现整个投资项目经济效益的重要一环。如果拖延了施工工期，将会减少投资收益的时间，不但如此，对于大中型投资项目来说，建设投资是一个大资金，是一个将货币转化为实物资产的过程，只有项目按期投产，才能按项目预测的时间来及时获取收益，才能减少固定资产对资金的占用带来的利息等资金时间价值的损失。而且如果拖延时间过长，还可能带来市场时机的丧失，如原本设计的是在项目商品上升期及成熟期的项目，因为项目拖延，耽误了以最佳时期进入市场。不但如此，在此期间中，如果是社会出现通货膨胀，对于固定资产投资的货币，则会遇到投资资本货币的价值币值，即市场物价上升，使原本可以购买到的固定资产而无法买到，对于建设投资中的固定资产大资金来说，动辄几十万甚至几十亿元，这种损失也将是不可估量的。

当然，在保工期的同时，还要严格保证施工质量，设计合理，如生产车间距离原料库和成品库的距离要尽可能近一些，否则，将会增加平时生产中的物流运输成本，天长日久，这种生产成本也是相当大的。还有机器设备的配套性，通用性配件的使用，对于非通用设备的使用，则配件的后续供应也要考虑到。

施工设计中与城市的水、电、气及城市建设规划要接轨，环境保护要求要按城市规划要求进行。

建立项目实施步骤时间表，如表3-1所示。规定每一时间段里要完成哪些任务。当按时间完成各项子任务时，整个工程项目建设总的任务就能按期完成了。

表3-1　项目实施步骤

里程碑	时间（月）	主要工作事项	部　署	应　用	业　务
P_1	1月				
……					
P_1	3月				
……					
P_1	7月				
……					
P_2	8月				
……					
P_2	10月				
……					
P_2	16月				
……					
P_3	20月				

2. 项目组织

一般的项目建设，一般都是承包给建筑工程公司来完成，这时，建筑工程公司的组织结构就是项目的组织结构，如图3-3所示。对于大型投资项目或时间要求较紧的投资项目可采用工程队的组织形式。工程队的领导是项目经理，他对整个项目负责，并向公司领导负责，如图3-4所示。工程队的组织形式是从各个部门抽调出来的工程师在一起共同工作，他们要服从项目经理的领导和安排。

此外，还有矩阵组织，它只限于公司内同时进行好几个项目的组织情况。在矩阵组织中，各部门的专家技术人员仍然在自己的部门内工作，而不是抽调出去，部门领导人仍然领导他们，而各个项目又有一个项目经理，负责决定这个项目要做哪些工作，也需要各部门的人合作来完成这个项目。采用这种方法，一个工程师可以同时参加几个不同的项目，此时项目经理是间接的领导关系。矩阵组织的一般结构如图3-5所示。

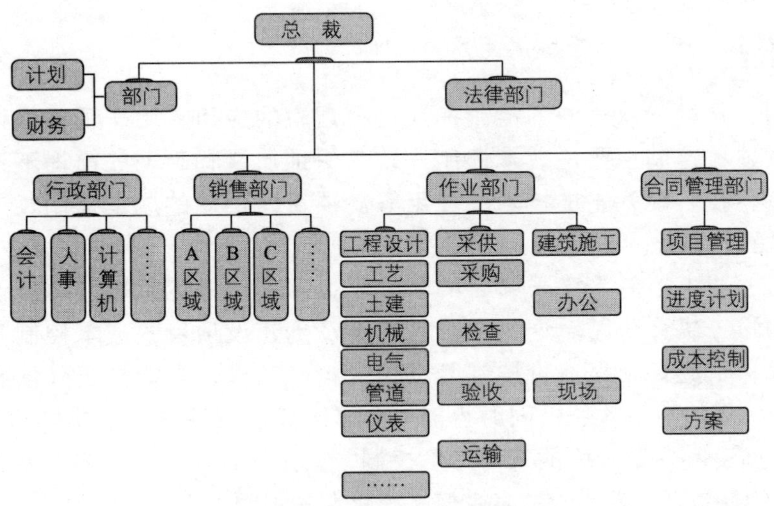

图3-3 建筑工程公司组织结构图

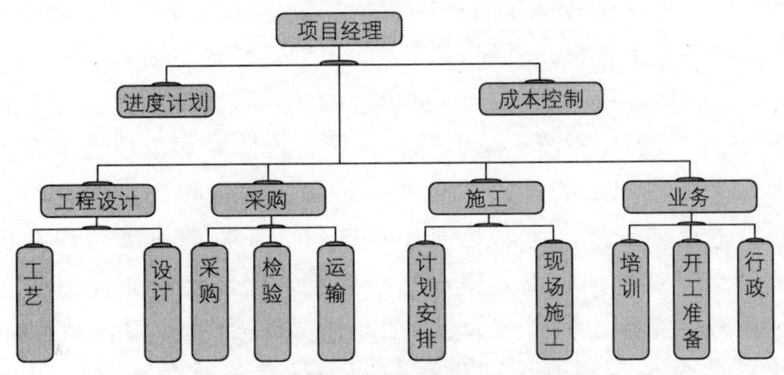

图3-4 项目管理施工队组织结构

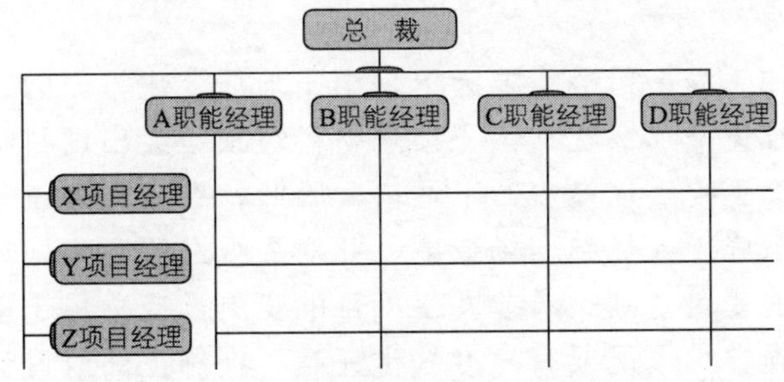

图3-5 项目管理矩阵组织结构

3. 项目指挥

项目经理应具备的素质既要有专业能力又要有凝聚力，要特别注意协调好各方面关系。

4. 项目控制

项目控制，是管理原理中的控制在项目管理中的应用。由于项目建设期间基本没有收益，所以项目控制主要是成本控制，即在保证质量和工期的前提下进行成本投入的控制，包括科技手段、先进技术的使用等。项目建设期的成本控制，是整个项目建设投资投入中的一部分。

建设项目的成本控制贯穿于项目的全过程，即项目决策阶段、项目设计阶段、项目实施阶段和竣工决算阶段。这四个阶段都涉及到建设项目的成本控制问题。因此，在工程建设中，把握好工程造价控制管理这一核心工作，才能真正降低整个工程的造价，提高整个工程的经济效益，同时也能充分体现建设项目的工作质量和管理水平。

而对工程施工及竣工阶段的工程造价控制，就是在保证工程质量标准前提下的工程实施阶段，目的就是把工程造价的发生控制在批准的限额以内，并随时纠正发生的偏差，以确保工程管理目标的实现，力求在工程建设中合理使用人力、物力、财力，取得较好的投资效益和社会效益。由于工程施工阶段的造价控制，是工程造价管理中的重要部分，真正形成工程实体的主要重点就在这一阶段，因此，对其控制的好坏直接影响工程的工期目标和质量目标的实现。实践中，在工程的整个过程中，可能存在许多可变因素，若控制不好，将会使投资失控，出现超投资、超概算、超标，给国家和单位造成重大损失。

施工组织设计是指导施工的纲领性文件，是保证工程顺利进行，确保工程质量、有效地控制工程造价的重要工具。为了控制工程造价，工程建设项目应在保证质量的前提下，运用价值工程原理对各种施工方案进行技术上、经济上的对比分析，从中选出性价比较高的方案，选出最能合理利用人力、物力、财力资源的方案，从而降低工程造价。

在组织施工前要全盘考虑到土建工程与附属配套设施的衔接、同步，统筹安排土建及附属配套设施的施工进度计划，尽量不发生临时供水、供电等费用，并减少二次施工造成的浪费。

设计变更是增加工程造价的重要因素。由于地质变化等原因，会导致施工图设计出现变更，出现工程量增加情况；由于市场材料短缺，会出现材料代换等不可预见的问题。这些问题的产生给工程造价留下活口。因此，在工程建设中，应严格控制工程变更，施工前要组织施工人员到现场查勘，并对图纸进行会审，技术交底，尽量避免施工中出现不应有的变更；其次对非发生不可的变更，应立足于事先控制，尽量提前实现。这就要求工程技术人员要有高度的责任感，在施工前对设计图纸进行认真、细致的审查，把好设计图纸审查关。

现场签证是工程建设中经常性的工作，若管理不到位，就会给工程带来不必要的损失。因此，要求基建工程技术人员要有高度的责任感和使命感，全面负责工程施工的质量管理工作，做好工程质量预控的管理，协调好现场各施工方的关系，坚持做好施工现场日记，对签证的描述要求客观、准确，隐蔽工程签证要以图纸为依据，标明被隐蔽部位、项目和工艺、质量完成情况。施工中若发生设计变更，须经设计人员同意，由设计人员、现场监理工程师和我行派驻施工现场代表三方进行签证确认；若发生工程量变更，须经现场监理工程师和派驻施工现场代表对工程量进行签证，作为工程决算的依据。

5. 项目协调

一个项目经理所涉及的人事关系如图3-6所示。

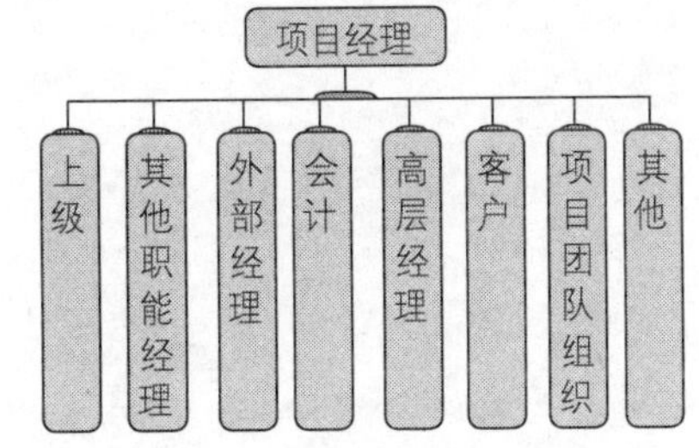

图3-6　项目经理涉及关系图

项目的协调要每天进行，离开协调工作，项目管理难以进行，项目建设的质量难以保证。所以，在一定程度上说，项目协调关系到项目建设的成败。

为了保证项目建设的质量，国家规定了工程监理制度，为保证项目质量提供了坚强的组织保障。

项目管理决定了项目的投入部分的价值，如果管理不当，则在相同产出的情况下，因投入部分的价值过大，而减少其利润的剩余价值。所以，项目管理是项目的价值形成的一个方面，也决定了利润的剩余价值的大小。同样，项目建成后的企业生产经营管理及销售、市场、宏观调控等也影响和决定着项目下企业的商品价值及剩余价值的形成。

本章知识网络图

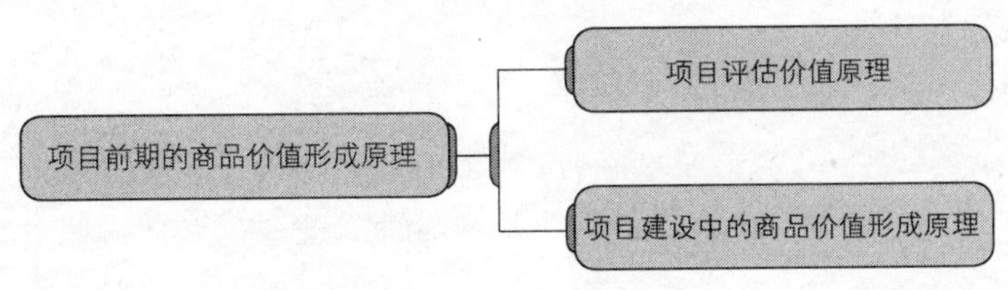

第四章

企业生产过程的商品价值形成原理

第一节

企业及生产要素

根据项目系统性原理，投资项目经过前期决策阶段及建设阶段以后，就进入了企业的正常生产经营阶段。这个阶段是前期的投资决策分析及项目建设的结果。企业的生产经营过程是一个购进原料、生产加工及销售的过程，也是一个人、财、物、产、供、销等综合管理调度的过程；或者说，企业生产是投入土地、资本、劳动、科技、企业家的生产要素形成固定资产和流动资产，通过企业家的综合调度生产出商品，再通过销售形成剩余价值的过程。

一、企业形成

众所周知，传统的、封建的农业生产方式是一家一户的小生产。在这样的生产方式下，一个家庭的生产几乎什么都要靠自己来进行，如每个家庭成员都要学会种地、织布、修路（中国古代愚公移山的故事），甚至连教育都是家传的。在2 400多年封建式的自给自足的生产方式下，中国经济长期地落后了。

市场经济是一种专业化分工的社会化生产，这一生产方式与封建生产方式的本质区别就是通过组建企业进行专业化生产，以构成整个市场经济社会生产的基本方式。从微观上看，这一生产方式就是通过企业的组织形式进行生产，即专业化分工的生产；从宏观上看，它就是以工业化、科技领先的现代化为标志的社会生产。这一切都是建立在商品的买卖交换及等价交换基础上的。

市场经济这一生产方式的优势如下。

1）由单独的个人之间的生产及商品交易，转化为经济组织之间或经济组织与消费者之间的商品交易。使用专门的企业内部部门进行商品销售，可以减少交易成本，提高销售能力和水平，创造更多的商品利润剩余价值。

2）形成专业化分工，有利于提高生产效率。一个企业组织内部的人员，不必什么都去做，不必懂得各种技术或专业，只需要精通一种技术或专业即可，如专门的管理者、专门的技术人员和专门的生产劳动人员等。

3）从资金筹集上看，可以通过集中社会闲散资金形成规模企业，从而使企业在市场上具备竞争能力，提高生产经营效率。任何行业或企业都有一定的规模要求，大于或小于这个规模都会形成生产浪费。

4）有利于调整整个社会的行业结构，形成社会经济的结构平衡。例如，上市公司能针对市场对某商品的需要，迅速筹集到所需要的社会资金，这些社会资金通过社会成员购买某企业的股票而形成投资。一旦某种商品市场需求旺盛，企业生产这种商品有利可图、利润大，投资者就会纷纷将手中的钱投向这个行业或企业，如当前市场上对牛奶需求看好，则生产牛奶的企业××集团的股票发行就好，企业就会迅速发展壮大。再如，房地产的市场需求较大，房地产行业就会迅速聚集社会资金，通过发行股票的方式扩大融资，从而使这个行业或企业发展壮大起来。反之，一旦某种商品的市场需求过剩，则其利润减少；或因企业经营不当，也会使其利润减少。这时，股东分红就会受到影响，可能导致其撤出资金，这样该企业或行业就会萧条。由此可见，商品的市场供求关系决定企业的利润，利润的高低或亏损决定社会资金进入企业或撤出企业。整个社会通过市场需求及剩余价值大小自动调整企业的生产选择，从而能使资源得到最有效的利用，并形成合理的产业或行业结构。

人类发展到近代以来，生产的专业化分工已经超越了国界，形成了世界各国不同的生产分工，这就是国际经济与贸易及全球经济一体化环境下的生产方式。这样，一国的经济不再单独是一个国家的现象，而且还是世界经济共同影响和作用的结果。因此，国际经济与贸易原理也成了当代经济学的一个有机组成部分。国际贸易使世界各国之间形成专业化分工，通过这种专业化分工能够提高生产经营的效率及消费水平，有利于贸易的各方，这一点同国内贸易的原理一样。通过市场经济体制下的社会生产所创造的生产力比过去创造的全部生产力的总和还要多得多。

企业本质上是通过商品生产获取利润的剩余价值的经济组织，即少投入生产要素成本、多产出商品效用的经济组织。这一本质决定了企业的一切生产经营活动必须以商品的这一价值规律及由此所决定的经济规律为核心，一切违背这一基本价值规律和经济规律的企业生产经营活动都将受到经济规律的惩罚。

二、企业组织形式

既然企业是市场经济环境下进行生产的主要载体，那么，怎样组建企业，就是要研究的问题了。

市场经济环境下的企业组织形式主要分为以下几种。

1. 个人独资企业

个人独资企业是指由一个自然人独立投资、经营的企业，是以企业财产加上个人家庭的所有财产承担债务的无限责任企业。

承担无限责任的企业，即指当企业破产时，如果企业的财产不够偿还债务，不够的部分要用投资者注册企业时标明的家产来偿还债务，这种组织形式的企业投资风险较大。企业名称中标明"中心"、"商行"等字样的一般为独资企业。独资企业的优点是产权明晰；其不足之处在于规模较小、专业技术水平受限制、应付市场变化的能力差。

注意：独资企业仅仅是一个人所有并经营的企业，并不等于一个人生产的企业。

2. 合伙企业

合伙企业是指两个或两个以上的合伙人共同成立的企业，收益由合伙人分享，责任和风险由他们分担。一般来说，合伙企业的规模也较小，也是以企业及家庭财产对债务承担无限责任的企业，投资风险也较大[1]。会计师事务所、律师事务所等都比较适合采用合伙制企业的形式。

3. 公司制企业

公司制企业是按公司法组织起来的并具有法人资格的经济组织。

公司制企业区别于前两种企业的根本特点是对公司所承担的债务负有限责任，即只以公司所有的全部财产为限对债务承担责任。当债务多于公司财产时，多出的部分可以不用偿还。因此，有限责任公司的投资风险较小，在市场经济社会中较为常见和普遍。

现代公司的所有权和管理权已分离，公司的所有者是股东，管理者是股东所雇用的企业家，股东与企业的关系，主要是投资与回报的关系，此外，股东还要对公司的

[1] 这里所指的合伙企业是普通合伙企业。有限合伙企业中的有限合伙人仅以其认缴的出资额为限对合伙企业的债务承担责任。

重大问题作出决策。股东通过股东大会产生的董事会、监事会来行使权力，而企业家的主要任务是通过企业经营的方式实现股东投资的保值与增值。

公司制企业又分为一般有限公司、股份有限公司和上市公司。

上市公司可以通过对外发行股票或债券等形式向社会筹集资金。市场一旦对某种商品有较大的需求，便会形成价格大于成本的较高利润，对这种商品进行投资就能带来丰厚的剩余价值。这时，上市公司或股份公司通过向社会发行股票，就能吸收更多的社会游资。这些购买股票的人或组织就是该企业的股东，股份的多少决定其享有公司的所有权的多少，体现分红比例的大小，也决定其参与公司决策的权力的大小。这样就形成了以市场的商品需求和投资利润为纽带的社会资金的流向，有利于扩大企业经营规模，更快地适应市场变化，满足市场需求。反之，当商品被市场冷落或利润较少或亏损时，股东就会抽出投资资金，转向其他需要的行业或产业当中。这样，资金就可以及时流向社会商品所需要的行业或产业，这就是市场经济通过市场供求实现资源自动配置的原理。

由于社会投资者并不了解一个企业是否适应市场，也无法直接参与企业管理，而只能通过股份分红来判断企业经营的成果。这样，作为股东的投资者与作为企业家的企业生产经营者之间是分离的，并且投资者只有监督作用，而企业家才是企业的经营者，即拿着股东投入的资本进行生产经营运作，使资本通过商品生产获得更大的价值增值。企业的各种资源原本是死的，只有通过企业家的经营管理能力来综合调度，使其转化为生产成本、期间费用，以形成商品的价值利润增值，利润的价值增值去掉国家税收及用于企业未来发展的再投入后，就可实现股东的投资分红。

由于企业的投资者与经营者是分离的，投资者没有办法也没有能力去监督企业的日常管理，所以，股东就只有通过一定的方式来激励企业家，如加薪或期权等，使其就像是为自己家的企业进行经营管理一样。

在完备的市场经济环境下，存在“职业经理人”这一专门职业，职业经理人就是专门受雇于企业，通过运用股东的注册资本来把企业的蛋糕做大，最终为股东创造更多的收益，自己也可能从中获得一定的提成报酬，如期权等。

职业经理人组成的管理层，是受股东（通过股东大会决议）委托经营企业的，如从总经理到部门经理的层层聘用等，同时下级对上级是层层负责的关系。为了真实反映职业经理人的经营业绩及诚信情况，有的企业还实行注册会计师审计制度，以第三方的角度公平、客观地评价公司的经营业绩及诚信情况。所以，近年来我国的注册会计师制度也逐渐升温。

公司制企业的标准模型是股份制企业，如图4-1所示。

从图4-1中可以看出，股东持有股份，获取股利，并成为企业的所有者之一。股份的多少，决定其享有表决权的多少。

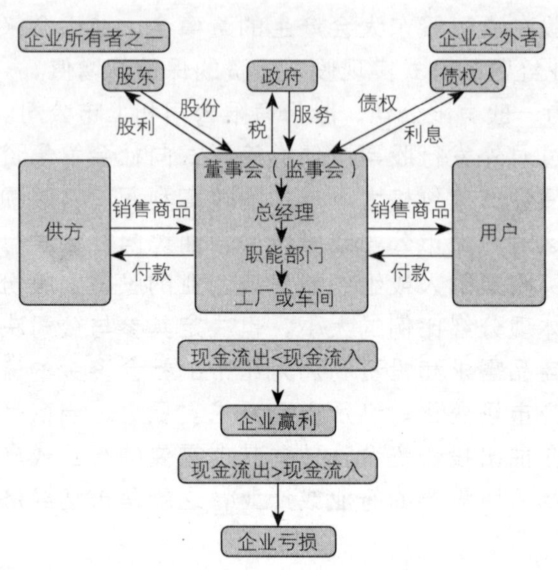

图4-1　股份制企业流程图

债权人借出资金，获得利息回报，是企业的局外人，只有在企业资不抵债或不能偿还到期债务时，才行使对企业破产清算的请求权。

企业家投入管理技能，获得年薪或期权等利润提成。

员工向企业投入脑力劳动，包括知识和技术（白领工人），或投入体力劳动（蓝领工人），以获得工资及福利收入。

国家作为企业的经济主体的一部分，具有无偿的收取税收的权力，税收是国家进行宏观调控、社会公共服务及二次分配的主要财政来源之一。

企业现金流出小于现金流入，企业就会赢利；反之，则亏损。

股份有限公司是各种不同经济主体的结合体，是社会大众投资，由企业家组成的管理层来负责生产经营和管理的企业。股份有限公司的生产经营好比是大家以不同的方式一同“做蛋糕”，而又以不同的方式“切蛋糕”的经济实体。在企业财务管理中，只有各方面利益都照顾到，才能使这个蛋糕长久地做下去，至少从企业内部来看是这样的。

但是，因股份制企业的所有者与经营者（股东代理人）是分开的，所以常表现出二者之间的不一致。从西方资本主义国家长期的股份制企业经营的实际情况来看，主要表现在股东享有企业所有权而不懂得经营管理，对企业的生产经营不知情。而对管理者来说，他们懂得经济管理，又知道企业的经营管理，但对企业没有所有权。因此，在市场经济国家，股东与管理者在股利的分配问题上总是存在着这样或那样的矛盾，这已成为股份制企业的治理难点，而对于企业经营管理中的财务管理来说，这个矛盾就更是焦点了。

除此之外，企业内部也存在着大股东控制小股东，利用对企业的控制权长期不分配利润的现象。所以，我国《公司法》规定：“如果股东连续五年不分配利润，小股东可以退股。”

三、一般企业运行模式

如图4-2所示，企业的系统运行过程先从各种方式的融资开始，通过融资形成企业的股权（所有权分配比例）、债券（决定偿债清算权利）等。将融资的结果用于再投资及企业的商品生产经营当中，形成企业的投资收益和生产利润。在生产投资过程中，是从原料引进、生产过程到销售过程全方位形成企业的利润，最后按投资比例分配利润，剩余的未分配利润用于再投资。这一过程是要受国家经济法调整的。

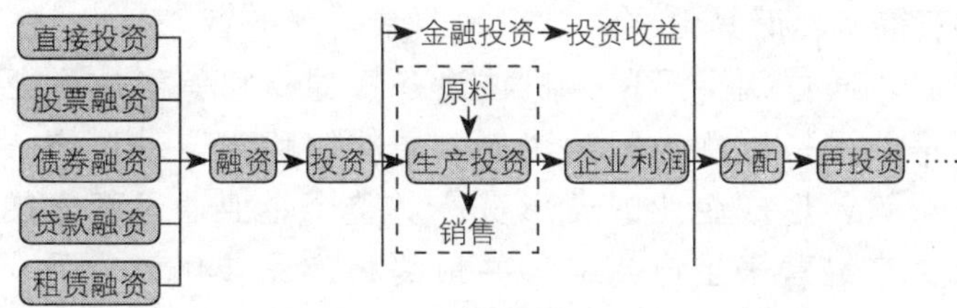

图4-2　一般企业运行系统图

企业上述运行系统图中所体现出来的经济运行过程及成果，通过企业的财务会计记账、核算及财务分析可以得到明显的反映。反过来讲，企业的财务会计就是揭示企业经营成果的记录或过程分析。

四、生产要素

在西方经济学中，生产要素是指生产商品所需投入的经济资源。萨伊曾把生产要素分为三类，即土地（*T*）、劳动（*L*）和资本（*K*）。1890年，英国著名经济学家马歇尔在《经济学原理》一书中增加了第四个生产要素——企业家才能，近代又把科技投入也包括进去了。故现代生产要素内容包括土地、资本、劳动（体力和脑力）、科技及企业家，但有时信息也是生产要素之一。

下面分别来介绍这些生产要素。

1. 土地

土地是生产所必需的首要要素，在地球上的任何一个地方，或在其他星球上进行生产，都离不开土地。

土地是一个国家通过军队占领和保障并为国家所有的，国家所有的土地通过转让可以形成土地的各种使用权。

值得说明的是，这里所指的土地，不仅指地面，还包括海洋、矿山、牧场等。这些都可为厂商提供生产经营的场所。

2. 资本

资本是指企业的原始投资，即注册资本。而资产是企业生产经营过程中所使用的和新创造的财产，二者存在时间上的不同和名称上的差异。

资本通常以货币形式表现，所以，资本货币可以转化为生产要素的其他方面，如通过资本购买土地、招聘员工和企业家、购买科技专利等。资本要素的投入者享有支配其他要素的权力，这就形成了资本家与企业家及员工之间的雇佣关系，资本家作为劳动者的所有者而支配劳动者。一旦企业亏损，资本的投入就会血本无归，所以，资本家是风险利润的获得者，而其他要素是资本要素的服务者。

企业注册的资本，通过购买厂房、机械设备、原材料等形成企业的资产，也称有形资产。其中，厂房、设备等称为固定资产，原料等称为流动资产。此外，资本购买商标、专利权、商誉等，形成企业的无形资产。整个企业通过资本转化而来的有形资产和无形资产进行生产经营来生产商品，并最终将商品转化为货币，形成投资资本的增值或贬值。

3. 劳动

劳动是指生产中劳动者的一切体力和脑力的消耗。

一个锅炉工在为锅炉加煤时，一个纺织女工在机器前来回操作时，一个教师在给学生讲课时，一个医生在给患者诊断时，一个商场的营业员在为顾客服务时，一个农民在田间耕种庄稼时，一个政府公务员在为社会管理开会沟通时，一个企业家在谋划企业的发展战略时，一位工程师在研究技术方案时……都在劳动，并且形成商品价值中的成本的基础价值部分。各行各业的劳动者，不论是体力或脑力劳动者，他的岗位奉献，就是商品的价值创造过程。公务员虽不具体创造商品价值，但由于其受人民委托为社会提供公共管理，也是在为社会创造财富价值，创造价值的多少，就通过每年的干部考核来认定，即工资及福利等全部收入。

4. 科技

科技是现代社会生产中不可或缺的重要因素，对于现代高科技企业来说，如IT业，其科研开发或专利技术费用占了生产要素投入的主要部分，而所创造的新增价值也是不可估量的。例如，深圳的华为、中兴，其数字程控交换机的硬件占很小的生产投入，更多是技术上带来的效用增加。其数字程控交换机的价值增值是整个要素投入的若干倍，所以它们成为国内的明星企业，而世界著名的美国微软公司也是类似的情况。

科技是生产力，体现在商品生产中对商品的价值贡献上。

生产力是社会发展的动力，通过人的脑力劳动转化为科技成果，是现代社会经济的标志，当今的世界强国，如美国、日本等，同时也都是科技强国。日本是一个缺少自然资源的国家，其成为世界经济强国，几乎全靠科技的贡献和外贸的支持；相反，一些资源大国却没能实现经济的强大优势，就是缺少科技这一生产要素的结果。

5. 企业家

通常，企业的投资者并不一定懂得企业生产经营的原理，所以，常常通过聘请懂企业经营和管理的企业家来运作投资资本金，通过资本金转化为商品或其他投资手段实现企业的利润和投资收益。所以，从一定意义上来说，企业家是拿着投资者投入的资本来“做蛋糕”的人，把小的投资通过再投资或生产经营环节来实现企业的滚动式发展，或使企业的投资商品的价值不断增值，或者是不断增加企业的所有者权益。所以，企业家要通过企业生产经营的成果体现报酬，如年薪和提成等。当然，企业家对企业的经营运作，只是通过受聘于企业的所有人的角色向企业的所有者提出建议来实现的，实际是出卖经营管理能力的结果。

企业家是在企业所有者的投资决策确定之后生产要素的总调度者或执行者。或者企业家对企业的生产经营的管理，是要通过企业的投资者，如股东大会等，允许通过决定之后才能实施的，其经营管理受企业的所有者及债权人的监督。但经营决策的策划，如投资什么项目、经营什么商品、怎样进行日常管理等，体现的是企业家的才能，是企业聘用这个企业家的作用所在，也是企业家对企业贡献的劳动者要素的价值效用所在。总之，企业家是拿投资者（包括股东及债权人）的投资通过企业的经营运作来为企业的所有者及债权人获得赢利，并且对于企业经营的成果也分得一定的特殊报酬的人。

股份制企业的企业家，就是股东大会及董事会决策之后的执行者，是企业聘用的职业经理人。而对于个体私营企业的经营者和投资者来说，投资决策者与生产经营者就合二为一了，也就是通常所讲的民营企业的老板。当然，民营企业的老板有时也聘用职业经理人来经营企业，这时，民营企业的老板实质上充当了投资者或监督者的角色。

通常情况下，企业的生产要素是死的，无法自动形成商品，也谈不上商品的价值及剩余价值。只有通过企业家的专业知识和经验进行生产经营才能形成商品，从而产生商品的剩余价值。

企业家的作用，就是通过把企业所拥有的生产要素，如土地、资本、劳动、科技等转化为企业的生产成本，包括直接材料、直接人工、制造费用及还有期间费用（包括管理费用、财务费用、销售费用等）作用到商品上，通过商品的销售价格差获得商品的利润的剩余价值。而要获得这些利润的剩余价值，就要做到少投入、多产出，从成本的各个方面中一点一滴地节省出来利润的剩余价值。

由于企业的一切投资及生产经营活动都是经济行为，都是以投资获利为宗旨的，通过企业的利润的增加，达到企业作为投资商品的价值增值的目的。所以，一个合格的企业家必须首先是经济学家，特别是懂得现代经济理论及投资理论的专家，才能驾驭企业的经营行为，有效进行经营管理。否则，一旦离开经济价值规律进行生产经营，就会使企业的投资受损，企业的投资资本金是经不起试验的。企业家的每一项工作安排都影响到企业价值的增减，所以，当企业家对各部门经理进行工作安排，包括对战略、生产、供应、财务、设备、销售等工作进行安排，通过计划制订、检查、组织实施，运用控制手段、激励手段及协调手段完成生产和销售任务，这时，他们就处在创造商品的价值的过程中。

而这一切都是在企业家的企业经营发展战略指导下进行的。企业战略是企业家才能的集中表现，如同带领企业在市场的大海中航行的舵手一样，关系企业的生存与发展。因此，建立职业经理人资格制度是极为必要的，是转型期国家建立市场经济体制的基础保障。

企业家对企业商品的价值贡献，是通过对企业的管理来实现的，即在同样的工作时间中，通过提高管理带来商品的产量或质量提高的价值部分。现以著名的管理学之父泰勒的"工作标准化试验"说明这一点。

泰勒认为，提高生产效率的首要问题是如何安排每日的工作量，以解决员工的消极怠工现象。为此，泰勒在伯利恒钢铁公司进行了有名的搬运生铁块的试验：该公司有75名工人负责把92磅重的生铁块搬运30m的距离装到铁路货车上。每人每天平均搬运12.5t，日工资为1.15美元。泰勒找了一名工人进行试验，试验搬运的是姿势、行走的速度、持握的位置对搬运量的影响及多长的休息时间为好。经过分析，确定装运生铁块的最佳方法是：将57%的时间用于休息，使每个工人的日搬运量为47～48t，同时使工人的日工资提高到1.85美元。

从中可以看出，通过管理方法的改进，生产效率比原来提高了4倍，而工人的日工资只是象征性地增加了一点点。这额外产量部分的商品价值，就是管理带来的。因为如果没有这个管理，则效率可能还是原来的日搬运量12.5t。

然而这还只是企业家在企业内部管理中的价值贡献，真正的企业家价值贡献是在买方市场条件下对企业所面临的市场的前期决策上的贡献。

根据生产要素的投入形成商品价值的原理，当某种生产要素投放到商品生产之中时，这种生产要素就在创造商品价值，如企业生产中使用的土地、资本（股份、债券、贷款等）、劳动（企业员工，包括一线工作岗位及管理人员、科技人员的工资及福利等）、科技（版权、专利、商标、商誉等购买费用）和企业家管理都在创造商品价值。所以，企业的员工和企业家，作为商品生产中的要素，每天在自己的工作岗位上按合同要求的岗位责任制在进行生产或工作时，他就在创造商品的基础价值，即创造商品的价值。或者说，任何商品的形成，都是员工及企业家的投入及其他要素的投入所形成的结果。而劳动者的工资加福利收入，就是货币的价值回报，是劳动者与企业的劳动商品（体力或脑力效用提供）进行交换的结果。

各种不同行业的生产对于生产要素的需求比例各不相同，如纺纱厂需要较多的纺织工，称为“劳动密集型”企业；以资本投入为主的企业称为“资本密集型”企业；还有以科技投入为主的企业，如IT行业等，不同类型的企业的生产要素比例各不相同。企业在投入生产要素时，一定要与规模匹配，既不能过多，形成浪费，也不能过少，耽误生产进行，这个量，就是“边际产量”。边际产量是企业要素投入中的最佳投入。

企业的生产所投入的生产要素，通过转化为商品的价格得到补偿。所以，当一个消费者购买某种商品时，通过价格的支付，就补偿了企业的生产要素的投入，并且企业不但补偿了要素的投入，还获得了要素投入的价值增值。这个价值增值，才是企业投入生产要素的目的。实质上，企业投入生产要素生产商品获取利润的过程很像钓鱼的过程，企业的要素投入就像是钓鱼人的鱼虫，要少投入、多产出。而同一种商品的市场价格是相近的，所以，企业在投入生产要素进行生产经营时，就要力争低于同行业一般的生产经营中的投入，才能获得更大的利润空间，这就是企业经营的目标要求。而要做到这一点，就要通过科技投入及科学管理来实现。

企业的生产要素的综合配套原理，就是各种要素之间的不可替代性原理。在当前中国，劳动力过剩同时又缺少其他要素，如土地、资本、科技及企业家等，所以商品生产受到限制，严重影响了社会经济的发展。

五、企业的生产经营目标

企业作为生产经营性经济组织，总是要以赢利为目标的。追求利润最大化是传统经济学对企业目标的一个基本假定。只有利润最大化，才是企业生存和发展的基础。同时，企业的利润最大化，并不只是一时的利润最大化或一次性销售的利润最大化，而是一个长期的总的利润最大化。例如，世界500强企业之首的沃尔玛，就是利用“天天降价”的经营理念，实现了企业长久的利润最大化。虽然表面上，商品价格低于一般同业的销售价格，但由于降价带来了销售额的增长，从而带来了总利润的最大化；虽然每件商品的利润少了，但以销售量取胜，避免了一次性高价格带来的销售量较小。特别是对于消费品生产及销售来讲，更是如此，因为消费品是直接面对众多消费者的，而消费者受工资等收入的影响，其购买能力总是有限的，所以如果消费品的价格弹性较大，可买可不买的，就不买，而必须购买的，就只看价格，如粮食、盐、水、电、煤、气等。

但值得说明的是，现代企业特别是股份制企业，其日常经营是职业经理人的工作，作为职业经理人来讲，追求企业利润最大化是其天职。但是在企业的生产经营及管理过程中，经理是经营者而不是所有者，而企业的所有者并不能直接插手管理企业的日常工作，所以，当二者出现矛盾时，可能会出现经理为追求个人利益而损害企业利益的情况。比如，对于分配中多留利润还是多分配红利的问题，经理人更倾向于多留利润，因为这样可以使自己掌握和控制更多的企业财产，同时也能显现自己的经营业绩；而股东则更倾向于多分红利，因为这样才能体现投资的回报。而事实上应该怎样留取利润，应是根据企业所面临的市场发展而定，但股东和经理人之间出自于不同的目的，往往难以达成一致。

企业利润最大化是从企业作为一个经济组织而言的。而实际中的企业，可能还会有别的目的。

即便同一企业在不同阶段的总目标都是利润最大化，但是，在不同时期可能会有不同的目标，这些目标并不一定是完全一样的。比如，新建的企业为了快速占领市场、扩大市场份额，可能会制定短期的销售量最大化目标，采取降价策略。当然，这与总目标的利润最大化并不矛盾。

企业的本质是利润最大化，是一个追求投资回报的经济组织。那么，什么是企业的利润呢？企业的利润包括经济利润和会计利润两个含义。其计算方法有所不同，计算结果也不一样，所以，在研究企业利润时，一定要先区分清是什么概念下的利润，才能精确计算企业的经营结果。

六、企业发展

企业一般要经历从无到有、从小到大的发展过程。

从无到有，是由市场对某种商品的需求所决定的，也就是买方市场下商品需求决定企业生产的基本原理。市场能够造就企业，也能淘汰企业。

从小到大，是由企业自身成长决定的。传统的企业发展观是通过利润的增加及利润再投资实现的。而利润往往增长很慢，市场需求较旺时，因缺少资金的快速增长来投资，就会贻误战机。现代企业发展观认为，企业的发展并不能只依靠利润积累来实现，市场需求旺盛时期，应该通过增加投入来快速发展企业，发挥资金的杠杆作用。股份制企业可以通过上市吸股或发行债券，快速筹集到投资所需的资金，增加利润的剩余价值。所以，企业随市场商品需求而生生死死，为此，企业的发展要走多元化道路，也就是"吃着碗里的，看着锅里的"，才能使企业长久立于不败之地。

这是从企业自身角度决定的企业发展，但是，在市场经济条件下，企业并不只是自身能够决定其命运与发展的，还需要外部环境的配合，如政治、经济、金融、法律、文化等环境影响，还有政府宏观经济调控政策的影响，如金融政策的通货膨胀或通货紧缩都会影响到生产的正常进行。通货膨胀时，原料价格上涨会导致成本加大，通货紧缩时则会出现流动资金周转不灵等。还有法律环境，也是影响公平竞争的重要因素。对于生产中间商品的企业来说，不但要受到市场销售的影响，还要受到原料供应的影响。总之，企业作为社会经济系统的一个组成部分，其发展不但受本身生产经营能力和水平的影响，还受外部社会、自然环境的影响。

第二节

生产函数

一、生产函数

前面讲过，市场经济社会的生产就是商品生产，商品生产是一个通过生产要素投入、组合产出商品效用的过程，也是形成商品价值和剩余价值的过程。例如，对于一定的生产要素资源，企业家使用不同的生产要素组合，便会带来不同的生产效率，产生不同的商品价值及剩余价值，通过不同的商品成本和利润体现出来。生产要素投入与商品的产出是一种互动关系。反映商品生产的要素投入与商品的产出的互动关系的函数，称为生产函数。

如果只考虑一种要素的变化对商品形成影响的函数称为一元生产函数。考虑多种生产要素的生产函数称为多元生产函数，客观上的商品生产函数是一个多元生产函数，只是为了研究问题的方便，有时为了单独研究某一种要素对生产的影响，才形成一元生产函数。

一元生产函数的一般形式是

$$Q=f(t) \qquad Q=f(z)$$
$$Q=f(l) \qquad Q=f(k)$$
$$Q=f(q)$$

其中，Q表示产量，t、z、l、k、q分别表示土地、资本、劳动、科技和企业家。

企业家经常考察某一种生产要素对于商品产出的影响关系，虽然只有一种生产要素是无法进行商品生产的。

二、多种要素的生产函数

生产函数是各种生产要素综合作用的结果，即各种生产要素同时综合作用形成产量的结果。这样生产函数就是多种要素为自变量的函数，即

$$Q=f（t、z、l、k、q\cdots）$$

一般情况下，生产函数是以各种生产要素投入为自变量的函数，如果某一商品的生产要素投入越多，即成本越大，其价值中的投入部分越大，其总价值也得到提升。所以，生产要素为自变量的生产函数是一个正比例函数，或直线上升的函数，如图4-3所示。

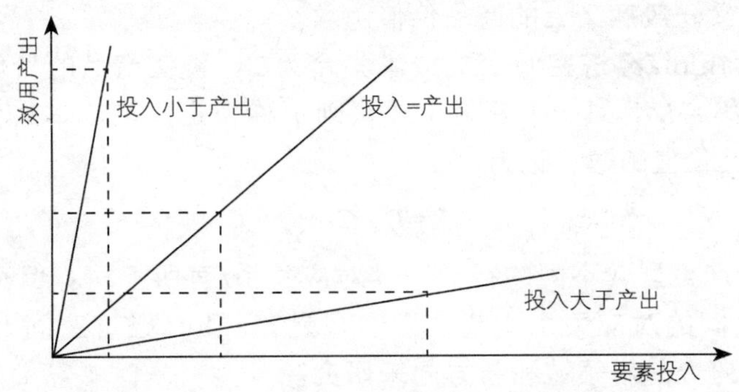

图4-3　商品价值中的投入与产出的效用比分析

从图4-3中不难看出，当中的三条直线称为产出直线，是由生产中生产要素投入形成的，或者称以生产要素为自变量的函数，分三种情况讨论。

第一种情况：中间的一条产出直线，是平面坐标轴的角平分线，横轴与纵轴表示的坐标长度一样，表示投入与产出相等，此时投资没有多大经济效益。

第二种情况：靠近纵轴的直线，纵坐标表示的产出大于横坐标表示的投入，说明是少投入多产出的，投资的经济效益较好。

第三种情况：靠近横轴的直线，横轴表示的投入大于纵轴表示的产出，说明投入大于产出，投资的经济效益不好。

列出商品价值中的投入与产出效用的比的函数如下。

设用R表示商品的价值增值，即效用产出，用t表示各种生产要素的投入，用f表示函数关系，K是常数，则有

$$R=Kf(t)$$

当$K=1$时，$R=\mathrm{f}(t)$，表示图4-3中的中间的产出直线；

当$K<1$时，函数值变小，说明产出小于投入，表示图4-3中靠近横轴的情况；

当$K>1$时，函数值变大，说明产出大于投入，表示图4-3中靠近纵轴的情况。

只有在一个良好的投入产出比的情况下，进行商品生产投资才能获得价值增值，即剩余价值。

最后，我们来介绍一下与生产函数有关的商品价值函数——价值规律。

生产函数所反映出的体现商品的投入与产出的规律，称为价值规律。

设用K表示商品的价值，用C表示商品生产中的要素投入的成本。某商品的成本投入与利润产出之间的关系是20%的利润率，则

$$K \;=\; C + \;20\%C$$

（价值）（成本）（利润）

表示的就是投入的20%的回报率的价值规律。

下面我们来定义一般意义上的商品价值函数。

一般地，设Tianhua经济空间上的成本集合为C，价值商品的价值集合为K，则从成本集合C到价值集合K上的一个映射（或法则）称为定义在成本集合C，取值在价值集合K上的一个商品价值函数，记为

$$K=f(C)$$

根据不同的生产类型，不同的行业，其对应关系f有所不同。但都是体现商品的价值与投入及产出之间的对应关系（或法则），是Tianhua经济空间上要研究的函数问题，可以作为数学研究的新领域和新方向来研究。

三、生产中的短期与长期的划分方法

凡是只能调整一种或几种生产要素的时期，不论自然时间多长，通称为短期；而不论自然时间有多长，凡是全部要素都能调整的时期称为长期。企业生产在一般情况下，一种要素的调整时间相对较短些，而全部要素的调整时间要长些，所以，这样划分是有道理的。

另外，在短期内，生产要素还可分为不变投入和可变投入。

不变投入是指生产者在短期内无法调整的要素，如厂房、设备等。

可变投入是指短期内可以调整的投入，如劳动、原材料等。

由于长期内所有生产要素都可以调整，所以不存在可变要素与不可变要素之分。例如，钢铁企业在短期内既定规模之下，只能调整一下劳动、原材料等；而在长期内，其可以转行生产其他商品，如生产电子产品、开办高等教育等。因为有时间可以进行各种行业的生产，包括重建厂房等。

由于世界上商品的多样性，形成了企业生产中要素投入的比例的复杂性。我们说过，劳动密集型企业的劳动投入量大，主要靠消耗人力劳动，如服务业等；而技术密集

型企业则主要是通过投入较多的技术来实现生产，如IT业，是靠技术的创新来维持和发展的。便携式计算机生产厂家，用人并不多，主要是科技人员在工作；生产数字程控交换机、手机、电话机的企业，在资本、劳动等方面投入并不是很大，主要投入是科技成本或购买专利技术的投入。而有些行业，如房地产、汽车等，既需要大量的资本，也需要大量的劳动及科技，是综合型的要素投入行业。所以，要根据不同行业、企业的生产特点来投入不同比例的生产要素。每个行业的生产要素投入比例要合理，生产要素才能全面发挥作用，不致形成浪费，这是生产的价值原理的基础。如果一个企业的生产要素不足就会影响生产的进行，无法形成商品的价值增值；而反过来，一个企业在一定的规模之下，投入的生产要素过多，就会产生浪费。例如，一个有3 000名学生的大学，本来需要60名教师即可，但如果安排100名老师从事教学，就会剩余一部分人力，这部分人的开支及福利平均分摊到办学成本上，即每个大学生的培养费上，则会提高其平均成本，即增大基础价值，从而减少其增值空间，即减少企业的剩余价值。

对于一个企业来说，产量是企业生产经济效益的最集中表现，需要寻找一个最佳的产量来进行生产。

如何确定最佳产量？一方面要与项目前期的投资决策分析中市场需求的缺口相匹配，另一方面要与企业的生产要素投入内部比例要求相配套。如果大于或小于这个产量，就会脱离市场最佳需求量，或者大于需求，造成价格小于价值，或者小于需求，造成市场需求的缺口。

第三节

生产成本

企业在生产过程中所投入的生产要素的货币价值，就是企业的生产成本，即构成企业的商品价值中的基础价值部分。一般这部分越小，在相同的商品、相同的市场价格下企业的利润的剩余价值就越大。企业的生产成本包括以下几种类型。

一、会计成本与机会成本

企业生产经营过程中，对于生产要素的各种资源的投入，既包括直接的现金收支，也包括因生产经营占用而在其他方面形成的收益，这种收益虽然不是现金支付，但也是一种生产上的支付，只不过是隐形的。所以，根据是否直接发生现金支付，经济学将生产成本划分为会计成本和机会成本。相应地就形成了不同的利润，即会计利润和经济利润。因而，也形成了不同的商品价值，即财务价值和经济价值，下面我们分别介绍。

1. 会计成本

会计成本是指会计学上所定义的成本，即只以现金支出而定义的成本，如用现金直接购买原材料、支付车间劳动者的人工工资及制造费用等都是会计学上的生产成本，并按会计学进行核算。而没有现金支出，就不能算做会计成本。

以会计成本来计算的商品或企业的利润，称为会计利润。

2. 机会成本

机会成本是指同在一种资源有多种用途的情况下，同一时间里用于某一方面，就不能用于其他方面，这种因用于某一方面收益而带来的其他方面收益的最大损失，就是使用这一资源的机会成本。

注意，机会成本是以同一种资源在其他方面的最大损失来计量的。虽然在实际中，因用于生产带来的其他方面的损失未必是最大的，但是经济学上为了方便起见，就这样定义，因为难以判断在其他方面的损失是否是最大的。例如，对于一个企业的厂房来说，既可以用做生产，也可以用于出租，同一时间里只能有一种用途，因用于生产而耽误的出租费用的收益是厂房进行生产形成的机会成本；反之，如果用于出租，就不能用于生产，这种因出租带来的生产上的损失，是出租带来的机会成本。但是，如果用于生产时，不一定保证能够出租出去，这样，也算做厂房生产的机会成本，因为不确定一定租不出去，只能这样来计算；反之，如果用于出租，也不能保证生产就一定能够获得出租价格的回报，但也不能确定得不到这些出租价格的回报，所以，只能这样来计算。所以，机会成本是虚设的，但也是可能发生的，就一律按可能发生的情况来计算。

例如，企业拥有1 000 m^2厂房及设备，如果用于生产，就不能用于出租来获取租金，这种因为生产而损失的租金的最大收入就是厂房用于生产的机会成本。如果这些厂房年租金是100万元/年，则该企业生产使用的机会成本就是100万元/年。当然对于设备使用也是一样，如果用于生产，就不能用于出租，这种因生产而不能出租所带来的最大损失额，就是企业使用设备而带来的设备使用上的机会成本。

在金融领域，一类最重要的机会成本就是资金的时间价值。这是因为，一定量的资金可以用于银行存款，或是购买股票、债券等，这些金融收益是以时间为自变量的价值增值的结果，如果将资金用于其他实业项目投资，就不能用来做这些金融投资，所以，这些金融投资的时间价值的收益，如前面提到的股票的股利、银行的利息、债券的利息，就是这些资金进行实业项目投资收益的机会成本。当然，也可以把一定量的资金放在保险柜里，不进行这些金融投资，这时，是否就没有资金时间价值了呢？也不是的，因为保险柜里的资金虽然没有这些金融投资的时间价值的增值，但是，它同样受通货膨胀或通货紧缩带来的时间价值贬值或增值的影响。当遇到通货膨胀时，会因为整个社会市场物价上升而买不到从前一样的数量和质量的商品，这就是保险柜的资金随时间的增加而贬值了。反之，如果遇到通货紧缩，那些资金就会无形中产生增值，即因社会市场商品物价普遍下降，同样数量的货币能够买到比以前更多更好的商品。

机会成本不同于会计成本，它是一种在没有现金支出情况下计算的成本，所以经济学上又把机会成本称为隐含成本。

构成机会成本的要件有以下三个。

1）资源是稀缺的。

2）资源具有多种生产用途，且同一时间里只能有一种用途。

3）资源的投向不受限制。

会计成本加上机会成本（隐含成本）就是经济成本。

相应地，以会计成本加上机会成本的经济成本计算所得到的利润，称为经济利润。

由于经济利润中多出了一个机会成本，故相应的利润也会减少，所以，通常情况下，经济学所讲的经济利润是小于会计学上的会计利润的。因为一个企业在计算经济利润时，要将支付的明显的会计成本再加上隐含的机会成本一起来计算。上例中的经济利润计算中要扣除其厂房出租而损失的100万元，而会计利润就不扣除其厂房出租的损失费用100万元。这样，经济利润中就增加了100万元的出租费用的成本，因而经济利润相对较小；而会计利润是不扣除这100万元的厂房出租费用的，因而会计利润比经济利润大。如果该企业年利润是100万元，如果按会计利润计算，即不考虑机会成本的会计成本计算，赢利100万元。如果按经济利润计算，则要扣除100万元的机会成本，则其赢利是零。实际上，也就是说，如果企业不用此厂房来生产，只是把它出租出去，一年可以收入租金的利润是100万元，而用于生产回报的也是100万元利润，去掉其损失的100万元租金，等于白干了。

根据经济利润的定义，前面我们提到的关于投资项目收益净现值$NPV(i)$指标，由于是在去掉资本金现金支出及其他金融投资的机会成本以外的时间价值的期初收益，或者是去掉了资本金现金再加上资金时间价值机会成本两种成本之和的经济成本基础上的期初现金收益，所以，净现值$NPV(i)$指标是一个经济利润指标。这是经济学分析的优点所在，也是投资决策分析中的基本点。

以会计成本计算的商品的投入价值，称为财务价值。这里的商品，既包括消费品，也包括投资商品。

经济价值是人们在日常工作或生活中经常提到的概念，那么，经济学上是怎样对其进行定义的呢?

以经济成本作为商品投入的价值，称为经济价值。

上例中，如果不把厂房出租费用考虑在内，只以会计成本计算的单位产品的成本投入的商品价值较小，如果把商品生产中支付的会计成本投入再加上出租费用的机会成本的投入，其商品的投入部分的成本就增加了100万元。这时，投入的成本增加了，其商品的总价值就增加了。

作为经济学家或企业家要时刻用机会成本和经济成本的概念来作企业的生产投资决策，而不能只考虑会计成本的会计利润。在通常情况下，如果利润不是很大，可能会计利润赢利，而经济利润却是亏损的。还需要用经济价值与财务价值对比观念来分析经济问题，才是经济学所要求的。

总之，不论是经济利润还是经济价值，都是对资源综合考虑的结果，是建立在资源有限性及多用性基础之上的。

二、平均成本

一批商品全部的生产要素投入相加除以其商品的数量，就得到了商品的单位平均成本，它是商品价值中的基础价值，即整个商品的全部价值的一部分，也是会计的库存商品的价值。而只有把商品拿到市场上以后，通过销售所得到的大于其投入成本的价值超出部分，才是商品的整个价值中的另一部分。两部分加起来，才能构成整个商品的全部价值。

三、短期成本与长期成本

同研究生产中所使用的方法一样，我们同样把成本分为短期成本和长期成本。其短期与长期的划分以是否能全部调整生产要素为依据。

凡是不能全部调整生产要素的时期的成本称为短期成本，凡是能够全部调整生产要素的时期的成本称为长期成本。

短期内只能调整个别生产要素，如临时增加或减少劳动人数等；而长期内各种生产要素，如厂房、设备、土地、投资等都可以调整。

从长期来看，企业总是可以在每一个产量上选择最优的生产规模进行生产。

长期总成本是指企业在长期中每一个产量水平上通过选择最优的生产规模所能达到的最低总成本。

四、总成本、平均成本不变成本和可变成本

在短期内，企业的生产成本可以分为不变成本和可变成本。

1）总成本，是指短期内生产一定量产品所需要的成本总和，一般会随产量增加而增加。

2）总不变成本，是指企业在短期内为生产一定量商品对不变生产要素所支付的总成本。这部分成本不随产量变化而变化，即不论生产不生产商品或生产多少商品，其总不变成本都是一样的。例如，工厂的厂房、设备折旧，房租，贷款利息和管理人员的工资等。

3）总可变成本，是指企业在短期内为生产一定量商品对可变要素所支付的总成本。它是随着产量的变动而变动的，如原材料成本、计件工资和加班费等。

短期总成本分为总不变成本和总可变成本。

4）平均总成本，是指企业在短期内，平均每生产一个单位的产品所消耗的全部成本。平均总成本等于短期总成本除以产量。同样的总成本，产量越大，单位产品的平均总成本越小。

5）平均不变成本，是指企业在短期内，平均每生产一个单位的产品所消耗的不变成本。它等于不变成本除以产量。

6）平均可变成本，是指企业在短期内平均每生产一个单位的产品所消耗的可变成本。它等于总可变成本除以产量。

平均成本等于平均不变成本加平均可变成本。

这些成本都是生产要素对商品的投入转化而来的，组成商品价值的一部分。

第四节

企业战略管理的商品价值形成原理

我们知道，企业的形成是项目投资决策建设的结果，项目投资决策决定企业总的发展命运，但是，这并不等于说，经过项目投资决策以后，企业就不用再进行战略研究了。相反，由于项目投资前期的决策是建立在对未来市场、社会预测等基础上的，而实际的市场、社会是不断变化的，所谓企业要时刻适应市场需求，就是要在前期决策的基础上根据市场的变化而不断进行生产经营的各种调整，这就是企业战略问题。严格说企业战略从项目投资决策分析时就形成了，而后期的生产经营过程中只是一个在可能的生产条件范围内作局部调整的问题。

企业战略调整是一个根据市场变化进行商品生产的调整过程，伴随着相应的人、财、物、产、供、销等各个部门及职能的调整及生产要素的调整。这是一个涉及企业全局的综合调整过程。

1. 企业战略的主要内容

（1）企业外部及内部环境分析

在买方市场条件下，企业战略是以市场变化为主制定的，包括企业所面临的国内和国际市场变化，政治、法律、文化及各种自然资源、自然灾害的变化等，同时也涉及企业生产的诸多方面，如企业文化等。

（2）企业资源竞争地位分析

企业要进行SWOT分析，评估资源能力优势、市场机会影响、商品成本价值的竞争能力及销售上的获利能力等，而是否以低于同行业平均水平生产出来，直接关系其商品生产中的剩余价值的获得。

（3）竞争战略分析

企业竞争战略包括扩大市场战略、多元化战略及其他战略，如图4-4所示。

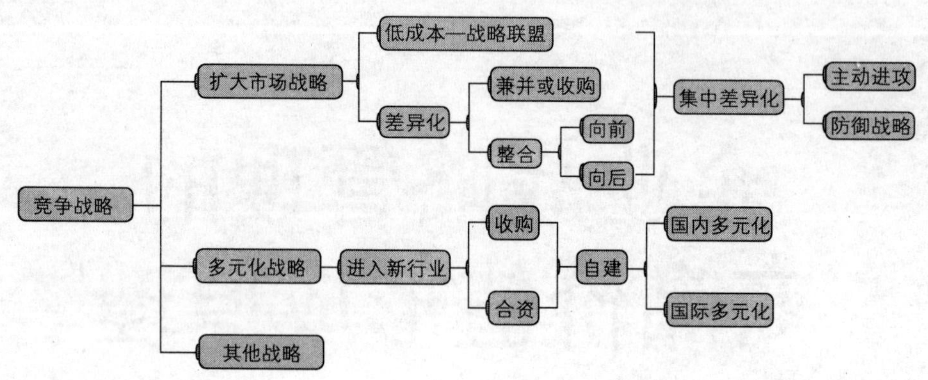

图4-4　企业战略图

2. 企业战略执行

企业战略的执行过程是通过管理来实现的，即按照管理学原理在企业管理中的应用，按企业战略的要求进行各个时期的计划、组织、指挥、控制、协调、激励的全方位的管理过程。

例如，制订一定时期内的总的工作计划，再根据总计划分期进行调整，也就是所谓的滚动计划法。对于制订出的计划建立相应的组织部门，如人事部门、财务部门、物资设备部门、生产部门、供应部门、销售部门等，各负其职，综合协调发挥作用。通过领导指挥、控制、协调、激励等来保证企业组织目标的实现。现在我们按企业管理的人、财、物、产、供、销等职能分别介绍一下企业的生产经营管理中的商品的价值形成原理。这一原理不论是对于大企业还是小企业都是一样的，小企业也是"麻雀虽小，五脏俱全"。这也就是我们平时所看到的任何企业都要设立这些部门的原因，并且每一个部门都对应着相应的专业技术人员。

第五节

企业人事管理的商品价值形成原理

企业的人事管理是企业管理的核心之一，万事由人做，人是生产要素中最为活跃的部分。其中作为自然人的心理运动又是极其复杂的，对人影响最深的是社会长期的历史文化的积淀，如集权制下的权力欲观念，涉及企业复杂的人事关系，影响工作效率。企业家常说要做多大事，就要有做多大事的人，没有人才，一事无成。反之，人不行，也就什么都不行，因为其他生产要素也是由人来掌管的。在某种程度上可以说，企业管理，就是通过对人的管理转化为对物和下级的人的管理。

这样，企业人事管理的首要任务就是如何选人和用人的问题。当然这和经济体制联系在一起。如何选人，是人事管理的重要核心工作之一，包括人员招聘与配置、培训与开发、薪酬管理、员工关系等。

人员规划与招募包括规划与预测，包括内部选人还是对外招聘。要完善岗位责任制、全员合同制，把岗位责任制与合同制结合在一起，根据企业生产经营要求确立组织机构，包括战略规划、人事、财务、物资、生产、供应、销售、公关、法律、信息等各部门，根据部门工作任务确定各岗位职责，根据各岗位职责来确定招聘人员的标准及待遇。一个聘用合同，体现了企业管理对员工的工作要求，即员工如何为企业创造商品价值的工作规范，同时也规定了与员工为企业商品生产中商品剩余价值获得所作出贡献相对应的分配关系，是一个互利共赢过程。当一个员工按照合同要求履行了自己的职责，就体现了企业与员工之间的生产要素——劳动的交换。正因为如此，一些国家专门制定了《劳动法》及《劳动合同法》，以保障合同双方当事人的合法权益与利益。

市场经济社会里的员工与企业的关系是雇佣关系，决定了必然要形成岗位与工资、福利的合同交换关系，而不是身份关系。企业从经济效益出发，不论什么人，只要能够完成招聘合同中规定的责、权标准要求，就可以得到相应的劳务费的商品价格支付。

企业的人事管理按照管理学原理，包括：①人事计划，如企业与各人才交流部门定期沟通信息、建立人才库等；②人事组织，如确定企业管理的组织机构图；③人事控制，如对企业员工定岗定编等；④人事协调。

总之，一个企业的人事管理是关系企业商品价值和剩余价值形成的重要方面。

第六节

企业财务管理的商品价值形成原理

企业是一个经济组织，这就决定了企业的一切活动都以经济为中心，这种经济活动具体体现在财务收支上，所以，企业的财务管理是企业经济活动的具体体现。或者说，企业的一切经营管理活动，归根到底是在构造一个财务模型，并且这个财务模型体现了企业的价值及剩余价值，建立在商品的价值与剩余价值基础之上。

企业财务管理价值模型如图4-5所示，该图与图4-2的企业运行系统图基本一致。

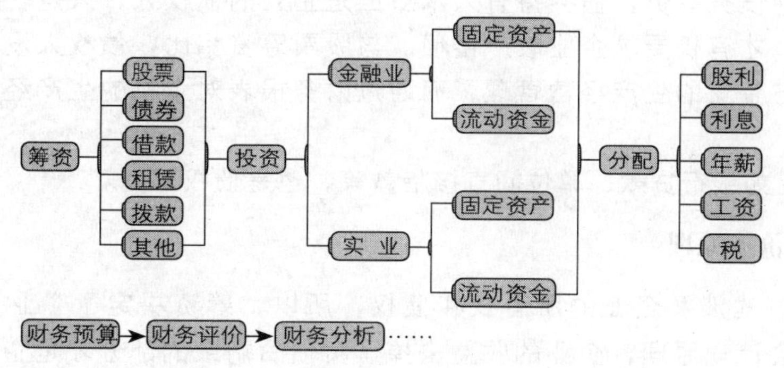

图4-5 财务管理内容

下面简单介绍一下筹资、投资及分配中的有关问题，涉及价值原理。

一、筹资

1. 筹资方法

研究筹资方法对于企业生产经营管理成败有着重要作用。一方面，一定数量的资金，采用不同的筹资方法，付出的成本也不一样，影响到商品的成本价值；另一方面，采用不同的筹资方式，会影响到企业未来发展的所有权和债权关系。常见的方法有股票、债券和直接借款等。其中，通过股票筹资称为权益筹资，而通过债券或直接贷款等筹资的方法称为债权筹资，股票筹资涉及分配上的股利，而债权筹资涉及还债上的利息，分别简单介绍如下。

股票实质是货币券，企业通过印发股票向外发行，约定股息、承诺购买条件，购买者用现金购买股票时，企业就收到了现金。而股票筹资最本质的性质体现在公司增加了所有者，分散了公司股权，购买本公司股票的所有股民都是该企业的所有者之一，不论自然人或经济组织，拥有某企业的多少股份，就意味着对该企业享有多少比例的所有权。

企业有了资本要素，可以购买其他一切生产要素，如土地、资本、劳动、科技、企业家及其他商品，形成企业生产经营，并带来资本的价值增值。现代市场经济社会的股份制企业特别是上市公司，都是以社会众多的股东形成的企业所有者与企业家一人经营的倒三角形态存在，尽管各股东之间可能彼此不见面。

股票的发行及使用有一整套的国家法律约束，规定了只有有限公司才能吸股，且只有注册资金在3 000万元以上才能在证券交易所上市，在社会公开广泛吸收股民购买股票。这样，只有具有一定规模的大型企业才能通过股票的国内外发行吸股，达到快速滚动发展，而中小企业的筹资难度大，因此筹资及企业的发展速度慢。

债券是一种债务筹资，债券持有人本质上是企业的债权人，只是在企业的负债大于资产情况下，才有权要求企业破产偿债。与股票筹资相比，债权人没有企业的所有权，因此不参与企业的生产经营管理，而通过财务报表对企业的生产经营与管理进行监督。

直接贷款，如银行贷款、单位间直接借款等，也是债权筹资。

2. 筹资的价值原理

由于筹资方式涉及企业的所有权和债权，所以，筹资决定了企业价值中的所有者权益。根据会计学原理，企业的收益去掉了负债后剩余的部分才是企业的所有者权益。因为企业作为投资商品，其资产是成本投入的价值的体现，而负债加所有者权益等于资产，负债多了，企业的所有者权益就少了；反之，企业的所有者权益少了，负债就增加了。所有者权益是企业年经营成果的剩余价值的体现。所以，股权或是债权筹资直接影响到企业的剩余价值。

由于筹资中要支付一定的资本的报偿，如股票的股利、债券的利息等，还包括公关费用及其他费用等。这些股利、利息的比率是不同的，所以，要筹集到一定数量的资金，采用了不同的方法，不但涉及股权、债权，还涉及筹资综合成本的大小，而且这些筹资成本归根结底要进入商品的成本价值当中，影响和决定了商品的成本价值及价格的价值。所以，要增加企业的商品的利润的剩余价值，就要研究筹资的方法及综合成本最小化，以便于取得更多的商品的剩余价值。

筹资还涉及企业资金的及时使用，以应对商品市场销售之急，这时，通过筹资还能够及时满足资金供应，如以小于利息的利润率筹集到的资金，就起到了资金的以小搏大的杠杆作用。

近代以来，世界各国普遍存在通货膨胀与金融危机交替出现的现象，通货膨胀时，商品销售困难，资金回笼难，金融危机时，流动资金困乏，都需要筹资工作的及时配合。企业应对金融危机和通货膨胀的具体举措就是体现在筹资和增加商品销售上。通过筹资与增加商品销售来盘活企业的流动资金，使企业流动资金的血脉能够正常流动。

（1）筹资成本

筹资成本指企业筹集、使用资金所付出的代价。

$$筹资成本=\frac{年用资费}{实际用资额}=\frac{年用资费}{筹资总额-筹资费用}$$

（2）筹资的资本结构

资本结构问题，是研究企业在使用多种方式进行融资时，如何使使用资金的成本最小，从而使企业股东收益最大化，或每股收益最大化。

（3）初始资本结构决策

该方法适合在企业创立时使用。

例1 ≫

表4-1　初始资本结构决策资料表

筹资方式	方案A		方案B		方案C	
	数量（万元）	成本%	数量（万元）	成本%	数量（万元）	成本%
长期借款	8	7	10	7.5	16	8
债券	20	8	30	9	24	8.5
优先股	12	13	20	13	10	13
普通股	60	16	40	16	50	16
合　计	100		100		100	

如表4-1所示，某企业初创时需要资金100万元，试从A、B、C三个方案中选择一个。

解：

A方案：加权平均资金成本=8%×7%+20%×8%+12%×13%+60%×16%=13.32%

B方案：加权平均资金成本=10%×7.5%+30%×9%+20%×13%+40%×16%=12.45%

C方案：加权平均资金成本=16%×8%+24%×8.5%+10%×13%+50%×16%=12.62%

综合对比结果为三个方案中B方案综合资金成本最低。故选B方案。

例2

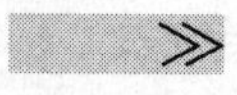

表4-2　追加资本结构决策资料表

筹资方式	追加筹资方案A		追加筹资方案B	
	数量（万元）	成本%	数量（万元）	成本%
债券	25+25	9	30+30	9.5
优先股	10+10	14	10+10	14
普通股	15+15	17	10+10	17
合计	50		50	

如表4-2所示，若企业需要追加筹资50万元，有两个方案可供选择，试通过计算最低资金成本来作出决策。

解：

怎样优化筹资结构，是一个关系到筹资成本的大问题，只有筹资结构合理，筹资成本才能最小化。现将筹资结构的三种方法介绍如下。

1）追加资本结构决策。

2）比较资金成本法。

比较资金成本法是指对不同的资本结构的综合成本进行计算和比较，以综合成本最低的方案为入选方案，并作出筹资决策。包括两种方法：

直接比较各追加方案的边际资金成本即可。

A方案：追加50万元的边际资金成本=50%×9%+20%×14%+30%×17%=12.4%

B方案：追加50万元的边际资金成本=60%×9.5%+20%×14%+20%×17%=11.9%

对比之下，A方案的边际资金成本12.4%>B方案的边际资金成本11.9%，故选B方案。

3）定性分析法。

上述两种方法均为定量分析法，均存在一定的局限性和假设条件。这与实际往往会有一定的差异。而按辩证唯物主义观点，任何事物，总是表现为一定的量和质的统一，没有离开一定量的质，也没有离开一定质的量，而且任何事物都是互相联系着的。所以，对于如何确定筹资结构问题也一样，也必须进行定性分析，进行综合考虑才能作出正确的决策。

所谓定性分析，就是指认真考虑影响资本结构的各种因素，并根据这些因素综合考虑作出合理的资本结构的筹资决策。

影响企业资本结构的因素很多，包括可见到的和不可见到的，静态和动态的，现实的和未来的。

①企业成长与销售稳定性。

如果未来销售会以较高的速度增长，宜使用债务筹资，因债务筹资的资金成本低，所以，能增加企业的利润，可谓“借鸡下蛋”。

另外，销售稳定时，也可以采取负债筹资。

②企业的风险状况。

企业风险=经营风险+财务风险

当中的一个大了，另一个就要小些。

③企业获利能力。

获利能力强，内部积累可以解决筹资。

④企业筹资灵活性。

正常时，负债，随时按较低的利率来发行债券或长期借款。

⑤企业的资产结构。

资产中实物性比例较高（或总资产中变现能力强的资产所占比例高），企业的破产成本就低，则负债能力强，负债比率可高些。反之，负债要低些。

资本密集型企业，可长期抵押贷款。技术密集型企业，宜短期借款。

⑥企业管理者态度。

稳健型企业少用财务杠杆，风险型、追求业绩的企业则愿意增加财务杠杆作用。

⑦企业的控制权。

借债不影响企业的所有者权益，而股权筹资会削弱原有股东的所有者权益，分散决策。

当市场前景看好时，采用负债对企业较为有利，因为此时利息是固定的。而反过来，当市场前景不好，企业面临巨大经营困难时，使用股票能使企业化解风险，但股东承担了更多的风险，因此，股价也要高些。

⑧企业的信用等级与债权人态度。

过高负债筹资会使企业的信用等级下降。

⑨政府税收。

负债可以减税，是因为借债利息要计入企业的经营成本，减少企业的应纳税利润额，所以税率越高，越容易使用负债。

⑩其他。

国民经济发展前景。社会经济受通货膨胀率（或紧缩率）、银行利率（折现率）、税率等的影响，不同的金融政策都会给筹资带来不同的影响，需要综合研究才能作出决策。

3. 经营杠杆和财务杠杆

财务管理中的杠杆原理，是指在企业商品市场销售看好的情况下，如果商品销售利润率能够超过贷款利率，则通过贷款经营能够带来更大的利润收益的一种理财方式。所谓理财上的杠杆，实质是理财当中的以小博大原理。类似于力学上的杠杆的以小博大的原理。

事实上，现代社会的生产经营当中，很少有完全依靠自有资金来实现自我快速发展的。当然，杠杆原理不可以随便使用，企业商品市场销售不好时，如果通过贷款来经营会带来雪上加霜的恶果，因为贷款利息会增加企业商品的销售成本，企业商品销售盈亏平衡是使用杠杆原理的基本前提。

为了理解杠杆原理，我们先举一个例子。

例3 ≫

请根据表4-3中的数据，作出如下计算：

1. 从t期到$t+1$期的的销售收入变化（%）是多少？
2. 从t期到$t+1$期的息税前利润变化（%）是多少？
3. 利润增长（%）/销售量增长（%）是多少？
4. 将固定成本增加10 000元，再计算问题3中的比率。

表4-3 某公司销售收入变化数据

项　目	基期销售收入/t	预期销售收入/$t+1$
销售收入	300 000	360 000
（减）		
可变成本总额	180 000	216 000
（固定成本前）收入	120 000	144 000
（减）		
固定成本总额	100 000	100 000
息税前利润	20 000	44 000

解：

1. 从t期到$t+1$期

$$销售收入变化（\%）=\frac{360\,000-300\,000}{300\,000}=20\%$$

2. 从t期到第t+1期

$$息税前利润变化（\%）=\frac{44\,000-20\,000}{20\,000}=120\%$$

可见，从t到t+1期时，销售收入增加（或减少）20%，而息税前利润却跟着增加（或减少）120%。即一个小小的销售量增加，带来了百倍的利润的增加，显然，此时投资的资金成了获利的杠杆，在盈亏平衡点销售量以后，能带来超额的收益的增加，以百倍的比例，而在没有达到盈亏平衡点时，成了亏损的杠杆，带来百倍利润的减少。

3. （息税前）利润增长（120%）/销售收入增长（20%）=6

这表明息税前利润增长是销售收入增长的6倍。

当固定成本增加10 000元时，基期固定成本总额增加为110 000元，基期息税前利润为基期固定成本前收入120 000–基期固定成本总额110 000=10 000元，同理，t+1期的息税前利润为144 000–110 000=34 000元，此时有：（34 000–10 000）/10 000=24 000/10 000=12=240%

故有：在销售收入增长不变仍为20%的情况下，由于固定成本增加了10 000元，导致息税前利润增长240%，这时

（息税前）利润增长（240%）/ 销售收入增长（20%）=12倍

即由于固定成本增加了10 000万元，带来了12倍的息税前利润增长。小小投入，带来多少倍的利润增加，这种成本的投入，如同一个小小杠杆一样，撬动了一个巨大的利润。

从t期到t+1期的变化中：当固定成本为100 000元时，息税前利润增长120%/销售收入增长20%=6，而当固定成本增加10 000元，为110 000元时，息税前利润增长240%/ 销售收入增长20%=12。

也就是说，增加固定成本投入带来了超额的息税前的利润增长，以小成本投入博得特别大的利润。固定成本决定了这个比值的情况：固定成本越大，这个比值越大；固定成本越小，这个比值也会越小。

另一方面，在固定成本不变（100 000元）时，销售收入增加了一点点（20%），便带来了息税前利润的一个很大的增加量（120%），说明给定企业一个小小的销售量增加的百分比（20%），便会带来一个很大的息税前利润增加的百分比（120%），或者说，120%/20%=6的这个比值，表示出了销售收入增加很小的一个百分比所带来的息税前利润增加的一个很大的百分比。反之，如果销售收入降低一个很小的百分比（20%），也会带来息税前利润的同样比例的下降（120%）。而比值120%/20%=6，也表示了销售收入减少一个很小的百分比，便会带来息税前利润的一个很大的下降120%。

这是一个关于固定成本不变，随销售收入增加带来的息税前利润快速增加的财务规律。

故息税前利润增长百分比与销售收入增长百分比的比值120%/20%=6称做该公司的经营杠杆度，用*DOL*来表示。

$$经营杠杆度(DOL)=\frac{息税前利润变化(\%)}{销售收入变化(\%)}$$

从式中可以看出，假定分子的息税前利润变化百分比固定时，销售收入变化百分比越大，其经营杠杆度越小，如销售收入增加百分比越大，其经营杠杆度越小，反之，销售收入增加越小，经营杠杆度越大。

这说明，经营杠杆度的作用是有条件的，并不是无限发挥作用的，随着销售收入超过盈亏平衡保本点后，经营杠杆度的作用是下降的，也就是经营杠杆的作用越来越小，或者说，只有在刚刚超过盈亏平衡保本点的时候，经营杠杆度的作用才能充分显现出来。经营杠杆度会随着销售收入的增加而作用减少，是其他情况约束的结果，如一个市场所能容纳的商品数量是有限的，或者只有在不超过市场对该种商品的需求量时，经营杠杆度才能发挥作用，此时，由于经营杠杆度的作用较大，所以企业可以多贷款，获取利润。而当过量贷款时，因增加的固定成本投入过大，生产出来的商品市场过剩，就要以低于正常利润的价格或亏损销售，这时，经营杠杆度甚至是失效的。这就是所谓的经营杠杆的概念。

（1）经营杠杆

让我们先来看一个案例。

案例一 可口可乐公司销售收入与净利润的增长

1996年，可口可乐公司的实际销售收入比1995年公布的计划额增长了2.9%，而同期净利润却增长了16.9%，净利润的增长幅度是实际销售收入增长的5.83倍，（16.9%/2.9%）。销售收入变动幅度与净利润变动幅度之间的这种差异并不是可口可乐公司所特有的，而是公司的一般财务规律的杠杆规律作用的结果。

1993年，菲利普斯石油公司的销售收入仅增长3.2%，而净利润却增长了35%。另外，阿彻旦尼尔斯米德兰公司的销售收入与净利润则分别增长了6.3%和12.7%。

另一方面，1992年至1993年间，雪佛龙石油公司的销售收入下降了3.6%，而其净利润却下降了19.4%。

经营杠杆是指随着公司销售收入超过盈亏平衡保本点，并保持增长，经营杠杆度呈下降趋势。显然，经营杠杆与经营杠杆度是不同的概念，经营杠杆是对经营杠杆度

*DOL*的变化规律的一种描述。

从表4-4及图4-6中可以看到，在确定的息税前利润变化百分比条件下，随销售收入不断增加，而经营杠杆度不断下降，在销售量为25 000时，也就是刚刚超过盈亏平衡保本点的销售量时，经营杠杆度是“无穷大”的，也就是垂直于横轴的直线的斜率形成最大，之后是6.00下降，直到1.33以下等。经营杠杆度曲线*DOL*呈从左上方到右下方下降趋势。

表4-4 M公司不同销售水平下经营杠杆度

销售量	销售收入	*DOL*
25 000	250 000	不存在
30 000	300 000	6.00
35 000	350 000	3.50
40 000	400 000	2.67
45 000	450 000	2.25
50 000	500 000	2.00
75 000	750 000	1.50
100 000	1 000 000	1.33

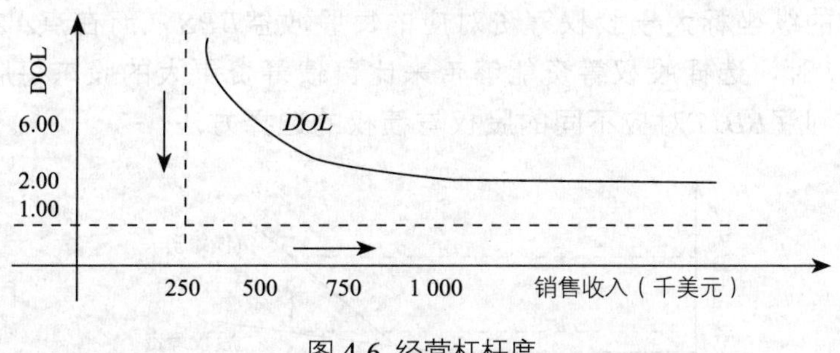

图 4-6 经营杠杆度

$$\frac{\text{息税前利润（}EBIT\text{）变化百分比}}{\text{销售收入变化百分比}}>1.00\text{，存在杠杆度}$$

说明：EBIT，全称Earnings Before Interest and Tax，即息税前利润，从字面意思可知是扣除利息、所得税之前的利润。计算公式有两种，*EBIT*=净利润+所得税+利息，或*EBIT*=经营利润+投资收益+营业外收入–营业外支出+以前年度损益调整。

（2）财务杠杆度

$$DFL=\frac{\text{每股收益变动（\%）}}{EBIT\text{变化（\%）}}$$

$$DFL=\frac{EBIT}{EBIT-I}$$

联合杠杆=经营杠杆度×财务杠杆度

或记为

$$DCL=DOL\times DFL$$

作为企业财务管理来讲，通过经营杠杆的原理，在企业的商品销售的达到市场盈亏保本平衡点以后，根据市场情况，要加快贷款，增加销售，以发挥经营杠杆度*DOL*的作用，而随着销售收入的增加，就要尽快缩减固定成本投入，不能盲目扩大生产，以防止市场供应过剩等原因带来的经营杠杆度失效使贷款难以偿还，从而尽最大限度抓紧时间"投机"一下。这就是投资的基本原理确定的财务杠杆原理，可以最大限度地获得商品投资的利润的剩余价值。

利用杠杆原理，还可以进行股权与债权筹资比例的经济效益的分析判断，即求在什么情况下，选择股票筹资，什么情况下选择债券投资能够达到股东每股收益（*EPS*）最大化。为此，我们借用平面图形示意法来说明。

如图4-7所示，通过以息税前利润*EBIT*为横轴，以股东每股收益*EPS*为纵轴建立平面直角坐标系，负债筹资和股权筹资的交点的横坐标为*A*，在这一点上，负债与股权筹资的结果给股东带来的每股收益是相等。不难发现，在点*A*右侧如点*B*息税前利润对应的每股收益*EPS*的纵坐标大于股权筹资对应的每股收益*EPS*，而在点*A*左侧如点*C*时的息税前利润*EBIT*时，选择股权筹资能够带来比负债筹资更大的股东每股收益*EPS*。亦即不同的息税前利润*EBIT*对应不同的股权与债权的选择方法。

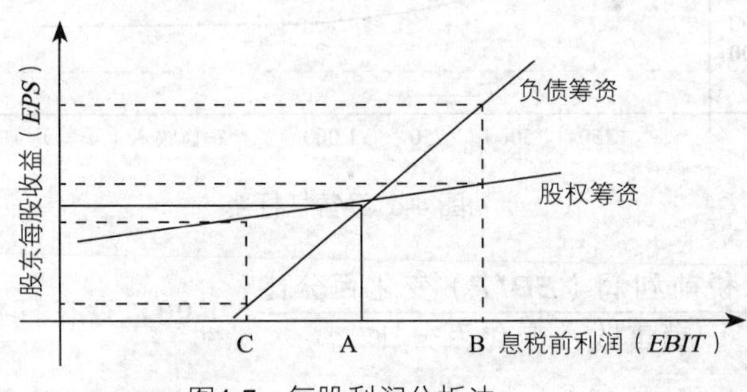

图4-7 每股利润分析法

因这种方法是讨论*EBIT*与*EPS*之间的关系，所以，有时也将这种方法称之为"*EBIT—EPS*分析法"。关于*EBIT*的找法，可根据下面的公式来计算。

$$\frac{(EBIT-I_1)(1-T)-D_1}{N_1}=\frac{(EBIT-I_2)(1-T)-D_2}{N_2}$$

式中 I_1、I_2——两种方式下的年利息；

D_1、D_2——年优先股股利；

N_1、N_2——普通股股份数。

公式的一边表示债券，则另一边则表示股票。这时两种筹资所给股东每股收益是相等的。

二、投资

企业通过各种不同筹资方式及不同的筹资成本、不同的股权债权筹集到一定的资金后，就要进行投资，企业的投资包括两大方面的内容，一是对内投资，就是按照股东大会决议的企业新增固定资产如新增加土地、厂房、设备等，用于技术更新改造，取得生产规模的扩大；二是对外直接或间接投资，如购买其他企业的股票、债券或直接进行实业项目投资等。

股票投资是直接把资金用于购买其他企业或单位的股票，从而取得对该企业的所有权，并获得参与该家企业的生产决策权利或获得经营信息的方便。而当某企业对其他企业购买的股份超过总股份的50%时，或占有最大股份额时，就能够控制这家企业，使这家企业归自己所有，而相应的其他股份就处于被支配的地位上，使其他股份的资本变成为自己新收的企业提供资本服务了。股票投资的优点是收益大，缺点是风险性大。

此外，还有对其他企业的直接投资。

对于商品投资无非有两种情况，一是对消费品生产企业的投资，这时的资本金的价值增值——剩余价值就是企业的商品销售的利润的价值换算结果；二是对投资商品的投资，其资本金的剩余价值就是净现值$NPV(i)$的价值换算结果。

债券投资是通过以向外借债的方式进行投资，其目的是为了获得资本的利息回报。对比股票投资来看，债券投资风险小，但利息回报也少。

对外投资收益包括股票、债券及实业投资收益，对于实业投资收益，前面第三章第三节中我们已经做了介绍。而对于股票、债券的投资收益，原理上与实业投资收益是一样的。

此外还有基金投资、期货投资、期权投资、证券组合投资等。可参看财务管理专业书籍的介绍。

三、分配

企业分配，通常指会计期末对企业商品生产经营成果在企业的各相关主体之间进行的分配。如前面的图4-1中的企业模型图中各主体间按不同的方式进行剩余价值的“瓜分”。按照法律的规定，首先要按所得税税率向国家缴纳所得税。其次是股东分配，再偿还债务。对于股东的股利，按优先股或普通股的区别进行分配，对于债务，按本金加上利息偿还。此外，对于企业内部的职工则是在平时的工资加福利中进行分配了。而在企业生产经营当中与原料供应方及商品销售的买方之间的分配是在平时的买卖当中的利润"瓜分"中实现的。

企业会计账面上的未分配利润是企业所有的利润，而只有在企业清算或终止时，才能在去掉清算费用和偿债之后，按股权比例进行分配，而平时，企业的未分配利润与股东得到的分红是有区别的，虽然从理论上来说，企业的未分配利润是股东的财产，但股东并不能随意支配企业的财产，而由企业家根据股东大会的决议进行再投资，以使企业可持续发展。

总之，涉及企业生产经营的各个不同生产要素主体都以不同的方式和比例对企业的经营成果进行分配。如国家就是税收分配，没有任何可商量的理由。土地所有者以土地租赁费进行分配、资本按利息或股利分配、职工按工作岗位职责的工资加福利进行分配，科技按科研成果购买费或开发费分配，企业家按年薪即经营利润的一定比例进行分配。而在这一过程中，资本要素由于是以购买其他要素方式组成的企业，所以，资本的股东方获得企业风险经营的利润成果分配，而其他方面，国家按比例收税、企业家按比例拿年薪，其他要素土地、科技、劳动就只是以固定的价格卖给了企业，并不参与利润的比例分配。这样，对于同样贡献的其他要素就不够合理，形成资本主义市场经济社会的资本方的资本家阶级与打工的无产阶级的对立。并形成长期的世界范围内的社会革命。因此，按市场经济基本规律，应该按商品生产中各要素提供的相应的贡献比例进行分配，才是合理的。这就是标准市场经济社会体制理论要研究的问题。在本书的第八章第二节中我们将详细介绍这个问题。

第七节

企业设备管理的商品价值形成原理

人类生产区别动物生产的标志就是能够使用工具，今天的世界已经是知识经济时代，人类更多的是使用智力、科技成果进行生产，体现在生产过程上就是使用机器设备取代人体的繁重劳动，如农业机械化、机器人替代人工进行水下作业等。

现代社会商品的生产过程是人和机器结合的结果。如纺纱厂的生产过程，就是纺纱工与纺纱机结合的过程，这样，设备管理就是企业商品生产中的一个重要环节。

如何实施设备管理，一是设备购进中要与项目工程设计相配套，以确保能够实现商品质量及技术要求，还有满足产量要求等，为此要在国内国外两个市场上进行信息搜寻，进行招标公告，如对大型设备的招投标等。二是在平时的设备生产使用当中，建立一整套的设备档案使用制度，包括编号、建卡、上账、档案等，进一步实施生产现场的5S及6S管理，包括状态监测、故障诊断、更新换代、保养维修、润滑、备件准备等。这些过程都是与企业生产工艺过程紧密配套的。

设备使用中的备件很重要，如国产设备的备件可以很容易购买到，只要厂家不倒闭。所以从这一点上来说，要购买大企业出售的生产设备，后续的备件供应及技术更新才有保障；而小企业则由于抵御市场风险能力差，后续的设备备件供应及技术更新都存在较大的风险。而购买国外设备则可能面临国际贸易关系带来的进口上的不便或价格上升，如进口日本汽车，虽然车的价格便宜，但是配件价格上升，总的来说，还是不便宜。

动力设备是企业生产中的心脏，应重点保证。要加强企业设备的自动化程度，提高设备的技术水平，适时进行更新改造，特别是矿业生产中的设备更新及自动化，关系生产效率及矿业产品的精细加工，为扩大市场带来利好影响。

随着生产的进行，设备的价值经过长期的磨损或技术落后而效用减少，带来价值贬值，设备价值贬值的减少部分转化到了商品的形成上，成为产品的成本价值的一部分。带来产品价值的成本部分的增值。从设备价值贬值到商品的成本价值的增值，从表面上看是设备到商品的转化，从经济本质上看是价值的转移过程。

由于设备是资产，也是商品的一种，也要遵守商品的价值定义，即设备的价值等于对设备的投入，包括购买价格及运输费用、关税、维修使用费等加上设备带来的生产贡献效用，如产量的增加、技术水平的提高及质量的提高等。

企业常见的设备管理机构如图4-8所示。

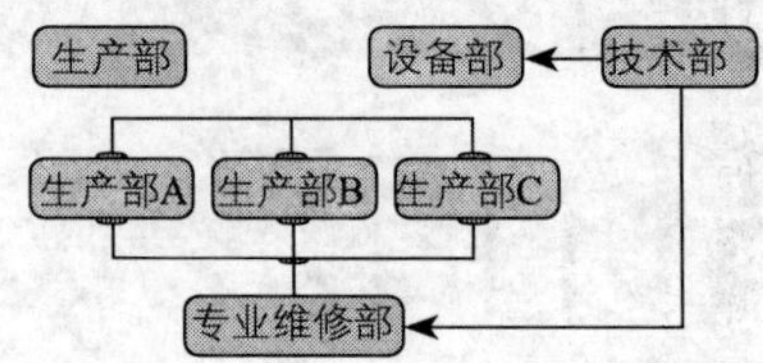

图4-8　企业常见设备管理机构

在设备管理中，除了购进新的设备以外，还有一种重要的设备引进方式——租赁。设备租赁是供应商将设备租赁给使用方，向使用方收取一定租金的设备使用方式。使用方没有对设备的"所有权"，只有"使用权"，类似于房屋租赁一样。

设备租赁，不但可以使企业减少创业之初的大量现金支出，减少购买设备时的贷款成本；而且能够及时适应市场商品需求的变化，灵活选择租赁期限，减少残值带来的沉没成本。对于出租方，可以减少销售库存量，变相增加销售。设备租赁是近代兴起的设备使用方式。

第八节

企业生产管理的商品价值形成原理

市场经济社会中，企业的生产经营过程主要包括两大内容，一是经营问题，也就是常说的“先打市场，后开工厂”，甚至通过生产的转包实行无工厂的经营活动也是可以做到的，即通过商品与市场的对接选择，能够带来商品销售上的利润的剩余价值；二是企业生产过程，通过生产过程形成商品，产生商品的效用，带来商品的剩余价值，即对于原料进行生产技术加工后形成商品的某种效用，如对于泥土原料，经过烧制以后变成饭碗、工艺品等，形成餐具或工艺品的效用，带来这种商品的利润，而整个生产过程的生产要素投入只是这种商品投入的价值流转而来，形成商品价格中的成本。

这就是说，市场经济社会中，商品价值形成是经营在先，之后必须生产环节来保障。在商品市场价格相同的情况下，生产要素的成本投入越少，则利润的剩余价值就越大，这就是说，生产环节也是商品剩余价值形成的重要一环。具体说，只有以低于单位商品平均成本的生产要素的成本投入，才能获得商品的额外利润的剩余价值，这就是商品在生产过程中形成的价值及剩余价值。一定数量和质量的同样商品，可以用较多的资源加工生产出来，也可以用较少的资源加工生产出来，二者之差，就是管理带来的商品利润的剩余价值，也就是常说的管理带来的经济效益。在这方面，管理学之父泰勒为我们树立了榜样，他对于企业劳动者的工作过程，精心设计了一个模型，通过这个模型的操作，可以提高工效4倍，而对于劳动者的报酬提高还不到两倍，当中的剩余价值为企业所有了。这就是著名的搬运生铁的试验，如果没有这个管理，企业的生产效率就会下降，成本也会增加，则企业的剩余价值也不会形成。这个试验本身没有错，而对于劳动者多创造出来的利润，没有按相应比例分配给劳动者，是按资分配带来的结果，因为劳动者是资本方买来的，虽然都同样是生产要素，但地位不平等带来分配上的不平等则另当别论，只能通过分配机制来解决。

1. 生产环境

企业的生产管理是在外部与内部环境中进行的，如图4-9所示。

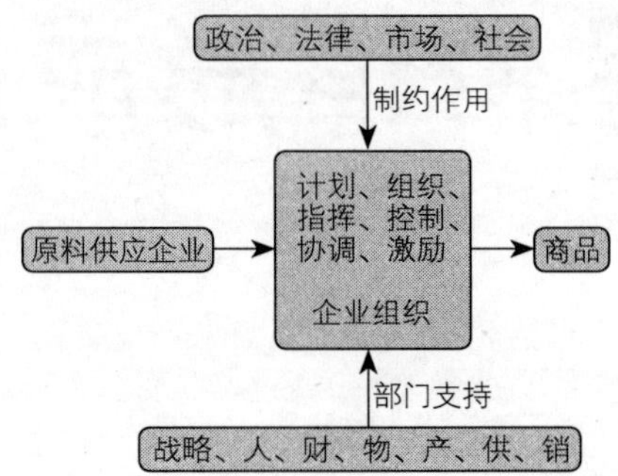

图4-9　企业生产环境图

生产过程包括生产环境、生产系统的设计、生产运作系统运行、生产维修和生产质量管理等环节。

从商品价值论观点看待企业的生产过程，则得出企业的生产经营过程，就是把投入的生产要素转化为商品的成本、费用的过程，并通过商品在市场销售时的消费者认可的效用的利润来实现商品的价值增值过程。

生产要素转化为商品的成本，就是把生产要素的土地、资本、劳动、科技和企业家等转化为企业的各种资源，如人力资源、财务资源、物资资源、生产资源、供应资源和销售资源等。

而这些过程的要素转化为各种资源的投入，就形成了商品价值中的基础价值的成本部分。而商品的市场销售的利润实现过程，就是商品的价值增值的过程。

企业商品的生产既包括对有形产品的生产，如矿业、房地产、汽车等，也包括无形的服务，如老师的授课，科研人员的研究活动、医生的诊治等。在组织结构上，生产有形产品的企业的生产部门，如纺纱厂的生产车间等，生产无形服务的工作单位，如大学的各学院和系、医院的各科病室等。

2．企业生产作业

企业生产作业分类如图4-10所示。

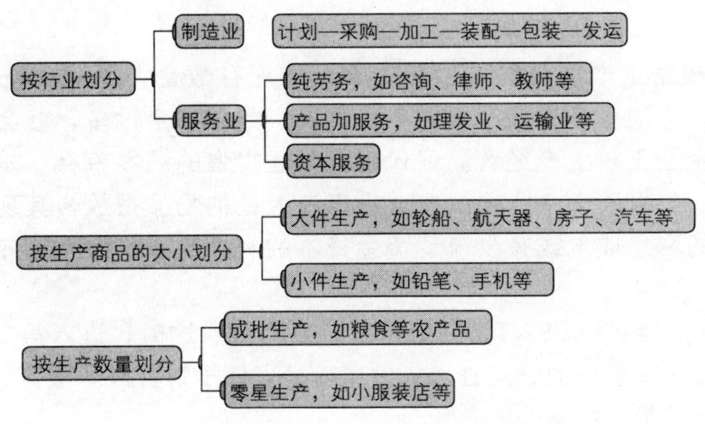

图4-10　企业生产作业分类图

3．生产设计

生产设计包括以下内容：①生产选址；②生产布置；③岗位设计；④工作考核。

现代大型企业生产中使用ERP计算机系统，可以把整个数据输入计算机中，经过运算输出所需要的数据。

4．工作设计

工作设计包括由谁做（who）、做什么（what）、何时做（when）、何地做（where）、为何做（why）和怎样做（how）。

5．生产运作系统

企业生产运作系统如图4-11所示。

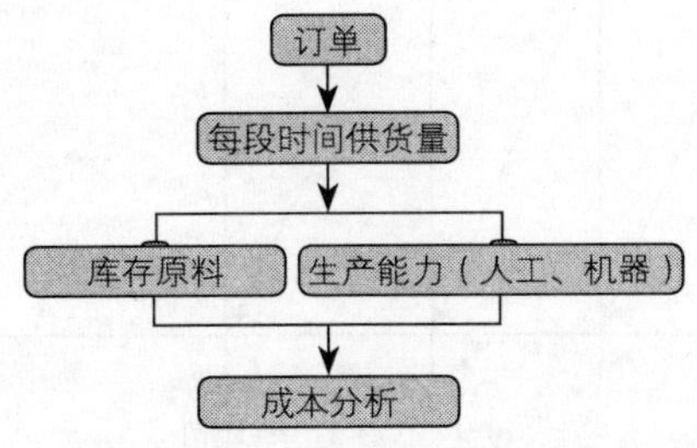

图4-11　企业生产运作系统图

原料供应过程是决定企业生产中的商品成本价值的第一道程序，如果这个关键做不好，则以后的所有努力都是无济于事的。

企业生产中的原料供应是企业的生产要素资源中的"资本"的转化形式。

6. 库存设计

库存设计是根据生产需要配备相应的原料的库存数量，原则上既不能少，也不能多，如果少了，影响生产进度，损失不可估量，如果剩余过多，就会减少企业的现金流动量，影响企业正常生产经营。现代企业管理提倡的"零库存"是一个节约流动资金的实现方式。如果一个企业原料或成品库有大量的物品摆放，其现金周转出现困难，则增加贷款的利息成本或减少流动资金贷款的利息收入。为此，库存设计可按下面的方式进行。

由图4-12可见，当时间进入到t_1时，原料存量为零，这时，进入第二批原料。正常情况下，应每间隔一段平均的时间进入一批原料。也便于财务成本核算。

数学上给出经济最佳批量公式：

$$Q^*=\mathrm{Squat}(2\times DS/C)$$

式中　Q^*——经济订货批量；

D——商品年需求量；

S——每次订货成本；

C——单位商品年保管费用。

中文定义：

经济订货批量=Squat（2×年订货量×平均一次订货准备所发生成本/每件存货的年储存成本）

注：Squat函数表示开平方根。

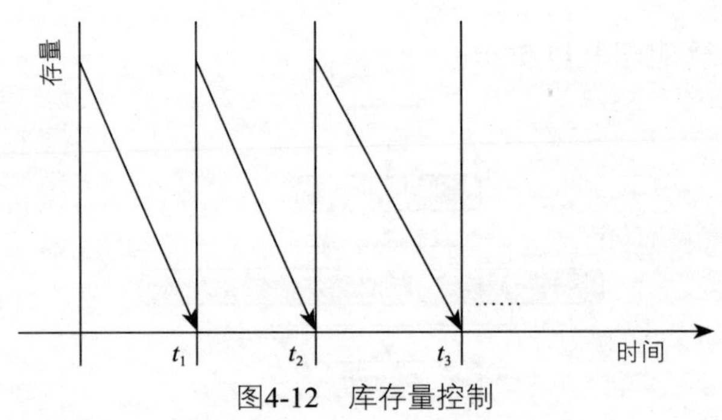

图4-12　库存量控制

7. 质量管理

质量管理是企业生产中的最后一道环节，也是整个生产过程中最为关键的一个环节，产品的质量关系产品的品牌，亦即关系企业的商品销售及整个企业的生存。同时，产品或服务的质量也是企业商品价值中的效用中的一个重要组成部分，因为质量不够好，达不到用户要求或低于同类产品的质量，或技术含量不够，则会降低企业产品销售上的利润价值，整个前期的工作都将前功尽弃。所以，精明的企业都很重视质量管理。

质量好的商品，使用时间长或节省开支，为用户或消费者带来更大的效用，消费者或用户就愿意花高价购买，实现效用与价格的对等。如果以较低的价格买到了较高质量的商品，则商品购买上出现货币价值小于商品价值，形成商品购买上的剩余价值，也就是买到了便宜货；反之，质量差的商品，如果消费者或用户花了大价钱购买，结果没到使用期就坏了，货币价值大于商品价值，出现商品购买上的亏损，就是我们经常在市场上看到的一分价钱一分货。

目前国际流行的质量管理体系有以下几种。

①ISO9000系统，包括ISO9001、ISO9002、ISO9003子系统。ISO9000系统对应我国的国家质量标准为GB/T19000。

②ISO14000质量管理系统，下设ISO14001、ISO14002、ISO14003、ISO14004、ISO14005五个子系统。对应我国的国家质量标准为GB/T14000。

③QS9000标准。

注意，ISO质量管理系统，并不只是一般的商品出厂时的质量检验，而是一个贯穿于整个生产经营管理过程中的质量要求标准，因此，它是一个关于商品质量的过程的检验标准，更能从根本上保证商品的质量。在实际操作上，有专门的ISO质量检验机构来确认这种质量标准，企业可以委托这些机构来进行ISO质量验证。而达到这一标准的商品，在市场销售及国际贸易上都会带来利好影响。因而做这种质量认证的投入也能带来其销售上的收益。这也是进行ISO9000系统质量认证工作所带来的剩余价值。

8. 生产程序

生产程序包括以下过程。

（1）生产准备

1）工艺技术方面的准备。主要包括通过经济效益的分析，进行工艺方案的选优、编制和修改工艺文件，设计和补充制造工艺装备等。

2）人力的准备。主要包括适应生产任务变化的需要，充分发挥人才优势，对工种和人员的选择、配备与调整等。

3）物料、能源的准备。主要包括原材料、燃料、动力、外购件、外协件等，在保证完成生产任务的前提下，力求使总费用最低。

4）设置完好运转方面的准备。主要包括设备选择的经济评价和计划检修类别的确定等。上述这些准备工作，都是正常生产活动所必备的基本条件，是实现生产计划的重要保证，这些准备工作必须先行。企业在进行这些生产准备工作时，要十分重视对经济效益的定性分析和定量计算，力求在保证完成生产任务的前提下，取得最好的经济效益。

（2）生产组织

生产管理所讲的组织，是生产过程组织与劳动过程组织的统一。生产过程的组织主要解决产品生产过程各阶段、各环节、各工序在时间上和空间上的协调衔接；劳动过程的组织主要解决劳动者之间、劳动者与劳动工具、劳动对象之间的关系。生产过程组织与劳动过程组织是企业生产活动计划工作的基础和依据，两者必须实行动态平衡，既要保持相对的稳定性，又要随着企业经营方针、经营计划的变化而变化。提高生产组织形式和劳动组织形式的应变能力，其主要目的在于提高劳动生产率和经济效益。

（3）生产计划

生产计划主要包括产品生产计划和生产作业计划。产品生产计划主要规定产品品种、产量（产值）、质量等计划，以及保证实现生产计划的技术组织措施计划。生产作业计划是生产计划的具体执行计划，它保证产品生产过程各阶段、各环节、各工序之间在期量上的协调与衔接，使企业实现有节奏的均衡生产。产品生产计划与生产作业计划的编制与执行，决定着企业能否按质、按量、按品种、按期限地生产出市场需要和消费者满意的产品，影响到企业能否取得良好的经济效益。企业在制定计划时，既要考虑到市场需求和企业内外的生产条件，又要通过综合平衡，做到以最低的消耗和成本实现最优的生产方案。

生产计划宜使用滚动计划法，即对于长期的生产计划粗犷些，对于近期的生产经营安排是要随时补充加以细化，这样，在保障大的目标实现前提下，又能随时应对各种变化。

（4）生产控制

生产控制是指围绕着完成生产计划任务所进行的各种检查、监督、调整等工作。其作用在于完善生产组织，实现生产计划，提高产品质量，降低生产消耗和生产成本。广义的生产控制是对生产全过程实行全面的控制。从范围看，包括了生产组织、生产准备和生产过程的各个方面；从内容看，主要包括投产前控制、生产过程控制、产品质量控制、机物料消耗与生产费用控制、库存和资金占用控制等。对于市场经济条件下的企业来说，重要的是实行事先控制。做好事先控制的前提是建立和健全各种控制标准，加强信息收集和反馈系统，并根据反馈信息及时采取应对措施。为了经济有效地进行生产活动，必须明确生产计划和生产控制这两种职能的关系。生产计划是生产控制的依据，生产控制是实现生产计划的手段。如果生产计划不正确，生产控制就会变得复杂化，不仅工作量增加，而且会导致生产秩序混乱、失控等现象的发生，从而影响生产计划按期完成。

根据“世界一切商品价值评估计算统一模型”原理，商品的价值主要是由生产过程中投入的各种生产要素及产生的商品的效用组成的，不论什么商品，其价值形成及组成都是一样的。当我们看到各种不同的商品时，我们看到它们的存在方式各不相同，如一台电视机、一个苹果、一部汽车、一艘轮船、一座矿山、一部航天器等有形产品，饭店服务、教育服务、旅游服务等无形产品，但它们内部深藏的价值却是共同的，就是这种商品形成时所投入的土地、资本、劳动、科技、企业家管理等生产要素转化而来的，而且每单位商的投入的价值，就是平均分摊的成本部分的基础价值。

当生产要素投入后所生产出来的商品的价格体现的价值大于其平均成本，即要素的平均投入，则企业对该类生产要素的投入通过商品的桥梁实现了投资的资本金的价值增值，反之，就是投资资本金贬值了。当实现投资的商品的价值增值时，包括要素投入的成本价值及商品的效用的剩余价值都全部由商品的购买者通过商品价格来一并承担了，而同一种商品的成交价格大致不会相差太多，即同一类商品的价值大体上差不多，这主要是由于不同商品的生产技术及投入不同，而相同的商品投入的成本及费用等大致相同所致。所以，企业要想通过对要素的投入实现投资价值增值，就只有通过减少各个生产环节上的投入，从要素转化成的商品生产成本中的直接材料、直接人工、制造费用及期间费用的管理费用、财务费用、销售费用及税等一点一滴中节省出来，才能获得利润的剩余价值。

另外，除了通过管理带来的节省以外，在现代市场经济社会条件下，商品生产中的科技要素的投入起到了关键作用，如使用人工拉车运输和使用汽车运输，虽然都是生产要素投入，但使用汽车运输的效率高于人工许多倍，现代社会的流水生产线取代人工，以极大的商品生产能力提高了商品的数量和质量，从而提升了商品的效用部分的效用，即增加了剩余价值。还有用机器人完成人工所不能完成的生产，也是提升了商品生产的能力。当使用新科技手段生产出新商品之后，在市场上，因科学技术带来的商品独到的效用，还形成了商品的垄断价格，即由厂家在垄断市场自己确定商品的价格，这样，就更加提升了商品的利润部分的价值。所以，科学技术是第一生产力。

在国际贸易当中，由于发达国家以先进的科技加工出来的商品在国际市场上能够以较高的价格出卖，其价格超过一般科技含量少的商品的价格许多倍，形成国际市场的价格主动权。而传统商品、科技含量低的商品的价格因市场竞争者过多，其价格是由市场确定的，这时，企业要获得利润的剩余价值，就只有通过管理等其他方式来实现。这就是企业管理带来的商品价值的升值作用，也是商品的剩余价值的形成因素之一。从这个角度上看，经济问题与管理是联系在一起的。

第九节

企业采购管理的商品价值形成原理

原材料采购是决定商品成本价值的第一道程序，是商品生产过程中一项非常关键的工作。

为了做好的原材料采购工作，企业需要设立专门的采购部门，采购部门组织图如图4-13所示。

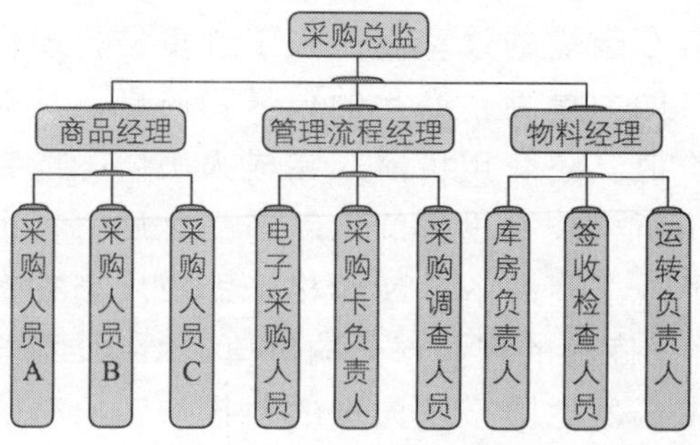

图4-13　采购部门组织图

1. 采购中的价格确定

企业通过价值谈判确定原材料的价格。

价格折扣包括现金折扣、商业折扣、复合折扣和数量折扣。

2. 采购运输

采购运输也是关系原材料成本的一个重要方面。正因为如此，在企业的项目设立时，要对企业的选址作出科学论证，从原料供应地距离及市场销售等方面把关。

由此形成一个国家或地区的某种产业链，如东北的煤炭原料丰富，则形成以煤城为中心的火力发电、钢铁厂等。采购中的货源组织流程如图4-14所示。

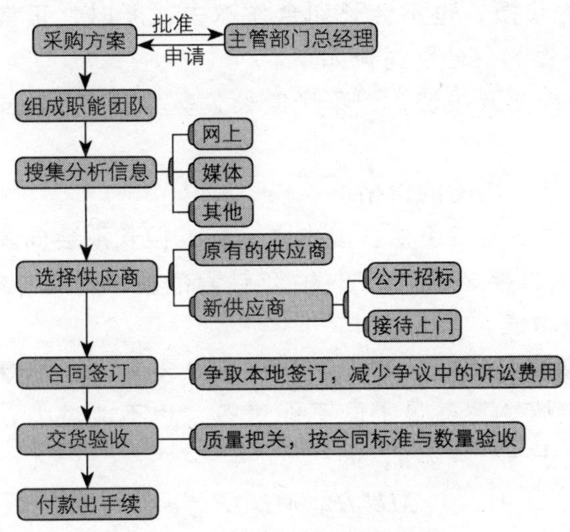

图4-14　采购的货源组织流程图

原料的运输问题是物流管理中的问题，近年来企业特别注重对物流运输的管理工作，大量物流专业公司也应运而生。

国际贸易中的物流费用共有十几种有专门的专业术语，这里只举出有代表性的简单的两种。

FOB价格，又称为离岸价，指货船离开港口前的全部价格或价值，包括货物的价格、国内运输费、保险费、银行手续费等。

CIF价格，又称到岸价，指的是物流船只到达一国港口卸船前的所有价格的价值，包括货物价格、海上货运运费和运输保险费、银行手续费等。

3. 国际化采购

这是国际贸易中的采购，当一国的原料成本大于国外进口时，可以使用国外采购的原材料。所谓低于国内采购成本，是指把原材料运到采购企业的仓库时的价格或价值低于在国内的采购成本与价值。通过这样的跨国采购，可以在采购环节上得到低于同类产品的单位产品平均成本的剩余价值。对于一些自然资源的矿业原料，一般需要通过这种方式来完成。特别是发达国家在这方面做得淋漓尽致，世界各国的资源都是尽量采购无遗，如英美国家的世界采购，当然，也是一个资源互补的互利合作行为。国际采购与销售形成国际贸易中的基本原理，即价值优势原理，即以较低的成本价值从国外购买原料，以高于同类商品的平均利润的价格向国外销售商品，从而最大限度地获取剩余价值。

企业生产中购买生产要素时，总存在价格与效用不一致的情况，正常应该是花多少钱买到多少效用，才能保证正常生产，获得正常的利润增值。反之，花大价钱买到的生产要素效用较小，企业亏损了，以后不会再买。而反之，如果花了很少的钱买到了很大的效用，则卖方亏损，也不会长期合作下去，所以，正常情况下总是企业购买要素与支付的价格是一致的。分别讨论如下。

$U/P>1$，$U>P$，节约要素投资，但不可能长久，卖方将亏损或少赢利，调整价格，长期会提升价格。

$U/P=1$，$U=P$，正常、均衡的价格。

$U/P<1$，$U<P$，超过效用的价格，成本上亏损，但长期会向降价发展。

故只有在$U=P$时的价格才是正常的生产要素的投入成本。此时的利润为标准利润，或商品标准的价值增值。

传统的西方经济学曾经指出，企业在每种生产要素的边际效用与价格相等时，总产量最大，指的是在要素购买数量上既不能过多，也不能过少，也就是在边际产量时要效用与价格成比例等于一个常数a，即

$$MU_1/P_1=MU_2/P_2=a$$

此公式是上面公式的边际产量时的特殊应用，按上面的公式，哪怕是没有按边际产量购买要素时，也要一份价钱买一份效用，即遵循效用与价格相一致的原理。

生产要素投入是要素的综合整合，是1加1大于1的原理，否则，就不需要形成企业了，也不会有社会分工了。

特别说明的是，在生产环节的价值增值，主要来自于企业家的管理能力，来自一整套企业管理理论知识的运用，其中对于生产要素的投入更是一个关键问题。如使用机器还是人工，机器所生产出来的先进性在哪里，商品的市场竞争力在哪里，都要由企业家综合分析研究来确定，是企业家创造商品价值的集中体现。如生产弹簧是用现代化设备还是人工，使用不同的生产要素所带来的投入成本及产品性能及弹簧的质量及市场竞争力等都要由企业家综合分析计算确定，而生产要素的其他方面，如劳动者的综合技能、工程的技术发明、土地的价值也是生产中价值决定的一个有机的组成部分，现代社会，把培训列为生产力当中，说明劳动者技能的特别重要性，也是价值优势原理的一个方面。

4. 综合要素投入与价格——均衡的生产成本

每种要素在均衡价格中的成本为均衡成本，由此得到的价格为均衡价格，其中的

增值是均衡利润。

短期内，由于各种生产要素的价格可能高于效用，即$P>U$，即企业花了大价钱没能买到相应的生产效用，如招聘专业人员中的技术没有招聘时说的那么好，或者设备的性能没有达到应有功能等。这时企业容易减少利润，也就减少投资资本金增值。企业必然会不断地压低生产要素的价格，即降低原材料进价。直到效用与价格相等时，即P=U时才收场。

也可能出现生产要素价格低于效用，$P<U$，即花了较少的钱，买到了较大效用的生产要素，如招聘的员工工作能力的提升或以较低工资福利的价格招聘而来，生产设备的技术改进，生产效率提高了等，这时，企业就能多获利润，即投资资本的价值增加得快。但长期中，生产要素的卖方看到厂家有更大的利润，自己少要价了，也会提升生产要素的销售价格。直到效用等于价格即$P=U$时才收场。

故短期中，企业在商品的市场销售价格不变的情况下，由于投入的生产要素的价格有高有低，导致其利润有低有高，形成企业的盈亏，也就是投资资本金的价值的升值或贬值。

而长期中，生产要素的效用与价格是基本相等的，投资者的企业的利润——商品价值增值也是一个平均数，即平均利润，这正与西方经济学的结论相同。现实社会中，正常情况下，长期中，企业的利润是平衡的，只是在短期内利润忽高忽低地“掏一把”。

在实践中，企业的资源是有限的，即能够购买的各种生产要素的总和是有限的，所以只有在每种要素的价格乘以数量相加为1时，即有下面的式子同时成立时，就达到了厂家一方面保持均衡的正常的价格，另一方面又保证恰到好处地支出成本。

设企业生产使用多种生产要素，如土地（用T表示）、资本（用Z表示）、劳动（用L表示）、企业家（用Q表示）、科技（用K表示）。它们的效用分别用U_T、U_Z、U_L、U_Q、U_k表示，它们的价格分别为P_T、P_Z、P_L、P_Q、P_K表示。每种要素的数量分别用X_T、X_Z、X_L、X_Q、X_K表示。

则生产者均衡条件为

$$U_T/P_T=U_Z/P_Z=U_L/P_L=U_Q/P_Q=U_K/P_K=1$$

$$P_TX_T+P_ZX_Z+P_LX_L+P_QX_Q+P_KX_K=1$$

这时，企业获得了均衡的利润，即正常的利润。而当第一个比例式的各项之比等于常数并且大于或小于1时，企业就会出现利润波动，显然，当比例大于1时，表示要素投入的效用大于其价格，企业能获得额外的利润，也就是超过均衡价格的投资增值；反之，当比例小于1时，表明企业的要素的使用效用小于其付出的价格，这时，企业的利润是亏损的，也就是投资的资本金是贬值的。这种情况只能是短期的。

第二式表示，如果右边的结果大于1，表示超支的要素支出，企业没有能力或超出规模要求；而小于1时，表示企业的要素投入没有达到饱和。

第十节

规模经济效益的价值原理

规模经济效益是研究企业规模带来的成本的节省及利润的增加。显然这也是形成商品的利润的剩余价值及由此产生的整个企业作为投资商品的利润的剩余价值的重要方面之一。

企业规模的确定，是早在项目前期的投资决策分析评估中就要解决的问题，这里我们只给出一种判断规模经济效益的方法。

一、规模报酬递增

当商品的产量增加的比例大于各种生产要素投入量增加的比例时，称为规模报酬递增。例如，当一个企业全部生产要素增加80%时，产量的增加大于80%，称为规模报酬递增，是由于扩大要素投入规模，带来的生产成本减少的结果，即由于产量的增加，分摊到每一个商品中的固定成本减少的结果。

二、规模报酬不变

企业产量的增加比例等于全部生产要素投入的比例，称为规模报酬不变，此时增加生产要素供给是并没有带来利润，只是水涨船高的扩大了规模的结果。如某企业生产要素增加入100%，产量也增加100%，则称为规模报酬不变的规模。

三、规模报酬递减

企业的产量的增加比例小于生产要素投入增加的比例，称为规模报酬递减。如某企业生产要素增加60%，而产量却只增加50%，此时，通过生产要素的增加比例并没有带来产量的更大的比例的增加，反而小于生产要素投入比例的增加，是得不偿失的。

根据规模经济的定义，并不是企业的规模越大越好，也不是越小越好，而要根据不同行业生产要求、不同市场需求缺口情况具体分析。如一个大学的规模一般为一万人较好，过大产生管理上的困难，过小会导致办学固定成本分摊过大，单位商品平均成本升高。一般情况下，企业初创时，增加规模可以带来规模报酬递增，达到一定合理规模形成规模不变，继续扩大，超过市场商品需求量及管理困难，容易产生规模报酬递减。

总之，量化规模的确定能够使企业的商品生产实现投入、多产出，这就是企业的规模确定的价值增值原理。

第十一节

生产者均衡价值原理

当企业的生产规模确定以后，如果根据已经有的规模要求或固定的资本金对各种生产要素进行优化组合，即根据企业的行业生产特点及规模优化生产要素的资源，使之在规模经济效益前提下实现要素的优化组合，就是企业家的艺术创作过程，这就是传统的西方经济学理论中的所谓的生产者均衡问题。通过生产要素的均衡搭配能够节省商品的成本，实现小投入、多产出的剩余价值，这就是生产者均衡带来的价值增值原理。

我们知道，企业的本质就是通过对所掌握的有限的生产要素等各种资源进行有机组合，生产出投入小于产出的商品的利润剩余价值的经济组织。而对于企业有限的各种生产要素资源，可以各种不同的搭配组合进行生产。比如，在可能的情况下，对于土地、劳动、资本及科技等要素多用其中的哪一种，少用哪一种，由于不同的组合方式，其生产的结果带来的成本及利润是有所不同的。这样，如何在同样的资源下多产出商品的利润的剩余价值或同样的商品的剩余价值结果情况下，如何最大限度地节约生产要素等资源的投入，就是经济学上的所谓的生产者均衡问题。

特别值得指出的是，研究企业的生产者均衡问题，不能只就某一种或两种资源进行研究，而要将全部生产要素资源放在一起统一进行分析研究，才能得出全面正确的结论。尽管如此，为了理解的方便，我们还是先以两种要素的生产者均衡情况为例，再推广到多种生产要素的生产者均衡状况。

为了给出多种生产要素的生产者均衡结论，我们先从一些有关概念讲起。

一、两种生产要素组合的生产者均衡

1. 等产量线

等产量线是用来表示在企业技术条件不变情况下，生产相等产量的商品的各种生产要素的所有可能投入量的组合的点的轨迹。

为了便于理解等产量线的概念，我们先从劳动和资本两种生产要素的组合形成的等产量线开始研究，再推广多种生产要素的等产量集合的一般情况。

劳动和资本两种生产要素的等产量线，就是表示在技术条件不变的情况下，生产等产量的商品的劳动与资本的有机组合的点的轨迹。

例如，在生产技术不变的情况下，生产某种商品使用劳动及资本的A、B、C、D的组合方式如表4-5所示。

表4-5　劳动与资本两种生产要素的等产量组合

组合方式	劳动量（L）	资本量（K）	商品数量（Q）
A	2	9	300
B	3	7	300
C	4	6	300
D	10	2	300

容易看出，在表中第一列的A、B、C、D的各种组合中，一种要素劳动的数量减少，则另一种要素资本的数量就增加，二者往往是此起彼落或此落彼起的关系，但是，从实际上看问题，无论如何当中的某一种要素不能为零。比如，全部使用劳动或全部使用资本进行生产是不可能进行下去的，即使到未来社会实现了全自动化，也要有人来操纵，也要有资本来保障。

在劳动和资本的两种要素按不同比例分别进行A、B、C、D等不同组合后，总的产出的商品的数量是不变的，即都是300单位，根据这个表的数据描点连线，就得到图4-15的图像。

这条等产量线反映的是生产要素的劳动与资本相互替代组合的产出的产量相等的情况。

这条等产量线具有以下性质：

1）等产量线是从左上方向右下方平滑延伸的曲线。

2）等产量线并不只是一条，而是一族曲线，其中的任何两条都不相交。

3）两种要素组合的产出的产量越高，等产量线离坐标系原点越远，即凡是在上图曲线Q以左的部分的等产量线的总产出大于300，同样凡是在上图的等产量线Q以右部分的劳动和资本的两种要素的组合产出的产量都小于300。

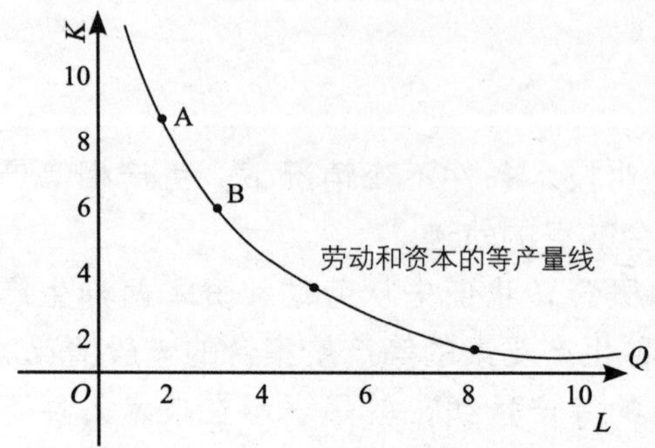

图4-15 劳动和资本的两种生产要素的等产量线

2. 等成本线

等成本线是在商品生产要素价格既定情况下，所花费的成本支出所购买到的多种要素最大数量组合的点的轨迹曲线。

关于劳动和资本两种要素的等成本线，就是两种要素不同组合情况下，每种要素乘以价格之和。如某企业使用劳动数数量为100人，价格为月薪1000元，则用于劳动要素的支出的资金为10万元，同时，使用资本贷款为100万元，利息为5%，则资本的支出为100万元+100万元×5%=105万元，这时企业的成本为两种要素的支出之和即：

总资金成本=劳动支出的数量×价格+资本要素的数量×价格=10+105=115万元

同时，企业可以少使用劳动，多使用资本，二者之和也可以为115万元，把所有这些劳动与资本的要素的不同组合之和都为115万元的点描起来，得到一条直线，就是这个企业的商品生产关于劳动和资本的组合的等成本线。

为了研究的方便，先抛开实际上的不可行，假设全部使用劳动要素，则资本要素为零，则得到平面直角坐标系上的A点坐标为（10, 0），假设全部使用资本，则劳动要素为零，则得到平面直角坐标系上的B点坐标为（0, 105），把A、B两点的坐标连接起来得到这个企业的等成本线如图4-16所示。而实际上的等成本线应当是AB上的A或B以外的点才可以，如C点，即一部分为劳动，另一部分为资本。形象看就是不考虑土地、科技、企业家等，只有机器和人的结合的生产车间的生产情况，我们知道，这是不可能的，车间生产不可能离开土地要素、科技要素、企业家要素及劳动、资本的要素的综合配套。

从图4-16上可以看出，在等成本线AB上的任意一点C表示多使用劳动和少使用资本的两种要素素的组合，但*AB*上的任意一点所支出的总的资金不会超过115万元。

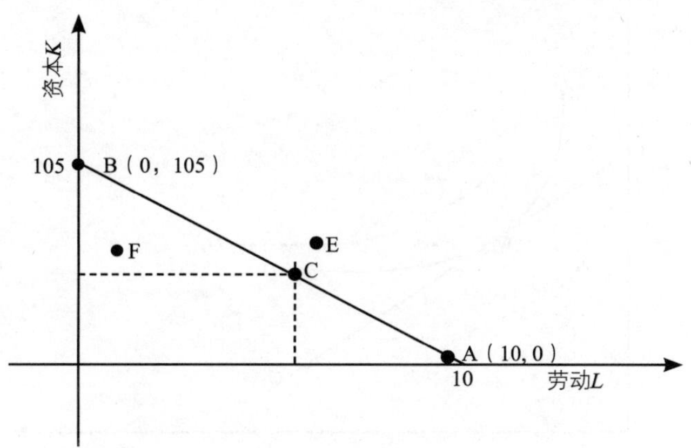

图4-16　劳动和资本两种要素组成的等成本线

显然，在这条等产量线的以外的点，即上述等成本线右侧的点E时的要素组合超过了总成本115万元，表示这种组合使资金缺口。则在等成本线里面的点，如点F的组合，表示成本资金没有使用完，还有剩余资金没有发挥作用，也就是115万元没有花完。只有在*AB*的等成本线上的劳动和资本的任何组合都是刚好把115万元全部用完，不多不少，即企业拿出了115万元的成本资金来购买生产要素，企业家只能在*AB*这条等成本线上多用劳动或少用资本或反过来多用资本少用劳动，具体根据企业的性质进行优化组合。

3. 生产者均衡

生产者均衡，指使用多种生产要素生产商品时，名种生产要素的组合与支出的最佳点。即使全部生产成本不多不少地使用，又能保障所使用的全部生产要素实现最优化组合。

根据上面的讨论，容易知道，只有劳动和资本的两种生产要素的生产者均衡，就是应当选在等产量线与等成本线的切点上，只有这一点上的两种要素的组合即是最优组合，又能全部不多不少使用上了企业的全部资金成本，即图4-17中的中的等产量线*Q*与等成本线*AB*的切点*E*上。而在这条等产量线以外的任何等产量线都不是实际要素的最优组合，或者总资金不够，如图4-17中等产量线居于右侧部分的情况；或者是成本资金有剩余，如图4-17中的等产量线居于左侧部分情况。或者固定等产量线*Q*，变动等成本线*AB*，如等成本线*AB*向右移动，形成两条曲线的相割，表示组合后的价格较低，资金没有花完；或者把等成本线*AB*向左移动，形成两条曲线的相离，表示成本资金供应不足等，都不是均衡的组合或没有做到资源的最大利用。

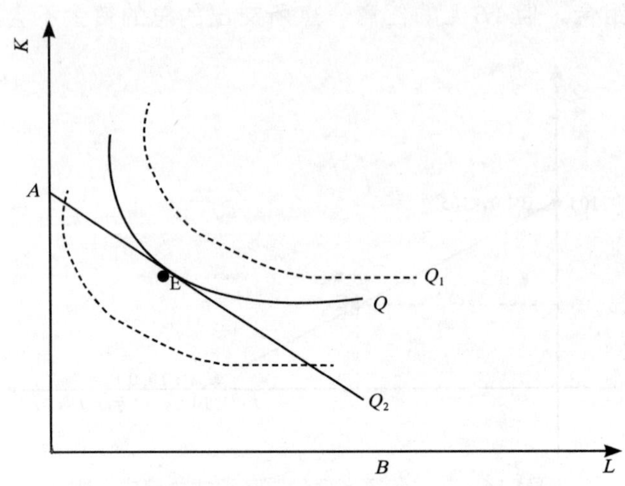

图4-17　劳动和资本两种生产要素的生产者均衡

4．两种要素的生产者均衡的集合表示

由于生产者均衡问题是生产要素优化组合与资金的有效搭配的结果，这种组合与搭配的规律与平面上的距离并无关系，所以，上面的图象只是一种示意的图形，而要真实反映这种经济现象，就有必要研究无距离的Tianhua空间上的两种商品的生产者均衡问题，并通过这种方法，把生产者均衡问题推广到多种生产要素的生产者均衡问题研究上，从而能够真正实现生产者均衡的可操作性，而只有两种生产要素的生产者均衡一般很难使用到，因为任何商品的生产都是多种生产关系要素共同作用的结果。

从两种生产要素的平面距离空间上表示的生产者均衡推广到两种生产要素的无距离空间的生产者均衡的方法是，仍然保留原来的生产者均衡的内在机理，而从中抽去距离问题。

从图4-17可以看到，等产量线Q上的点表示的是两种生产要素的劳动和资本搭配，设劳动集合为L，资本集合为K，则等产量线的集合为劳动集合与资本集合的并集，即

$$L \cup K=Q$$

另外，等成本线AB表示的是资金成本的集合，用C表示，等产量线Q与等成本线C相切于E点的集合表示为，

$$Q \cap C=E$$

其中E为单点集。

对于图4-17中等成本线Q_2与等产量C相割情况，表示要素组合的价格小于成本支出能力，即$Q \subset C$即

$$Q \cap C=Q$$

对于图4-17中等成本线Q_2与等产量C相离情况，表示要素组合的价格之和大于成本支出能力，即$C \subset Q$ 即

$$Q \cap C=C$$

这样，我们就脱离了平面距离空间的束缚而将两种生产要素的消费者均衡问题推广到Tianhua无距离空间当中去了，其重要意义不仅在于真实反映了两种生产要素的生产者均衡规律，还可以顺利推广到两种以上的多种生产要素的生产者均衡问题。

二、多种生产要素的生产者均衡

设土地、资本、劳动、科技、企业家等多种生产要素组合的集合为Q，企业的资金成本集合为C，则企业的多种生产要素的生产者均衡的条件为：

$$Q \cap C=M$$

其中的M是一个单点集。此时表示企业的全部生产要素进行各种有效组合情况下，成本不多不少全部使用上了，如图4-18所示。

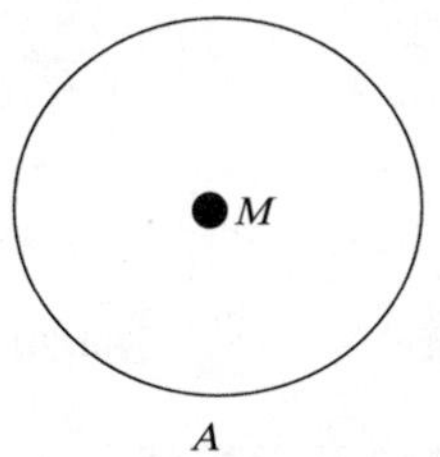

图4-18　多各要素情况下的生产者均衡

如某企业现有资本成本C=242万元，购买各种生产要素组合如下式所示：

Q=土地费20亩×1000元/亩+支付劳动者工资及福利200万元+科技费1项×10万元+企业家年薪30万元=242万元

此时，$Q=C$，即

$$Q \cap C=M=242\text{万元},$$

即实现生产均衡，通过这些要素的组合后购买所需要的资本金与所有支付的资本金恰好相等。既达到了生产要素的优化组合，又有资本金保障能力，也没有剩余的资本金闲置。

除此以外，如果

$$Q \cap C=Q$$

此时即$Q \subset C$，即要素组合的总价格小于资本金支付能力，说明资本金会有剩余，剩余量就是$C-Q$的差，或集合Q的余集部分，并没有实现最大限度发挥资本金的增值作用，如图

4-19中的集合C的元素减去集合Q的元素以外的部分，即阴影部分为资本金剩余部分。

例如，对于企业同样的242万元的资本金要素购买能力，如Q=土地费10亩×1 000元+支付劳动者工资加福利费100万元+科技费5万元+企业家年薪30万元=136万元，则资本金没有达到242万元，还有剩余部分没有花出去，资本金的剩余量为242−136=106万元。

如果

$$Q \cap C = C$$

即$C \subset Q$，此时表示要素组合的结果超过资本金的支付能力，超过部分为$C-Q$，即图4-20中的集合Q的元素减去集合C的元素的剩余部分，或集合C的余集部分，阴影部分。

例如，该企业的生产要素组合形式为：

Q=50亩地×1 000元/亩+劳动工资福利费200万元+科技费50万元+企业家年薪50万元=305万元。

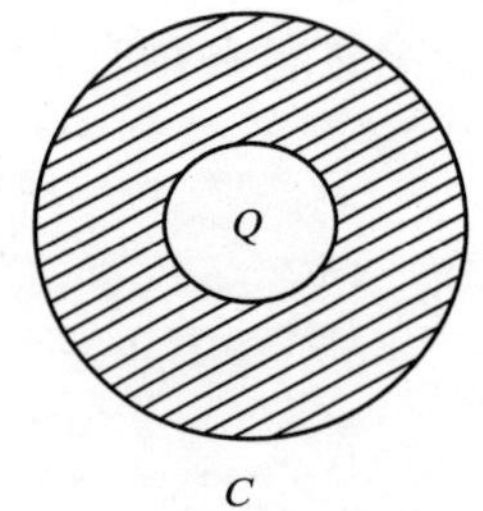

图4-19　要素组合资本金有剩余

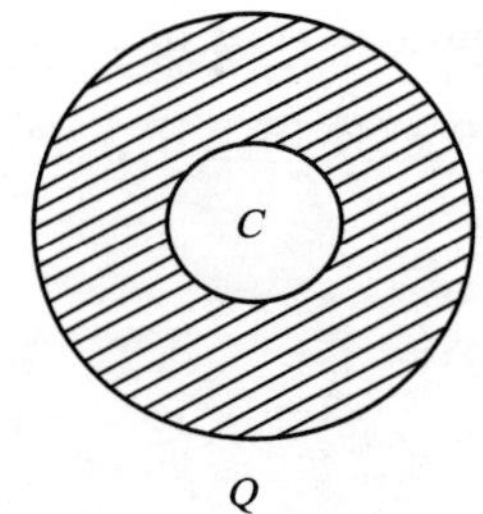

图4-20　多种要素情况下的资金成本不足

则对于已经有的固定的资本金242万元显然是不够了。缺口量为305−242=63万元，说明超过了现有的能力所进行的要素组合，难以实现。

还要特别说明的是，无论企业怎样进行生产要素的组合，总是在有限的范围内进行，这种组合是有限度的，只是在可允许的范围内进行，超过限度就会出现错误，如全部使用资本，而不使用土地，则无法进行生产，或者全用劳动，不用资本也无法进行生产，只有在各种生产要素可以取代的情况下，上面的理论才有应用价值。如一弹簧生产企业，可以多使用人工生产，少使用机器资本生产，也可以多用机器资本生产，少用劳动人工生产，在这种情况下方可使用上述理论，但不能组合成不用土地或不用企业家来生产，这种组合前提就是背离实际的。也就是各种生产要素在实际上可以替代时，才能使用生产者均衡理论。这是特别要注意的。

而在企业的经营管理实践中，是难以找出一个对于各种生产要素的组合及满足有限资金的充分利用的精确模型，只能根据不同行业、不同规模的企业的经验数据来参考得出。如对于高技行业企业，文化、教育、科技企业可能使用科技要素多一些，其他要素可能少一些，不需要大量的劳动力或土地等，一般几十人规模就可以了。对于房地产和汽车业企业，由于是资本和科技及劳动密集型企业，所以要更多地使用资本、特技和劳动要素，而对于农业、产业集团，则需要更多的使用土地生产要素。第一产业可能更多的使用资本和科技要素或劳动要素；而在第二产业则各种要素比例比较均匀；对于第三产业则更多的是使用劳动要素，提供生产服务或文化服务等。当然，这些也都是大致地划分结果，不能一概而论了。

最后，不论两种要素还是多种要素的生产者均衡，无非体现在两方面，一是同样的成本投入的情况下，产出的效用最大化，或者同样的商品的效用的产出，使用的生产要素的成本的最小化，最终是为了获取商品的利润的剩余价值的最大化。这是企业作为“经济人”自我利益最大化在商品生产经营上的本质体现。

第十二节

企业生产全过程的商品价值形成原理

在本章结尾部分，我们总结整个企业的生产过程的商品的价值创造过程，是各种生产要素（土地、资本、劳动、科技、企业家）转化为人、财、物、产、供、销等综合协调运作过程，通过计划、组织、指挥、控制、协调和激励来实现商品的成本价值。而销售上的增值即剩余价值要通过销售环节的艺术组合处理完成。

企业生产全过程中的商品价值形成原理如图4-21所示。企业把生产要素（包括土地、资本、劳动、科技、企业家等在内），转化为企业的各种资源，如人力资源、财力资源、物资资源、生产资源、供应资源（原材料等），加上企业管理的实施形成商品，包括有形产品、无形服务和有形产品加无形服务的商品，从而形成商品的投入的价值，或称为价格中的成本价值。

整个商品成本价值的形成，是在这些过程当中每一个环节、每一道工序中一点一滴“挤”出来的，这是因为通常某种商品生产都有一个大致的单位产品平均成本。企业在这些过程当中，只有一点一滴地节省投入的要素带来的成本，才能获得成本减少带来的利润的剩余价值。这个任务是企业内部管理的经济效益的体现，而前面所讲的企业投资项目前期决策分析则是一个经营的概念，是企业生产经营当中的外部效益的体现，而这个过程是企业的“内部挖潜”的过程。企业只有从外部市场经营决策到内部管理挖掘潜力才能从两个方面实现商品的利润的剩余价值，通过商品的利润的剩余价值来达到投资及生产经营的获利目的。成功的企业有一个统一的模型，而不幸的企业各有各的不幸。

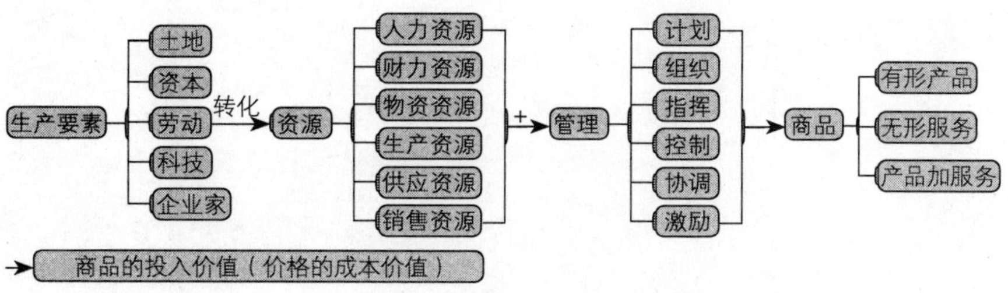

图4-21　企业生产过程中商品成本价值的形成

本章知识网络图

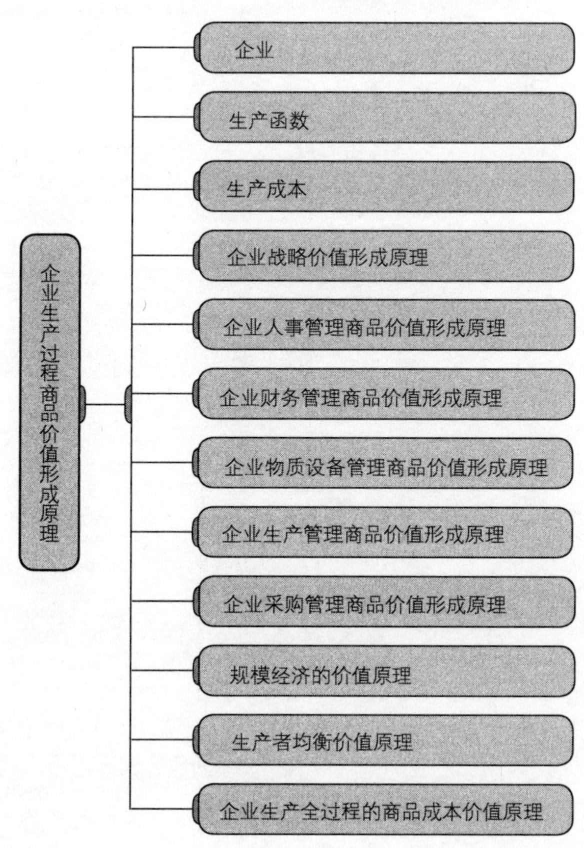

第五章

商品销售的价值形成原理

第一节

市场营销环境及策略

由于商品的价值不只由生产环节所决定，还由市场因素所决定，或者由商品买卖成交的频率来决定，所以，要想提高商品的价值，就要在增加生产的基础上，更多地促进商品的销售工作。企业只有增加商品的数量及买卖成交的频率，才能最大限度地获得商品利润的剩余价值，而这正是大城市或中心城市及沿海地区的贸易优势所在。例如，美国是世界人口流动中心，因此，每天的商品买卖交易量大、频率高，商品的剩余价值形成的机率及数量就大，这是其成为世界强国的重要因素之一。而中国的上海、广东及其他沿海地区经济发达程度与商品的买卖频率也高于其他交通不发达地区。所以，要发展一个地方的经济，就要打造好招商引资的条件。

企业商品销售总是在一定的环境下进行的，如政治环境、经济环境、法律环境和宗教、文化环境等。在全球经济一体化的今天，不但要分析本地区、本国的营销环境，还要研究国外的市场营销环境，才能从大局着眼，使商品的销售始终与国内外的市场需求相吻合，做到市场需要什么商品，就生产什么商品；需要多少商品，就生产多少商品。只有以市场需求为导，才能实现资源的自动调节。

1）政治环境：决定一个社会是否稳定的基本前提。只有在稳定的社会环境下，才能够进行积极的经济活动。政治环境对经济活动的影响主要体现在政权的统一和政策的一贯性上。在国际贸易中，还包括国与国的政治关系，这会影响到关税及其他非关税以外的因素等。

2）经济环境：如一个国家或地区的经济实力、经济总量、经济增速等。向发达地区销售商品，能够有较好价格支付能力及还款上的保障性，从而创造出更多的剩余价值。选准目标市场是关键。所谓“一切为了用户和消费者”，实际上是为“有钱”的用户和消费者服务。没有钱，谈不上等价交换，也就谈不上商品利润的剩余价值的形成。至少，在经济环境较差的地区，销售风险较大。

3）法律环境：一种商品如果被国家法律所禁止，则无法实现商品的销售，其投资项目也无法得到批准。各国的法律有所不同。所以，先研究该国法律，再作项目决策，再生产和销售是必须做到的。

4）文化、宗教环境：影响销售的不可缺少的“软环境”，对于可能触犯民族忌讳的商品就不要在某些地区进行销售。文化环境也是影响商品需求的一个方面。

根据市场营销环境分析判断的结果，进行实地的市场调查与预测，确定要生产商品的市场缺口，针对该市场缺口进行市场填补，这样才能获得供小于求及价格大于成本的利润的剩余价值。

通常情况下，一种商品的市场供求基本是平衡的，这样，企业就要不断发现新市场，通过对现有市场进行细分，找到市场缺少的商品或处于上升或成熟期的商品，来占领和扩大市场份额。还要确立目标市场，针对目标市场进行商品、价格、渠道和促销的综合组合，如图5-1所示。

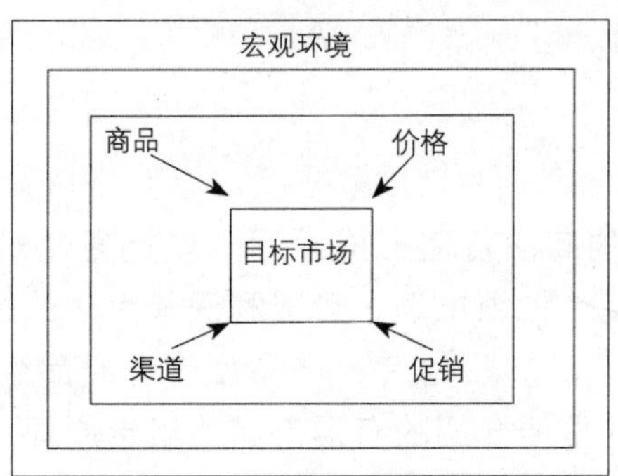

图5-1　企业营销策略环境

事实上，由于企业的资源是有限的，因此，所谓的市场营销，主要是对目标市场的商品营销，商品、价格、渠道及促销都是针对目标市场所进行的，如表5-1所示。

表5-1　各要素中的详细变量

商品策略	价格策略	渠道策略	促销策略
特性 质量 外观 附件 品牌名称 包装 担保 产品线 服务	基本价格 价格水平 折扣 折让 交付期限 信用条件 组合价格	分配渠道 区域分布 中间商类型 商业场所 物流 储存 运输 服务标准	广告 媒体类型 文字或图像 人员推销 公共关系 营业推广

第二节

产品组合的商品价值形成原理

简单地讲，产品组合的商品价值形成原理，就是通过对企业生产的不同的商品进行有机搭配，从而最大限度地占领市场，形成利润最大化的战略目标。

产品组合包括产品含义、产品包装、产品品牌、产品生命周期等内容，广义上的产品还包括服务。所以，这里所介绍的有形产品的组合原理，也适合于服务组合。

一、产品

1. 产品组合

产品组合，又叫产品的多种品种的配合，是指一个企业所生产并投放市场的全部产品的组合方式。

2. 产品组合策略

（1）产品的全面化组合

企业向消费者提供所需要的一切产品。

（2）市场的专门化组合

企业以某个专门市场为服务对象，不考虑产品组合关联度。

（3）产品的专门化

企业只生产某一大类产品，以此满足不同的消费者需求。

（4）有限产品组合

企业只生产某一类产品中的一部分产品。

（5）特殊专业性产品组合

企业凭借特有的生产、技术条件，提供满足某种特殊需要的产品。

（6）单一产品组合

企业只生产一种产品，满足单一市场的需要。

（7）扩大、缩减产品组合

市场上经济处繁荣期时，较深、较宽的产品组合会给企业带来较多的赢利机会。但当市场不景气或原料、能源供应紧张时，缩减产品反而可能使总利润上升。这是因为从产品组合中剔除了那些获利很小，甚至不获利的产品大类或产品项目，使企业可集中力量发展利润较多的产品大类或产品项目。

（8）产品延伸组合

向下延伸：高档→低档。
向上延伸：低档→高档。
双向延伸：高档↔低档。

二、品牌与商标

品牌是商品的名称、术语、标记、符号、设计，或是它们的组合运用。商品的品牌由名称和品牌标志两部分组成。名称可以用文字来表示，如海尔、舒肤佳、佳洁士、高露洁等；品牌标志由符号、图案、色彩及组合表示，如以前的飞鸽自行车用飞鸽作为品牌标记。

商标是经政府有关部门登记注册的商品标记，注册商标是受法律保护的。注册人获得商标的专用权，使用别人已经注册的商标，要向商标的所有人购买或经对方许可。如中国银行使用奥运会的品牌商标，须经奥组委特许。所以，作为企业，要有创立品牌的意识，也要注意依法注册，以法律来保护自己的品牌不受侵犯。没有注册商标的品牌商品，不受法律保护，别人可以随意假冒，实践中，甚至出现过企业自己创立了商品的品牌，但被别人抢先注册，还要向注册人缴纳品牌购买费的法律纠纷。

产品的品牌是企业的无形资产，能为品牌的所有者带来巨大的经济利润。所以，在现代企业管理中，品牌无形资产的作用越来越重要，甚至超过有形资产。作为企业占领市场的重要砝码，品牌也是企业风险投资的结果。如IBM便携式计算机的品牌为世界公认，这样，与同类产品相比，其价格及销售量就有了较大的优势，而由其销售量带来的利润自然也就多了。相应的，这家企业的有形资产如厂房、设备等，与无形资产相比在资产中所占的比例就较小了。

所以，包括品牌、商标、商誉、专利等在内的无形资产是企业的巨大资产。虽然"无形"，却是无价之宝，在科技高速发展的今天，甚至是企业资产中所不可或缺的。以微软公司为例，与无形资产相比，其有形资产占整个企业资产的比例微乎其微。

因此，作为无形资产，品牌是有其价值的，也可以和有形资产一样来进行价值评估。

（1）品牌

品牌不仅仅是一个记号，更重要的是代表了商品的内在属性，而且是在市场上已经为消费者所认可的属性，是企业付出努力所获得的，不是自封的，因而能给企业带来巨大的销售上的收益。一般表现为质量好、性能佳或价格低等。品牌的形成是由商品独特的性能效用所决定的，而不是由符号所决定的。

不可否认，有一些品牌是靠广告吹出来的。这是企业的营销组合问题，与其他投入相比，许多企业更愿意拿出大量的广告费来宣传一个品牌。但这种策略一旦失败，则要承担巨大的投资风险。

（2）品牌决策

1）品牌化决策。

企业决定是否给产品起名字、是否设计产品标志的活动就是企业的品牌化决策。

产品要不要品牌？这主要是根据产品的特点及对销售的促进作用来确定的，只有当创立品牌利大于弊时才适合进行品牌投资，并不是所有产品都会有品牌效应的。对于供小于求的产品或垄断行业就没必要进行品牌建设。例如，电力行业没必要创立品牌，因为不论是哪里的电，不论用什么形式发出的电，对消费者来说都没有区别，只要市场上供小于求，产品就不愁卖。而对于手机、汽车等竞争白热化的行业，通过品牌建设，可以带来惊人的经济效益。当然，也可能会有投资风险，如手机新功能的创立，万一研究不出来，就会使研究费用及生产成本付之一炬。例如，韩国"三星"手机十分注重品牌建设，在多届奥运会上进行广告投入，形成一个稳定的品牌效应。可见，通过品牌建设可以促进产品的销售，从而带来较大的利润，即商品的剩余价值。

2）品牌使用者决策。

企业在决定对产品使用品牌后，要作出以下几种选择。

制造商品牌：即制造商使用本企业自己的品牌。

国内外市场上的产品绝大多数使用的都是制造商的品牌，这样做的好处是可以建立自己的信誉。制造商所拥有的注册商标和品牌是工业产权，可以租借、转让、买卖，其价值大小由商标、品牌信誉而定。

私人品牌：即制造商使用中间商的品牌。

制造商决定采用中间商品牌主要基于一个原因，即制造商要在一个不了解本企业产品的新市场上推销产品，借名推销。

混合品牌：即制造商品牌和中间商品牌混合使用。

许可品牌：即制造商既不使用本企业品牌，也不使用中间商品牌，而是经过授权许可使用生产同类产品、在市场上有一定声誉的制造商的品牌，借名销售。

3）品牌名称决策。

企业决定所有的产品使用一个或几个品牌，或是不同产品使用不同的品牌，这就是品牌名称决策，大致有以下四种决策模式。

个别品牌：即企业决定每个产品使用不同的品牌。例如，五粮液，公司使用了“五粮液”、“五粮春”、“九粮液”、“金六福”等多种品牌，这样做的好处是为每种产品制定不同的市场定位，有利于增加销售额和竞争力，还可以分散风险，使企业的声誉不致于因某种产品表现不佳而受到较大影响。

统一品牌：即企业所有的产品都使用同一种品牌。

对于那些享有较高声誉的企业，全部产品采用统一的品牌可以充分利用其名牌效应，并节省新产品的宣传费用。例如，美国通用电气公司的所有产品都用GE作为品牌名称。但是这种策略也存在着产品易相互混淆、难以区分产品质量档次等问题，容易使全部产品信誉因个别品种而遭受牵连。

分类品牌：即各大类产品分别使用统一品牌，一个大类产品下使用一个品牌。如某公司生产手机和电话，将手机品牌起一个名字，而将电话机品牌另取一个名字。这样做的目的是为了区分不同大类的产品。

公司名称加个别品牌：如方正公司的产品都在品牌前面加上“方正”字样。

4）品牌策略决策。

公司在推出新产品时可供选择的品牌策略有五种，即产品线扩展策略、品牌延伸策略、多品牌策略、新品牌策略、合作品牌策略。

产品线扩展策略：即企业现有的产品线使用统一品牌。当增加该产品线的产品项目时，如对现有产品作局部改进或增加新的功能、包装、样式和风格等，仍沿用原有品牌。

品牌延伸策略：即将一个现有的品牌名称用到一个新类别的产品上。如丰田汽车公司使用丰田品牌推出了汽车、摩托车、铲雪车、海上发动机等多个类别产品。

品牌延伸是实现品牌无形资产转移、发展的有效途径，但不可滥用。如“三九胃泰”是一个好品牌，但沿用到啤酒行业，无疑是不合适的。

多品牌策略：即在相同产品类别中引进多个品牌的策略。如宝洁公司为自己生产的洗发液产品设计了多个品牌，如飘柔、海飞丝、潘婷、伊卡璐等。

新品牌策略：即为新产品设计新品牌的策略。

三、商品包装

1. 包装

俗话说得好："货卖一张皮"，指的是通过包装可以提升商品的档次，带来销售上的成功，增加商品的价格利润的剩余价值。

通常，包装是指有形商品的包装，现在又出现一种新的包装，即服务包装，如麦当劳快餐店中的场景设计，就是一种服务包装，因为麦当劳不只卖产品，还卖环境、卖服务，通过营造一种服务环境来实现促销目的。

2. 包装设计

包装设计应与商品的价值相适应，贵重商品对应相应贵重的包装，便宜商品对应相应便宜的包装，对于不需要包装的商品也可以不包装。

包装要显示商品的特点，并方便消费者购买、携带和使用，还需考虑环保等因素。包装上的文字说明要实事求是，"保质期"、"质量标准"等要清楚标明，并且给人以美感，以吸引消费者购买。可以说，市场经济商品买卖的本质就是吸引购买，或称为"吸引经济"。最后，包装还要尊重民族、宗教习惯。

3. 产品包装策略

统一包装策略：即不区分商品，统一使用一种包装。例如，粮库的粮食包装统一使用麻袋。

相关包装策略：即把多种有关联的产品或不同规格、花色、品种的产品配套放在同一容器中，如化妆品、护肤品、茶具饮品、玩具等。

复用包装策略：即原包装使用后，还可做其他之用。例如，装月饼的铁盒，用后还可盛放其他东西，满足了消费者一物多用的心理，无疑可促进销售。

赠品包装策略：即在包装当中赠送礼品，以增加促销。例如，康师傅方便面内加上其他小包装、三笑牌牙膏包装中赠送牙刷等。

变换包装策略：即换一下包装形式，以满足消费者求新的心理。

绿色包装策略：即包装商品时考虑到环境保护。例如，纸品包装用完以后可以自动降解，相对于塑料袋包装更具环保性。

四、商品生命周期

研究市场营销学时一般都不能忽略产品的生命周期，实际上，服务性商品同样也具有生命周期。

商品的生命周期是以商品进入市场的状况来划分的，商品在市场销售中的表现，反映的是一种商品从市场形成到成熟再到退出市场的整个过程。

商品的生命周期决定了商品进入市场的时机，决定了商品的供求关系，也决定了商品的效用的剩余价值。所以，商品生命周期也是研究商品剩余价值的一项重要内容，同时也是进行商品、项目投资决策的先决条件。

商品生命周期指的是一个新产品从试制成功、成批生产、投放市场到退出市场的全过程，一般要经历导入期、成长期、成熟期和衰退期等四个阶段，如图5-2所示。

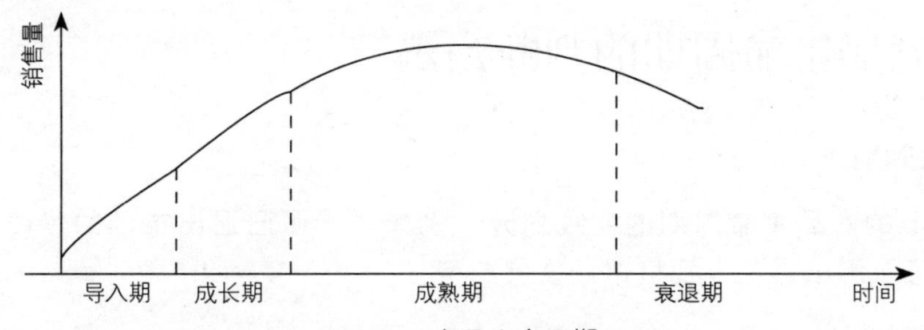

图5-2　商品生命周期

注意：实践中，这四个阶段的区分并不明显，过程也是非常缓慢。

商品生命周期影响影响企业的生产经营，对于单一商品的生产企业，商品的生命周期还决定了企业的生命周期。企业的生存、发展与终止是与所生产的商品对市场的适应性紧密相关的。商品的上升期或成熟期是企业最好的生存期，在这两个阶段，产品的市场反映好，销售量大，容易获得利润的剩余价值。而在形成期或衰退期，因风险过大或成本过大等原因，产生的利润往往较少，剩余价值更是难以形成。

商品生命周期的特点及策略如表5-2、表5-3所示。

表5-2　商品在不同生命周期的特点

	商　品	价　格	渠　道	促　销
导入期	确保商品基本功能	取脂定价、渗透定价	开始建立与中间商联系	介绍商品
成长期	提高质量、增加服务、扩大商品、延伸利益	适当调价	选择有利的分销渠道	宣传品牌
成熟期	改进工艺、降低成本、扩大用途	价格竞争	充分利用并扩大分销网络	突出企业形象
衰退期	有计划地淘汰滞销品种	削价或大幅度地削价	处理好淘汰产品	维护声誉

表5-3　商品生命周期特点及策略

	企业情况	营销环境	营销策略
导入期	成本高、利润低、产量少、效率低	竞争者少、消费者少、了解商品的人少	增加推销费用、提高商品价格
成长期	生产批量化、成本降低、效率较高、有利改进商品	销售渠道增多、市场扩大、价格下跌、竞争者加入	商品异样化、市场细分化、增加销售网点
成熟期	效率高、有利改进商品、成本降低、利润减少	竞争激烈、需求不稳定、市场难以扩大	改进商品、改善服务、改变营销组合
衰退期	成本回升、产量下降、经营亏损	需求减少、价格低而稳定	放弃商品生产线、保留营销关系、实施价格战

五、商品生命周期的判断方法

1. 类比判别法

参照类似的商品生命周期的曲线划分。例如，参照已退出市场的黑白电视机资料上的曲线，可预测出彩色电视机市场发展趋势。

2. 经验判断法

经验判断法也叫家庭普及率判断法，主要适用于高档耐用商品的生命周期的各阶段推测。根据经验数据，参照下面的标准划分，见表5-4。

表5-4　经验判断方法的参照标准

家庭普及率	生命周期阶段
小于5%	引入期
5%～50%	成长期
50%～90%	成熟期
90%以上	衰退期

3. 销售增长率判别法

即对销售量时间序列进行观察、判断并根据销售增长率的大小来判断商品生命周期的具体阶段。

年份	1	2	3	4	5…
销量	800	1 000	2 000	5 000	6 000…

设Y_1为上年实际销售量，Y_2为计算期实际销售量，则有

$$销售增长率Q=(Y_2-Y_1)/Y_1\times100\%$$

增长率Q在0.1%与10%之间，表明处于导入期或成熟期；大于10%处于成长期；小于0，处于衰退期。

4. 比率增长判别法

比率增长判别法是以销售增长率的变化来判断商品处于哪一个阶段。

$$销售增长率的变化率I=(Q_2-Q_1)/Q_1\times100\%$$

式中：Q_1——上一期实际销售增长率；

Q_2——计算期实际销售增长率。

$I>0$，表明处于导入期或成长期；$I<0$，表明处于成熟期或衰退期。

六、如何延长商品的生命周期

商品的生命周期是由市场决定的，而且不同国家有不同的国情，不同国家的同样的商品，其生命周期也会有所不同。

由于世界各国的国情不同，生产力发展阶段有很大差异，从不同国家来看，存在着从原始社会到工业化社会到现代化社会的巨大差异。因此从商品的生产能力，特别是同一商品的不同科技含量上看，差距是巨大的。这样，一种商品在本地区或本国可能是处于生命周期的某一个阶段，而在其他地区或其他国家，则可能处于另一个阶段。例如，美国的汽车处于成熟期，而在中国，则处于上升期，这样，美国的汽车生产厂家所生产的汽车在美国可能面临衰退期的市场饱和的状态，而出口到中国后则可以显示出该商品在上升期时的巨大优势，无疑就延长了美国汽车行业的生命周期，扩大了美国汽车厂家的市场范围，提高了其在世界市场的占有率。相应的，中国的民族汽车工业就会因此而较快进入成熟期。这种国际贸易给双方都带来了巨大的好处。

同理，中国的高科技企业也可以走出去，向落后国家出口，以此延长商品的生命周期，从而延长企业的寿命。对于企业来说，也就免除了新建投资项目的成本，包括市场选择的检验、商品品牌的建立、经济效益的净现值$NPV(i)$计算及内部收益率IRR的效益分析，以及市场风险损失等。

七、新产品开发

1. 新产品的含义

从市场营销角度来看，新产品并不一定都是新出现或新发明的产品。它与因科技

发展所生产出来的全新产品的概念并不完全相同，其内容要广泛得多。

一般来说，新产品是指能够在性能结构、材料和技术性能等某一方面或几个方面比老产品有显著改进或提高的具有实用性、先进性、经济性、新颖性、抗风险性等特点的能带来明显经济效益的一切新开创的产品。

新产品既指对现有产品的改良，也指竞争产品的仿制。

2. 新产品类型

（1）技术新产品

技术新产品又称"全新产品"，主要指运用现代科学技术的新原理、新工艺、新材料、新技术制成的新产品。它们的出现往往能改变消费者或用户的生产方式或生活方式，有些还能引起科技史上的革命，如飞机、激光设备、集成电路、超导材料等。

（2）换代产品

换代产品又称"革新产品"，主要指在原有产品的基础上，应用科学技术进行革新，性能和品质上有显著提高的产品。它能够满足人们的新消费需求，例如，洗衣机最初是单筒，后来发展到全自动洗衣机。

（3）改进新产品

改进新产品是指对现有产品要在品质、特点、款式等诸方面有所改进的产品。这种产品不一定需要以新的科技为基础，如上海中华牙膏改为中华药物牙膏，再如各种新款式的流行服装等。

这类新产品是由于研制容易，多数企业都能生产，因此，市场竞争激烈。

（4）局部新产品

局部新产品也称仿制新产品，是指企业模仿制造市场上已有的产品，或者在一个市场是老产品，而在另一个市场上是新产品，如今年夏天某款裙子畅销，各地厂家均进行生产，只是牌子不同。

3. 新产品开发过程

（1）市场情况分析

总体上看，市场情况分析就是预测新产品将来的市场销售量（市场潜在份额）及是否处于成长期或成熟期。从产品项目的经济效益上来看，还要判断是否有大于资金时间价值的回报，即是否有大于银行利率或通货膨胀率（通货紧缩率）的投资收益率。企业投资的目的是为了挣钱，投资的回报还不及资金时间价值的自然增值，则投资是无意义的，由于有风险因素，所以，在这种情况下，进行产品生产投资无疑是很不明智的。另外，还要看是否符合国家宏观调控方针，是否具有合法性及环保性等。

具体可从以下几个方面进行分析：

1）新产品能否满足消费者或用户的需求?

2）能带来多大超过资金时间价值的回报?

3）市场上有多少竞争对手?

4）同旧产品对比，有哪些优势?

5）市场潜力有多大? 成熟期有多少年?

（2）寻求创意

根据市场细分、预测，根据目标市场用户要求，设计新产品。如生产数字程控调度机的厂家，其产品主要是满足石油、煤矿、电力等生产单位的相关需求，要求速度快、安全性好。这样，进行设备设计时，就要由用户企业的使用人员及本企业的销售、生产、技术、财务等部门人员一起研究，做到将用户需求和企业的利润结合在一起。否则，闭门造车，只能与市场脱节。如设计煤矿用调度机时，除了满足一般功能外，还要考虑其防爆功能，而这绝不是坐在屋里就能想出来的。

（3）筛选创意

筛选创意即在多个方案中选一个最优的方案。国外流行一种创新构思评价表，采取加权平均评分的方法作为评价和筛选产品构思的依据。现以某企业的产品为例作相关评价和筛选，见表5-5。

表5-5 加权平均法评价产品

产品成功因素	权数（A）	企业实例（B） 0.1 0.2 0.3 0.4 0.5 0.6 0.7 0.8 0.9	评分A·B
企业声誉	0.20	·	0.12
营销	0.2	·	0.18
技术	0.2	·	0.14
人力	0.15	·	0.09
财力	0.10	·	0.09
设备	0.05	·	0.04
生产量	0.05	·	0.015
原材料供应	0.05	·	0.045
合计	1.0		0.78

根据表5-5，评分的范围如下：

0.00～0.40为劣。

0.41～0.75为良。

0.76～1.00为优。

根据实际情况，评分为0.78>0.76，为优。

（4）市场试销

新产品样品经过部分消费者试用并觉得基本满意以后，企业可根据消费者对产品的评价，进行改进，并制造少量正式产品，选择具有典型性和代表性的目标市场进行试销。

八、产品深加工

初级产品或服务的大众化特点，决定了其在市场销售上缺乏价格竞争力，如西红柿、黄瓜等，在品质上没有本质区别，就只能在价格上“随行就市”，而如果开展深加工后，由于投入了不同的产品生产上的科学与技术，便形成了不同的产品特色。从而在价格上具有竞争优势。例如，把牛肉加工成各种味道后做成小包装休闲食品，就在价格上与普通的原料牛肉拉开了距离，在没有同类产品进入市场时还可形成垄断价格。因此，国内外的商品贸易中，深加工产品的剩余价值之所以相对较大，就是由深加工带来的价格垄断所决定的。

第三节

价格组合的商品价值形成原理

在市场经济条件下，商品的价格体现了商品的价值，商品的价格是商品生产的核心所在。因此，研究商品的价值形成，商品价格是核心，其他包括从前期项目投资决策到项目建设及企业生产再拿到市场上进行销售的全过程都是以商品价格的利润为核心的。根据世界一切商品价值评估计算统一模型，商品价值中的投入及效用通常是通过价格体现出来的，只不过价格表示价值时有通货膨胀或通货紧缩等不确定性，所以必须有独立的商品价值单位。为此，本节主要阐述商品价格如何确定、商品供需关系对商品价格及价值的影响、商品价值对价格的决定作用，以及价格博弈等问题。

一、商品价格的确定

（一）企业定价目标

企业对某一商品定价时，首先要考虑获利，即利润的剩余价值。另外，企业是依赖于市场而生存和发展的，所以，在考虑利润目标的同时，还要兼顾到企业的长期生存与发展，即商品的市场占有率。如果一个企业的商品市场占有率高，则这个企业就有了稳定的生存与发展空间，而且，较高的市场占有率意味着企业对商品的市场价格起重要影响甚至是决定性作用。例如，长虹彩电的质量占了中国彩电市场的绝大部分，这样，长虹彩电的市场销售价格就会影响到整个中国彩电市场的价格，当长虹彩电带头降价时，就会影响和带动其他厂家降价。当企业的商品占有较大的市场份额时，企业生存基础就牢固了，企业就有了长足发展的基础。所以，企业定价离不开利润和市场占有率目标。

1. 获利指标

（1）获取预期收益目标

$$投资收益率=\frac{投资收益}{投资总额}\times 100\%$$

（2）获取最大利润指标

最大利润是指企业长期经营中的总利润，并不是单位商品的最高价格。最高价格使企业的销售量下降，并不一定能使企业获得最大的总利润。沃尔玛的"天天降价"策略，将其推上了2005年世界500强之首的宝座。

（3）获取合理利润目标

合理利润目标是指接近平均利率目标，这是企业的常态下的企业利润目标。

2. 占领市场目标

（1）以低价占领市场

正如李书福的品牌诡计，先以最低价格切入市场，扩大品牌知名度后再提高价格。

（2）高价占领市场

在商品上市初期，定价高于竞争对手，利用消费者求新、求名的心理，尽量在短期内获得最大利润。待竞争者蜂涌而至时，再降价占领市场的份额。

（3）竞争价格占领市场

与竞争对手进行价格互动。保持价格上的竞争力，先看看竞争对手报的什么价，再全面对比确定自己的价格，在市场上看到的不同商品的不同价格，许多就是基于厂家的这种报价方法。

（二）企业定价方法

1. 成本导向定价法

（1）成本加成定价法

成本加成定价法指企业以商品的成本为基础，再加上一定的利润和税金而形成价格的定价方法。这是被广泛使用的一种定价方法。在德国，70%以上的企业采用这种定价方法，在英国，也有接近60%的企业采用这种方法。

采用这种方法主要是找出加成的计算公式。

加成率=（价格–成本）/成本

例如，一个花盆的价格是100元，成本是70元，则加成率为（100–70）/70=3/7≈42%。

反过来，对于70元钱的成本，按42%的加成率，则利润为30元，价格为100元。

成本加成法反映了商品的投入价值与产出价值之间的关系，是价值规律的直接表现。

（2）完全成本导向定价法

完全成本导向定价法指将商品的完全成本（固定成本+变动成本+销售费用）加上一定的利润和税金除以产量而形成价格的定价方法。

$$单位价格=\frac{完全成本+利润+税金}{产量}$$

（3）目标成本导向定价法

企业依据自身条件，在考察市场环境，分析并测算有关因素对成本的影响程度的基础上，为实现目标利润而规划出未来某一时间的成本，就形成目标成本。该定价法就是基于这个目标成本。

$$单位价格=\frac{目标成本+目标利润+税金}{产量}$$

2. 需求导向定价法

根据产品历史价格为基础，依据市场需求变化情况，作以调整，“物以稀为贵”，某种商品一旦供应少了，相对需求就会增加，价格大于价值。而一旦供应过剩，就会使价格降到低于价值的情况。如果全世界到处都是山参，则山参的价格就会很便宜了。我国前几年中在吉林省就曾经出现过家参价格低于胡萝卜价格的现象。

3. 竞争导向定价法

竞争导向定价法，就是根据市场竞争情况来确定商品的价格，即相同的质量、功能或效用的商品，价格一般应相同。否则，没有人来购买。

竞争导向定价法，一般通过随行就市来定价。

4. 密封投标定价法

密封投标定价法指在一些工程项目建设承包当中，由招标者通过媒体等手段向社会公开发布工程建设相关信息，由社会的投标者根据招标者公布的标书秘密进行相应的承诺及报价的一种项目承包定价方法。根据法律要求，投标过程中，各投标者不能私下串通定价，任意抬高价格。

在国内外，许多大宗商品、原材料、成套设备和建筑工程项目的买卖和承包，往往采用发包人招标、承包人投标的方式来选择承包者，确定最终承包价格。一般来说，招标方只有一个，处于相对垄断地位，而投标方有多个，处于相互竞争地位。标的物的价格由参与投标的各个企业在相互独立的条件下确定。在买方招标的所有投标者中，报价最低的投标者通常中标，它的报价就是承包价格。

（三）企业定价策略

1. 新产品定价

新产品定价一般包括取脂定价和渗透定价两种策略。

例如，华为公司在新产品市场好、没有竞争对手的情况下，采取的是“取脂定价”；而吉利汽车针对中国消费水平低、多数消费者一时难以消费高档小汽车的情况，采取的是“渗透定价”。结果，两者都取得了营销上的成功。

2. 差别定价

1）顾客差别定价，即“看人下菜”的定价方法。

2）产品形式差别定价，如一些商品，换一下包装价格就不一样了。

3）产品部位差别定价，如卖猪肉时，根据不同部位分别定价。

4）销售时间差别定价，如一些旅馆住宿按时间段收费，凌晨2～6点最贵；夜间的出租车价格比白天贵；某些消费品春节前比春节后贵。

3. 心理因素定价法

（1）尾数小原理

对比1 398.1和899.9两个数字，会给人前面的小、后面的大的错觉。有的单位发工资，每月800元，好像是一个很大数。而给1 000元因首数“1”比8小，所以心理感觉不见得比800多多少。而对比20 001和19 991，感觉前面的比后面的多了1万，实际上只差了10元。某些行业特别是在房地产等大宗产品的报价上更要注意打头的数字。

（2）“整数”报价

这种报价方法好算账，容易为消费者接受。

（3）“习惯”报价

因是以前的常规价格，容易被消费者接受。

（4）“声望”报价

如清华大学的办班培训费，就是根据清华大学的声望来定价。

（5）招徕定价

运用“清仓大甩卖”、“紧急拆迁，疯狂甩卖”等广告语对特价商品进行定价。

“一元店”、“二元店”的生意很红火。还有一些设备报价，故意把主机价格降低，而实际上在其他配件上把价格抬高。感觉上便宜，实际全加起来也并不便宜。

4. 折扣定价策略

（1）数量折扣

数量折扣即累计数额折扣。例如，某些图书城的积分卡，根据一次总数给折扣；再如复印店，100张以下为0.3元/张，100张以上则为0.1元/张。

（2）现金折扣

如一个月内付款，可折扣2%；20天内付款，可折扣3%；10天内付款，可折扣6%。培训机构的学费及房地产价格中，分期付款价格要高于一次性付款的价格。

（3）交易折扣

交易折扣即给中间商以不同价格。批发商价格低，因为购买数量大，商品的固定成本分摊得少，总成本低，利润空间大。而对于零售商，因购买数量少，折扣就少。

（4）季节性折扣

许多消费者喜欢反季节购买衣服，原因是衣服过季商家不愿占压资金，另一方面款式过时，所以，商家大都减价出售。

5. 地区定价

将全国市场划分成若干区，不同区域采取不同价格。

6. 分档定价

拉开档次，进行不同定价。

（四）企业价格对策

1. 企业在什么情况下降价

一是生产能力过剩，需要扩大销售，但企业又无法通过产品改进来促进销售，只能降价；二是在强大竞争对手的压力之下，企业市场占有率下降，通过降价来提高市场占有率；三是企业成本费用较低，通过降价以占领更大的市场。

2. 企业在什么情况下提价

通货膨胀时，推迟时间定价，等待涨价，或价格不动，但减少相关服务，变相涨价。产品或服务供不应求时也可提价。

二、商品的供求关系对商品价格的影响

商品的价格除了受商品形成时投入的成本、费用、税金等影响外，还由同一商品的市场供求关系决定。也就是说，同样一种商品投入同样的成本、费用和税金，但由于市场的供求关系不同，也会影响到价格。为此需要研究商品的市场供求关系对价格的影响，通过研究这种影响来确定商品的价格制定策略。

1. 需求

（1）需求的含义

需求是指消费者及厂商在一定的价格下愿意并能够购买的商品的数量。

这里，"愿意"指购买欲望，"能够"指支付能力。

"愿意"和"能够"二者是缺一不可的。没有购买欲望，就不能形成市场需求；没有支付能力，则无法满足购买欲望。例如，我国居民对住房及汽车的购买欲望很大，但是，在一定时期内支付能力却是有限的，这种情况只能说明我国的房地产及汽车市场需求潜力巨大，而并不是真正的实际的需求。作为消费者，对消费品有需求，而作为厂商，对于生产要素有需求。

一般情况下，从经济人的假设出发，可以得出如下结论：

商品：价格越低，需求量越大；价格越高，需求量越小

收入：收入越高，需求量越大；收入越低，需求量越小

（2）需求函数

为了揭示需求与引起需求变化的要素之间的关系，现引入需求函数的概念。

需求函数表示商品的需求量受各要素影响的函数关系。其中，需求要素为自变量，需求量为因变量。

一种商品的需求量是所有这些需求因素的函数，表示如下

$$Q_D=f(a, b, c, \cdots, P, \cdots)$$

由于商品的价格是影响和决定需求量的主要因素，所以在不考虑其他因素对需求量的影响的情况下，可以把需求函数简化后只以"价格"为自变量的函数。

$$Q_D=f(P)$$

2. 供给

（1）供给

供给是指生产者在一定时期内，在各种价格下，愿意并且能够提供的某种商品的数量。

注意，一个“愿意”、一个“能够”，二者缺一不可。供给与需求是一个对立统一物的两个侧面。

（2）影响供给的因素

影响商品供给的因素是多方面的，其中商品的价格是商品供给者即企业的“指挥棒”，商品的价格好像是一只“看不见的手”，时刻牵动企业的商品生产、经营与供给。即：

商品价格
- 价格高——供给多
- 价格低——供给少

生产成本（价格一定时）
- 生产成本高——供给少
- 生产成本低——供给多

技术水平
- 技术水平高——可降低成本——增加供给
- 技术水平低——会增加成本——减少供给

在多种商品对比情况下，作为厂商，哪种商品的价格高，便增加供给；哪种商品的价格低，便减少供给。以利润最大化为核心是企业的经营思想。

未来预期
- 价格看涨——多供给
- 价格看落——少供给

（3）供给函数

一般供给函数

$$Q_S=f(A, B, C, \cdots, P, \cdots)$$

简化后只以价格P来表示的供给函数

$$Q_S=f(P)$$

3. 供需均衡

一般情况下，一种商品的市场供需是不相等的，或供大于求，或供等于求，或供小于求。我们把供求相等时的状况称为供需均衡。此时，商品表现出正常的价格，即平均利润的价格。

4. 供求定理

1）需求增加，引起均衡价格上升，均衡数量增加。

2）需求减少，引起均衡价格下降，均衡数量减少。

3）供给增加，引起均衡价格下降，均衡数量增加。

4）供给减少，引起均衡价格上升，均衡数量减少。

三、商品价值对价格的决定作用

对于同一种商品来说，由于商品生产过程中的投入不同，形成了不同的投入价值，如建造一座别墅投入的成本价值一定会比生产一支铅笔投入的成本价值要大得多，不论谁来生产都是一样的。这样，从价值的成本构成来看，一座别墅的价值一定大于一支铅笔的价值。这是指商品的"投入"的成本价值对商品价值的决定性作用。另一方面，同一种类商品，在投入的成本价值基本相同，即平均成本价值相同时，在市场上进行销售时，也会因为市场上同类商品的供求关系而使其销售价格大不相同。以别墅为例，假设其投入的成本价值为100万元，在没有通货膨胀或通货紧缩的情况下，其价值就是100万元。但是，由于市场供求关系不同，价格会有所不同，因而导致同类商品的最终价值有所不同。当供小于求时，可能卖到200万元，这时，其价值较大；当供等于求时，可能卖到100万元左右；当供大于求时，就只能降价销售，可能只卖到80万元。

例1 ≫

北京西单商场销售的雅戈尔西服，原本的价值包括进价到柜台的价值为7Tianhua，折合成美元价格为7 × 14.225≈99.6美元。但这件西服在西单商场的卖价并不是固定的7Tianhua或99.6美元，而是一个变化的价格，春节前后的价格对比如表5-6所示。

表5-6　西单商场雅戈尔西服价格与价值对比表　（单位：美元）

时间（月）	10	11	12	1	2	3	4
价格	120	60	90	160	180	58	135
价值	99.6	99.6	99.6	99.6	99.6	99.6	99.6

在实践中，我们还很少看到一种商品的价格是稳定的。同一种商品，可以以多种价格出卖；同样的钱也可能买不到相同数量的同种商品。这说明，商品的价格与价值之间有联系，但不相等。当你到商场问一个牙刷的价格与问一个电脑的价格时，无论如何也不会把这两种商品想成一个价格，就是因为两种商品的价值内涵不同。牙刷的价格可能围绕5元进行变化，而电脑的价格可能围绕1 000元进行变化，各自围绕着不同的价格变化，就是因为商品生产中生产要素投入的价值不同，决定了其价值的不同，因而反映到价格上也不同。而同样的牙刷或电脑的不同价格是什么决定的呢，这就由市场的供求关系决定的。所以，商品的价值一般是稳定的，而商品的市场供求关系是经常变化的，所以导致了同一商品的价格不同。

不难看出，由于季节需求带来了价格的变化曲线，而西服的价值始终是一条直线，如图5-3所示。这个曲线的形成，是价格离开价值，但又不是太偏离价值的表现。

在曲线的上半部分，由于正值春节销售旺季，人们购买得多了，而供给变化不大，所以，价格高出了价值线。这时，企业获得了投资资本金的增值；而消费者以超过价值的价格来购买了商品。而在平时，由于需求较小，商场不得不降价出售，这时，消费者获得了这件西服的价值增值中的剩余价值。俄罗斯人来中国，喜欢在夏季购买冬季服装，就是为了获得这种由供求关系决定的商品的价格上的剩余价值。

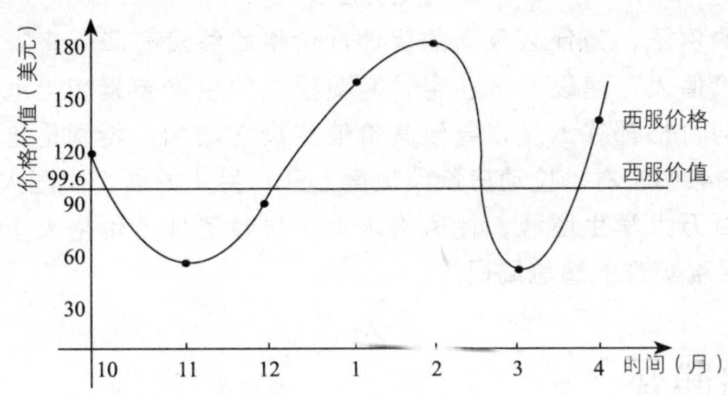

图5-3　西单商场雅戈尔西服销售价格与价值图

这方面的例子还很多，如在平时到理发店理发，费用10元，农历二月初二时，由于“剃龙头”的民俗，理发店一下子挤满了人，价格涨为20元一位。还有过年时各种消费品价格都会上涨，而过完年，各种消费品价格就会回落，也是因为市场需求拉动了价格。而价值不论在何时都是相对稳定的值，如生产同一个消费品或投资品，不会因为需求上的多少而在投入生产要素上有所区别。

这就是商品价格围绕价值波动的原理，市场上所有商品的价格与价值都有这种关系。然而，这个现象并不是距离空间中的现象，所以，上面的图形只是一个“示意图”，商品的价格围绕价值上下波动原理需要在Tianhua空间中加以证明。

对于西服的价值集合A=7Tianhua≈99.6美元，存在低于99.6美元价值的价格，$A_1=\{60\}$，$A_2=\{90\}$，$A_3=\{58\}$称为价值集合A的内部，记成和高于99.6美元的价格$A_4=\{120\}$，$A_5=\{160\}$，$A_6=\{180\}$，$A_7=\{135\}$称为$\overline{A}$的闭包，记成使得商品的价值是一个稳定的值，价格换算成价值单位的结果。其中的价格的基础成本价值围绕成本价值上下波动，而其销售价格也是围绕其成本价值上下波动。波动的原因来自于同一类商品的供求关系，体现在以下三种情况上。

$$A^{\circ} \subset A \subset \overline{A}$$

1）当某种商品供大于求时，卖方争相销售，由于商品的购买者追求利益最大化追求，导致商品的价格小于价值。

2）当某种商品供等于求时，买卖双方势均力敌，故商品的价格等于价值。

3）当某种商品供小于求时，由于买方的争相购买，卖方追求利益最大化，导致商品的价格大于价值。

现在，我们在Tianhua空间中给出商品的价值与价格的规律的实证分析。

设商品的价值集合为A，则存在价格集合$\overline{A}$和A^o，使得

$$A^o \subset A \subset \overline{A}$$

举一个实际的例子，为什么我国的房地产价格始终没有降下来？主要原因，一方面是本身的成本价值大，建设一个住宅，需要投入的生产要素如土地、资本、劳动、科技、企业家等的价格都在上涨，导致其价值的投入增加，特别是土地价格一般占到整个房地产成本的42%左右，拉动房价大幅度上升；另一方面，中国人口基数大，农民工进城和每年几百万大学生留城，住房需求大，导致房地产价格大于价值。并且由于价格过高，出现买难卖难的尴尬局面。

四、价格博弈

在现实的社会市场上，商品的价格总是在买卖双方的讨价还价中实现，这个过程，是一个买卖双方互动的过程，并通过这个互动过程确定商品的价格利润，也就确定了商品的价值及剩余价值。商品的价格及利润的形成过程是一个博弈的过程，可以使用博弈论来进行研究。为此，先来介绍一下博弈论的概念。

前面我们所研究的经济现象都是一种模型化的现象，是一种静态的现象，而现实中的经济现象总是一个连续的变化的"多个主体'互动'"的过程。即当社会主体的一方作出一种决策以后，另一方会据此决策作出应对决策。好比是两人在下棋，当第一个人走出一步之后，对方即会作出应对，当第二个人作出应对决策之后，第一个人又作出下一步应对……多个决策的博弈之后才能有一个结果。或者一胜一负，或者平手。再如，两个运动员在进行拳击比赛，双方所采取的策略都是根据对方的策略而进行应对的。这些都是博弈论所要研究的问题。

现在我们以男女恋爱的过程解释一下有关博弈论的概念，如图5-4所示。

图5-4　男女恋爱的博弈

在图5-4中，斜线上面的字表示的是女方的选择，斜线下面表示的是男方的选择。显

而易见，如果两人在谈了多年恋爱之后，都看对方的缺点，不看优点，不与对方配合，选择了第Ⅰ区间，则肯定分手，意味着恋爱失败；如果双方选择了第Ⅱ区间，女方同意，男方不同意，也不成；如果选择了第Ⅲ区间，女方不同意，男方同意，则也不成；只有选择了第Ⅳ区间，都能看到对方的优点，也就是在“宽容”当中，实现了爱情的双赢。

把博弈论应用到经济学中，就要学会在动态变化中，或在“以变应变”的过程中从事经营活动，在相互让利的过程中实现各自的利益，否则，各方就难以实现自己的利益，交易没有形成，使本来应当得到的利益丝毫没有得到，只能因小失大。

从经济人的自我利益最大化及现实社会市场商品买卖的讨价还价过程来看，价格的博弈过程一般表现为：作为卖方，总要抬高商品的出销价格；而作为买方，总希望以最低价格购买。双方理想价格的价差，就是商品价格谈判的博弈空间，或者说是利润的剩余价值空间，并且是在双方都能够“忍让”的范围之内。以手机买卖为例，假设手机的市场平均价格为1 000元，这就是“单位产品平均成本”决定的每部手机的基础价值。但是同一部手机，在可以谈价的情况下，实际成交的价格并不相同，这就是取决于价格谈判的博弈。卖方希望能够卖到2 000元，而买方则希望以800元买到，其谈成的结果，就是800～2 000元这个范围之内的选择。卖方能够放下原来的期望价值出卖，而买方以高于原来期望的价值购买，如果达成“忍让”，比如以1 200元成交，这时，这部手机的最终价值才能实现。其他商品的买卖当中的最终价值的确定一概如此。即卖方愿意在保证多少有些利润的情况下出手，而买方也愿意比预想的多花点钱而成交。成交的结果是卖方获得了利润的剩余价值，而买方则获得了商品的使用价值。

博弈论是研究多人或多个行为主体决策行为的一种决策理论，研究多人或多个行为主体在相互影响之下的多元决策行为。

其中，参与博弈的利益主体叫做博弈的参与者，英文原意为“玩主”，或称为“局中人”，其中有两个人参与者称为“双方博弈”，有三个参与者称为“三方博弈”，有多个参与者称为“多方博弈”。

1. 策略

在给定条件的博弈中，参与者制订的一套完整的计划叫做“策略”。例如，我国古代著名的“田忌赛马”中，齐威王的赛马计划是：先出上等马，再出中等马；最后出下等马；田忌的赛马计划是：先出下等马，再出上等马，最后出中等马，如图5-5所示。

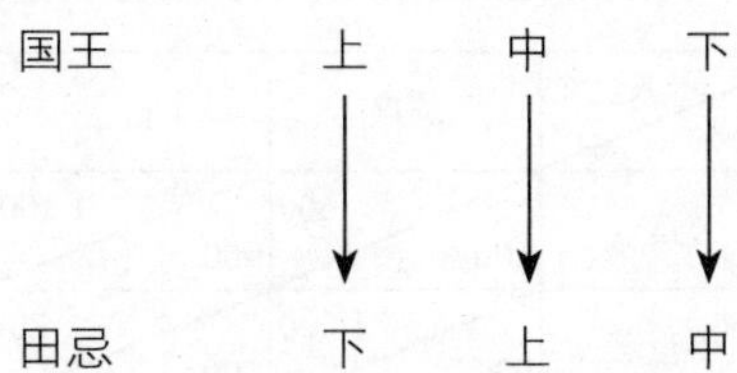

图5-5 “田忌赛马”中的博弈策略

最后，田忌以"上"对"中"和"中"对"下"两场胜绩取得了最终的胜利，而齐威王却因策略上失误最终导致失败。这里的赛马计划就是一套完整的博弈策略。在经济活动中，也可以模仿"田忌赛马"的博弈原理，在价格上有所为，有所不为，而不能什么都要。

2. 策略空间

参与者可以选择的策略的全体组成了策略空间。例如，在"田忌赛马"中，共有6种行动方案可代选择：上中下、上下中、中上下、中下上、下上中和下中上。决策时田忌可以选择其中的任何一个策略，在故事中，因为齐威王固定选择了"上中下"策略，所以，田忌对应地选择了"下上中"策略，从而赢得了这场比赛的胜利。而其中的齐威王的任何一种策略的改变，都会影响到田忌的策略。如齐威王选择了"中下上"，而田忌依然选择"下上中"的话，则田忌将失败。

这说明，商品价值是在买卖双方互动中形成的。如果卖方价格谈判能力强，买方可能让一点儿；而买方谈判能力强，卖方就会让一点儿，直到双方到了可以忍让的博弈的第四区间时，买卖才能谈成，商品的价值才能最终实现。现实中，经常看到大型投资项目及设备购买当中，双方讨价还价、势均力敌的"战斗"场面。一个工程项目设备的巨额的价值，就是放在桌子上的一堆钱，谁来多拿一点儿，谁来少拿一点儿，就看谁在博弈当中处于优势，最后在第四区间成交。

3. 博弈的均衡

世界因均衡而稳定，当博弈的全体参与者都不想改变策略达到的稳定状态，就是博弈的均衡。

博弈均衡的结果叫做博弈的解。

4. 纳什均衡

纳什均衡就是在给定别人最优的情况下，自己选择最优达成的均衡。或者说，我选择在给定你选择的情况下我的最优选择。这种均衡最后到底落在哪一点上，由具体情况决定。

假设A、B两个企业都生产啤酒，分为高度和低度两种啤酒，其报酬矩阵如图5-6所示，图中斜线上方的为企业A所获的报酬，斜线下方的为企业B的报酬。

A企业 / B企业	高度	低度
高度	600 / 800	1 100 / 900
低度	1 000 / 900	700 / 600

图5-6　纳什均衡报酬矩阵图

如果B企业选择生产高度啤酒，A企业就会选择生产低度啤酒，因为1 100>600。

如果B企业选择生产低度啤酒，A企业就会选择生产高度啤酒，因为1 000>700。

其中，只要A企业选择了生产高度啤酒不变，B企业也会跟着生产低度啤酒不变。反过来，如果B企业选择了生产高度啤酒不变化，则A企业选择生产低度啤酒也不会变化。此时A、B两个企业在生产啤酒上的博弈就是纳什均衡。

纳什均衡较好地体现了商品生产中以价格为导向的互动决策关系，商品生产中商品品种的决策是一个与竞争对手“以变应变”的“互动过程”，就像是在可自由行驶的公路上，两个车互相避让一样，以变应变，这样，大家都能生存，过得去。商品生产也是这样，不能千军万马同时走过一座独木桥，同一时间里不能同生产一种商品。

5. 静态博弈

博弈的参与者同时作出决策，并且一旦作出决策，就只能等待结果，这种博弈称为静态博弈。例如经常所说的“一次高考定终身”，就是在高考出题与学生答题的博弈中确定下来的。

商场上每种商品所挂的标价签，对于逛商场的消费者来说，就是一个静态博弈。每种商品价格一定，买不买由你，要买就这个价，没商量。商场已经作出了博弈的第一步，消费者要跟着作一次性决策：要么买，要么不买。如果买，就是价格博弈成功，选在第四区间上，双方都“同意”。要么不买，即在其他区间上博弈。

6. 动态博弈

动态博弈是一个个博弈的连续过程，其博弈的环节具有超过一个环节的特点。现实中多数博弈是动态博弈。后行动者能够看到先行动者的决策行为，并根据其决策采取应对措施。下象棋、打台球、打乒乓球、打高尔夫球等都是动态的博弈现象。

在没有一方定价的市场上的商品买卖也是一种动态博弈。如菜市场上，菜农给出一个价格，买方还一个价格，最后，双方都愿意忍让，买卖达成。如卖鸡蛋的人，要价每公斤10元，这时，买方可能要价8元；而卖方降至9元，买方可能再要价8.5元，买方是根据卖方的要价跟着定价的。动态博弈是一个“以变应变”的过程。

（1）博弈树

对动态博弈的描述，一般用博弈树来进行。如图5-7所示，有两个参与者进行博弈，第一个参与者用三角形来表示，第二个参与者用圆圈来表示。第一个参与者有两种选择1的时候，第二个参与者也有两个选择；第一个参与者选择2的时候，第二个参与者还是有两个选择，依然类推，直至最后。

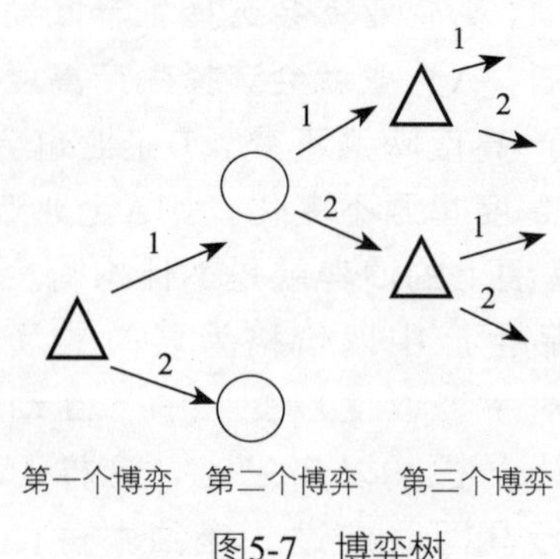

图5-7 博弈树

（2）子博弈

由博弈中某一个阶段开始，以后的博弈叫做该博弈的一个子博弈，如图5-7中的第二个博弈以后的博弈是第二个博弈的子博弈。

（3）动态博弈的解

动态博弈通常可以用反推法来求解，即把博弈树加上收益之后，计算每一个子博弈的收益，根据收益情况进行反推，在利益最大化的条件下最后求出均衡状态的解。

与静态博弈相比，动态博弈更符合现实经济生产生活中的实际情况。但是，随着参与者的增多，复杂程度会以几何倍数增长。在一个由两个寡头组成的寡头垄断市场上，这两个寡头的竞争行为，往往可以用动态博弈树的方法来描述。

通常情况下，有一方会投石问路，看对方是否有合作的意向，并根据对方的反应来作下一步的决策。对方也会根据另一方的反应作出回应。从而决策一直进行下去。

由前面的研究可以看到，博弈论所反映的事物的变化规律，可以应用于解释极其广泛的社会现象，经济学只不过是应用博弈论来研究经济现象而已，博弈论能够应用于政治、经济、法律、社会等多个领域。经济现象离不开博弈，或者说，经济现象本身就是一个博弈的过程。

最后要指出的是，任何经济行为都是一个博弈的过程，同时，一个成功的经济行为也是一个忍让中求得共赢的合作发展过程。合作共赢不仅仅是当代企业家的一个时髦口号，它是有其深刻的博弈论原理的。企业家或经济学家都要善于运用好博弈论的基本原理来解决实际问题。

第四节

渠道组合的商品价值形成原理

商品从生产出来到到达消费者或用户，一般要经过很多阶段，每过一个阶段，就需要增加生产要素的成本投入及利润的剩余价值增值，拉动商品的价格不断上扬，最终由消费者或用户通过价格承担。这样，不同的商品使用怎样的渠道，经营多少渠道，即通过多少中间商则关系最终商品的价格，影响商品的价值，所以，研究商品销售中的渠道组合也是研究商品价值及剩余价值的重要内容之一。

商品销售渠道是商品的生产者到达消费者或用户的一个通道。一种商品生产出来以后，通过商品的价格实现其价值的保值、增值或贬值。如果其价格大于成本，则实现了利润的增值；反之，则贬值。

企业把商品销售给消费者或用户时，有的可以直接进行销售，如离市场很近的一个果园，就可以直接或通过雇工到市场上销售，而有的商品，如粮食，因为产量过大，农民生产者要通过卖给粮库，再运往外地城市，通过层层批发才能到达消费者手中。这时，要实现粮食的销售，就要有中间粮食批发商及零售商来共同完成。由于中间商（通常是商业流通企业）在进行商品流通的中转时，也要支付相应的生产要素的成本费用、税金和利润，所以，商品每经过一个中间商，就要加上由中间商的成本、费用、税金带来的利润的价格提升，当中间商很多时，所带来的层层的价格提升是相当惊人的，并通过这种价格提升实现商品价值的增值。例如，农民生产水稻以后，要收回其生产要素投入的成本、费用、税金（已免农业税）和利润，最后把价格定为每斤0.8元。农民不可能自己到市场上把米卖给城里人，一般都通过卖给粮库实现销售。粮库以每斤0.8元的价格收购后，要再投入生产要素如库房、人工、资本、劳动、科技、企业家等来对粮食进行运输和储藏，此外还要纳税和获取利润，这样，就增加0.2元的价格实现价值增值，而从外地粮库再层层批发直到零售粮店时，类似的每道程序都要增加生产要素的成本投入及税金和利润，到了消费者手中时，价格就变成了每斤1.5元。这时的1.5元的最终价值，是生产者和中间商共同制定的。现实中很多商品都是这样经过中间商的流通把商品送到消费者或用户手中，并通过中间商的运营，带来了商品的价值的增值。所以，中间商是介于厂商与消费者之间的桥梁，也是商品价值的创造者之一。但这往往是在条件允许的情况下，如飞机、轮船等按订单生产的商品，中间商就没有存在的必要了。而对于一些食品、粮食、海产等商品，没有中间商是很难实现销售的，因此，此时的中间商就不是可有可无的了。

另外，中间商还能够起到促进专业化分工、提高企业效率的作用，从而形成整个社会的专业化生产企业和商品流通企业等，专业化的物流企业和批发商、零售商就是这样产生的。同时，由于中间商的存在，整个商品的利润就在厂家、中间商及消费者或用户之间进行分配或再分配。中间商的利润大了，厂家和消费者或用户的利润就少了；反之，中间商的利润小了，厂家消费者或用户的利润就大了。

在有些情况下，销售渠道的建立还关系到能否把商品卖到消费者手中的问题，也就是能否最后实现生产企业的利润价值的大问题。所以，商品的渠道问题，是如何确定中间商的问题。这也是商品价值形成及分配的重要环节之一。

一、营销渠道

营销渠道是指产品或服务从生产者向消费者流转的通道。

企业以不同的营销渠道销售同一种产品或服务，其成本和利润往往相差甚远。因此，在竞争日趋激烈的市场上，如何选择快捷的营销渠道，就成了企业面临的最为复杂和最富有挑战性的问题之一。

市场营销渠道，主要是通过制造商、中间商、消费者形成通道搭建起来的。

二、渠道结构

将一种商品通过不同的中间商分销，所选择的路径称做渠道结构。根据组织与消费者、组织与组织之间商品交易的不同情况，选择的路径也有所不同。即使在这两种情况内部，不同产品也可能需要不同的分销渠道。

1. 消费者市场的渠道

（1）直接供应

渠道方式为：**制造商——消费者。**

这一渠道中，制造商和消费者直接打交道。它可能发生在“前店后厂”式的商店，也可能是在一个自摘果园，也可能是一些厂家的直销，如汽车直销、家用电器直销等。一些制造商还通过邮寄方式向公众直销。形成制造商——邮局——消费者的“一手钱一手货”的买卖方式。

另一种情况是，商品可以通过企业销售部的销售网络进行销售。但这样做必须权衡直接建立自己的销售渠道和分销队伍的成本以及资源的利用效率。

（2）短渠道

短渠道方式为：**制造商——零售商——消费者**。

这一路径是与大零售商进行交易的最常见的渠道。因为他们可以用较大的折扣大量进货，并拥有特别的备货和送货方法。这条路径尤其为大型超市或连锁店所采用。对大的制造商和处理大宗产品的零售商来说，这种联系十分有效。

（3）长渠道

渠道方式为：制造商——代理商——批发商——零售商——消费者。

它可以在以下情况中被采用：制造商想进入一个相当不熟悉的出口产品市场，这时，它可能会选择代理商，因为代理商具有向这个国家销售产品所必备的知识和专业技能，他们将从销售中获得佣金。然而，问题在于，在这种情况下，制造商完全依靠代理商，不得不信任代理商的知识、承诺和销售能力。尽管如此，这种方法仍然被那些试图在遥远地区开发市场的小组织广泛采用，因为这些组织在那些地方受时间、资源和知识所限，难以独自树立强有力的品牌形象。

（4）宽渠道

宽渠道是指商品从制造者到消费者要经过较多的中间商的情况，如卷烟厂的卷烟经过很多香烟专卖店中间商才能到达消费者。宽渠道的结构如图5-8所示，中间商的横向的个数较多。

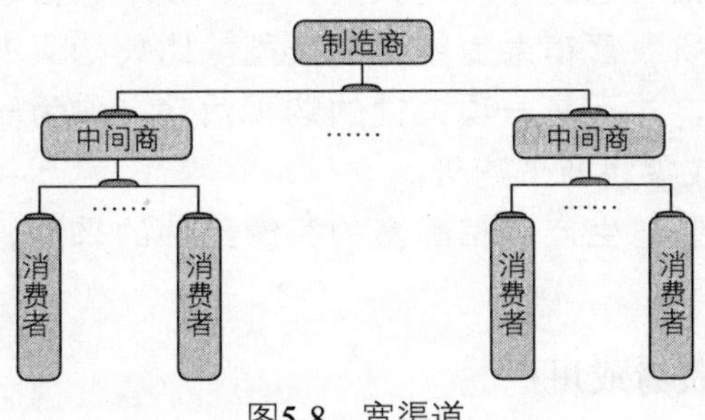

图5-8　宽渠道

宽渠道的好处是能够拓宽销售渠道，增加销售量，薄利多销，这种渠道方式较适用于消费品的销售。如城市小区或农村的小卖店，销售的都是消费品，因为受众面大，所以，只能这样星罗棋布地建立宽销售渠道。

（5）窄渠道

窄渠道是指从商品的制造者到用户或消费者之间的中间商很少的渠道。如一些厂家在全国各商场所设立的直销店，采用的就是窄渠道。窄渠道的结构如图5-9所示。横向看，中间商的个数较少。

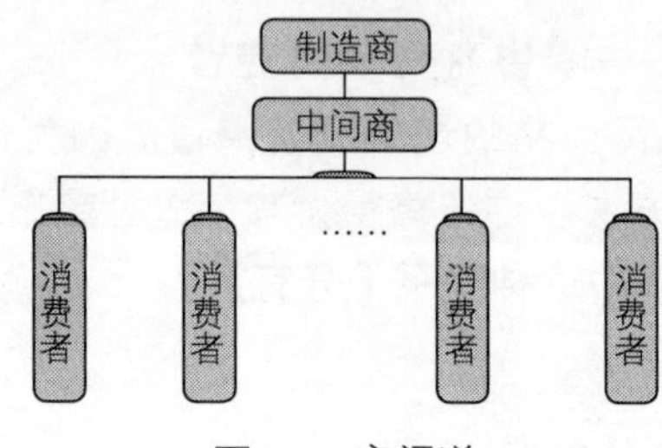

图5-9　窄渠道

2. 服务的营销渠道

邮局、医院、酒店、公交车等都设在交通便利之处，便于消费者到达，也是一种方便的销售渠道，对于这些服务单位来说，有时位置的渠道还关系到营销的成败。如医院位置不当，就无法吸引足够多的人前来就医。酒店位置与经营业绩也有直接关系。公交车的路线如果设计不合理，就没人去坐，达不到获利效果。

3. 组织市场渠道

组织（或产业）市场上的产品交易往往需要买卖双方在技术和商业方面进行密切的磋商，在这个过程中，一个企业的产品及其特性，必须能达到其客户的特别要求。例如，造船厂要适应客户对船的特殊使用要求，不能用统一的规格来生产。煤矿及石油生产设备也是要量体裁衣地制作。购买的类型、频率、数量及该产品对买方的重要性，都会影响到组织市场上营销渠道结构的类型。比如购买办公文具，就其对保证生产线运行的重要程度看，并不是一项关键的购买活动，作为一种常见的采购活动，企业往往通过专业分销商或零售商来购买。

相比之下，一些需要与生产线相配套的关键部件的采购，则往往从供应商直接销售到购买者手中。

（1）制造商——消费者或用户

当商品的单位成本较高或技术含量很高时，直接渠道最合适。可能购买者为数不多，而且都处在明确的地理位置上。为了运作这条渠道，制造商必须建立和管理一支销售和分销队伍，它们可以就销售进行谈判，提供服务，并处理消费者或用户的各种需求。某些情况下，销售代表既负责销售产品，也负责安装产品，比如电脑软件应用领域就是如此。

制造商也可以运用自己的销售分支机构或办公室。这些组织隶属于制造商，并由制造商自己运作，但它们的功能和角色更像是批发商。它们使制造商可以更好地控制分销渠道，提高制造商与消费者或用户之间联络的有效性和效率。

假如制造商需要批发服务而这个开放的市场上又没有批发商可以使用，那么，这些销售分支机构或办公室就是必需的了。

销售分支机构一般远离总部，位于高需求的地区。对于该地区的消费者或用户来说，制造商在这些地方建点，可以很好地为他们提供产品和服务支持。

销售分支机构也可以将产品销售给小的零售商和批发商。

（2）制造商——经销商——消费者或用户

经销商的流通过程是买卖的过程。拥有商品的所有权，获取的是买卖过程中差价带来的利润的剩余价值，但也承担相应的风险。这种不太直接的渠道，往往会在消费者或用户数目增加或消费者或用户的规模减小的情况下被采用。

例如，建筑材料经常是先卖给建材经销商，然后他们再向订货量较小的消费者或用户供货。这样一来，建材经销商就可以提供更多种类产品，为当地消费者或提供就近的服务，其原道类似于我们在前面谈到的消费者市场中的短渠道。

（3）制造商——代理商——消费者或用户

代理商并不拥有商品的所有权，而是收取代理的佣金，代理商是替制造商和零售商进行买卖活动。如民办大学的招生代理，就是为学校进行招生的代理商，只获得招生数额的代理佣金，并不直接获取差价。

当建立直销渠道显得不经济，而又需要销售专家来促成交易时，就会引入代理商，他们可以代表制造商与消费者或用户做交易。制造商使用代理商的好处是可以发挥代理商的渠道作用，减少投资风险，只有做成了生意才能拿到佣金。而本单位的销售部门，需要有一定的资金去开拓市场，如果不成功，则风险由自己承担。

在国际贸易活动中，经常使用代理商来开拓国外市场。运用制造商的商品的技术优势和代理商的本地市场渠道优势，达到优势互补。

（4）制造商——代理商——经销商——消费者或用户

这种方式对于不断发展变化的出口市场特别有效。

销售代理商负责协调一个特定市场的销售问题，分销商则负责提供商品并迅速补充商品，就近满足消费者或用户的需要。而在前面我们关于消费者市场上最长的分销渠道的讨论，在这里也都适用。

在一个特定的市场上（包括消费者市场和组织市场），选择何种结构类型，很大程度上取决于该商品和市场的特征。正是这些特征造就了不同的成本和服务形象。

三、影响渠道选择的主要因素

1. 商品因素

（1）商品的单价

在一般情况下，单价与营销渠道的长短、宽窄成反比关系，即：单价越低，渠道越长、越宽；单价越高，渠道越短、越窄。

这主要是因为企业无法为成千上万的小额订货进行一一包装、开票和送货，通过批发商和零售商环节，可大大简化销售业务，加速资金周转。

（2）商品体积与重量

体积庞大、笨重的工业设备，采用短渠道比较合速。如造船厂、飞机制造公司等一般都采用短渠道的方式。而对于体积小、质量轻的商品，则可以采用长渠道的方式。

（3）商品与消费者或用户生活的相关程度

生活必需品，如食品、饮料、牙膏、牙刷等宜采用长、宽渠道。而对于钟表、金银首饰、照相器材等与生活关系不甚密切的商品，宜采用短、窄渠道。

（4）商品的时尚性

商品的样式或款式要求很强或变化较快的，一般宜采取短渠道，以避免失去销售良机，造成积压和浪费，如时装等。

另外，水果、蔬菜、西瓜、肉类等商品要就近、就地销售，采取短渠道。否则长久的贩运可能会导致商品在路上腐烂。

（5）商品的技术与服务要求

技术性较强，需要完善的售前、售中、售后服务的商品，宜采取直接销售或短渠道，以便于专门技术人员提供必要的服务，当面介绍产品。

（6）商品的标准化程度

标准化程度高的商品或服务，都具有产量大、使用面广的特点，如一些标准件，制造商企业可选择宽、长的营销渠道。反之，商品或服务标准化低的，要求特制或定制的，因消费者或用户对其结构、性能、品质、规格式样的要求各有不同，因而宜采用短、窄渠道。

（7）商品市场生命周期

处于投入期、增长期的商品，中间商不太愿意经销；处于成熟期的商品，市场稳定，风险小，中间商乐于推销，企业可采取长、宽的渠道；处于衰退期的商品，销售量、利润骤减，可采取短渠道。

2. 市场因素

（1）潜在顾客数量

潜在顾客的数量决定市场规模的大小。

潜在顾客多，市场规模大，可利用批发商的有关销售网络、储存运输商品功能扩大市场，可采取长而宽的营销渠道；潜在顾客少，市场规模小，可选用短而窄的渠道。

（2）目标顾客的分布

目标顾客集中的宜采取直接营销渠道，如向大庆销售设备时，可采用直接营销渠道或短渠道；目标顾客分散的宜采用间接营销渠道。

（3）购买数量

购买批量大的宜采用厂家直销或短渠道；购买数量少的宜利用中间商，采用长而宽的销售渠道，西方国家称之为“按订单大小设渠道”。例如，大型百货商场进货批量大，宜采取直接营销渠道供货，而对于一些小百货店、杂货店，由于进货批量小，可采取由中间环节转手的间接营销渠道。

（4）消费习惯

日用品宜采用长而宽的间接渠道；高档、高价的特殊消费品，由于用户习惯于光顾品牌老店，因而应选择短而窄的销售渠道。

（5）市场竞争情况

企业在选择营销渠道时，还要分析和研究市场上经营同类商品的竞争对手的渠道情况，比较双方的营销实力。经营研究分析，一方面可以从竞争者那里得到启发，参考对方的渠道结构；另一方面，可以针对竞争对手的策略选择，制定本企业的市场营销渠道策略，以争取竞争中的有利地位。

3. 企业自身特性因素

大企业具备一定的企业规模和实力，可以选择直销（如长春一汽自己有销售公司）；而小企业则宜利用批发商开发间接营销渠道，实现薄利多销。

企业声誉高，对渠道选择比较主动，中间商愿意参与销售。

企业经营与服务能力强，宜采用短、窄渠道；能力弱的，宜选择好的中间商。

4. 企业控制营销渠道的程度

间接营销情况下，如何控制营销商?

如果企业要严格控制营销商，则不宜采取长而宽的营销渠道。另外，在控制的同时，也要讲究协调与配合。利益与利润都要分享。特别在创业初期，企业实力弱，要想推广商品或服务，更需要中间商的支持与配合，这时，就更要"放水养鱼"，不吝给中间商以较高的利润空间。

四、营销渠道的策略

1. 营销渠道的开拓策略

开拓新市场渠道，等于增加了商品的销量，带来商品的利润的剩余价值的形成。

2. 营销渠道的巩固策略

巩固渠道，也就是建立了稳定的价值创造的基础。

3. 营销渠道的更新策略

更新策略即增减个别渠道成员，增减个别渠道，必要时变更整个营销渠道。

第五节

促销组合的商品价值形成原理

促销，是企业在商品组合、价格组合和渠道组合的基础上，进一步促进商品销售的市场营销组合之一。

商品促销不等于市场营销，商品促销与市场营销的区别是，市场营销是一个从投资决策分析开始到企业战略实施到营销策划的全过程，商品促销只是市场营销的一个环节。如果一个投资项目前期的投资决策做好了、企业战略正确，就实现了企业与市场的和谐互动，这时，可能就没必要进行商品促销。所以有人指出，最好的营销，就是使促销成为不必要。

事实上，企业促销之前的一切营销策划、战略等，消费者或用户并不知晓，他们不关心厂家是否能挣钱，关心的是商品的质量如何、性能如何、价格如何，能否物有所值。这是由消费者或用户的经济人本质所决定。从这一点上来讲，促销虽然是营销的一个环节，但这个环节做得好了，就促使营销目标得以实现或超过事先预想的营销目标，而如果这个环节做不好，可能会影响到整个营销活动，甚至会使前面已取得的成果付之东流。所以，促销是市场营销中一个重要的组成部分。例如，北京回龙观华联商厦经过系统的市场调查、市场环境分析、市场细分、目标市场确定，以及产品、价格、渠道确定之后在开业当天采取放汽球、放鞭炮、优惠酬宾及请媒体参加宣传等活动，有力地促进了商品的销售。

促销是指销售者（企业或中间商）向消费者（或用户）传播商品或服务积极信息

的一系列宣传活动。

促销的目的是引起消费者或用户的注意和兴趣，帮助消费者或用户认识商品或服务的特点和性能。

促销的方法包括人员推销、广告、营业推广和公共关系等。

实践中，促销不一定是单独的人员推销、广告、营业推广及公共关系中的一种，而是这几种的有机组成，这就产生了促销组合的问题，如表5-7所示。

表5-7　各种形式的促销组合方式优缺点对比

促销方式	优　点	缺　点
人员推销	信息沟通直接反馈及时，可当面交易	占用人员多，费用高
广告	传播面广泛，声情并茂，形象生动，节省人力	支付费用高，须通过一定媒体，难以立即见效
营业推广	容易激发购买欲望，促成消费者当即购买	有时必须以降低商品价格为代价
公共关系	可信度高，社会效应好	见效慢

影响促销的基本因素是企业的促销目标和基本促销策略。

促销目标的影响：企业的不同时期、不同市场有着特定的促销目标，并形成促销组合的差异。如要增加销售量，追求近期效益，就要开展广告和营业推广；如要树立企业形象，就要长时间培育市场。

对于消费品，由于需求的人员众多，故大量采用广告方式，如化妆品、洗发水等，由于受众面大，广告的效果较好。而对于工业品，由于用户是组织单位，受众面小，故应侧重于人员推销，以便于把商品的技术性能、报价、物流运输、售后服务等全面讲解清楚。

图5-10反映了从消费品到工业品转变过程中所适用的促销组合方法。

消费品——————————→工业品

广告——→公关——→营业推广——→人员推销

图5-10　从消费品到工业品销售过程使用的不同促销方法

基本促销策略的影响：是指在商品生命周期的不同阶段应对应不同的策略，如表5-8所示。在导入期，促销的重点是使消费者或用户认识、了解商品，宜采用广告等多种方式；而在成熟期，就要增加商品的竞争能力，向更高的科技水平发展，如手机在形成期时，只需要向人们介绍“大哥大”能够移动通信就可以了，而到了成熟期，就不能再做这种促销了，而要着重说明这些手机除了通信功能以外，还有其他高科技功能的增加，如视频效果、收发彩信功能、手表功能、日历、闹钟等，当所有的手机都有了这些功能，还要研制否其他别人没有的功能，如防水等。此时，要以营业推广为主，做到“人有我优”，与形成期的“人无我有”大不相同。

此外，还有推拉策略，推，就是把商品推给消费者；拉，就是把消费者拉过来。

表5-8 商品生命周期的促销策略

产品生命周期	促销目标重点	促销主要方式
导入期	认识、了解商品	各种介绍性广告
成长期	提高商品知名度，增进兴趣与偏爱	人员推销，改变广告方式
成熟期	增加商品美誉度	改变广告方式
衰退期	促成信任购买	营业推广为主，辅以提醒性广告，减价等

一、人员推销

人员推销是指企业派出工作人员或委派专职推销公司机构向目标市场的消费者或用户推销商品或服务的经营活动，是一种既古老又现代的重要推销方式。

1）掌握商品基本知识，了解市场竞争对手商品的特点，便于提炼出自己商品的优势。当前我国十分缺少既懂商品或服务的技术原理又懂市场营销原理的复合型销售。

2）寻找消费者或用户。寻找消费者或用户要考虑的基本内容是了解他们的购买欲望和支付能力。

3）了解消费者或用户。消费者或用户是商品的销售对象，是商品剩余价值形成的载体，这就要求推销人员在推销前要了解他们的基本情况，包括企业实力、资产、诚信等情况，还要了解企业管理人员、员工等的综合素质等。

4）正式访谈。提前致电预约，带齐公司简介、营业执照、产品说明书、报价单等相关资料。提前10分钟到达约定场所。入座后，从对方感兴趣的话题谈起，慢慢进入。即使对方对商品有疑问或持反对意见，也不能当场反驳。要着重说清楚所推销商品的性能、质量、价格上的优势。

这时，推销人员还要实地观察该企业的外形实力，看其建筑物是新的，还是旧的；是租的，还是买的。还要了解该企业的信誉。

5）找准人。找对关键决策人，说对关键话，是成功的必经之路。

6）签订合同。尽量争取在本公司签。签订合同前，要索要对方公司的法人代表委托书、营业执照，合同书尽量采用标准版本。按合同书的内容填写好各项内容，在最后的“争议解决”一栏中，要按“友好协商解决、仲裁、诉讼”的顺序来写，这样便于保持客户关系及节省解决争议的费用。有关国际间贸易的合同则更加复杂，翻译文本要清楚说明以哪国文字为标准文本，以免产生误会，带来事后的争议。对合同中的关键字，要与对方逐字逐句地核对。

7）提供售后服务，促成循环购买。开发一个客户比维护一个客户要难得多，而当第一次业务成交后，再继续就容易多了。正如前面所讲的，重复采购成本低，同样，销售的成本也低。"君子不赢第一把"，先给对方以实惠，在以后的长期业务中再去获利，也容易为对方所接受。

作为企业，要想提高推销业绩，就要充分发挥销售人员的作用，建立企业与推销人员的诚信合作关系。

二、广告

1. 广告媒体

广告媒体包括印刷媒体、电子媒体、流动媒体、邮寄媒体、户外媒体和展示媒体等，其中，报纸、杂志、广播、电视被称为四大广告媒体。近年来，互联网的作用日益突出，被称为"第五大媒体"。

不同媒体的不同优缺点如表5-8所示。

表5-8 不同媒体的优缺点比较

媒体	优点	缺点
报纸	影响广泛，覆盖率高；印象深刻，便于查阅；选择性大，自主灵活；费用低廉，经济合算	单调呆板，形象效果差；内容繁杂，分散注意力；时效性差，受文化水平影响大
电视	图文并茂，形象、生动、现场感强，感染力好；覆盖面广，收看率高；娱乐性、趣味性强，宣传效果好；参与感强，可信度高	播放时间短，消逝快；编导制作复杂，费用昂贵
广播	能充分利用语言和音响艺术，引起听众注意；收听方便、传播快、范围广、制作简便、价格低廉，听众不受文化程度限制，听觉效果好	稍纵即逝，一听即过；有声无像，印象不深，听众难以掌握，效果难以评估
杂志	对象明确，针对性强；保存期长，可充分处理命题；内容集中，注意力强，图文并茂	传递信息慢，影响范围受限制
户外媒体	灵活性好，复现率高，费用低，媒体竞争少，位置选择灵活	受众选择性差，创造性差
互联网	方便介绍，图文并茂；节省费用；不受距离、时间限制	受众面小

报纸、电视、网络广告是目前我国和世界企业最普遍使用的广告媒体。而广播有作用相对有所下降。

近年来，可供选择的广告媒体越来越多，电视、网络、报纸、广播、杂志、电影、路牌、公交汽车车体、公交移动电视、船身、包装袋、服装……铺天盖地的广告叫人目不暇接。

2. 广告设计

广告是能为企业的销售作出巨大贡献的一种促销方式，而且大部分广告是要有所投入才能实现的。所以，广告的使用是要遵循一定的规律，并要有一定的科学性。其中，最主要的是广告的设计问题。设计好坏关系广告的成败，否则就会使企业的广告费成为“沉没成本”。

真实性：虚假广告是国家明令禁止的。在履行广告手续时，要出示企业的营业执照等。但近年来，虚假广告大量出现，对市场的正常运转带来很多不利影响。

思想性：按照精神文明建设及和谐社会的要求，广告中不应出现迷信、色情等不健康内容。

创造性：只有内容好、形式新、语言简练、生动形象的广告，才能深深吸引和打动受众。

针对性：由于文字内容不能太长，所以，只能就商品或服务中的特点、优势作精练的阐述，太长的广告只会招人厌弃。

3. 广告的经济效果及评价

每元广告费用收益（R）可以用下列公式来计算

$$R=\frac{(S_2-S_1)P_1}{P_2}$$

式中 R——每元广告费用收益；

S_2——本期刊登广告之后的平均销售量；

S_1——本期刊登广告之前的平均销售量；

P_1——商品单位价格；

P_2——一定时期的广告总费用。

例2 ≫

某商品在登广告后每月的平均销售量为23 000件，未登广告前每月的平均销售量是19 000件，广告投入费用是每月3 000元，产品销售单价为1 000元。则每元广告收益如下。

$$R=\frac{(23\,000-19\,000)\times 1\,000}{3\,000}\text{元}$$

$$=1\,333\text{元}$$

即每投入1元广告费用，创造的收益为1 333元，所以广告投入的收益较高。

同时，投放广告还有利于企业创立知名品牌。虽然长久的名牌要靠商品或服务本身的优势，但广告宣传也不失为一种见效较快的配合工具。

4. 广告技巧

这是市场营销中的技巧性实操问题。

三、营业推广

1. 面向消费者的营业推广方式

1）赠送促销：向消费者赠送样品或试用品是介绍新产品最有效的方法，缺点是费用高。样品可以选择在商店或闹市区散发，或在其他产品中附送，也可以公开广告赠送，或入户派送。

2）折价券：在购买某种商品时，持折价券可以免付一定金额的价款，以此吸引消费者购买。折价券可以通过广告或直邮的方式发送。

3）包装促销：以较优惠的价格提供组合包装和搭配包装的商品。

4）抽奖促销：消费购买一定的商品后可获得抽奖券，凭券进行抽奖获得奖品或奖金，抽奖可以有各种形式。

5）现场演示：企业派促销人员在销售现场演示商品，向消费者介绍商品的特点、用途和使用方法等。

6）联合推广：企业与零售商联合促销，将一些能显示企业优势和特征的商品在商场集中陈列，边展销边销售。

7）参与促销：消费者参与各种促销活动，如技能竞赛、知识比赛等活动，能获取企业相关商品的奖励。

8）会议促销：各类展销会、博览会、业务洽谈会期间的各种现场介绍、推广和销售活动。

9）会员卡制度：这是一种时兴的促销方法。例如，北京图书大厦就实行"会员卡"制度，购书人凭会员卡在北京图书大厦购书，当购买数量达到一个标准时，分级打折，通过这种制度，吸引消费者长期购买。一些理发店也实行会员卡制度，消费达到某金额时给一个折扣，以此吸引回头客。对于一些企业来说，这成了一种生存的法宝，还有超市、商场等也大量实行这种促销制度，这无疑是一种极好的促销方式。

2. 面向中间商的营业推广方式

1）批发折扣：企业为争取批发商或零售商多购进自己的商品，在某一时期内给经销本企业商品的批发商或零售商加大折扣比例。

2）推广津贴：企业为促使中间商购进企业商品并帮助企业推销商品，支付给中间商一定的推广津贴。

3）销售竞赛：根据各个中间商销售本企业商品的实绩，分别给优胜者以不同的奖励，如现金奖、实物奖、免费旅游度假奖等，以起到激励作用。

4）扶持零售商：生产商对零售商专柜的装潢予以资助，提供POP广告，以强化零售网络，提高销售额，也可派遣本企业信息员或代培销售人员，以此提高中间商推销本企业商品的积极性和能力。

3. 面对内部员工的营业推广方式

这种方式主要是针对企业内部的销售人员，鼓励他们热情推销本企业商品或处理某些滞销商品，或促使他们积极开拓新市场。一般可采用方法有：销售竞赛、免费提供人员培训、技术指导等形式。

四、公共关系

由图5-11中可以看出，企业的生存空间是这些部门的交集。环境决定一切，企业作为一个系统来讲，就要在内部系统适应外部系统的过程中求得生存与发展。

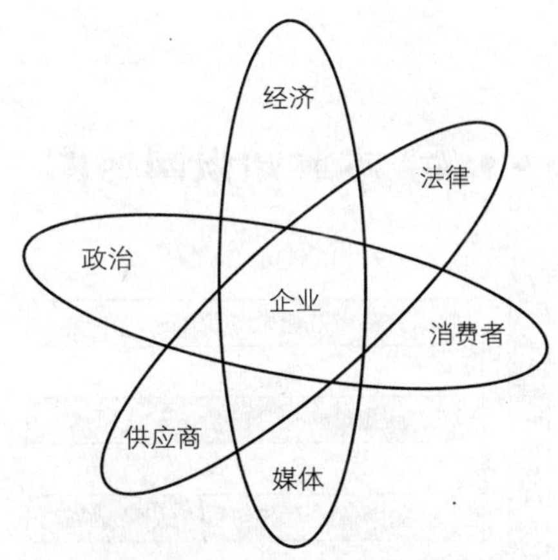

图5-11 企业公共关系图

企业必须面对这些生存环境进行各种公关活动，树立企业及企业商品品牌的形象，促进商品销售。离开这些部门对企业生产经营及商品销售上的支持，企业就难以存活下去。

政治：从宏观层面上来说，政府及国际关系都会影响到商品的销售，如两国关系紧张时，进出口就会受阻，就国内关系来讲，企业日常经营、税务、财务等活动，都需要政府的配合与支持。

媒体：媒体的作用上文已经作过介绍，它能把企业宣传好，也能宣传坏。

法律：法律诉讼中的问题，都需要通过法律的途径得到解决，企业的权利也需要法律途径得到支持和保护。

消费者：消费者是“上帝”，处理好与“上帝”的关系，业务才有可能继续开展。对于原料的供应商，也是要通过公关，才能取得原材料及时的、保质保量的供应。

甚至对于相临的单位及部门也要搞好关系，以备紧急之时的互相救济。

总之，企业对上述的主要部门必须处理好公共关系。可以肯定地说，企业的公共关系也是创造企业商品价值的不可或缺的一部分。

在美国，有超过5 400家企业设立了公关部门，通过各方面的公关活动，树立企业的品牌。再如四川发生震惊世界的“5·12”大地震以后，蒙牛集团无偿捐献牛奶给四川地震区的孩子们，一方面表达了企业的爱心，一方面很好地树立了企业形象。

公关主要通过各种社会活动实现，包括上下沟通、左右沟通、内外沟通等活动。企业的公关就是在各种沟通中实现的。

总之，通过各种公关，可以使企业的市场营销得以全面、顺利地展开，为商品的利润的剩余价值实现作出贡献。

最后要指出的是，企业进行各种公关活动，必须要投入一定的公关成本，同时也可能带来一定的经济效益，企业的公关经济收益可以参照广告收益公式来计算。

本章知识网络图

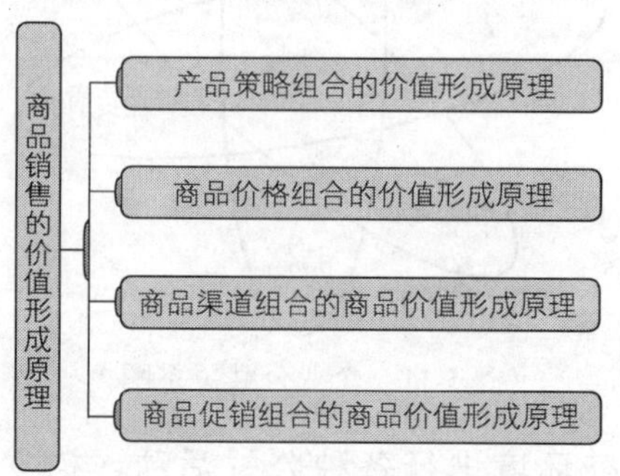

第六章

市场的商品价值形成原理

第一节

市　场

我们知道，商品的价值取决于商品价格中的成本和利润，即对于同样成本的商品来说，销售利润不同，其价格便不同，影响到商品的价值也不同。而商品的销售利润又与商品所面临的市场类型有直接关系，如对于完全自由竞争市场上的商品来说，有无穷多个商家供应同一种商品，技术上也没有什么差别，这时，价格就要由市场来决定。例如，市场上多个商家所销售的都是茄子，人家卖1元一斤，你卖2元一斤，消费者问了以后会扭头就走，一天下来，你可能连一斤也卖不出去。所以，对于完全自由竞争市场上的商品，销售价格只能随行就市，或者说，这类市场的商品价格是由市场决定的。而对于另一种市场，如微软公司的计算机操作系统，微软公司自己随意确定了价格以后，消费者无法进行讨价还价，因为除了这一个商家提供该种商品以外，再也找不到别的卖家了，厂家就可以自己独立定价。而中间商如何加价，则成为另一个问题了。所以，这种独家垄断的商品的价格及价值是由一个商家独立决定的，这类市场称为独家垄断市场。根据经济人利益最大化原理，这种商品的价格中所包含的利润就可想而知了。

总之，不同类型的市场决定了商品的不同价值，这就是商品的市场价值原理，商品的市场价值原理对商品价值的作用，同前面所介绍过的投资项目决策分析、项目建设、企业生产经营、商品市场销售价值原理作用是一样的。

本章所研究的市场的商品价值形成原理，即如何通过市场研究来提升商品的价值及剩余价值，为此先介绍一下市场的相关概念。

市场的含义很广泛，简单地说，市场就是商品交换的场所。市场的作用体现在它是商品交换的载体，商品与市场的关系如同大海与船的关系一样。

按交易商品的形式划分，市场可分为金融市场和非金融市场。

金融市场是经营金融商品的市场，如货币市场、资本市场（包括股票、债券等证券市场）、保险市场、外汇市场、黄金市场等。

非金融市场是指金融市场以外的市场。

金融市场与非金融市场的划分是最基本的市场划分，因为这两大类市场上所经营的商品有着本质的区别。

金融市场上的商品是有价证券，如股票、债券等，不涉及实体商品，经历的是货币——有价证券——货币的商品交换形式。

非金融市场上从事的是实体商品的交易，尽管商品区分为有形商品或无形服务，但二者都是实体商品，是货币——实体商品——货币的商品交换方式。而如何生产经营实体商品是一个非常复杂的问题，需要在企业形成之前进行项目投资决策分析评估，并且在项目的投资决策分析中判断资本金收益时还要参考金融市场的有价证券的资金时间价值进行对比，即取金融市场上的各种有价证券的资金时间价值收益率作为实体项目的资本金时间价值的收益率的折现率作为参考标准，并形成投资资本金的时间价值的机会成本。这样做的意义在于，一定的资本金，如果不是用在实业项目投资上，即使进行银行存款或购买国债及债券等金融产品，也会无风险地获得这些金融投资带来的资金时间价值的自然收益，没有投资风险。通过取这些金融商品的资金时间价值的收益率作为实业投资项目的资本金的时间价值折现率，计算收益净现值$NPV(i)$，就能比较出经过风险经营之后，实业投资项目能够带来多少格外的收益，从而作出是否进行实业投资的决策来，以免盲目进行实业投资。

按市场交换商品的类别划分，市场可以分为消费品市场和生产要素市场。消费品市场经营的是消费品；生产要素市场经营的是生产要素商品，包括土地市场、资本市场、劳动力市场或人才市场、企业家市场和科技市场等。

按商品进入市场的难易程度及供给市场的企业数量多少划分，市场可以分为完全自由竞争市场和垄断市场。完全自由竞争市场是无法限制交易者进入的市场；垄断市场是有着一定的政治、技术、资金等限制的市场。垄断市场又可细分为竞争垄断市场、垄断市场、寡头垄断市场和独家垄断市场。

按流通环节划分，市场可分为批发市场和零售市场，批发市场又分为一级批发、二级批发等多级批发市场，如粮食市场；零售市场就是随处可见的各种超市、商场、小卖店等。

按有无固定交换场所划分，市场可分为有形市场与无形市场。有形市场是能够看得见的交易的市场；无形市场是看不见的虚拟市场，如网络市场。

需要说明的是，上述关于市场的划分，通常是在一个国家或地区内来划分的，如果把市场的区域变大或缩小，则市场类型也会随之发生变化。当市场范围变大后，原来独家生产供应商品的寡头垄断市场可能会变成一般垄断市场，如汽车市场在一国范围内是寡头市场，生产供应国内汽车的厂家能查得过来，而到了国际市场上，生产汽车的厂家就是不可数的集合了。这样，从世界角度来看，汽车市场就是一般垄断市场了。

第二节

消费品市场的价值原理

消费品是能够满足人类生活需要的商品，如吃、穿、住、行、玩、教育、医疗等商品，消费品是经过多次加工形成的商品，所以消费品也称最终商品，而投资商品往往是中间商品。

消费品市场上所买卖的商品都是消费品，尽管消费品形式多样，数量众多，但都存在统一的效用价值，在世界消费品市场上，找不到没有效用的消费品。

消费品市场的商品价格受市场供求关系的影响。20世纪80年代全国养鸡大王梁凤颖拥有我国最早的养鸡场，当时鸡蛋价格很高。她认为养鸡可赚大钱，便扩大规模，以致引发了全国养鸡热，严重导致供大于求，使鸡蛋价格开始下跌，直到鸡蛋价格低于成本，很多养鸡场才纷纷退出。由于养鸡场的持续减少，鸡蛋又出现供小于求的状况，价格开始高于均衡价格，但却没有达到第一次的最高价格。这样，经过几十年的供求变化，鸡蛋价格便不断地高于或低于均衡价格（价值），直到出现平稳态势。提价带来了总收益的增加，而从长期看，供给多了，消费者选择购买的机会就多了，可替代性大了，变得富有弹性了，消费者买谁的都行，商家又只能通过降价来增加销售量。但无论是高于或低于均衡价，商品价格都始终围绕价值在变动。所以，鸡蛋价格一直保持在每斤3元左右。

由此可见，消费品市场上的商品价格这只“看不见的手”，决定着企业生产什么、生产多少、为谁生产等，并与企业拥有的资源结合在一起。有经验的企业家始终把企业生产的商品与市场供求紧密结合在一起，作为企业制定发展战略或价格策略的依据。

消费品市场上的商品价格、均衡价格及平均价值的关系如图6-1所示。

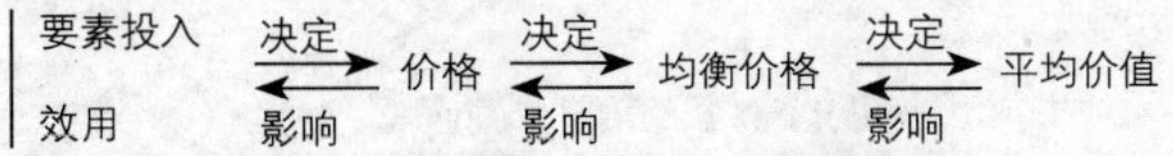

要素投入 效用	决定→ ←影响	价格	决定→ ←影响	均衡价格	决定→ ←影响	平均价值

图 6-1　商品的价格、均衡价格、平均价值之间的关系

第三节

生产要素市场的价值原理

企业要进行生产经营，首先要有土地、资本、劳动、科技和企业家等生产要素，这些生产要素都需要到市场上购买，这样就形成了买卖生产要素商品的市场，称为生产要素市场。

与消费品市场完全不同的是，生产要素市场上交换的商品是生产中所需要的商品，即生产商品的商品。或者说，企业在生产要素市场上购买生产要素的行为是一种投资行为，属于中间市场；而消费品市场所经营的商品是人们生活中必需的消费品，是最终市场。

企业购买劳动所付出的是劳动者的工资及福利，购买土地要付出地租，购买资本要付出利息，购买技术要支付专利费用，购买企业家要付出年薪加期权等，这些都是作为企业生产中投入的成本费用在利润中扣除的。

土地、资本、劳动、企业家、科技等各种要素，也都以价值为核心，受市场供求关系影响形成商品价格。降低要素的价值可以提高商品价值的增值，最终获得投资资本金的增值。

一、土地市场——土地租金

土地，通常指一国的国土，包括陆地、海洋、空中，停泊在外国的本国船只、飞机也是本国国土的一部分。此外，土地还包括矿藏在内。

一个国家的土地通常是国内外战争确定的结果，归属政府管理，所以一国的土地及矿藏为国家或集体所有，其他经济主体只能租用或通过付费获得使用权。在国家转让土地的使用权时，要对土地或矿藏的价值进行评估，评估的结果体现了国家与土地使用者的利益瓜分。如果估价过高，必然使使用方利益受损；反之，如果估价过低，也会使国家的利益受损。而对于一个国家而言，土地及矿藏占了整个国家财富的大部分，所以，这个评估非常重要，需要由符合国家规定资质的评估机构依法进行。

土地是企业进行生产所必须的要素之一，土地作为商品也遵守商品买卖中的一般规律，但是，土地在满足这些规律之外，还有其特殊的供应关系，这是由土地的商品特点所决定的，即土地供应的有限性——土地面积既不能再生，也不能消灭。土地供应中的供求关系决定了土地的价格。比如，目前在我国大城市和沿海经济发达地区，由于经济发展迅速，新开工项目较多，土地的供应就相对紧张，导致土地价格上涨，房地产价格上涨。

土地的价值也是由土地开发投入的生产要素及土地带来的投资收益或消费效用二者共同决定的。

（1）土地的基础价值

土地的资本投入，即开发土地所花费的支出，包括开发上的各种费用，如实施人工填海工程等，如曹妃甸整个方园几十公里全是人工填海形成的，开发投入的资本较大，因而土地的基础价值也较大。

土地的劳动投入，包括土地投入上的人工费等。

土地的科技投入，指花在土地的科技开发费用上的投入。

土地的管理费用，指土地管理者的经费。

（2）土地的增值价值

同其他一切商品的价值属性一样，土地的价值增值是建立在效用基础上的，如使用土地所带来的投资收益或生活便利决定了土地的效用，决定了土地的价值增值。

与其他商品有所不同的是，土地的效用是通过距离关系来确定的，一般的离市中心区、港口、旅游区等较近的地方，商品交易发达，生活比较方便，带来的投资收益和生活效用较大，所以土地的价值增值大，土地转让费也高，反过来也使这些地区的商品价格普遍高于远郊区的商品价格。火车站前的饭店与旅店比偏僻地区的饭店与旅店能够以更高的价格销售，即区位优势能带来其更大的投资回报，因此，效用大使这些地区的土地增值部分的价值大。

曹妃甸的土地效用特别大，它是连接天津及整个渤海湾的交通要道，所以，尽管其投入的土地开发资本较大，但带来的价值增值也大，双向带动了这一地区的土地价值。

不仅在平面上，离市中心越远，土地价值越小，价格越低；从三维空间上看，也是以市中心的球体半径来划分效用及价值大小。例如北京以天安门为球心的地下室及楼房的高层的土地费也因其效用大于偏远郊区，而价值较大。

北京回龙观小区的第一批住宅建成时，周边是一片空地，各方面的服务设施还不完善，因此给生活带来的效用较小，所以，价值增值小、价格低，对整个房地产价值的拉动小，每平方米仅售2 600元，还不好卖。过了10年后，这里已建成为一个拥有小区内公共汽车的城市化多功能区，此时，整个生活配套设施都比较完善了，给生活带来的方便效用增加了，拉动了这一地区土地价值的增值，带动了房地产价格上涨，每平方米最高达到上万元，是以前的好几倍。

反之，某些地区人口稀少，商品交易不活跃，带来的投资收益小，或者生活不方便、生活效用小，所以，土地的增值也低，因而价格较低，土地转让费也低。如改革开放之初，深圳的外资企业大都设在"关外"；还有国内一些大学设在城市郊区，也是为了减少土地费的投入。

近些年来，一些地方通过实施人工造地来实现土地投资的价值增值，如厦门的集美区早在1994年时，就实施了人工填海工程。河北省的曹妃甸人工填海工程形成了方园几十里地的人工岛，成为环渤海湾的一道亮丽风景线，吸引了世界各国消费者前来购买、租用，曹妃甸能成为我国改革开放之后继深圳、上海浦东、天津滨海经济开发区之后的"第四极"，就是下好了土地价值升值这盘棋。

二、资本市场——利息理论

资本作为生产要素的重要组成部分，本身有价值，拿到资本市场上可以高于、等于或低于其价值的价格进行销售，产生资本的利息的剩余价值或价值贬值的亏损现象，这就是资本市场上的买卖现象。

资本可以用货币来表示，但在形式上可以是货币，也可以是实物。正因为如此，在企业筹资入股时，可以使用货币入股，也可以使用实物，如机器、设备、厂房、技术等入股。

1. 资本的价值

资本的价值=资本投入的基础价值+资本带来的效用增值价值

资本的价值中的投入体现为筹资中的成本、费用，如股票的股利、债券的利息、贷款中的利息等。

一个企业花费较高的股利或利息筹措资金，必然会增加资本本身的基础价值。

另一方面，资本的效用决定了资本的价值增值，如果某种商品市场前景好、升值快、价格上涨大、急需扩大生产，这时，通过各种筹资办法来增加投资，必然增加资本本身的效用，资本本身的价值会因其效用而向上拉动。反之，资本的价值变小。

2. 资本的价格

资本的价格由资本的价值决定，受市场供求影响。

（1）资本的供给

资本的潜在供给有两个基本来源：一是家庭储蓄，二是厂商的利润。

家庭储蓄取决于家庭收入在消费和储蓄中的分配；厂商的利润取决于盈利在生产和积累之间的分配。如果家庭和厂商用他们的储蓄和积累购买各种证券，这部分以证券形式保存的储蓄和积累就流向货币市场，成为资本供给的实际来源。社会生活中居民购买股票或债券的行为，就是企业增加投资资本的重要途径。现代理财观点认为，企业的发展，更快的速度并不是靠利润的积累，而是靠吸股等资本运营所带来的规模经济效益。当然，这要在企业所生产商品的市场供小于求的范围之内才可以做到。

家庭和厂商对资本的实际供给量，主要取决于人们在利率和流动性偏好之间的选择。所谓流动性偏好，指的是人们更加重视现金保存的心理。因为现金可以变现一切资产，而实物资本则难以做到这一点，容易产生“沉没成本”。

保留货币资本的动机可能有以下几个方面：

1）交易动机，对于企业来说，日常流动资金是一个较大的数目，家庭或企业的流动资金就像是人体的血脉一样，一时也少不了。

2）预防动机，家庭日常生活中，随时要用到现金，所以，要保留一部分。

3）投机动机，是进行股票、债券等金融有价证券的炒作，以便于获利。

4）其他动机。

（2）资本的需求

资本的需求来自于企业生产经营创利的需要，即在企业的生产经营形势较好或者要扩大生产规模时，需要增加资本。而资本的需求又有其独特之处，即筹集资金时，一定要利大于弊才可以，即带来超过筹资成本的收益才有意义。这样就涉及资金时间价值的计算问题，因为在市场经济条件下，金融机构的存在，使得资金可以通过金融手段来获利，而筹集资本金所获得的收益只有大于金融投资所获得的收益，才是有利可图的。例如，一定量的资本金，可以用于银行存款或购买国债平稳获得利息，如果用于实体项目投资上，则只有超过国债利率或银行存款利率才有意义。资本筹资无论是用在实业投资项目上还是用在金融投资上，其实质上都是一样，都是以利润为目的的，而金融手段或者是实业投资手段，只是资本运作的形式而已。金融产品或实物商品都是获利的中介，形成了市场经济社会的资本运作体系。

（3）供需均衡决定资本的价格

资本市场上的供求均衡数量决定资本的价格，资本供小于求，则资本的价格大于价值；资本供等于求，资本的价格等于价值；资本供大于求，则资本的价格小于价值。

3. 资本对商品价值的影响

资本的价值决定商品的价值分为以下三种情况。

第一种情况：资本市场上的资本供大于求，企业可以低于资本价值的价格购买到资本，这样可以减少企业生产要素中的资本投入，降低商品的生产成本和费用，带来资本筹资上较多的利润的剩余价值。

第二种情况：资本市场上的资本供等于求，企业按资本价值的价格购买到资本，表示通过资本筹资没有带来资本的剩余价值，但也没有出现亏损。

第三种情况：资本市场上的资本供小于求，企业不得不以高于资本价值的价格购买资本，这时增加了企业的生产要素的资本投入，导致商品的生产成本和费用上涨，商品生产出现了资本筹资上的亏损。

三、劳动力市场——劳动工资理论

这里的劳动力市场是指企业家市场以外的人才市场。

企业进行商品生产时，必须引入劳动力，但要向劳动者支付其为企业所提供的工作岗位上的服务的费用即工资及福利，包括养老保险、医疗保险、失业保险、工伤保险、生育保险及住房基金等。

劳动市场是交换劳动要素的场所，在市场经济条件下，劳动力与其他生产要素一样，是企业进行生产所必需的生产要素之一。劳动要素的商品属性决定了劳动力市场上的交换也要遵循商品交换的一般规律，即供求关系影响价格。例如，劳动力供应大于需求时，劳动力价格小于价值；劳动力供应等于需求时，劳动力价格等于价值；劳动力的供应小于需求时，劳动力的价格大于价值。实际上，西方一些人口相对较少、经济较发达的国家和地区，劳动力价格较高，而中国的劳动力供应严重大于需求，所以，中国的劳动力价值小于价格。

需要说明的是，这里的劳动既包括体力劳动，也包括脑力劳动。

劳动的商品交换虽然在大的方面遵循一般商品交换的原理，但是，还存在与其他一般商品不同的特点，下面分别介绍。

劳动价格通常又被称为工资率。工资率是指一定时间内一定劳动量的价格，如每人每小时或每月的工资等。

劳动者在工作收入与休息上拥有选择权，如是多工作少休息还是少工作多休息。因为在市场经济环境下，作为自然人本身就拥有对于劳动的出卖或不出卖或多出卖或少出卖的选择权。相应的，对收入较少的人来说，可能愿意多出卖劳动，以获得生存或生活的幸福；而对于收入较高的人来说，收入已经不再是第一需要，他们可能会选择更多的休息，或在较高的期望值得以实现时才去做更多的劳动出卖。所以，劳动供给反而少了，因此劳动这一商品的供给曲线在工资率较低时是上升的，即随着工资率的上涨，劳动者愿意提供的劳动增多，劳动的供给曲线是上升的；而当工资率达到一定标准后，劳动者由于收入目标或生存目标得到满足，则可以不再出卖自己的劳动，因此，劳动供给曲线在达到一定工资率之后不再上升。

实际上的劳动供给情况千差万别会导致不同的工资率，主要体现在以下方面。

1）职业性质的差别体现出劳动者的非货币利益的差别。如果不保持工资上的差别，就难以保持供需均衡。职业风险程度高的煤矿工人、海员、电工的工资率较高，工作紧张程度高的职业，如股票的经纪人的工资率也较高。

2）从业时间长短也影响工资率的高低。一般工作稳定，工资率相对低些，而工作不够稳定，如临时工，工资率可能高些。

3）专业技术的稀缺程度对工资率也有影响。例如，一些高科技的工作岗位需要高学历的人才，由于工作岗位的贡献效用大，专业培养时投入的资本较大，因而劳动者的价值较大，故工资率也高。反之，一些不需要技术的工作岗位，由于对本岗位的技术没有投入及岗位对企业的贡献效用小，如清扫工、收发员等，其劳动的价值低，故工资率较低。

此外，劳动市场供求也会影响确定工资率。

劳动市场供求信息也是决定劳动工资率的一个方面，所以，要发挥劳动市场、人才市场的中介作用，促进工资率向合理方向发展。

对于劳动力过剩的国家，可以选择劳动密集型企业，这样可以降低商品基础价值中的劳动投入，取得与国外生产同类商品的价值上的优势。我国浙江省及广东省已经取得了这方面的成功经验，它们就是利用了国内劳动力工资福利待遇明显低于国外水平而降低了商品的基础价值，从而取得了竞争上的优势。

四、科技市场——科技成果转让费

科技市场是买卖交换科技成果的场所。

企业要进行商品生产，必须投入一定的科技专利等无形资产，这时，可以到专利市场进行购买。

科技成果的价值=投入要素的基础价值+效用增值价值

科技成果生产要素投入的基础价值就是专业研究机构的经营投入，包括科技研发部门为取得科技成果所投入的土地、资本、劳动、科技、企业家等支出的平均数的分摊。

科技成果销售上的效用增值价值，就是科技成果对生产商品的贡献作用。一种科技成果对商品生产的贡献，包括生产过程中的节省或生产出来的产品的功能质量的提高及对品牌的贡献程度。当下世界的IT业，使用电磁感应原理所生产出来的计算机网络系统及相关应用软件，对于航天及工业、农业、生产生活中的贡献很大，而其生产过程中投入的硬件成本则很小，从而科技成果的效用造就了世界IT业的快速成长及一些明星企业的诞生，如美国的微软、中国的华为等。

科技成果的价格也遵循一般商品的价值规律，按其供求关系导致的价格围绕价值上下波动。

我们可以通过降低科技的价格来增加商品价值，进而增加投资资本的价值增值。

五、经理人市场——企业家

现代企业的商品生产是充分利用各种资源实现少投入、多产出的过程。这个过程需要各种生产要素，但是这些生产要素最终要由企业家来运作，达到少投入生产要素、多产出商品的效用增值的目的。这就对企业家提出了专业化的要求。通过经理市场来选聘懂经营、会管理的专业职业经理人，形成了企业经理市场。

（1）企业家本身的价值

企业家的价值=企业家培养的全部费用的基础价值+企业家对企业经营的贡献的价值增值

一个企业经理总要经过专业培养及一定的社会实践过程，包括从小学到博士毕业的全部投入的费用。企业价值增值是企业家效用的体现。

（2）企业家业绩考核

企业家的业绩考核是建立在整个企业的价值保值及增值基础上的，这不同于一般企业员工的岗位考核。一般员工只要在自己的工作岗位上正常工作，如各职能部门的员工只要完成合同上规定的责任与任务就可以得到固定的收入；而企业的经营业绩是一个变化的风险回报的结果，只有在经营期末才能体现出来。

那么，怎样来具体计算一个企业家的经营业绩呢？

目前我国采用的方法是通过企业家在经营期内对于所经营企业资产的保值或增值来体现，即通过计算经营期内会计核算报表中的利润表中的"所有者权益"的增减来确认。如果期末的所有者权益等于期初的所有者权益，则为保值；如果期末的所有者权益大于期初的所有者权益，则为增值，两者之间的差值的绝对值就是增值的结果。反之，如果期末的所有者权益小于期初的所有者权益，则为贬值。我们把这种方法称为会计考核法。

会计考核法至少存在以下三点不足：

一是由于会计考核法是按权责发生制进行记账与会计核算的。权责发生制认定的是只要销售合同成立，就有了销售收入，并增加了企业的资产，而没有体现出现金财富的实际流入。所以，最终计算出来的所有者权益难免会有"水分"，会出现表面上增加了许多资产及相应的所有者权益，而实际上并没有那么多现金资产存在的情况，也就是名义上是赢利，增加了所有者权益，实际上却是债权，以后多长时间能收回还不确定。

二是用货币计量所有者权益。货币是在一定通货膨胀率或通货紧缩率下某一时点的财富属性，单独用货币无法体现所有者权益价值的多少。例如，通货膨胀时，货币因“钱毛了”而增加，这时，所有者权益就增加了，实际上这并不是经营的结果，而是通货膨胀带来的所有者权益的增加；通货紧缩时情况正好相反。

三是没有考虑到资金时间价值。作为一个企业的所有者权益来讲，其数额是很大的，如果不考虑所有者权益的资金时间价值，则相差会特别大，这也影响了对企业家经营业绩的评价。

因此，会计考核法至少没有体现经营成果的财富价值是多少，这是价格偏离价值带来的后果。

如果使用价值法作为企业家业绩考核的标准，就会有效克服会计考核法的不确定性。

如果以一年为一个会计期对企业家进行考核的话，用价值法进行企业家业绩考核的方法是：企业当年新增价值，就是当年新增利润的净现金流量*NCF*的现值价值，所以，要把企业当年经营结果的净现金流量*NCF*按通货膨胀率或通货紧缩率或其他折现率进行折现，折现为年初的值再换算成价值单位，就可得到不受合同上的虚假收益影响的价值计量结果。

如果这个折现结果大于零，表明企业家经营的结果给企业带来了价值增值；

如果这个折现结果等于零，表明企业家经营的结果给企业带来了价值保值；

如果这个折现结果小于零，表明企业家经营的结果给企业的价值带来了贬值。

以此结果的一定比例作为企业家的奖罚是建立在实际贡献基础之上的。而当前世界各国的企业家年薪往往脱离这一价值判断结果，产生了不合理的报酬支付。

（3）企业家的价格

企业家，作为一种商品来讲，其价格是由企业家的价值决定的，企业家的价值等于企业家个人专业学习等投入的成本加上企业家为企业所作出的价值增值的效用贡献。

企业家为企业所作出的价值增值的效用贡献，即前面讲的价值法考核的结果。如果企业家的考核结果为价值增值，就应按这个增值的一定比例获得奖赏，如同一般商品买卖中利润的讨价还价一样，通过招聘合同确定增值的比例作为报酬；如果考核结果为保值，则企业家只能拿到一般的工资和福利；如果考核结果是亏损的，则应当追究企业家的责任。例如，我国工商机构作出规定：因企业家个人原因致使企业倒闭的，在新注册公司时不得再担任总经理职务。

企业家的价格，一方面取决于企业家对企业经营管理作出的贡献，另一方面也由市场的供求关系决定。如果一个社会普遍缺少企业家，企业家这一商品的价格就会上升，如工商管理硕士因其较强的实战能力而备受企业欢迎，往往被高薪聘请，这一现象还带动了该专业学费的增加。这样，就从企业家的培养费和薪金两方面提高了企业家作为生产要素的价格。如果市场上企业家供给过剩，就会使企业家的价格下降。

第四节

完全自由竞争市场的价值原理

一、完全自由竞争市场

完全自由竞争市场是最常见的一种市场，它有如下特点。

1）任何企业都可以向市场提供商品，并且这些商品的质量基本没有大的区别，如一些农贸市场上的猪肉、鸡蛋、小米、桔子等，谁都可以提供，并且这些商品的质量都是差不多的，在商品的销售上关键看价格。

2）市场上的买者都可以自由购买这些商品。

3）任何生产者及购买者都可以自由进入和退出。

4）进入市场的企业不分先后，随时可以加入和退出，先入者未必有优势，后来者也未必不利。

二、完全自由竞争市场商品价格

例如，农产品市场中的粮食与蔬菜商品，因其生产中的技术含量较少，投入资本也不大，所以一般农户可以随意进入，所以这种市场上商品的价格只能“随行就市”。比如，同是卖大米，别人的价格都是这么多，质量上也没有什么差别，如果某一个商家的价格过高，消费者就不会购买；但如果低于正常的市场价格，商家就会亏损。所以，完全自由竞争市场上商品的价格不由商家决定。这是完全自由竞争市场的最大特点。平时我们在菜市场上所看到的同类商品的价格一般不会相差太大，就是由完全自由竞争市场这一性质决定的。

这样，完全自由竞争市场上的企业利润只能靠企业生产过程中挖掘生产潜力，以量取胜。

由于完全自由竞争市场上商品的差异性小或无差异，所以，要在完全自由竞争市场上获得利润的剩余价值，短期内只能通过供小于求来获得价格大于价值的剩余价值；长期的话只能获得平均利润。我国的生猪市场在二三十年间，就出现了多次价格波动，这是由供求关系决定的，短时期内有赢利也有亏损，但长期的平均利润是零。

当然，完全符合完全自由竞争市场条件的情况是不多见的，但是研究标准的完全自由竞争市场，对于理论研究是很有帮助的。

三、完全自由竞争市场企业的收益

为了研究的方便，我们介绍一下以下概念。

总收益（TR），指的是企业销售商品的总收入，记做

$$TR=PQ$$

其中 P——商品的价格；

Q——商品数量。

平均收益（AR），指的是企业销售商品中，平均每单位产品所获得的收入，是总收益除以产量或销售量的结果，记做

$$AR=TR/Q$$

第五节

竞争垄断市场的价值原理

一、竞争垄断市场

竞争垄断市场是指所买卖的商品既有竞争、又有垄断的市场。

竞争垄断市场最明显的例子就是图书市场。这个市场的商品有两方面显著特点：一方面，市场上摆放了成千上万种不同类型的书，读者可以任意选择，从这一点上来说，图书市场具有竞争性；另一方面，每一本书都是独一无二的，不经作者或原出版社授权，不得擅自出版，从这一点上来说，每本书又具有垄断性。此外，如电影、电脑游戏、餐馆、点心、家具等都是竞争垄断市场的商品。如果要开餐馆，就要精通厨艺，每家饭馆的菜品都不一样，如东北饺子、山西刀削面、福建小吃等，这样才有商品的垄断性；而同时，消费者可以任意选择去哪家饭店就餐，这就是竞争性。这种市场上的商品生产有一定技术性要求，不是谁都可以随便进来的，但进入也不是太困难。

1. 竞争垄断市场的特征

1）有许多经营者，即有许多的企业面对相同的顾客群体。

2）产品差别，每个企业所生产的一种产品至少与其他企业所生产的这种产品略有不同。

3）企业自由进入，市场上企业的数量一直自动调整到经济利润为零时为止。

2. 竞争垄断市场的价值原理

由于该市场上商品的技术垄断部分的价格是由厂商决定的，所以，厂商有一些价格上的主动权，也就有了相应的剩余价值形成，所以，竞争垄断市场上的商品的剩余价值形成较完全自由竞争市场要主动些，归根结底还是因为垄断的技术或商品的独特效用带来了剩余价值。例如，在北京有人爱吃东北水饺，市场上供给又很少，虽然贵一点儿，消费者也还是要买的，因为其不像地瓜那样每个市场都能买到。但是如果东北水饺的价格太高了，消费者可能转向去吃小笼包或其他爱吃的东西，这时商家就失去了收益的机会。所以，由于其商品技术的垄断性，使得这个市场比完全竞争市场在商品价格的确定上略有优势，但是，却不如更高级的垄断市场来得大。

二、寡头垄断市场

1. 寡头垄断市场

顾名思义，寡头垄断市场是指提供商品的厂家的数量屈指可数的市场。例如，家电市场只有长虹、三星、松下、海尔等可数的厂商能够提供彩电和空调，原因是生产这种商品的技术要求较高，资本投入较大，一般企业难以做到。其商品在价格制定上比竞争垄断市场上更有主动权。这样，商品的价格由供应商品的几个厂商来确定，并且一家企业价格变动后，其他企业也要跟着变，否则，商品就很难销售出去。而如果这几家联合起来提高商品的价格，则消费者就会处于不利地位，出现显失公平的现象。

根据提供商品的厂家数量的多少，寡头垄断市场还可以细分。

如果一个市场上只有两家企业提供某种商品， 称为双头垄断。例如，国内的石油产品市场由中国石油和中国石化两家垄断。推而广之，当一个行业只有三家企业供应市场时，称为三头垄断；当一个市场有可数的多家企业供应商品时，称为多头垄断。

从产品性质角度来看，如果企业间的产品是同质的，如同是生产香烟的企业，这种垄断称为纯粹寡头垄断。如果商品不是同质的，称做差异寡头垄断。

从垄断企业的行为方式上看，可分为独立行动垄断（行动不受其他企业影响）、非勾结性垄断和勾结性垄断。

对于寡头垄断市场，企业进出相当困难，难以进入的原因包括行业本身的规模效应，如彩电要以巨大投资和销售数量来实现规模经济效应，否则就无利润可谈。其他如资源的占有、技术的支持和法律的规定等，也是寡头垄断市场难以进入的原因。

实际中的寡头垄断行业有石油、汽车、钢铁、造船、电信、香烟、牛奶、部分家电、飞机制造、大型机械等行业。

在一定条件下，寡头垄断也不一定都是大企业，如在一个偏远山村的两家杂货店，其价格就由这两家所决定，因为杂货是小商品，谁也不愿意为省一毛钱而坐车到市内购买，因为加上路费、时间也不合算，所以，这两家小杂货店也能形成寡头垄断。

在现实中，某一市场是否属于寡头垄断市场也有争议。有时市场界限不是很明确，很难用一种市场结构来描述一个市场。例如，汽车市场是寡头垄断还是竞争呢？

如果从企业的规模和数量上来看，应是寡头垄断；但是在车展上，很多汽车厂家摆放在一起的汽车在性能与价格对比上又产生了竞争，也不是几家企业一商量就能定价的，从这一点上看，又是竞争的。

寡头垄断市场的商品价格由几个寡头商家背对背决定，所以，寡头垄断市场的利润的剩余价值也就由这几个寡头背对背地决定下来了。

2. 针对寡头的公共政策

在正常情况下，企业间的经济协议是自由的，但违反第三方利益或社会公共利益的协议是为法律所不允许的。1890年的《谢尔曼反托拉斯法》对于寡头垄断市场的寡头们不许私下合谋确定商品价格作了规定："每一个将要垄断、企图垄断或与任何个人或一些人联合勾结起来，垄断各州之间或与外国人的部分贸易或商业的人，都被认为是犯有重罪的人，而且在法庭根据罪行定罪时，应该处以5万美元以下的罚金，或一年以内的监禁，或两者并罚。"《谢尔曼反托拉斯法》把寡头之间的协议从一种无法实施的合约，提升为有罪的合谋。

1914年的《克莱顿法》进一步加强了反托拉斯的力度，根据该法，如果一个人可以证明他受到限制贸易的非法协定的危害，他可以提出并得到三倍于他所受损害的赔偿。这种不寻常的三倍于受损害的赔偿规定的目的是，鼓励私人用法律诉讼去反对合谋的寡头，以促进市场公平竞争，体现市场经济的经济效率及优越性。

三、独家垄断市场

独家垄断市场，是指只有一家企业提供商品的市场。这是与完全自由竞争市场相对立的另一极市场。显然，独家垄断市场上的企业已经没有竞争对手了。

形成独家垄断市场的基本原因是进入壁垒。进入壁垒决定于三个主要方面：

1）关键资源为一家企业所有。

2）政府的授权与保护，如版权、专利权等。例如，微软对Windows版权的保护。

3）生产成本确定的生产者效率高于大量生产者。

实践中的垄断企业，如自来水公司、电力企业等，都是由政府授权与保护的，而且企业拥有自己的资源，其他企业难以进入，从而造就了其商品价格的决定地位。

政府为什么要对垄断企业的版权、专利权予以保护与扶持呢？这是为了支持鼓励技术创新。另外，企业为了获取高额利润，取得商品的垄断权，在研制或发明技术时，要承担相当大的成本与风险。所以从这一点出发也要保护。当然，技术封锁也会影响技术的推广，但是如果没有政府法律的保护，企业没有利润可图，就不会进行技术开发。版权的保护道理也是一样的，只有保护每个作者的劳动创造成果，才有人去精心创作，以提高社会大众文化水平并丰富人民群众文艺生活。

战争与垄断

从标题上来看，战争与垄断似乎风马牛不相及，如成吉思汗的征战与美国微软公司的计算机操作系统，一个是政治战争，一个是商品垄断，一个在美国，一个在中国，相隔的年代又是相当久远，即便他们能见面，可能也没有什么关系。但是，若从社会财富取得的方式来看，这两者可就有得比较了。垄断与战争反映了社会财富的不同取得方式：一个是靠商品垄断经济方式取得财富，通过商品交换获得垄断利润；一个却是通过暴力来掠夺财富。据统计，成吉思汗英勇善战，征服了大半个世界，但是通过血战所得的财富却不及微软公司在全球范围内销售Windows光盘所获得的垄断利润来得多。

所以，从一定意义上来说，国际贸易是一场不流血的“战争”，特别是在和平年代，国际贸易直接影响国力，能使各方获得共赢，而不是以生命为代价，你死我活地较量争斗。而如果是战争狂，如希特勒、墨索里尼等，把用生命换来的土地变成一片荒芜的话，其罪恶就罄竹难书了。

四、市场垄断产生的后果

垄断者所获得的利润，并不是建立在为消费者提供相应的商品数量和质量基础之上的，也不是社会生产的最佳产量，而是人为多获得的利益，是一种不合理的价格。但是，企业作为经济人，利润最大化是它的本质，为社会提供有效的服务或产品只不过是其获得利润的手段而已。也就是说，企业主观上为自己的利润着想，在客观上必须为社会消费者提供所能接受的产品或服务。企业之所以冒着投资风险来进行科技研发，从主观上是为了获得高额的垄断利润，客观上推动了社会科技的进步与发展，而最终结果是企业与社会获得了共赢。例如，生产手机的厂家，为了获得垄断利润而研制手机，虽冒着投资失败的风险，但是一旦成功，则企业获利，消费者也得到了实惠。如果企业不能获得高额利润，也就不会冒风险开发这种技术了。

虽然从表面上看，独家垄断市场企业能够获取暴利，但是它是建立在为消费者提供独特商品的基础上的，其技术水平是世界领先的，最终通过商品造福于社会消费者，使厂家与消费者获得了共赢。例如，美国微软公司生产的Windows操作系统，一方面公司获得了超额利润；另一方面，它也给全世界的信息化建设提供了不可估量的消费效用或生产效用，为世界创造的新价值也是不可估量的。

如果每个国家都有大量的垄断企业，则整个世界的科技水平就会提升一大步。而对于农业来说，垄断技术能够创造更多的价值，即垄断技术能够提供别人无法提供的商品效用。例如，水稻杂交技术就为全世界提供了大量的稻米，这是新技术垄断所创造的商品价值，具有时代经济发展的特点，值得深入效仿。

第六节

市场效率比较

市场类型不同，对商品价格及价值的影响也不同，这就形成了不同市场的不同效率，如表6-1所示。

表6-1　市场对比

	完全自由竞争	竞争垄断	寡头垄断	独家垄断
商品特征	基本无差异	有异有同	差异很大	独一无二
例子	棉花 （原料产品）	书市 （一般加工）	电视机 （深加工）	Windows系统 （精加工）
价格	市场决定 （低）	市场加企业 （上升）	几家企业主导 （上升）	独家企业决定 （上升）
剩余价值	小	上升	上升	上升
满足消费需求	低级	中级	高级	特高级
进出行业	容易	较容易	不容易	很难
社会效益	高	一般	低	最低
企业效益	最低	低	一般	高

可以看出，对于社会而言，完全自由竞争市场的效益最高，垄断市场的效益最低；对于企业正好相反，完全自由竞争市场的利润最低，垄断市场的经济效益最好。

从产量上看，完全自由竞争市场最高，能够及时满足消费者对商品的需求；而独家垄断市场产量最低，因为它可以凭借着独家垄断的地位控制市场的价格和产量。所以，一个国家的市场经济体系，应该大力提倡完全自由竞争市场，而最大限度地控制独家垄断市场。对独家垄断市场的一些不足，采用反托拉斯法及价格管制等手段来限制，以确保市场的有效竞争，这样，受益的是消费者和整个社会。而垄断市场，包括竞争垄断、寡头垄断和独家垄断，更多的是体现厂商的额外利益，而作为垄断市场来说，由于厂商追求收益最大化或由此带来的利润最大化，必然会进行各种努力，包括改进技术、科研投入与开发等，这在一定程度上又促进了社会生产力的发展和文化的提升。所以，也是一个共赢的过程。一概否定垄断也是片面的，而且，对于自来水、铁路等自然形成的独家垄断行业，从整个社会来说，也是必要的。但是问题的关键是如何将这种独家垄断的特殊地位所形成的价格、产量上的不合理，变成合理，这就是反托拉斯法及价格管理所要发挥的作用，这样，垄断市场上的垄断企业就能扬长避短，造福社会。

通过以上的研究，我们不难发现，亚当·斯密的自由市场经济思想的科学性，这也是我国市场经济体制所努力的方向，因为其能最大限度地通过完全自由的市场竞争，达到促进生产发展的目的。从电信业也可以明显看到竞争的优势。2006年的时候，北京的手机是双向收费的，因为是独家垄断市场，直到消费者千呼万唤，才不得不做点姿态。而在此前很长时间，上海的手机就已经是单向收费了，并没有政府的任何要求，而是企业自觉的行为，因为那里的电信业是竞争的行业，不是独家垄断的。

近代韩国经济快速发展的经验说明了一个事实，一个优化的市场体系对内应当是完全自由竞争的市场，对外应当是开放的市场，两个市场要有机结合，以发挥整体经济体制优势。经济体制优势是市场经济取得成功的先决条件。此外，还要以完全自由竞争市场为基础，鼓励垄断市场，并加以价格规范，使垄断市场上的企业在追求剩余价值最大化的同时，为社会创造更多的科技新产品或服务，使利润能在商家与消费者或投资者之间共同分享。

根据市场类型对企业生产经营利润的影响关系可以看出，企业要提高生产效率，就要更多地向垄断市场靠近，这就要增加科技、技术及其他生产要素的配套投入，生产出创新商品。商品的创新带动了垄断和较高的价格，而要完成这一工作，就要走商品深加工的路子，这就是为什么商品的深加工行业能够获得较高的剩余价值的基本原理。比如，对一般的牛肉，给它投入一定的配料后，加上包装，就实现了从初级产品到高级产品的过渡，在市场上，由于其独特的配方和商标就区别于其他一般的牛肉了。事实上，香港经济发达，除了将地理资源利用得好以外，还得益于其深加工工业的发达。而对于深加工的产品来说，如果再经过国际贸易，就更能成倍地增加利润及价值了。

第七节

市场均衡与不均衡

一、市场均衡

（一）瓦尔拉斯一般均衡模型

1. 局部均衡和一般均衡的意义

局部均衡是指在假设其他市场不变的情况下，某一特定的产品或要素的市场均衡。

一般均衡是指在一个经济体系中，所有市场的供给和需求同时达到均衡状态。一般均衡分析从微观经济主体行为的角度出发，考察每一种产品和每一个要素的供给和需求同时达到均衡状态所需要具备的条件和相应的均衡价格，以及均衡供销量应有的量值。

2. 瓦尔拉斯一般均衡的实现过程

瓦尔拉斯首创了一般均衡理论体系。他认为经济社会是由相互联系的各个局部组成的体系，当消费者偏好、要素供给和生产函数为已知时，就能从数学上论证所有产品市场和要素市场同时达到均衡状态。

现在我们对瓦氏理论进行深入的讲解。

按照瓦氏理论，整个社会经济会处于一个长期的稳定状态，而且是由供需自发调节的，即市场缺少什么商品，什么商品就会获得价格大于价值的利润或价值增值，人们就会一哄而上来生产同一种商品，并带动这种商品要素的需求上升。当达到供求均衡时，厂家也不会马上停止生产，这时市场上的这种商品就会供大于求，于是就形成了这种商品的价格小于价值的投资结果。一些厂家经不起赔本，便会退出该行业市场，这时，又会形成这种商品的供求平衡和需求缺口，又出现了新一轮的商品价格大于价值的现象。如此类推，循环往复。这就是蛛网理论所描述的现象。而从长期看，一个社会的整个市场对某种商品的供求是平衡的，并形成稳定的价格，这个价格围绕着商品的价值上下波动，形成企业的正常利润。也就是在市场经济条件下，各种商品在一个社会中的各个市场上的价格大致是相当的。如南方的香蕉和沿海地区的鱼类产品，不论在中国的任何一个市场，长期中价格大致都差不多。而在短期内，商品价格可能有局部波动，如2008年春节期间的我国华中地区出现寒流，短期内造成北京市的菜价上扬。但从长期来看，一旦北京市场的菜价大幅度上涨，便引来其他地区的供应商增加对北京市场的供应，从而使北京市场与其他地区市场的蔬菜价格大致平衡。

总体均衡体现了市场经济社会中市场对商品供需的自动调节作用，并且是建立在经济人和市场信息完全的前提之下的，即通过利润的大小及盈亏牵动着商品的生产，通过价格的高低影响市场对该种商品的需求，在供求均衡点上或价格接近价值的平衡点上，形成该种商品的长期中的整个社会市场供求相等的稳定态势，所以称为均衡。总之，在这种情况下，所有商品和要素的价格、数量都有确定的量对应着，所有市场的供需总量都相等。

简单的瓦氏一般均衡模型由四个方程组来表示：商品需求方程组、要素需求方程组（要素供求相等方程组）、厂商供给方程组（商品价格与生产成本相等方程）和要素供给方程组。由于模型假设要素收入等于产品价值，故此四个方程组中必定有一个方程不是独立的。通过令任一商品为货币商品并以此货币商品定义其他商品和要素的价格，便可以使模型的未知数目与相互独立的方程式数目相等，从而满足方程组即模型有解的必要条件。

关于一般总体均衡的实现问题，瓦氏理论假设采用的是试错法，即在市场中存在一个自由拍卖人，其任务就是寻找并确定能与市场供求一致的均衡价格。其寻找均衡价格的方法就是：首先他随意报出一组价格，经济当事人根据该价格申报自己的供给与需求，如果所有市场供求均达到一致，则这个价格固定下来成为均衡价格；如果供求不一致，则拍卖人调整价格，报出另一组价格，即当某个市场的需求大于供给时就提高价格，反之则降低价格。这样就可以保证新的价格比原来的价格更加接近于均衡价格。如果新的价格仍然不能使所有市场达到均衡，则再重复上述过程，直到找到均衡价格为止。

然而，从上面的解释中不难看出，瓦氏理论证明的方法非常难，只是给出了有解的条件，而实际解出来还是很难的，实用性有限。试错法朴素有佳，实践上却难以做到，况且市场是瞬息万变的，很可能在还没有找到均衡价格时，已经发生了变化。所以，我们应该找到一种能够真正体现总体均衡的"无距离空间"上的证明，因为市场的均衡并不涉及距离。这就是Tianhua空间市场均衡模型。

（二）Tianhua空间市场均衡模型

1. 一种商品的Tianhua空间的总体均衡

现在，我们换一个角度，即脱离可度量化的距离空间来研究市场总体均衡问题，即在无距离的Tianhua空间中来研究市场的总体均衡问题。在这个空间中研究总体均衡问题的合理性是不言而喻的，并且我们可以看到，在这个空间中的数学市场总体均衡的证明将是多么的容易、直观和具有可操作性。

另外，为了便于理解，我们先来研究一下某一种商品的Tianhua空间的总体均衡，再如法炮制地来研究一个社会或国家的所有的商品的Tianhua空间市场总体均衡问题。为此，我们就以黄瓜的整个社会市场的供需总体均衡问题为例。

设一个社会的黄瓜市场的需求集合是由n个市场的集合的并集X所构成的，即

$$X=\cup x_n \qquad n\in \mathrm{Z}_+$$

供给市场是由n个市场的集合的并集Y所构成的，即

$$Y=\cup y_n \qquad n\in \mathrm{Z}_+$$

则称从全社会的黄瓜市场的需求集合X到全社会黄瓜市场供给集合Y上的一个同胚映射f: $X\rightarrow Y$为一个社会的黄瓜市场的供求的总体均衡。简单理解，就是全社会黄瓜市场的总需求量数与总供给市场上的供给量相同，或集合X和集合Y的元素之间建立了一一对应关系。而如果不能建立起X到Y上的同胚映射，则整个社会的黄瓜市场，或者供应有剩余，或者需求有缺口，这时，黄瓜的价格就会脱离开本身的价值。在供应过剩时，价格低于价值，在供应不足时，价格大于价值，如图6-2所示。

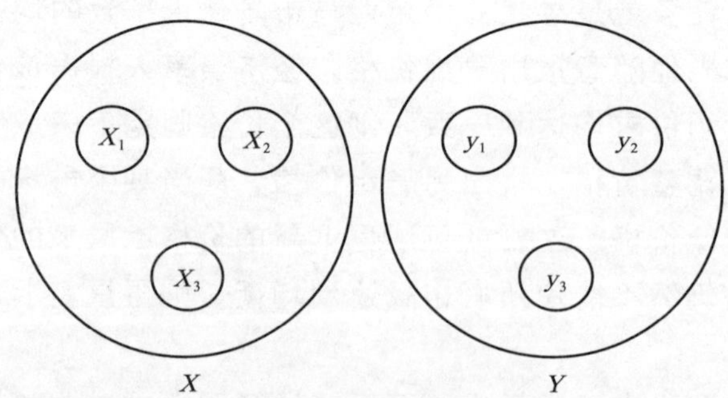

图6-2 Tianhua空间中的黄瓜市场的总体均衡

2. 全部商品的Tianhua空间的总体均衡

与单一商品市场的总体均衡一样方法，我们来定义一个社会或一个国家所有商品市场的总体均衡。

如果一个社会的所有市场的全部商品供需集合之间都建立了同胚映射的关系，则称此时的市场状态为总体均衡，即一般均衡，同胚映射f: $X \to Y$称为一个社会市场的总体均衡。此时的均衡称为Tianhua空间市场总体均衡。

当一个社会所有的市场出现供求不均衡时，就会有经济人及信息完全的中介作为中间商，来调节某种商品在各个市场上的余缺，以获取价格上的差，这就是一个国家国内贸易和世界各国贸易形成的原因。这些中间商，通过信息方式，来获取各个不同市场上的某种商品的余缺及价格，及时填补空缺来获取投机利润。或者通过预测未来某种商品的市场缺口来及时进行投资生产，引导投资行为。当然中间商的这种所谓的投机行为，或叫流转环节，客观上满足了消费者的需求，为消费者提供了有效服务，所以，收取价差也是劳动所得。他们一方面为消费者提供商品效用满足，另一方面也为厂家提供获利机会，也是商品价值的创造者，中间商也起到了增加商品价值的作用。

通过总体均衡的研究及对商品市场总体均衡状况的把握，可以指导企业投资及中间商的业务选择，把目光时刻放在短期内的不均衡状态的信息搜集上，在短期内及时生产和流通某种市场上短缺的商品，使生产投资者及中间商的利润目标与消费者的及时消费同时得到满足。除此而外，市场总体均衡时的商品是没有多高利润可谈的，只能勉强获得一点点正常的利润而已。

由此可见，市场虽然不能决定企业的生产过程，不能单方面决定商品价值，但是，市场确实是影响商品价值的重要因素，其中的生产要素投入的商品价值部分，就是由生产要素市场所决定的。而商品的价值增值部分，也是要通过市场销售来实现的。

所以，市场是影响商品价值的重要方面，但永远不是决定商品价值的唯一因素。市场只是一个交换的媒介，取代不了生产过程。

关于生产决定商品价值，指的是生产过程中的企业家对生产要素的综合调度过程。它决定了一种商品投入的要素平均值的大小及市场销售决定的商品价格，充分体现了商品的价值原理，即商品的价格围绕价值上下波动。特别值得说明的是，这种现象是在无距离空间中的经济现象，所以，不能用数学分析的距离空间来证明，只能用Tianhua空间中的同胚原理来证明，现证明如下。

设一切商品的价值以集合A表示，则存在着价值集合的内部A°和闭包$\overline{A}$，使得

$$A^{\circ} \subset A \subset \overline{A}$$

例如，购买一台便携式计算机，它的价值投入为3 000元，利润增值为1 000元，则整个价值为3 000元+1 000元=4 000元。当厂家在市场上出卖时，不一定就是按4 000元

出手，可分成以下几种情况。

第一种情况：市场对这种便携式计算机供应不足，这时，厂家可以高于4 000元的多种价格出卖，可以是5 000元、6 000元……也就是A的闭包$\overline{A}$的集合中的任何一个元素（集合）。

第二种情况：市场上这种便携式计算机供应与需求恰好相等，厂家就只能按价值出手，如果价格太高了，消费者就会转向别的品牌或厂家。这时是价格等于价值。

第三种情况：市场对这种便携式计算机供应大于需求，这时，厂家之间展开了竞争，只能降价出售，因为长期的库存积压，一旦新技术出现可能会卖不出去。这时，可能会以3 000元或更少的价格出手，就是A^{o}中的一个元素（集合）。但不论怎样的大于价值或是小于价值出卖，都是围绕着价值3 000元讨价还价的，不会以几十元钱价格作为讨价还价的基础。这样就形成每种商品的价值决定的不同价格，如果不同商品的价值相同，市场供求状况相同，也可能会出现相同价格的情况。例如，一台空调机的价值及市场供求的状况恰好与这台便携式计算机的价值及市场供求状况一样，也可能会以同样的价格如5 000元成交，但这是偶然现象，其价格本质上也是由价值原理及市场规律决定的。所以，当我们到市场上进行商品买卖的时候，一定要从商品的价值出发考虑价格，即从要素投入及供求关系上来把握价值和价格，有效地进行讨价还价，使买卖建立在公平合理的基础上。而在现实的商品买卖中，之所以会出现同一商品价格不同的现象，除了市场供求关系以外，还有对价值判断的问题，谁不会作这种判断，就要吃亏。比如，在服装市场上，经常看到商家以几倍于商品价值的价格要价，而如果一个专业人员要砍价，可以把几百元的服装花几十元买下，而不懂服装生产的消费者可能就会上当。

现实买卖中，流传着这样一句话："买的没有卖的精。"说的是消费者因为不可能掌握每一种商品价值中要素的投入成本，所以，只能被动接受，充其量能做的只是货比三家，而每一商家都会有利润增值。而作为商品的卖方，总是掌握着商品内在价值中的重要部分要素的投入，即进价，商家可能不求赢利，但小于进价是很难出手的，除非有特殊情况。不但厂家，包括中间商品也会这样，中间商虽然不知道生产中的要素投入，但不能低于进价出卖是绝对的，至于高出进价多少，可根据市场变化来决定。这就是由价值原理和市场表现共同决定的商品的价值规律。

正是由于厂家或销售中间商掌握着商品价值中生产要素成本的投入，所以，在商品出卖时掌握着价值增值的主动权，而生产企业由于生产过程长，组织调度生产要素复杂，往往难以应对市场变化，船大难调头。而中间商这方面就比较灵活些，可以根据市场的变化随时来确定进什么货、进多少，因而能有效规避投资风险。这也是西方经济学古典经济学时代提倡重商主义的由来，经商不但降低投资风险，而且还能获取大量的外汇收入，增加本国的社会财富，也称为贸易富国论。这种思想至今还有着重要的经济理论价值。只要市场经济存在，这种价值规律就会发生作用。

在货币出现以前，商品的交换就是按商品价值的相等原理进行的，如一头羊与20斤小米的价值是相等的，所以，可以直接交换。而有了货币以后，一切商品的价值都可以统一用货币来表示，这样，货币就成为统一的抽象的商品了。所以，只有货币集合的价值与商品集合的价值之间建立了同胚关系，才真正实现了货真价实、物有所值，如图6-3所示。

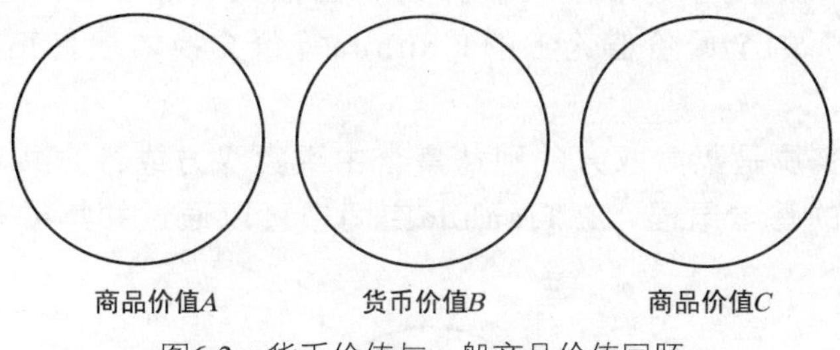

图6-3　货币价值与一般商品价值同胚

当三个集合同胚时，实际是重合的，故可以表示为图6-4的形式。

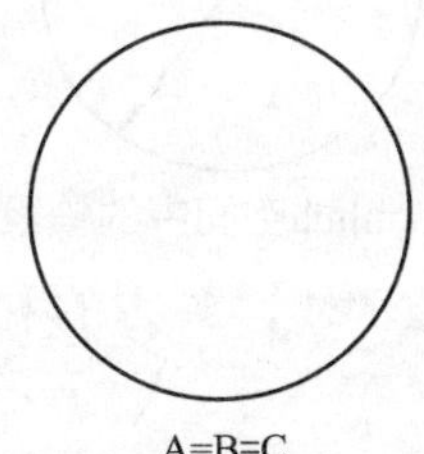

图6-4　商品价值与货币价值相等的集合表示

否则，就会出现以下两种情况：或者购买方花了大价钱没有买到相应的商品效用，往往在供小于求时容易发生这种情况（见图6-5左图）；或者花了较少的钱，买到了较大的效用，往往在商品供大于求时容易发生这种情况（见图6-5右图）。现实生活中夏季里买冬季的服装，就是因为供求关系导致的花较少的钱买到了超过价值的冬装，完全是因为供求关系导致的物超所值。所以，买卖商品的过程也是一个利益分割的过程，基础是商品的价值判断，即从投入要素和效用之和中确定的价值。

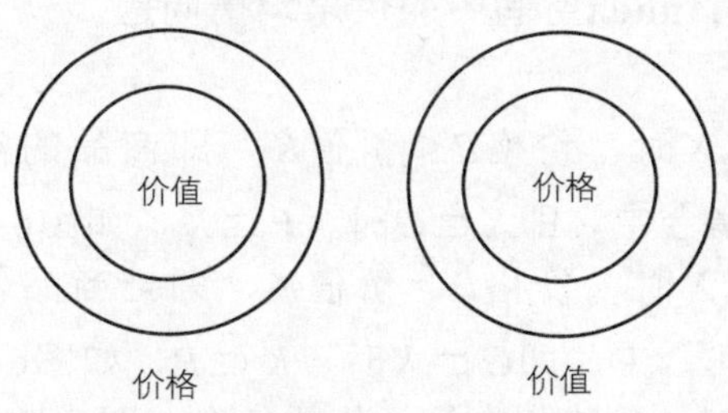

图6-5　价格价值的利益影响

Tianhua相等的概念，建立了世界一切商品买卖交换的可能性。不论是古代直接的商品易货贸易，还是当代通过货币为媒介的买卖交换，原理上一概如此。

要对商品实行交换，只需将商品与货币中间媒介作一个等价换算就可以了，由此国际贸易成为可能。

通过Tianhua相等的买卖交换，实现了社会分工的效率比较。所以，Tianhua等价交换理论对于研究经济学起着重要的作用，当然只有建立在"世界一切商品价值评估计算统一模型"的全面价值论上的Tianhua等价交换才是真正的Tianhua等价交换。

帕累托原理的实质是买卖双方的利益集合由买卖双方或各方共享买卖才能成交，这是国际经济贸易的基本原理，在Tianhua空间中可以通过并集或补集来表示（见图6-6）。

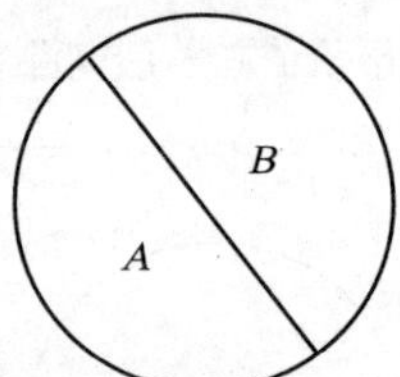

图6-6 Tianhua空间中的帕累托最优

设卖方的利润集合——价值增值为A，买方的利润集合——价值增值为B，交易的整个利润为X，则

$$X=A\cup B$$
或$A=X-B$
或$B=X-A$

商业贸易的讨价还价，就是针对集合X如何分配A与B的比例问题展开的。如果一方的利润集合为空集，如当A为空集或B为空集时，买卖就难以成交，除非另有原因，否则在经济效益原理上是不可能的。

前面我们所讲的都是在可度量化的距离空间中的均衡分析，因为实际的经济变量需求或供给之间并不存在距离，所以在实证分析中所使用的图像也只是示意性的。现在我们来定义在无距离的Tianhua空间中的供求均衡问题。

供需均衡分三种情况：

1）商品供应G＞需求X时，价格P＜价值K，即商品的需求集合包含于供给集合时，价格集合包含于价值集合中，即$X\subset G$时，$P\subset K$，如图6-7所示。

2）商品供应G＜需求X时，价格P＞价值K，即当商品供给集合包含于需求集合时，价值集合包含于价格集合中，即$G\subset X$时，$K\subset P$，如图6-8所示。

3）商品供应G=需求X时，价格集合等于价值集合，即G=X时，P=K，如图6-9所示。

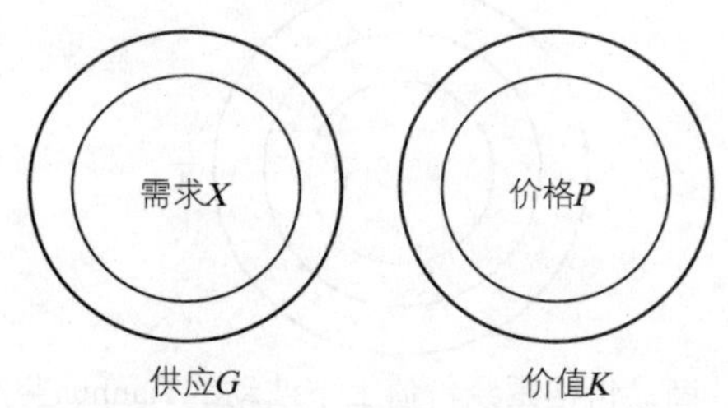

图6-7　商品供应大于需求时，价格小于价值

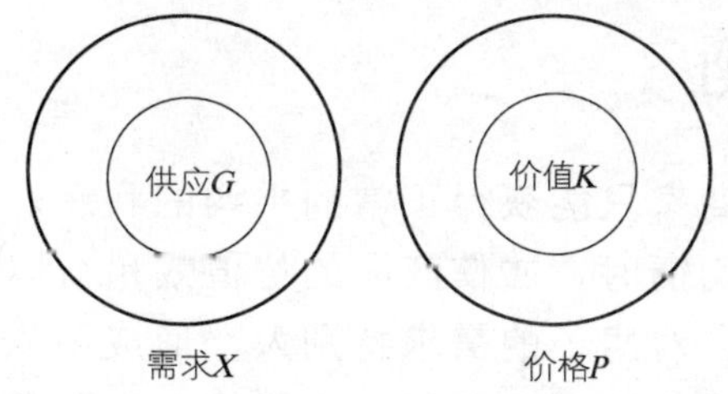

图6-8　商品供应小于需求时，价格大于价值

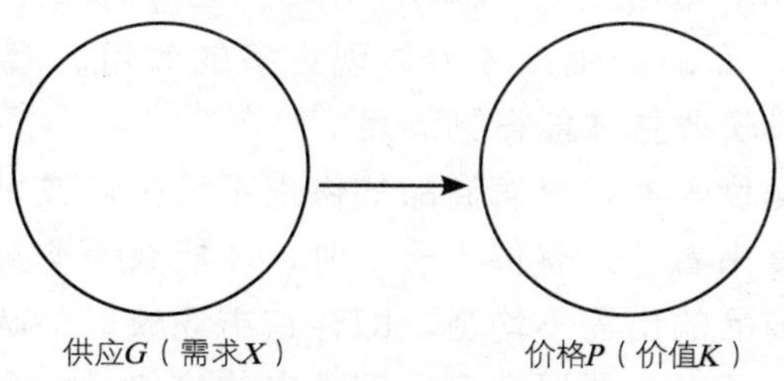

图6-9　商品供应等于需求时，价格等于价值

总结上面的实证分析过程，可以得到商品价格围绕价值波动的实证分析。

设商品的价值集合为A，则存在商品的价格集合$\overline{A}$ 和A°，有

$$A^{\circ} \subset A \subset \overline{A}$$

A°称为集合A的内部，此时为商品的价格小于价值，是包含在商品价值集合中的所有集合的并集。$\overline{A}$ 是价值集合的闭包，是包含了商品价值的所有集合的交集。整个商品的价格就是从集合的内外两个方面的无距离空间上趋向商品价值的，如图6-10所示。

对于供需均衡的市场来说，商品只能获得平均利润的增值，而只有在商品市场供需不均衡时，才有可能以高于同类商品市场平均价格的价格出售，从而获得商品销售中的超额剩余价值。

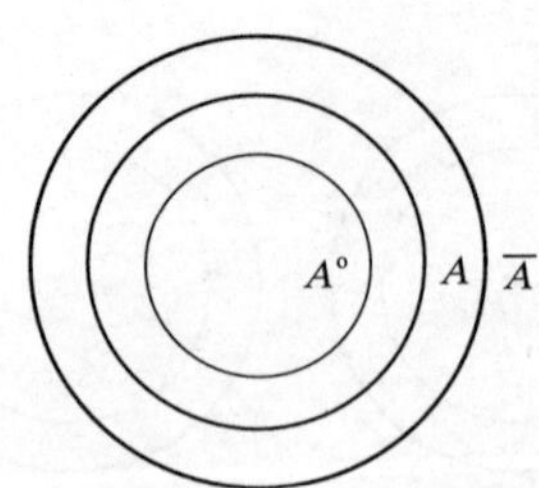

图6-10　商品价格围绕价值上下波动的Tianhua空间证明

二、市场不均衡

当商品供需均衡时，商家只能获得正常的平均的利润，而不可能实现更多的剩余价值。只有在商品供需不均衡时，才使商品的价值效用得以体现。例如，我国的房地产业，由于人口增加过快，对房子的需求特别大，形成了供小于求的现象，这时房地产商才能大幅提高房地产价格，从而获得大于平均开发利润的剩余价值。而如果处于供需均衡状态，房地产商就只会获得平均利润。所以，经济学研究商品供求不均衡，如何填补市场商品缺口并以价格大于成本的剩余价值将商品生产出来才是第一位的。也只有在供需不均衡时，商品的生产才能体现更多的效用、增加更多的价值，消费者的消费需要和投资者的投资收益才能得到满足。

从商品的价格弹性角度来看，只有商品的供求不均衡，或供小于求时，价格弹性才能很小。而从消费者角度来看，只有供大于求时，才能获得购买中的"剩余价值"，即获得物超所值的商品。商品的供需不均衡，即存在市场缺口，商品生产才能产生效用价值，才能获得剩余价值。所以，要研究商品流通中的价值及剩余价值的形成，必须从研究商品的未来市场"缺口"开始，这就是我们在投资决策价值形成一章中所阐述的技术经济项目投资决策分析原理，这里不再赘述。还要强调的是，在作出企业生产商品的决定以后，随着企业所面临的商品市场的不断变化来采用适合市场销售的销售技巧问题，或销售上的艺术处理问题，也就是市场营销中的销售策略问题，即对商品的销售渠道、商品处理、商品价格及促销等方面如何组合的问题。

当一个社会市场处于均衡时，社会的经济也就没有发展了。这时，商品生产与销售上的投入与产出基本相等，商品的价值增值很小。市场上的商品消费长期被满足，商品销售难以进行下去，商品销售中的利润的剩余价值难以形成，生产只是长期处于维持状态。这时，只有通过国际贸易来增加市场机会，才能发展本国经济，促进经济快速增长。美国等西方经济发达国家要发展社会经济，就只有向外大量出口商品，才能获得价值优势原理所带来的剩余价值或价格差。而中国恰好有一个潜在的巨大的商品需求市场，即严重的供小于求的市场，因此双方形成了较强的经济互补性。所以，以美国为首的西方经济发达国家及世界一切开放型经济国家都把市场选在了中国。在2008年的北京奥运会上，就是创造了奥运会有史以来聚集世界各国元首最多的纪录，体现了“体育搭台，经济唱戏”的好势头。显然，这样的国际经济合作按照商品价值优势对比原理，必定会促进中国与外国经济的共同发展。

所以，以往的西方经济学所热衷于提倡的均衡理论，对于商品的价值增值是不利的，只有通过对外开放市场，主动寻找不平衡，创造出商品在不同国家中的供应小于需求，才能实现商品生产的价值增值，即产生剩余价值。而世界范围内的国际贸易与生产能够非常容易地解决这一问题，这也就从“世界一切商品价值评估计算统一模型”的价值内涵上解释了为什么此前的英国、美国、日本等经济发达国家由完全自由竞争市场加上对外开放市场形成市场不均衡带来了经济实力的增强，以及中国对内改革、对外开放为什么带来了经济发展速度的奇迹。

总之，市场不均衡的供小于求的市场，才是经济快速发展的必要条件。

本章知识网络图

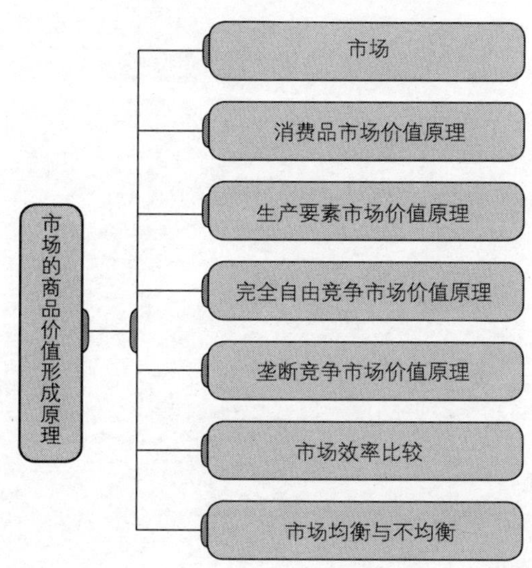

第七章

国际贸易价值原理

第一节

传统的国际贸易基本原理

前面几章我们介绍了在一国国土之内微观层面上的商品价值原理，并在此基础上形成了一整套的经济学理论新体系。

我们知道，当今时代是世界经济一体化的时代，世界各国间的经济联系越来越紧密，已经是“你中有我，我中有你”、“谁也离不开谁”的时代了。所以，处于这样一个时代的经济学理论也不能只研究本国经济，还要把本国经济作为一个经济主体，研究本国经济与外国经济的关系，研究国家之间的经济贸易往来对本国经济的影响，明确为什么要进行国际贸易，即研究国际经济与贸易的原理问题。

遗憾的是，受此前的商品价值论的限制，直到目前为止，国际经济与贸易的基本原理还没有一个定论，留下了世界著名的“里昂惕夫之谜”。

本章中我们将通过使用“世界一切商品价值评估计算统一模型”的基本原理，对国际贸易原理进行补充，破解这一世界著名的国际贸易原理谜团。通过这种破解，使国际经济与贸易的基本原理变成科学、完整的理论，并很容易用于国际贸易的实践当中去。本章我们将在回顾整个传统国际经济与贸易原理的基础上给出价值优势原理，作为国际经济贸易原理的最后定论。

传统的国际经济贸易原理，是建立在古典重商主义理论基础上的，经历了绝对优势原理、相对优势原理、要素禀赋原理、“里昂惕夫之谜”等不同阶段。这些原理都是建立在各种不同的商品价值论基础上的。

一、绝对优势原理

在没有国际贸易的“老死不相往来”的情况下，两个经济主体各自的生产与消费是一样的，而在有国际贸易的生产交换的条件下，双方都能获得超过自己生产的效用的额外利益，也就是通过国际贸易能多生出一块收益的“蛋糕”来。之所以通过国际贸易能够多生出一块“蛋糕”，是国际化生产的专业化分工带来的商品生产技术及管理水平提升带来的结果，与国内商品生产、销售的专业化分工带来的生产效率提高及商品效用的增加原理是一样的，所不同的只是跨越了国界，并受国际关系及国际公约的约束。

绝对优势原理是国际贸易原理中最早出现的理论，指在国际贸易当中，生产成本投入较少的一方，在国际贸易当中具有绝对优势。例如，受规模经济效益和技术水平的影响，俄罗斯在钢材、汽车等生产成本上的投入比其他国家要少，因此，该国在钢材类的国际贸易当中有绝对优势。同样，中国的服装、陶瓷工艺品制造业，美国的IT业，日本的汽车工业，韩国的影视产业在生产成本投入上都小于世界其他国家，所以在国际贸易中也占有绝对优势。

绝对优势的背景是一个国家的生产效率，不具有相对性。

绝对优势原理源于英国古典经济学家亚当·斯密的地域分工学说。其理论建立在社会生产是市场经济初期生产力不够发达的基础上。人们的生产主要是通过土地和劳动两种生产要素来进行。封建社会末期的土地买卖还没有兴起，而主要通过体力劳动来进行商品生产。在分工的基础上，技术差别带来了成本上的绝对优势。比如，如果两个人同时都自己生产西红柿和牛肉，则每个人什么都要做，而如果一个人专门生产西红柿或牛肉，再进行交换，因长期从事专一的生产劳动，就能以更高的效率生产出来，使双方都受益。

显然，绝对优势原理只是单个劳动要素价值比较的结果，丢掉了商品的其他价值方面的比较，或者说是一种全面内容上的片面内容的比较，实践应用性有限。如果两国之间不存在成本上的比较，就无法判断是否要进行国际贸易及怎样进行国际贸易。

二、相对优势原理

相对优势原理是指在没有国际贸易当中的绝对优势原理可比较的情况下，仍然可以进行国际贸易。这时主要是比较其机会成本，即同样生产一种商品，哪个国家的机会成本小，就有国际贸易当中的相对优势，或称比较优势。

在国际贸易中，如果一国具备产品机会成本上的优势，就认为该国具有国际贸易当中的比较优势。

工程师与草坪工的机会成本比较

工程师与草坪工都在修草坪。工程师用1天时间修完草坪，日薪是200元，而草坪工则用了4天修完草坪，日薪是30元。这时，工程师在修草坪上就有绝对优势，因为他较草坪工付出的时间成本较低，仅为1天。但是，草坪工却有比较优势，因为草坪工的机会成本为4天 × 30元/天=120元，而工程师的机会成本却是1天 × 200元/天=200元。显然，工程师失去挣200元的机会来修草坪，修草坪所付出的代价太大，不合算；而草坪工虽然花了4天时间来修草坪，但失去的挣钱机会的代价仅为120元。所以，在修理草坪上，草坪工比工程师付出的机会成本小，因此，草坪工比工程师更有相对优势或比较优势。也就是让草坪工修草坪比让工程师修草坪更有经济效益，这个比较的含义是，内行专业人员从事专业化生产比外行人员从事专业化生产更有效率，因此，在贸易上也更有优势。

比较优势原理源于英国古典经济学家李嘉图的国际分工理论，他在1817年出版的《政治经济学及赋税原理》一书中提出了比较优势理论，解决了亚当·斯密的绝对优势原理无法回答的问题，即在无法进行绝对优势比较的情况下，可以通过机会成本的比较优势来分析是否有必要进行国际贸易。具体来说就是可以通过生产同一商品的机会成本来比较，即机会成本较小的一方有出口该种商品的优势。这样，就扩大了国际贸易原理的解释，使国际贸易原理向前推进一步。

根据李嘉图的比较优势原理，在所有产品生产方面都具有绝对优势的国家，没有必要生产所有产品，而应在多种产品中择优，即选择生产优势最大的那些产品；在所有产品生产方面都处于劣势的国家，不能什么都不生产，可以选择生产不利程度最小的产品。一言以蔽之就是，"两利相较取其重，两弊相较取其轻。"

相对优势原理同绝对优势原理一样，也是通过对商品生产中单一劳动要素进行对比的结果。这是当时社会生产力对商品生产状况的反映，即要生产一种商品，土地是固定的，只需要通过劳动效率比较就可以了，而不涉及其他生产要素，如资本、科技、企业家等。随着社会生产力的发展和市场经济商品买卖的发达，要生产一种商品单独靠劳动是无法进行下去的，需要其他生产要素的配合，如资本、科技、企业家等。这样，就产生了关于生产要素创造商品价值的理论，在这种理论下，产生了国际贸易原理中的要素禀赋理论。

三、要素禀赋理论

在李嘉图创立比较优势原理的100年后，瑞典学者赫克歇尔和俄林以比较优势原理为基础，提出了解释比较成本差异的生产要素禀赋理论。

1933年，俄林出版了《地区间贸易和国际贸易》一书，提出了生产要素禀赋理论，由于在其著作中采用了他的老师赫克歇尔易货贸易的主要观点，因此，生产要素禀赋理论又被称做H-O模型。

H-O模型假定各国的生产率是相同的，产生比较成本差异的原因是各个国家生产要素禀赋不同形成的。

所谓生产要素禀赋，是指各国对生产要素的拥有状况不同，有的国家劳动力较为丰富，有的国家资本丰富，有的国家技术丰富，有的国家土地、矿藏丰富等。如果一国某种生产要素丰富，则价格低、成本低，应出口；反之，一个国家缺少某要素，则价格高、成本高，应进口。因此，各国生产要素禀赋比率是产生成本差异及由此形成的比较优势的决定因素。各国都使用要素禀赋丰富的产业进行生产，就会有比较优势。

需要指出的是，H-O模型成立的假定条件是完全自由竞争市场情况，而这些假定与现实有很大的差距，直接影响要素禀赋理论应用上的准确性，不少学者验证该理论时，发现了很多不符合实际之处。

显然要素禀赋理论是建立在商品要素价值论基础上的，较前面的单一劳动价值论下的绝对优势原理及相对优势原理，似乎有了更加全面的比较内容。但是，商品的价值也并不只包含成本的要素投入。这样，单独以商品生产中的要素投入的成本价值作为贸易优势原理还是片面的，因而产生了国际贸易原理上著名的“里昂惕夫之谜”。

四、“里昂惕夫之谜”（名称上的“H-O模型”）

根据生产要素禀赋理论，各国都应当生产和出口大量本国生产要素丰富的产品，进口本国要素相对稀少的产品。众所周知，美国是资本相对丰富、劳动力相对缺乏的国家，那么，它应该出口资本密集型产品，进口劳动密集型产品。对此，美国哈佛大学教授、诺贝尔经济学奖得主里昂惕夫利用美国的投入产出表对H-O模型进行了实证研究，他使用了包括200个行业在内的投入产出表，运用1947年的统计资料，比较生产每百万美元的美国出口商品，与进口竞争商品所需的资本和劳动的比率。令人惊讶的是，美国出口商品的资本密集度低于其进口商品的资本密集度，如表7-1所示。

表7-1　每百万美元商品的资本和劳动力需要量

	出口商品	进口替代商品
资本（美元）	2 550 780	3 091 339
劳动 （年劳动人数）	182	170
资本、劳动比例	14 015	18 184

从表7-1的数据中可以看出，美国资本要素虽然有优势，应该多出口，即出口大于进口。结果却是进口额3 091 339大于出口额2 550 780了，而劳动要素劣势，应该多进口，但出口182却大于进口170了，这样，要素禀赋原理就受到质疑了。

此后，里昂惕夫又采用1955年的统计资料进行验证，其结果相同。这个与要素禀赋理论相背离的结果，就是所谓的"里昂惕夫之谜"。后来，世界各国的经济学家对此作了多种解释，但直到现在也没有最终解开这个谜，其一直是国际贸易原理中的一个悬念。

五、新要素理论

作为"里昂惕夫之谜"的发展性研究成果，关于国际贸易原理的又一个新观点——新要素理论出现了。

新要素理论认为，应赋予生产要素新的含义，扩展生产要素的范围。生产要素不仅仅是比较优势理论所说的劳动，此外还包括资本、土地、技术、人力资源、研究与开发、信息及管理等。

六、技术要素说

技术要素说认为，作为生产过程中的知识、技术训练程度，不仅能提高土地、劳动和资本的生产率，而且还可以提高三者作为一个整体的全部要素的生产率，从而改变土地、劳动和资本等生产要素在生产中的相对比例关系。如果劳动者技能提高，可以少用人，生产技术改进，使用自动化设备可以少投入劳动工资等。因此，技术也是一种独立的生产要素。技术进步与创新意味着一定的要素投入可以生产出更多产品，或一定量的产品只需要比过去更少的劳动和资本。可见，技术进步可以改变各国生产要素禀赋的比率，从而影响各国的比较优势。

总之，这些国际贸易原理都是从商品价值的某一个方面或某几个方面来开展研究的。

第二节

国际贸易中的价值优势原理

由于此前的各种国际贸易理论各自的片面性并不能为现实的国际贸易很好地应用，所以，就需要进一步把这些片面价值论的商品的价值比较发展为全面商品价值论的商品全面价值比较。这就像是要赢得体育比赛中的五项全能冠军，不能只以其中一个方面或几个方面的成绩为准，而要看五个成绩的总和。

国际贸易中的所有商品都有统一的全面的价值，这些全面、统一的价值不仅包括劳动价值论下的劳动，要素价值论下的土地、资本、劳动、科技、企业家，还包括这些生产要素投入形成的商品效用价值，即国际贸易当中的一切商品的价值都包括全面的要素投入，也包括要素投入新产生的商品效用。这就是“世界一切商品价值评估计算统一模型”下的国际贸易商品价值的全面比较原理，包括了此前一切的国际贸易原理。

由于商品价值中的投入与效用，体现在商品价格上就是成本与利润，所以，全面商品价值论下的价值优势原理就是商品的价格优势原理。实际上，300多年以来的国际贸易中无一不是按照商品的价格对比进行的。这样，经过商品价值论的全面拓展带来的国际贸易原理的理论拓展，使传统的西方经济学的各种片面商品价值论转化为商品价值论，就是可具体应用的国际贸易原理了。并且对于贸易来说，不分国内国外，原理上都是一样的，所以，全面商品价值论的国际贸易原理也可以毫不例外地应用在国内贸易理论及一切商品的买卖上。

国际贸易原理中的价值优势原理指的是国际贸易当中商品的价格优势原理，即在国际贸易当中，高于本国价格出口或低于本国价格进口的商品，具有价值优势。在实际操作上，就是比较价格进行买卖，即商品高于本国的价格就出口，低于本国的价格就进口。通过这样的出口与进口就能从双方面获得国际贸易的剩余价值。通过这些价值下的价格比较体现了国际贸易双方或各方的生产之外多出来的一块"蛋糕"。中国企业生产一套西服的价格是100美元，其中成本是60美元，国内市场的价格是70美元，出口到美国的价格是90美元，则90美元-70美元=20美元，就是西服从中国出口到美国所产生的利润，对应的剩余价值是20/14.225=1.41Tianhua≈1Tianhua。这样，我们可以说，中国向美国出口西服有比较优势。也就是中国向美国出口西服能够带来商品的剩余价值，给国家增加了20美元的外汇收入，即增加了本国财富的1Tianhua的剩余价值。

同样，美国生产一部小汽车的成本较低，在国内的售价也较低，因为小汽车在中国的生产成本较大，所以价格较高，那么，美国就可以以高于本国的汽车销售价向中国出口小汽车，从而获得高于本国市场价格的利润的剩余价值。这个利润差的剩余价值，就反映了美国生产小汽车比中国有价值上的优势，最终通过价格较低的优势在买卖成交上体现出来。

在世界经济一体化的今天，一个国家或一个地区的生产分工，不但是国内全国性的生产分工，而且还是世界各国生产分工的一个组成部分。不论国内生产分工还是世界性的生产分工，都是建立在商品的价值优势原理之上的，不论国内、国外都是按商品的价值优势对比进行生产和交换的。也就是"世界一切商品价值评估计算统一模型"的全面商品价值论的价值通过价格优势体现出来的生产和专业化分工，能够促进世界经济的发展。

很多商品，在国内市场的价格与价值与在国际市场的价格与价值是不同的，通过国际贸易，以最低的成本价值生产出来再卖到成本价值较大的国家，就能获得生产中的剩余价值。而对于进口商品也一样，在本国生产价值大，而进口则价值低，这时就采取进口。这样，通过开展国际贸易，使世界各国的同一商品以最低的生产成本生产出来，以最高的利润获得价值增值，就形成了整个世界市场生产的专业化分工及高效率的商品生产。这就是世界经济一体化所带来的生产效率的提高及剩余价值的获得。

正是由于国际贸易中本国商品的出口能够带来大量的外汇流入，获得利润的剩余价值，增加本国财富，所以世界各国都以商品的出口作为国际贸易的出发点。而一个商品大量依靠进口的国家，就会缺少本国的民族工业，也因大量的进口价格支付而使本国的财富减少。所以，国际贸易的基本问题是如何扩大出口和限制进口的问题，包括关税及非关税壁垒等。同时，国际贸易需要通过货币来结算，这样，就形成了国际金融问题，从而贯通了整个国际经济学的问题。

第三节

贸易保护的价值原理

正是因为商品出口能够获得商品利润的剩余价值，从而增加本国的社会财富，而作为商品的进口方要相应地支付其利润的剩余价值，减少本国的财富，所以，国际贸易的价值增值原理体现在扩大出口与限制进口之上。世界各国政府纷纷通过制定限制进口、支持出口的各种政策和法律来影响商品的价值及剩余价值，并达到保护本国民族工业和国家经济安全的目的。主要手段是通过制定关税和非关税以外的贸易保护措施来进行宏观经济调控，使得“肥水不流外人田”。而如果没有这些措施，对于本国商品的价值及剩余价值都会产生不利的影响。所以，国际贸易影响到商品的价值及剩余价值。

贸易保护的出发点是限制进口、鼓励出口，为此各国政府都采取了提高进口关税、减少出口关税或出口退税等措施。但是如果各国都这样进行的话，国际贸易就无法开展下去。要使得国际贸易能够进行下去，就只能通过一个权威的国际组织来规定统一的关税税率，这个组织就是世界贸易组织。由于这一组织制定了统一的关税税率，才使得国际贸易得以进行下去，从而使各国的国际贸易利益得以实现。

根据世界普遍的限制进口的关税壁垒措施，世界贸易组织对其成员国进行了限制。2008年，世界贸易组织的平均税率为9.8%。而除了关税壁垒以外，世界各国及地区间还额外地增加了一些进口的限制条款，包括进口配额、关税配额、自动出口配额制、进口许可证制、外汇管制、进口和出口的国家垄断、歧视性的政府采购政策、各种国内税、最低限价、有秩序的销售安排、进口押金制度、复杂苛刻的技术标准、卫生检疫规定、商品包装和标签规定及社会责任标准等多个方面的限制措施。

从整个世界范围来看，这些非关税避垒影响了贸易的进行，也降低了整个世界的经济效益，使国际贸易的价值原理难以发挥。但是，随着世界经济一体化的深入及世界各国的不断磋商和努力，将会向着有利于调整国家利益的国际贸易的有利方向发展。

总之，通过促进世界贸易的发展，就能从整个世界范围内增加商品的价值和剩余价值；限制国际贸易，就会限制国际贸易价值及剩余价值的获得。而世界经济一体化能够促进整个世界经济的全面发展，产生巨大的商品价值及剩余价值，从而增加整个世界的财富。

本章知识网络图

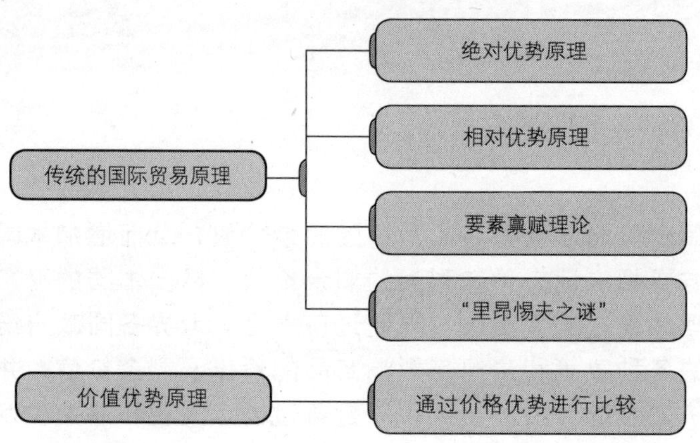

第八章

剩余价值形成原理

01 商品剩余价值形成原理

02 投资商品剩余价值——收益净现值***NPV*（*i*）**

03 消费品剩余价值——利润

04 消费者均衡

兄弟对话

兄弟两人进行对话。哥哥说：“老弟啊，咱们同样是生产商品，我生产粮食，一年到头忙年不停，只够年吃年用，遇到年头欠收，日子过得还挺紧的。你当作家整天坐在屋子里，风吹不到，雨淋不到，年收入几十万元，这是为什么呢？”

弟弟说：“是的，表面看来，是有些不可思议，但是，只要看一下你生产的粮食商品与我生产的知识商品在市场上的销售表现就会明白了。你生产的粮食，是几乎没有什么技术含量和资金含量的商品，只要肯出体力就能办到。由于谁都能够轻易生产出粮食，这样，市场的粮食供应就多了。另外，粮食只能在农产品市场销售，商品的价格只能随行就市，同样的粮食，由于产品没有多少区别，别人定价1元钱1斤，你就不能定价2元钱1斤，否则买粮食的人扭头就会走掉，所以，尽管你起早贪黑地干活，比别人多生产出一倍的粮食，最终也多卖不了多少钱，人的体力是有限的，总也比不上机器的力量大。而我写书，向读者提供世界创新技术，能够为读者带来专业技术提升，读者能够以此挣到更多的钱。由于每本书的知识产权归我个人所有，全世界只有此一家提供这种商品，也就是独家垄断商品，则我要一个价格，别人也无法还价，这样，我就可以卖高价了，我的商品的利润就大了。这就是我比你挣钱多的原因，当然了，不止我一个人，还有微软公司的专利技术也是一样，一张光盘，硬件成本只有几角钱，可以卖到几元甚至几百元，也是因为这种商品的技术垄断性，在独家垄断市场上销售的商品，自己可以确定商品的价格了，利润也就高了。当然，生产专利技术强的独家垄断商品也需要承担技术开发的投资风险，还要能够给消费者带来额外的效用价值，才能被社会认可，实现共赢。比如，数字程控交换机，硬件成本只有几万元，但是卖到邮电局可以定价几百万元，为什么这么贵也要买呢，因为用此交换机可以经营企业，带来几千万元甚至更多的投资收益，花几百万元也是值得的。这些费用都要打到电话费当中，用户为什么愿意支付高额电话费呢，因为用电话可以方便快捷地进行通话，节省交通费用或节省时间，用于公司经营还能挣到钱，所以，这就是技术带来的经济效益。世界发达国家的经济都以垄断技术商品、深加工商品为主，也就是主要生产垄断市场上的商品，这就是市场影响的商品的价值原理。”

哥哥终于明白了，接着说：“依你这么说，我们也可以搞粮食深加工了，生产出独特工艺的食品，拿到垄断市场上销售，就能挣大钱了。”弟弟接着说：“谁说不是呢。”

第一节

商品剩余价值形成原理

前面讲过，消费品的价值就是成交价格的价值单位，投资商品的价值是后评估的价值单位，即资产残值加上全部收益净现值*NPV*（*i*）。不论消费品和投资商品都是由生产要素投入组成的，在这一点上两类商品没有什么区别，所不同的是两种商品的效用形式有所不同，作为消费品的效用，就是一次性购买中的利润价值，也就是消费者所消费掉的价值，投资商品的效用是收益净现值*NPV*（*i*），虽然消费品的剩余价值增值是一次性的，即买卖成交时的利润，投资商品的剩余价值是多次性的，但不论是消费品和投资商品的剩余价值都是商品的剩余价值。

显然，不论消费品还是投资商品的剩余价值都是总收入减总支出的差，这个差越大，商品的剩余价值越大，生产效率越高。所以，研究商品的剩余价值问题，就是研究商品在生产经营中少投入、多产出的问题，也称为全面商品价值论的核心价值观问题。离开这一价值观，都是背离剩余价值原理和背离商品价值规律的。

成本价值是企业生产经营过程中投入的基础价值，是形成不同商品不同价值的基本原因。一架飞机与一部电话机的生产成本不同，决定了这两种商品的成本价值不同，从而使得这两种商品的价格不同。现实社会中，通常使用成本加成法进行商品定价，此时，商品的成本对商品的价值有决定作用。现实中我们经常看到，如果购买100元钱的商品，利润只能是几十元钱，讨价还价也只能是几十元钱的价格周旋；如果谈一个工程，总价值是1 000万元，则讨价还价就是几百万元的价格周旋。而利润是成本的倍数的现象则很少见到，在IT业发展之初时曾出现过这种短暂的现象。

企业商品生产经营中的成本价值决定整个商品价值的一部分，而每一类商品生产经营过程中都会形成一个平均成本。这个平均成本是一个社会长期生产同一种商品所形成的，尽管科技发展能够带来生产同一商品的生产效率的普遍提高，但同一类商品的生产成本大体相同，并由此决定了不同商品的不同价格。而如果企业低于单位商品平均成本生产出来同类商品，则在同样的销售价格下，就可以获得超过一般销售所带来的利润的剩余价值。正因为这一点，促使企业在生产经营管理过程中精打细算，通过科技创新及制度化、合同化管理来降低成本。

显然，作为商品要素投入的成本，是商品价值中比较稳定的部分，是生产要素价值的转化。企业如果只以成本价值出售商品，就没有利润的剩余价值形成，商品买卖中的讨价还价不能低于其成本价格，原因就在于此。

在买方市场条件下，商品效用价值的实现，主要得益于企业前期的项目投资决策，包括营销策划。通过这个前期决策分析及营销策划，找出适合市场消费者消费或投资者收益的商品，才能获得价格大于成本价值的剩余价值。

总之，企业商品生产中的剩余价值形成，主要来自于商品成本价值的节约和效用价值的增加。它决定了企业生产经营的经济效益，如图8-1所示。

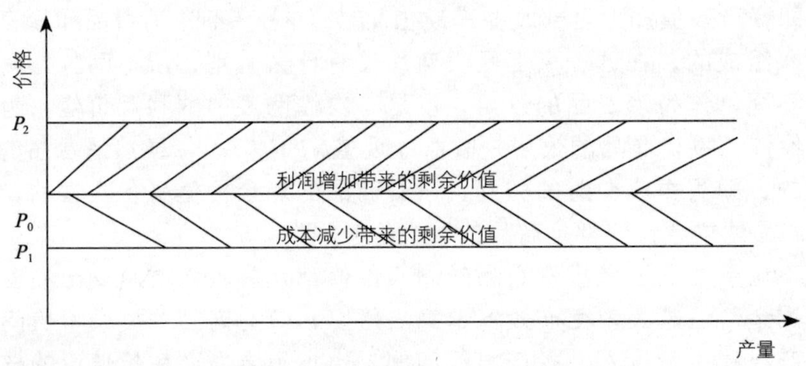

图8-1 市场决定的商品价值增值——剩余价值空间示意图

从图8-1中可以看出，单位商品的平均成本对应的商品价格为P_0，而高于单位商品平均成本P_0的销售利润便会带来商品剩余价值的一部分，并且通过商品的效用来体现，此时对应的商品价格为P_2。为了最大限度获得销售利润，企业的销售部门就成为了企业的利润中心。而P_0以下部分的价值是商品生产投入中节省出的利润的剩余价值，包括原料购进时的节省及生产环节上的管理效益及科技进步带来的效率的提高或质量的提高形成的剩余价值，对应的商品的价格为P_1。因此，企业的生产及供应部门成为了企业的成本中心。

整个商品的剩余价值就是$|P_1+P_2|$的价格换算成价值的结果，也就是阴影部分的空间决定了剩余价值的大小。如果阴影部分为零，则商品生产并没有带来剩余价值。

如果长期以低于P_0的价格出售商品，即低于单位产品平均成本的价格出售商品，则该种商品的生产经营结果是亏损的，这时可以考虑停业或转产了。而对于短期内的亏损则可以通过观察市场或通过销售旺季来弥补。例如，酒店行业在淡季可能是保本甚至亏损的，但是在节假日时多会赢利的，全年平均下来还是赢利的。

以上只是一般距离空间中剩余价值的示意图说明，下面我们在Tianhua经济空间中来对剩余价值的形成作实证分析。

设M表示单位产品平均成本的价值，则剩余价值就是单位商品平均成本以上的利润部分，即包含了单位商品平均成本集合M的所有集合的并即M的闭包$\overline{M}$，即有

$$M \subset \overline{M}$$

显然，节省出来的成本、费用部分的剩余价值为包含于M的全部集合的交集的内部，即M^{o}满足

$$M^{o} \subset M$$

综合起来，则整个商品的剩余价值就是$\overline{M}$ 与M^{o}的并集。设商品的全部的剩余价值为K，则有

$$K=\overline{M} \cup M^{o}$$

上式的集合关系如图8-2阴影部分所示。

商品的剩余价值是一切生产者或消费者在商品生产经营或商品买卖中所追求的最终目标，那么，作为商品生产者，如何最大限度地获得剩余价值呢？

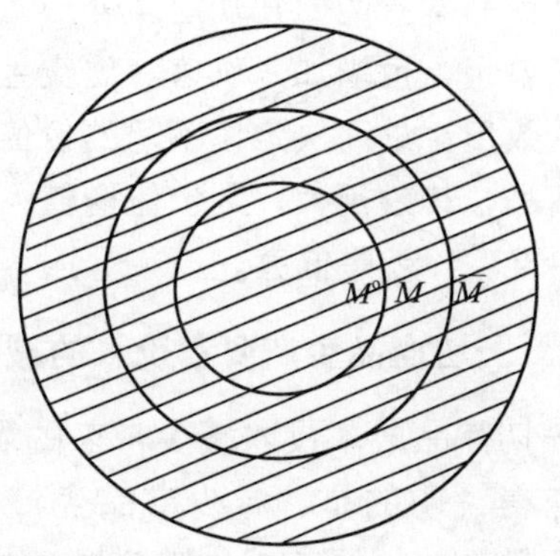

图8-2　Tianhua空间商品的剩余价值

1. 一切商品效用增加

一切商品效用增加带来的剩余价值，就是单位商品平均成本集合M的闭包$\overline{M}$ 部分。

消费品效用的增加问题，也就是人们常说的以人为本的生产原理。例如，房地产开发商在设计房地产开发项目时，就要充分考虑到住户的使用效用，从地理位置、环保（如噪声、辐射、空气质量、通风透光等）交通、医疗、文化娱乐等多方面进行考虑，通过增加生活居住效用来增加房产的效用价值。对于郊区新开发的楼盘，因不具备上面这些功能，居住效用小，则效用价值增值部分小、价

格偏低，故剩余价值较小；而当这些地方的公共设施跟上来以后，则其效用就增加了，因而效用价值增加了，价格也上来了。所以，有远见的消费者，在购买房屋时，应注意到其升值能力。

总之，消费品效用的增加，主要是通过消费品本身自然属性的效用来实现的，主要体现在商品的技术性能和质量上。

投资类商品的效用最大化，通常就是通货膨胀率或通货紧缩率的折现率的收益净现值$NPV(i)$的最大化。这就要研究如何使投资商品带来更多的收益净现值$NPV(i)$，让购买者在购买资产、项目、企业、矿业权、房地产、股票、债券等当中获得更大的净现值$NPV(i)$，才能把这些投资类商品卖出去，通过交易实现对净现值$NPV(i)$的利益瓜分。例如，深圳华为公司在中国率先生产数字程控交换机，取代了以前的模拟信号交换机。华为把这些机器卖到了全国各地的邮电局，使用效用大增，获得了巨额利润。同时，邮电局也愿意花高价购买这种交换机，因为去掉高价疼痛成本，还有利润的剩余价值，可谓双方都获利了。但是，如果邮电局使用这种交换机没有被用户认可，技术效果不如以前的模拟交换机好，即使华为减价也可能卖不出去。这样，数字程控交换机作为一种投资商品来说，最终用户对商品的认可，使得这种投资商品的价值得到了提升。一切生产部门包括中间流通企业的商品价值增值，最终都要通过消费品的价值总增值，即消费品的价格来实现。

对于消费品的效用，就是要使各种消费品，如吃、穿、住、行、玩、教育、医疗等，都要从商品本身的内在功能及外形上提高效用。例如，空调机、增加净化空气的功能，就增加了效用，也增加了价值。现实生活中的所有消费品都会因其功能、质量的好坏而带来不同的效用，进而决定了不同的价值增值，也就是一分钱对应一分货的情况。质量、功能好的商品，其效用大，则价值增值大；反之，质量差的商品，因效用小而价值增值小，体现在价格上，就是低廉。

2. 一切商品生产要素投入的减少

一切商品成本投入减少带来的剩余价值，就是单位商品平均成本集合M的内部M^{o}。

值得说明的是，减少商品生产中平均的生产要素投入，并非不保证质量，而是指在保证质量的前提下减少生产要素投入，即节省出来的生产要素投入才是生产中节省出来的剩余价值空间，也就是要有多、快、好、省的生产过程才能生产出比同行业企业投入更少而质量相同的商品。这主要应以科技开路，在生产工艺的最新设计等专业上下工夫，购买专利、商标等也是促进生产要素节省的好方法。实践中，企业家有着丰富的经验，这里不一一列举了。其次还要从管理上下工夫，把原材料浪费及能耗降低到最低程度，如岗位责任制、全员合同制，做到生产规范，节约有奖励等。

3．商品生产经营中剩余价值的综合形成过程

企业商品剩余价值形成的综合过程，就是本书前面几章中所讲过的商品价值形成原理中的各个过程如图8-3所示。

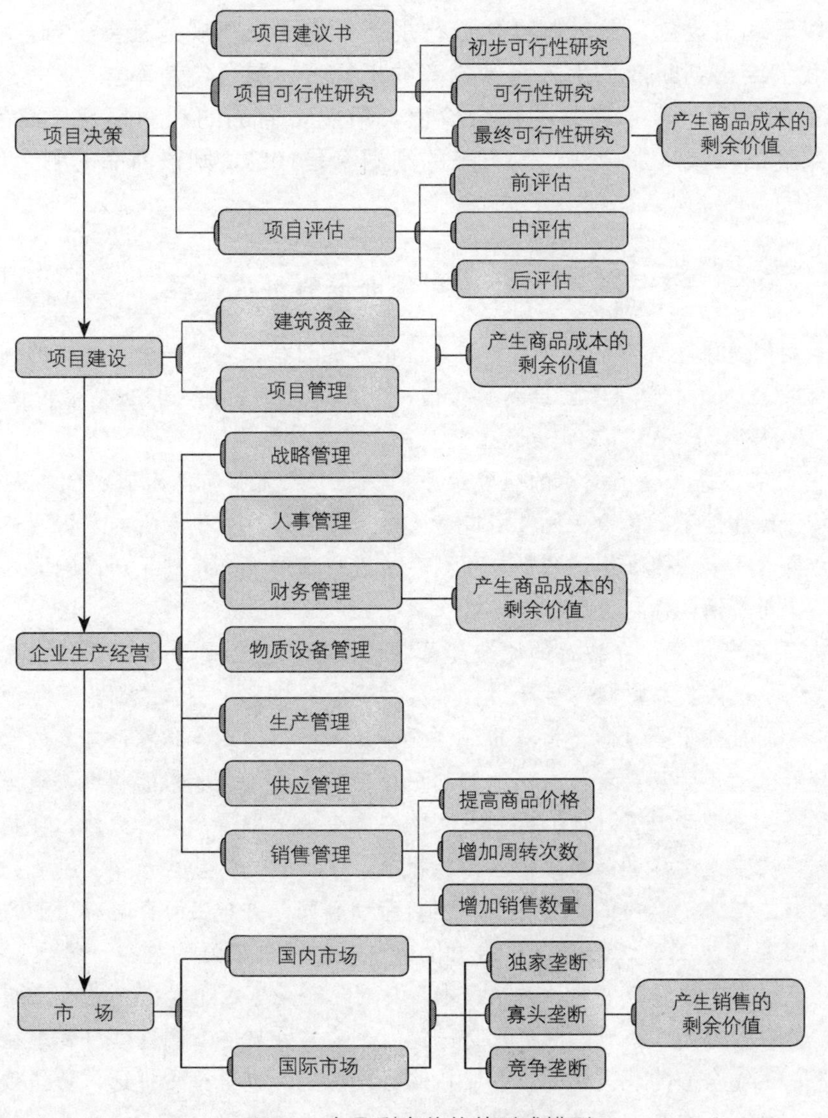

图8-3 商品剩余价值的形成模型

在企业的生产经营过程中，人、财、物、产、供部门是成本价值中心，以减少成本投入为增加剩余价值的主要手段，包括使用先进的科技手段增加产量或提高质量。而销售部门则是价值的利润中心，主要任务是增加销售价格，提高利润部分的剩余价值。

从这些过程中可以看出，一个成功的企业离不开对外抓市场、对内抓管理，以市场为导向，以管理出效益，通过制度化进行规范，如同法律规范社会一样。

最后，我们给出判断商品生产经营效率的指标——剩余价值率。

由于商品的利润代表了商品的剩余价值，所以，商品的利润率就是商品的剩余价值率。如果某商品按成本加成法计算出来的利润率是10%，则该商品的剩余价值率就是10%。

一个木工产品剩余价值的形成过程

说明：本案例的原理适合一般商品的剩余价值形成过程，它是一个创业者的创业模型。

为了实现投资的资本增值即创造剩余价值，某木工厂的企业家根据商品价值模型原理作了大量的研究和分析。

第一，企业家根据社会上成熟的生意经原理——"人无我有，人有我优，人优我走"，对是否生产办公桌进行了认真的、大量的市场调查研究，还聘请了专门的市场调查公司，对国内外的未来办公木桌市场需求作了调查与预测，通过市场细分，找到了产品的国内外未来市场的"缺口"，把北京地区锁定为目标市场。

第二，购买生产要素，在边远的城市郊区购买土地，目的是为了节省土地费用。在资本筹集上，通过创业优惠贷款，减少生产过程中流动资金的成本，不够的部分还可通过财务管理原理，通过借债向社会吸股，通过筹资的综合资金成本率，确定各种筹资方式的比例，使综合资金成本率最低。对于劳动要素需求，他们利用市场劳动力供大于求的状况，适当压低工资，这样，节省了一部分劳动工资。他们鼓励员工购买本企业的股票，参加分红，使员工成为企业的所有者之一，主要是为了调动员工的生产积极性，从而提高劳动生产率。此外，还对新员工进行一个月的技术培训，合格的方可上岗。签订劳动合同，并把劳动合同与企业的规章制度融为一体，这样，每个员工通过干好自己的岗位工作就能得到较好的收益，体现多劳动、多贡献，多收益，减少企业内耗带来的"关系成本"。对于企业家，也是按企业资产增值的一定比例作为奖励，如果经营期末企业的资产只是保值，企业家就只能拿到基本工资。在科技方面也舍得投入巨资，买了全套的现代化的设备，在购买设备上，也是精心挑选，功能效用要好，价格还要便宜等。总之，在生产要素的购进上，他们始终没有忘记一条，一定要用较少的钱买到更大的生产上的效用，即$U/P>1$（U=效用，P=价格），即在$U>P$的情况下购买。这样，就能以低于同行业生产企业的生产成本进行生产，而按市场的一般平均价格销售产品，就获得了额外的利润，即价值增值或剩余价值了。这是首先把住了要素购进关，使企业生产建立在健康的前提下。

第三，在办公桌价值增值的生产环节上，做到了有计划，组织机构设置合理，建立了矩阵组织结构，便于应对客户，紧急加班时能够有序管理，控制、激励、协调措施到位。

第四，在市场销售环节上，他们制定了一整套的奖励和鞭策销售人员的制度，因为在长期的买方市场环境下，以销定产是首要的，市场决定生产是不容置疑的。对于完成或超额完成销售任务的部门或个人，按销售额的一定比例给予奖励；对于长期完不成销售任务的员工，要调换岗位或作离职处理。经过这样的一软一硬，大大调动了销售人员的积极性，销售人员在生产前就与企业家一起研究市场营销的策略，进行产品、价格、渠道、促销的4P组合，销售过程中对起初的市场预测结果不断修正和调整，做到在大目标不变的情况下，以变应变，每年的销售任务根据市场情况不断变化调整。

销售价格上采用随行就市加薄利多销的方法，在一定情况下，也采用故意提高价格等灵活措施，采用批发与零售相结合的渠道进行销售。

该企业还使用各种促销措施加以配合，如广告、展会、人员推销、点播电视剧等方式宣传自己的产品。

……

经过多年的努力，企业获得了较高的经济效益，在此基础上，把收入的利润进行再投资，实施资本金的滚动式发展，最终成为行业的“老大”。

微软是怎样创造剩余价值的

截至2008年6月30日，微软的第四财季收入为158.4亿美元，同比增长18%，营业利润和稀释每股收益分别为56.8亿美元和0.46美元，同比增长42%和48%。整个2008财年微软总收入604.2亿美元，年增长18%，同时营业利润224.9亿美元，稀释每股收益1.87美元。这也是微软历史上第一次年收入超过600亿美元大关。微软在2008财年内发布了三款旗舰级服务器产品：Windows Server 2008、SQL Server 2008、Visual Studio 2008，同时Windows Vista系统授权销量超过1.8亿份，Office 2007、X360主机和游戏、服务器软件的销量也都很不错

值得指出的是，与一般企业商品的剩余价值产生原因不同，微软公司的产品是同时通过生产及销售两个环节形成的。

在生产环节，微软产品也与一般IT业的生产投入有着相同点，即生产要素投入的硬件成本非常小。用户通过使用计算机，带来的信息上的收益远比花在购买计算机上的支出大得多，所以，尽管微软可以几倍甚至百倍于生产成本的价格卖出计算机软件或硬件，但只要通过购买计算机节省的投资效用大于购买费用，用户就可以接受，结果形成"你赢"、"我赢"的局面。这也符合一切买卖中的基本原理。这是微软在投资、生产环节上形成的基础价值中节省出来的一部分剩余价值。

关于软件的科技投入费用，由于是自己企业研发，只给员工以工资及福利，最多给一点奖励，也不是什么大钱，可以节省出购买专利所要支付的利润及税赋。

作为销售环节的剩余价值，其他同行业的IT企业根本无法与之相比，其计算机操作系统的Windows系统，作为世界上独一无二的专利，形成了市场销售价格上的独家垄断地位，可以订立较高的价格。

这样，通过生产与销售的两个环节上的优势，使得其商品的剩余价值空间是任何其他企业或同行业企业所无法比拟的。因此，微软创造了世界生产经营中的业绩奇迹。

下面介绍几种利用剩余价值原理发展社会经济的实例。

科技经济

科技经济，是指通过科学技术手段，能够带来更多的商品效用价值，这种商品的效用被消费者或投资者所认可，愿意支付相应的价格利润，就形成了科技的剩余价值。

例1 ≫

大家知道，糖尿病被目前医学界认为是医学难题，用西医方法治疗糖尿病，需要终身服药，治疗成本较大，平均一生要大概支付药费总额为20万元人民币，并且治疗过程中病人也非常痛苦。某药物科技有限公司通过深刻挖掘传统中医药精华，经过10年的钻研，开发出中药"××"治疗糖尿病，新技术带来了药品成本较低、治疗效果好、治疗费用较低、无痛苦等优点，被广大患者认可后，给公司带来了丰厚的利润剩余价值。

例2 ≫

加工工业通过对商品进行深加工，增加了科技含量以后，形成技术上的垄断产品，带来了商品效用的增加，使商品的价值得到增值。例如，棉花深加工成棉纱、棉布、衣服等，带来了商品效用的增加，从而使其价值增值。再如，饭店的每道精美的饭菜，都是对原材料深加工的结果，给消费者带来了香、形、色、味等美感，效用增加了，价值也增加了。

例3 ≫

汽车、火车、飞机等交通运输工具，通过科技投入，提高了速度，增加了载重量，为现代社会的物流及人员流动提供了巨大效用，相应地，这些运输商品的价值也大为增值。

信息经济

信息经济强调的是信息对商品剩余价值形成的贡献作用。在本书开始我们说过，传统的西方经济学的三个假设中提出了信息完全的假设，即一项经济决策和活动总是在一个完全的信息掌握情况下进行的。只有信息准确，才能放眼市场全局，准确提供市场所需要的商品。如果市场信息不灵，盲目投资决策，必然形成商品的市场供大于求，或供小于求，这样，就会影响到商品的价格的价值确定，也会影响商品剩余价值的大小。现代社会信息量大，通过广泛、充分地获取信息，就能准确地作出商品投资及生产决策。另外，通过互联网等信息手段，还可以减少跑路的时间，节省信息费用等。这就是信息对商品利润的剩余价值的贡献。

交通经济

“要想富，先修路”，说明交通对经济发展的贡献。作为经济资源来说，各地有所不同，是自然形成的。要想把生产出来的商品销售到目的地，实现社会商品流通，就只有通过交通手段来实现，通过交通运输达到各地经济的优势互补。世界上经济发达的国家和地区，都是交通发达的国家和地区，如各国的沿海地区和中心城市经济也发达，可以看出交通运输对商品的剩余价值的贡献。我国内蒙古盛产牛奶，因为需求量小，在当地价格很低，而当用汽车或其他交通工具运到北京以后，其价格就提高了，这个增加的价格去掉运输等成本费用，就是交通对牛奶的利润的剩余价值的贡献。国际贸易中也一样，通过集装箱运输，把货物从一国运输到另一国时，价格大为提升，甚至产生价格翻番，就是交通物流的贡献，当然前提是信息带来的正确决策。正是这种信息、交通的实际操作，实现了商品的流通，通过商品的买卖实现利润的剩余价值；而如果没有信息和交通，商品买卖就无法实现，其利润的剩余价值也就是空话。

假日经济

当商品的成本价值确定以后，商品的利润的剩余价值就只能通过增加商品的销售来实现。增加商品销售，体现在增加商品的销售数量上，而现实市场上商品的需求是一个稳定的常态，所以，只能靠增加商品的销售频率或者扩大国内外销售网点来实现销售数量的增加。平时人们都在工作，没有时间消费，所以，实现增加商品销售，就只有利用假日来进行，称为假日经济。近年来，中国增加了长假公休日，有力地促进了社会经济的发展。特别是对于服务业来说，可能平时仅是保本或微利经营，而通过春节或黄金周的促销，就能实现其利润目标，体现了市场经济社会消费拉动生产、以销定产的基本经济规律。据报道，2009年春节长假的7天时间里，北京市旅游收入达17.14亿元人民币，为此北京市提出了"吸引到北京过年"的口号。全国同期实现社会消费品零售总额2 900亿元人民币，全国旅游者达1.09亿人次，旅游收入达到509亿元人民币，这在平时是做不到的。

聚合经济

聚合经济主要体现为城市经济的聚合效应。

如果说，通过长假能够带来时间上的商品销售的增长，促进社会经济的发展，则通过城市化可以带来空间上的商品销售的增长，促进社会经济发展。

从世界各国的经济现象来看，首都、大城市、中心城市、交通枢纽城市、沿海港口城市一般经济发达；而内地偏远山区尽管有资源，经济却仍然落后。这当中有一定的商品价值原理在起决定作用。

在一个地方人烟稀少，商品需求就很少，商品交换很少，利润就难以生成。例如，中心大城市交通中转、旅游、开会、贸易、商谈等机会大大高于人员稀少及交通不发达地区，其所产生的商品交易的频率也是其他地区所不能比的。外地人到了北京或深圳这样的大城市总会为看到的繁荣景象而感到震惊，都想到在这里挖一桶金。成功了，无疑是给当地投资了；不成功，也促进了当地的消费和生产。正是由于城市的商业机会多，商品生产与买卖能够获取更多的利润，所以，才能吸引越来越多的投资者前来投资，这无疑又促进了商品的销售及利润的剩余价值的形成，从而形成一种"聚合效应"。改革开放以来，我国各地大力开展优化当地社会环境建设的活动，大力发展交通、旅游、文化产业，吸引招商引资，搞活一方经济，是符合商品的价值规律的。城市经济的聚合效应体现在交通与物流的成本节省上。

市场经济社会对比计划经济社会的最大优越性在于城市经济的聚合效应，而相应地，农村也应该据此原理发展专业化的家庭农场，让剩余劳动力进入城镇发展第三产业。整个市场经济社会在高度的专业化分工基础上形成很高的社会生产率，这样实现整个社会经济又好又快发展才有了根本保证。

近些年来，我国提出了北京、天津、河北三地经济一体化的战略构想，建设以上海为中心辐射江苏及浙江的经济圈、以中国香港为中心辐射广东及内地一些省份的经济圈，有力地促进了社会经济的发展，是全面商品价值论的核心价值观的世界一切商品价值评估计算统一模型这一价值原理的具体应用。

总之，发展一个国家的社会经济，就要走城市化、工业化道路，这个成功的经济发展模型已经为西方一些经济发达国家所证明，并一直被世界其他国效仿。

大国经济

显然，一个国家的规模越大，形成的市场的规模也就越大；商品销售的概率越大，商品的“利润”形成的概率就越大，这样就可以解释中国经济发展的内在原因了。一是国内人口多、市场大，大量的商品交易产生了大量的商品利润，带来大量的商品剩余价值，也增加了政府的税收。二是市场的对外开放，增加了市场商品销售机会，增加了外汇，促成了国内国际两个市场的大量剩余价值形成，推动整个国内和世界市场经济的发展。

由于一切商品都分为投资商品和消费品，所以我们分别介绍一下投资类商品和消费类商品的剩余价值。投资类商品与消费品的剩余价值在本质上相同，即都是利润的价值单位结果；但是投资类商品的剩余价值是多次利润回报的结果，也就是钱生钱的道理，而消费类商品的剩余价值是一次性的利润结果。

第二节

投资商品剩余价值——收益净现值NPV（i）

我们知道，作为投资商品的价值，就是投入的资产和这种资产产生的收益之和，投资收益是投资商品的剩余价值所在，并且是投资商品的价值的一部分，增加了整个企业的整体价值。设某年初企业的全部资产为1 000万元，即10万Tianhua价值，经过一年的生产经营，年末新增利润300万元，即3万Tianhua，这时，年末企业的总价值为1 300万元，即13万Tianhua，新增的3万Tianhua使整个企业作为投资商品的价值增加到了13万Tianhua。类似地，其他投资项目每年或每个项目期分期增加的价值是整个投资商品价值的一部分，需要专门计算。

对于投资商品的各期新增价值分析计算，一般分为两种情况。一种是不考虑各年收益资金的时间价值，即不考虑通货膨胀率或通货紧缩率对资金时间价值的影响，只以表面的货币数额计算收益。这是一种粗框架的分析，称为静态分析。另一种是考虑各年收益增值价值的资金时间价值，即对于各年收益的现金利润去掉通货膨胀率或通货紧缩率影响或对比其他金融投资如银行存款利息、国债利息等机会成本的结果，称为动态分析动态指标主要以各年收益的净现金利润去掉资金时间价值机会成本后分期折现以后加总，即以收益净现值NPV（i）为核心，衍生出内部收益率IRR等其他指标。

不论静态分析还是动态分析，都是通过一系列指标计算出来的，如同对于一个人身体健康的判断是一系列体检指标综合判断的结果一样。

由于投资商品的收益分析是分期进行的，且一般都在项目前期进行，所以，收益往往是预测的收益，并不是真正的收益。由于预测方法不同，获得的预测结果也会不同，如预测各年收益，如果没有一个统一的方法，就会产生人为地多计或少计收益的现象，使对投资商品的价值判断出现失真。之所以要在前期进行预测评估，是为了指导项目决策，有实际意义；而项目结束时的总收益计算结果，虽然是真实的，可以作为“秋后算账”的法律依据，但对项目决策已经不起作用了，只能对下一个投资项目起到参考作用。

一、静态指标

静态指标，是指在不考虑资金的时间价值变化的通货膨胀率或通货紧缩率情况下的项目收益指标，包括投资利润率、投资利税率、资本金利润率及资本金利税率、投资回收期等。

（一）投资利润率

投资利润率是投资项目的各年利润总额与总投资之比的百分数，即

$$投资利润率=\frac{年税后利润}{总投资}\times 100\%$$

式中的年税后利润，可选择正常生产年份的年利润总额减去税，也可以计算出生产期平均年利润减去税后的总额，即用项目生产期内各年利润额之和除以生产年限所得的结果。选择前者还是后者，应根据项目生产期的长短和年利润总额波动的大小来定。若项目的生产期较短，且年利润总额波动较大，可选择以生产期的平均年利润总额来计算；若项目的生产期较长，年利润总额在生产期内没有较大的波动，则可选择以正常年份的年利润总额来计算。

公式中的总投资，为项目的建设投资（包括项目期利息）和流动资金之和。所计算出来的投资利润率要与规定的行业标准投资利润率或行业平均利润率进行比较，若计算出的投资利润率大于规定的行业投资利润率或行业平均投资利润率，则该投资项目是可以接受的。

标准投资利润率和平均投资利润率因行业的不同而有所不同，可以通过一定的信息渠道来获得，或据实践经验来确定。

（二）投资利税率

投资利税率是项目的年利润总额、销售税金及附加之和与项目总投资之比的百分数，即

$$投资利税率=\frac{年利税总额}{总投资}\times 100\%$$

式中的年利税总额，可以选择正常年份的年利润总额与销售税金及附加之和，也可以选择生产期平均的年利润总额与销售税金及附加之和。选择前者还是后者，依据项目生产期长短和利税之和的波动大小而定，选择原则与计算利润率中的选择同理。

式中的总投资也是建设投资（含建设期利息）与流动资金之和。

计算出来的投资利税率要与规定的行业标准投资利税率或行业平均投资利税率进行比较。投资利税率大于行业标准投资利税率或行业平均投资利税率，则投资项目是可以接受的；否则说明经济效益低于同行业的平均水平。

（三）资本金净利润率

资本金净利润率是项目的年税后利润与项目的资本金之比的百分数，即

$$资本金净利润率=\frac{年税后利润}{资本金}\times 100\%$$

式中的年税后利润的选择方法也与前面的方法一样。

式中的资本金也是项目的全部注册资本。资本金净利润率应该是投资者最关心的指标之一，因为它反映了资本为投资者带来的净利润。

（四）资本金利税率

资本金利税率是项目的年利税总额与项目资本金之比的百分数，即

$$资本金利税率=\frac{年利税总额}{资本金}\times 100\%$$

式中的年利税总额的计算方法与前面的方法一样。式中的资本金是指项目的全部注册资本金。

计算出的资本金利税率，要与行业的平均资本金利税率或投资者的目标资本金利税率进行比较。若计算出来的资本金利税率大于行业的平均资本金利税率或达到投资者要求的目标资本金的利税率，则该投资项目是可行的。

（五）静态投资回收期

静态投资回收期是指在不考虑货币时间价值因素的条件下，用生产经营期回收投

资的资金来抵偿全部原始投资（包括建设投资和流动资金）所需要的时间，一般用年来表示。它是反映项目在财务上投资回收能力的重要指标。静态投资回收期一般从建设开始年份算起，也可从投产开始年份算起，可根据项目“财务现金流量表”按下面的公式计算：

$$\sum_{t=0}^{P_t}(CI-CO)_t=0$$

式中 P_t——投资回收期；

CI——现金流入；

CO——现金流出；

$(CI-CO)_t$——第t年的净现金流量（t=1，2，3，…）；

要求P_t≤基准投资回收期。

从上式中知，投资回收期即为累计净现金流量为零的年份。因此可根据财务现金流量（全部投资）表中的累计净现金流量求得净现金流量为零时所对应的年份。

静态投资回收期的计算：

如果投资项目满足以下特殊条件，即原始投资均集中发生在建设期内，投产后若干年（设为M）内每年的净现金流量NCF相等，且这些年累计的净现金流量NCF大于或等于原始投资，则可用公式直接计算出不包括建设期的投资回收期。

不包括建设期的投资回收期=原始总投资/M年内每年相等的净现金流量

若生产期净现金流量不符合上述简化公式的条件，就必须利用现金流量表通过计算累计净现金流量来计算包括建设在内的投资回收期。

如果在净现金流量表的“累计净现金流量”一栏中只能找到负值和正值，找不到零，则必须按下列公式计算包括建设期在内的投资回收期。

投资回收期=[累计净现金流量第一次出现正值的年份-1+上年累计净现金流量的绝对值]/当年净现金流量

如果在现金流量表上“累计净现金流量”一栏中只能找到负值，则意味着该投资项目的投资不可能全部得到收回。

此外，投资回收期还可按下式计算：

静态投资回收期=1/投资利润率

由此可见，投资回收期与投资利润率是倒数关系，即投资利润率越高，投资回收期越短。那么，要缩短投资回收期，就要提高投资利润率。

注意，上述各种静态指标都是计算一年内的投资效益的指标，因为短期内资金时间价值变化很小，可以忽略不计，而投资项目是一个长期的过程，一般都要经历几年、几十年甚至几百年时间。长期中，资金时间价值是变化的，而且变化的幅度也相对较大，这样就不能只使用静态指标来衡量投资的经济效益。特别对于较大投资项目来说，一般都是以万、亿为单位来计算的，这样，资金时间价值差之毫厘，就会使收益变化谬以千里。所以，在项目投资决策分析中，主要使用考虑资金时间价值因素的动态指标来作分析，考虑到资金本身时间价值增加或减少以外的收益，才是真正的收益。所以，我们需要设立以收益净现值$NPV(i)$为核心的一系列动态收益指标。而要理解收益净现值$NPV(i)$等一系列动态指标的概念，就要从资金本身的价值、资金的时间价值及资金时间价值的等值换算谈起，下面分别介绍这些概念。

二、动态指标

动态指标是建立在资金时间价值分析基础上的，为此，我们先来介绍资金时间价值概念。

（一）资金的时间价值

为了理解资金的时间价值，我们来先介绍一下资金本身的价值含义。

1. 资金的价值

资金为什么会有价值？这是因为资金本身就是商品，既然是商品，就会有价值。

从货币资金的价值投入上看，指的是货币的制造费用，如古代的金币、白银及现代纸币制造厂家投入生产要素的生产成本、费用等都是货币价值中的一部分；从货币的价值效用上看，同样一笔数量的货币所能买到的商品数量就是这种货币的价值所在。如果一定数量的货币，对商品的购买数量多，说明这种货币的效用大，也说这种资金的价值大。反之，如果一定数量的货币能够购买到的商品的数量少，则说明这种资金的价值小，即这种货币的效用小。例如，1美元所能买到的商品是1元人民币的7倍，则说明1美元的效用比1元人民币的效用大，因而1美元的价值大于1元人民币的价值。再如，10年前的一元钱能买到的消费品的平均数量多于现在的平均数量，则过去的资金比现在的资金购买商品的效用大，因而10年前1元钱的价值大，而现在1元钱价值相对小了。所以，因时间增加所带来的货币的价值变化就是资金的时间价值。

2. 资金的时间价值

严格来讲，资金的时间价值是资金本身在无任何金融投资时因时间增加所带来的价值变化。通俗地讲，是指放在保险柜里的一笔固定资金，经过一段时间以后，对商品的购买数量有所不同的情况。如果保险柜里的一定数量的货币资金经过一段时间以后，对商品的购买数量增多了，说明该种资金的价值增大了，即增值了；反之，如果保险柜里的一定数量的货币资金经过一段时间以后，所能购买到的商品数量减少了，则说明这种货币资金随时间的增加而贬值了；如果保险柜里的一定数量的货币资金经过一段时间以后，对商品的购买数量既没有增加也没有减少，则说明该种货币资金的时间价值是不变的，称为保值。所以，资金的时间价值是由于时间永续增加所带来的货币对商品的购买能力形成的。

放在保险柜里的资金时间价值变化可用一条曲线来表示，即随着时间的永续增加，资金随着通货膨胀、不变和通货紧缩现象的交替出现而呈现出下降、水平和上升的波浪线，如图8-4所示。

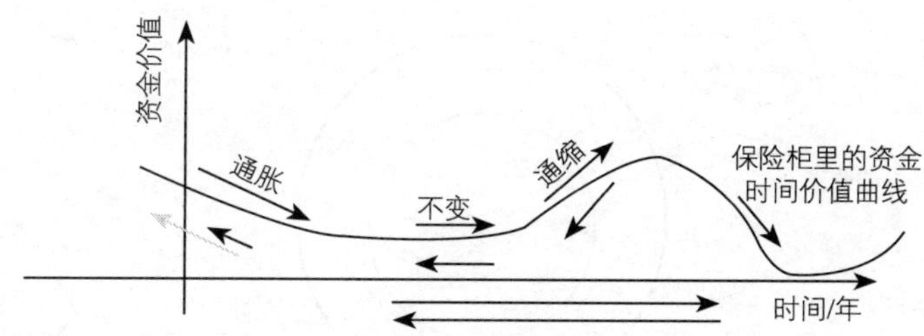

图8-4　资金时间价值平面曲线示意图

从图8-4中可以看出，已知现值求终值时，即横轴上的时间从左到右变化：通货膨胀时，曲线下降，终值变小；不变时，曲线水平，终值不变；通货紧缩时，曲线上升，终值变大，现值变小。反之，已知终值求现值时，时间从右往左变化时，从右向左看：通货紧缩时，曲线下降，终值价值大，现值价值小，终值求现值折现后价值变小，出现较少的货币能够买到很多商品的现象；不变时，曲线水平，终值求现值折现后价值不变；通货膨胀时，曲线上升，终值价值小，现值价值大，终值求现值折现后价值变小，出现更多的货币买不到多少商品的现象。

而通货膨胀或通货紧缩问题的实质是一个社会的货币发行总量与社会商品总量的对应关系问题。如果一个社会的货币发行总量超过其对应的商品总量时，俗称“钱毛了”，也就是通货膨胀发生了，即银行超量发行货币引起社会物价平均物价上升时的情况；反之，当一个社会发行的货币总量小于商品总量时，这个社会的较多商品只对应着较少的货币，这时发生了通货紧缩，俗称“钱实”，即银行货币回笼而引起的社会平均物价下降的情况；而只有在一个社会的货币发行量集合与一个社会的商品总量的集合为同胚集合时，社会既没有通货膨胀，也没有通货紧缩，货币稳定，也只有此时，这个社会的资金时间价值才是不变的。此时也就不存在资金时间价值的分析问题了，也就没有资金时间价值的等值换算了，收益净现值$NPV(i)$及内部收益率IRR也就成为历史名词了。

通货膨胀或通货紧缩在Tianhua空间中的实证分析：

设用集合X表示一个社会的货币价值的集合，用Y表示一个社会商品价值的集合。且这两个集合都是实数集上的Tianhua空间上的集合。

定义一

如果$X \supset Y$，表明一个社会的货币发行量超过实际的商品的存量，即呈通货膨胀状态。通货膨胀幅度取决于商品集合Y以外的余集部分，即$X-Y$部分，如图8-5所示。这时社会资金时间价值随时间的永续增加而贬值。

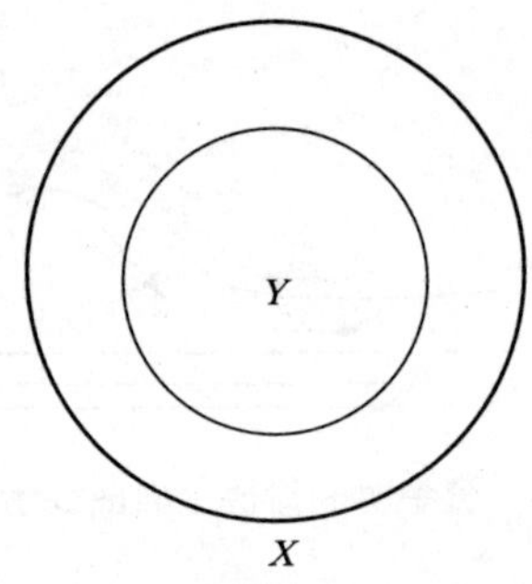

图8-5 Tianhua空间中的通货膨胀

如果缩小X，使$X-Y=0$，即$X=Y$时，通货膨胀率为零，这就是既无通货膨胀也无通货紧缩的状况。

定义二

如果$X \subset Y$，表明一个社会的货币发行量小于实际的商品存量，即呈通货紧缩状态。通货紧缩幅度取决于商品集合X以外的余集部分，即$Y-X$部分，如图8-6所示。这时社会资金时间价值随时间的永续增加而增值。

如果缩小Y，使$Y-X=0$，即$X=Y$时，通货紧缩率为零，这是既无通货紧缩也无通货膨胀状况。

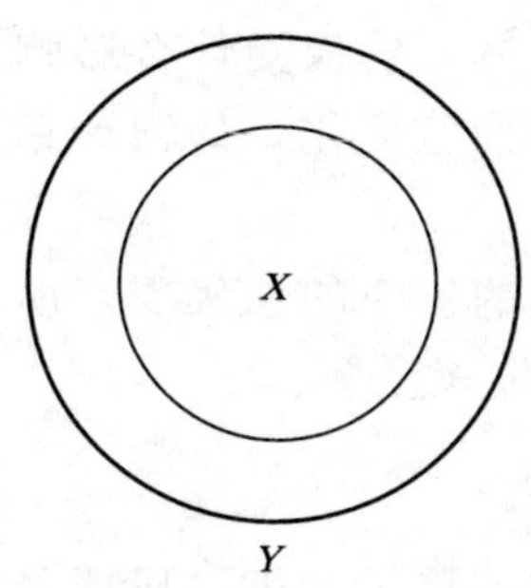

图8-6　Tianhua空间中的通货紧缩

实际中的情况是，$X \supset Y$、$Y \subset X$和$X=Y$三种情况交替出现，而更多的是$X \supset Y$的通货膨胀情况。因此，形成了前面图8-4中曲线上升、平稳或下降的互动关系。

由于货币的价值是随着时间的永续增加而不断变化的（贬值或增值或不变），所以，货币以外的商品价值表示成货币时，也是随着货币的时间增加而不断变化的，这就是由于时间增加带来的商品价值通过货币价值变化而变化的情况。例如，同样的一栋房子，在去掉了折旧平均额以外，由于通货膨胀或通货紧缩带来的资金时间价值变化，会使房子的价值换算成货币时的价格上升或下降。形象地看，同一个100 m^2的楼房，30年前的总价是4万元，而现在的总价是100万元，就是货币的时间价值贬值而带来的价格增加的结果。再如，一个企业或项目的价值也是会随着资金的时间价值而贬值、增值或不变，在不同时间里有着不同的价值。

总之，由于货币是以时间为自变量的一个函数，所以商品的价值换算成货币时，也是一个随时间增加而变化的函数。由于整个社会的货币时间价值的变化而决定了同一商品在不同时间里价值有所不同及价格有所不同。

严格来讲，资金时间价值是指资金本身的价值。但是，由于资金的货币具有特殊功能，如存在银行一定数目的货币，不用投入商品经营过程，经过一段时间以后，也能自动获得利息的收益回报，所以，这也体现了资金的时间价值，是资金本身以外的金融投资所获得的时间上带来的价值增值。此外，包括银行贷款收取利息及购买国债等也会获得其相应的时间增长带来的一定收益，即时间上的价值增值。这种资金的时间价值，称为外来的价值增值，这时货币资金的时间价值只能称为机会成本，因为，保险柜里的货币未必都要作这些投资，只能作为对比这些金融投资回报收益的参考标准而已。是把钱用于这些金融投资还是投放到某个项目上，要看哪个回报更大。

研究资金的时间价值问题，主要是研究资金时间价值的计算问题，即一笔固定数目的资金经过一段时间以后，会带来怎样的价值变化情况。如本身不作任何项目投资，只是存放在保险柜里的"裸体"价值受什么影响及变化有多大？另一个是研究作为某种金融手段带来的时间上的价值变化，如银行存款、贷款及国债等计算及变化情况。

资金（货币）作为一切商品的价值的总代表，所以，资金的价值也与一般商品的价值一样，需要用商品的价值单位来度量。

3. 资金时间价值的等值计算

资金时间价值计算，从本来的意义上讲，应该是资金本身的时间价值计算，即放在保险柜里的"裸体"资金，经过一段时间以后，增加多少价值或是减少多少价值的计算，即同一笔数量资金通过乘以一个换算系数还原为原来的价值的计算。而保险柜里的一定量的资金经过一段时间以后是贬值还是增值，只取决于其通货膨胀率或通货紧缩率。所以，资金时间价值的等值计算，就是对不同时间上的一笔资金去掉通货膨胀率或通货紧缩率影响后的价值换算。

此外，由于一定量的资金放在银行中，经过一段时间以后，也会获得存款利息的收益，也会产生数量上的价值增值。所以，资金时间价值包括资金本身的时间价值增值和作金融投资的价值增值两大方面。

（1）银行存款中的资金时间价值的计算

在现实中，由于很多情况，人们都习惯于把钱存在银行中，以获得稳定的利息，所以在进行项目决策时，社会投资者总是习惯于把投资资金与银行存款利息对比，对比实业项目投资与银行存款利息哪个回报更大，以决定是否值得动用银行存款。这样，银行存款中的利息，无形中成了投资决策的资金时间价值的经常性对比标准，但其并不是资金本身的时间价值的标准。

显然，研究资金时间价值问题，就是研究经过一段时间以后资金的价值变化大小问题。这样就产生了资金时间价值现在的值与将来的值的问题，也就是资金时间价值研究中的现值与终值问题。

终值：指一笔固定资金经过一段时间以后增加或减少的价值。

现值：指一笔未来的固定资金折算到现在时的价值。

（2）对比银行存款名义利率的资金时间价值的计算

1）终值计算。

银行存款中，由于有利息的存在，使得一笔固定数量的货币资金，经过一段时间以后，会产生货币资金数量的增加，我们找出这种情况下的资金利息的计算方法。一定量的资金存入银行，经过一段时间以后，本金能够生出多少额外的利息，即银行存款的本金加上利息和的问题，分为终值的本利和与现值的本利和情况，其中利息分为单利和复利两种情况。

①单利利息存款的终值本利和计算。

银行存款中通常使用单利计息，单利是只有存款本金能够生息，本金所生出的利息不再作为本金的利息计算方式。

$$利息=pni$$

其中，P——现值；

n——存款年限；

i——利率。

说明：为了简便起见，此中没有考虑利息税的内容。

则一笔固定数量的现金P的各年的存款利息可由下面的方法计算出来：

第一年存款的利息为$1Pi$；

第二年的存款利息为$2Pi$；

第三年的存款利息为$3Pi$；

……

第n年的存款利息为nPi。

则一笔固定存款的各年的终值的本金加利息之和F为：

第一年的终值的本利和F=本金+利息= $P+1Pi=P(1+1i)$；

第二年的终值的本利和F=本金+本年利息=$P+2Pi=P(1+2i)$；

第三年的终值的本利和F=本金+本年利息=$P+3Pi=P(1+3i)$；

……

第n年的终值的本利和F=本金+本年利息，即

$$F=P(1+in) \quad (1)$$

注意：单利的性质是，一笔固定资金经过一段时间以后，以每年不变的利率增长。本金只计算一次，而利息回报是根据年限来确定的，年限越长，公式（1）中的n越大，其利息回报越多。

例如，某人在2007年初存入银行10 000元现金，存期20年，银行存款利率为4%，则第20年时的终值的本利和为

$$F=10\,000(1+20\times4\%)元=18\,000元$$

这说明在银行存款利率为4%的单利率情况下，现在的10 000元货币资金，存入银

行20年时间，取款结算时的终值为18 000元，即增加了8 000元的货币；反过来，20年后的18 000元货币资金，相当于现在的10 000元的货币资金。

$$\text{现值10 000元（2007年）} \xrightarrow{\text{4\%单利}\quad \text{20年}} \text{终值18 000元（2027年）}$$

②复利利息存款的终值本利和计算。

复利是把银行存款的每年的利息作为下一年的本金而计算利息的，也称"利滚利"。

根据定义，设本金为P，利率为i，存款期限为n，终值为F，则有

第一年本利和的终值F为

$$F=\text{本年本金}+1\text{年时间所新增加的利息}=P+Pi=P(1+i)$$

第二年的本利和的终值F为

F=第一年末的本利和的终值作为本年本金+本年中新增加的1年的利息

$=P(1+i)+P(1+i)i=[P(1+i)](1+i)=P(1+i)^2$

第三年的本利和的终值F为

F=第二年末的本利和的终值作为本年本金+本年中1年时间所新增利息

$=P(1+i)^2+P(1+i)^2 i=P(1+i)^2[(1+i)]=P(1+i)^3$

……

第n年的本利和的终值F为

F第$n-1$年的终值作为本年本金+第n年的利息

$$F=P(1+i)^n \qquad (2)$$

这样可以看出，与单利的一次性计算本金有着不同的资金的时间价值的增长速度，对比而言，复利增长速度来得快，而单利增长速度来得慢。单利是利率i与年限n的积，而复利则是利率加上1的n次方，其中的1是固定数，与n无关。乘方比乘积增长的速度快。

例如，以某人2007年银行存款10 000元，存款期20年，银行利率为复利4%，计算该人存款到2027年时的终值的本利和的终值。

$$F=10\,000(1+4\%)^{20}\text{元}=21\,911\text{元}$$

$$\text{现值10 000元（2007年）} \xrightarrow{\text{4\%复利}\quad \text{20年}} \text{终值21 911元（2027年）}$$

可见，银行存款的复利率所计算的资金时间价值增值要快于单利率下的资金时间价

值增值速度。本例中同样的1万元存款，同样的存期20年，单利与复利相比差3911元。

以上是区分单利和复利来确定的资金时间价值增长或减少的对比。

此外，根据两种情况下的求本利和的终值公式也可以看出，同样的单利或复利情况下，银行利率越高，则终值的本利和越大；反之，本利和越小。存款的年限越长，则增值越大；存款年限越短，其增值也越小。所以，提高银行存款利率，可以增加由于银行存款所带来的资金时间价值的增值；反之，减少银行存款利率，资金的时间价值增值就慢。这就是项目评估中要进行资金时间价值计算的原因。投资项目往往都是一个长期的过程，长期中，资金的时间价值变化相对较大，所以，在计算投资项目的财务经济效益时，要把资金时间价值作为项目投资的时间上所带来的资本的机会成本。因为一定量的资金，如本例子中的10 000元的20年银行存款，即便不投资到任何项目，存入银行中，经过20年时间，也会获得资金时间价值的单利情况下的增值8 000元或复利情况下的增值11 911元。而要准确地计算出投资项目的财务经济效益，就要考虑去掉这8 000元或11 911元的增值，在此之外增加的期初收入，才是项目投资所带来的额外的现金收益，这就是投资项目财务经济效益分析中的收益净现值*NPV*（*i*）问题。

2）现值计算

所谓银行存款的现值计算，指的是已知一笔银行存款未来的本利和的终值，求当初存款时的值的计算。也就如前面例子中的单利情况下已知2027年的本利和为18 000元，并且银行利率为4%，折现期为20年，求2007年的钱数是多少；或复利情况下2027年的本利和为21 911元，银行利率为4%，20年折现期，求2007年时的现金是多少。故银行存款中的现值计算也可以分为单利或复利情况下的现值两种情况，不过这两种情况的计算公式推导比较简单，只需在前面的公式中求出现值*P*就可以了。

①单利情况下的现值计算公式。

根据公式（1），由于$1+in$任何情况下都不等于零，故（1）式两边同时除以$1+in$，便有

$$P=\frac{F}{1+in} \qquad (3)$$

②复利情况下的现值计算公式。

根据前面的复利终值计算公式（2）推导出复利现值计算公式，因为$(1+i)^n$在任何时候不为零，所以可以将（2）两边同时除以$(1+i)^n$便有

$$P=\frac{F}{(1+i)^n} \qquad (4)$$

（3）对比银行存款实际利率的资金时间价值计算

我们知道，放在银行的一笔资金，随时间的永续增加，会带来利息的增加，即货币数量的增加，或名义上的价值增值。但同时，当计算这笔资金的终值取款时，社会市场消费品平均物价可能上升，此时，导致货币贬值，即通货膨胀现象发生了；也可能市场消费品物价平均下降，导致货币增值，即通货紧缩现象发生了。那么，银行存款利息带来的货币的价值增值及通货膨胀（或通货紧缩）率带来的货币价值贬值（或增值）对比哪个大，哪个小呢？就看哪个绝对值大。如果银行存款利息率大于通货膨胀率，则增值速度大于贬值速度，此时，银行存款是增值的；反之，则由于社会市场消费品的平均物价的普遍上升速度超过利息带来的货币增加数，则实际上的银行存款是贬值的。因此，只有在银行存款利率大于通货膨胀率时货币在银行的存款才能带来增值。为了存款保值，银行应在利息的基础上增加通货膨胀率，才能抵消物价上升所带来的货币存款中的价值贬值。这就是实际利率和实际折现率带来的资金时间价值计算问题。

实际利率最早是由美国耶鲁大学经济学教授、诺贝尔经济学奖获得者阿尔文·费雪提出来的。

1）终值计算。

实际利率下的资金时间价值终值计算就是把收益率i换成实际利率=银行利率–通货膨胀率，或实际利率=银行利率+通货紧缩率即可。

根据费雪实际利率计算公式，在银行利率大于通胀率的情况下：

①实际利率–银行利率–通货膨胀率>0时，资金的时间价值是随时间的增加而增加的，终值大于现值；

②实际利率=0时，任何时间段里的终值都与现值相等，终值等于现值；

③实际利率=银行利率–通货膨胀率<0时，终值小于现值。

上述情况如图8-7所示。

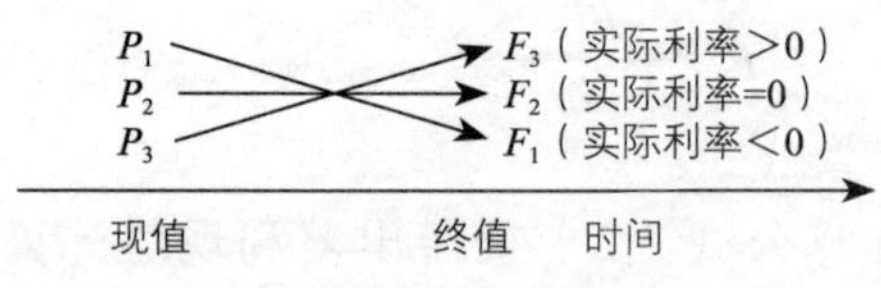

图8-7　终值变化趋势图

2）现值计算。

现值计算就是把折现率换成实际折现率=银行存款利率的折现率–通货膨胀率，或

实际折现率=银行存款利率+通货紧缩率

定义：实际折现率是费雪实际利率倒折的折现率。

实际折现率在数值上与实际利率相等，表示的方向完全相反。

当社会发生通货膨胀时，实际折现率=银行利率–通货膨胀率

当社会发生通货紧缩时，实际折现率=银行利率+通货紧缩率。

①当实际折现率=银行利率–通货膨胀率>0时，现值是减少的，现值小于终值；

②当实际折现率=银行利率–通货膨胀率=0时，现值等于终值；

③当实际折现率=银行利率–通货膨胀率<0时，现值大于终值。

由实际折现率决定的现值变化趋势分析，如图8-8所示。

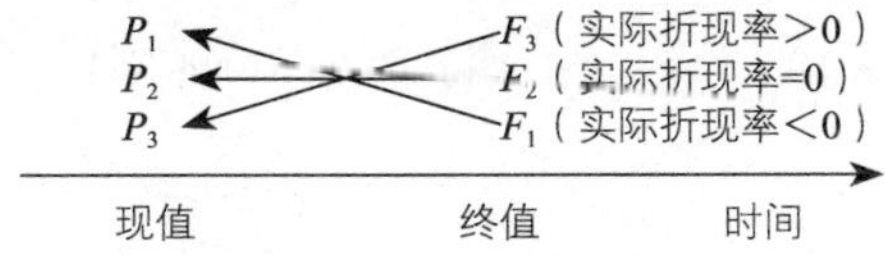

图8-8　现值变化趋势分析

（4）普通年金的资金时间价值的计算

1）**终值计算**。

年金是指一定时期内每期相等金额的收付款项，如租金、定期支付的保险金、按直线法计提的折旧额、养老金、分期付款、分期还款等通常都属于年金的形式。

根据年金每次收付发生的时点不同，可以将年金分为以下四种。

① 后付年金：每期期末等额收或付款的年金，也称为普通年金或称复利年金，是运用复利的计算方法进行终值或现值计算的。

② 先付年金：每期期初等额收或付款的年金。

③ 递延年金：距今若干期以后发生的每期期末等额收或付款的年金。

④ 永续年金：无限期连续收或付款的年金。

普通年金的终值计算公式：

普通年金终值，就像零存整取的本利和一样。根据定义，假设从现在开始，每期期末存入一笔资金A（A即为年金），设年利率为i，连续存入n期，n期末时的终值之和就是普通年金的终值。

设F表示年金的终值，则有把各期复利终值相加就得到了复利年金终值为

$$F=A+A(1+i)+A(1+i)^2+\cdots+A(1+i)^{n-1}$$

等号两边同乘以（1+i）得

$$(1+i)F=A(1+i)+A(1+i)^2+\cdots+A(1+i)^n$$

后式减去前式有

$$(1+i)F-F=A(1+i)^n-A$$

整理有

$$F=A\frac{(1+i)^n-1}{i} \quad (5)$$

2）现值计算。

可以同样的方法推出普通年金现值的计算公式为

$$P=A(1+i)^{-1}+A(1+i)^{-2}+\cdots+A(1+i)^{-n}$$

两边同时乘以（1+i）得

$$P(1+i)=A+A(1+i)^{-1}+\cdots+A(1+i)^{-n+1}$$

后式减去前式并整理得

$$P=A[(1+i)^n-1]/i(1+i)^n \quad (6)$$

表8-1　单利及复利计算公式汇总表

已知项	所求项	使用系数名称	系数符号	计算公式
P	F	单利终值系数	F/P	$F=P(1+in)$
F	P	单利现值系数	P/F	$P=F/(1+in)$
P	F	复利终值系数	F/P	$F=P(1+i)^n$
F	P	复利现值系数	P/F	$P=F/(1+i)^n$
A	F	普通年金终值系数	F/A	$F=A[(1+i)^n-1]/i$
F	A	偿债基金系数	A/F	$A=F\,i/[(1+i)^n-1]$
A	P	普通年金现值系数	P/A	$P=A[(1+i)^n-1]/i(1+i)^n$
P	A	资本回收系数	A/P	$A=Pi(1+i)^n/[(1+i)^n-1]$

公式中符号记忆方法，哪个字母在前面就是求哪个的值，而后面的字母则表示的是已知的条件。

需要说明的是，上面所提到的资金时间价值的计算，本质上是将一定数目的货币在不同时间的不同价值进行等值换算。而换算的方法，就是如果已知现值求终值，只需将现值乘以一个终值系数，包括单利终值系数和复利终值系数两种情况，取单利系数还复利系数是根据收益率的单利还是复利来确定的。而折现率i可以取银行利率，也可以取实际利率或其他收益率，并且取什么样的折现率，就是资金时间价值与什么投资对比的参照标准。因此，折现率是一个项目财务经济效益大小及意义属性的一个参考标准。

而已知终值求现值，则只需将终值乘以一个折现系数，其中取哪个折现系数也是根据折现率的单利还是复利来确定的。

对于折现系数，简单的方法是可以查“一元单利终值表”、“一元单利现值表”、“一元复利终值表”、“一元复利现值表”等。不过表中所列明的内容是有限的。表中没有计算出来的，只能通过上面的四个公式直接求折现系数，这种方法比较精确。

其中，$1/(1+i)^n$为现值系数，由n和i所决定。设终值F为1，只要给出n和i，代入（2）中计算，即可得到“一元钱的复利终值计算表”中的P/F一列。无论查表或直接代入上面的四个公式，得出的结果是一样的。这些表中的内容只不过是根据单利或复利终值或现值公式事先计算好的而已。

同样的，如果把折现率取银行利率减去通货膨胀率（或加通货紧缩率），即实际折现率，则所得现值就是银行利率所带来的资金时间价值的增加去掉了通货膨胀率（或加通货紧缩率）以后的纯的银行利率的资金时间价值。

（5）保险柜里的资金本身的时间价值的计算

保险柜里资金本身的时间价值的计算，是指资金本身的“裸体”的时间价值的计算，即放在保险柜里的一定数目的资金，经过一段时间以后，受通货膨胀率或通货紧缩率影响所带来的价值的贬值或增值的结果。即不做任何银行存贷款及国债等金融投资，仅是由于通货膨胀率或通货紧缩率所带来的影响，这是任何资金都逃不脱的时间价值的变化，即使不投资也要受到影响的。因此，通货膨胀率或通货紧缩率是研究资金本身的时间价值的核心问题，统称为保险柜里的资金时间价值的标准折现率。

事实上，也只有保险柜里的资金时间价值变化才是资金本身的时间价值变化，是由市场决定的，而其他金融投资带来的时间价值的变化在某种程度上是人为的因素，如国家金融政策带来的存贷款利率的上升或下调，国债利率也可以由国家根据经济状况调整。

由于一个时期中的物价是逐年上升或下降的，即在上一年的基础上上升或下降的，所以，通货膨胀率符合复利的性质，可以按复利折现求现值或终值。当然，这是指跨时间段情况下，如时间段分为几个期限时的结果。对于一个时间段来说，不存在下一期，所以，也就不涉及是否重复计算本金的问题，也就是单利的问题了。这个时间段可以人为设定，如果把一个项目期几十年或更长或更短作为一个时间段，则此时的通货膨胀率是单利的，此时的通货膨胀或紧缩率是此段时间中的平均数，事实上这一个时间段内可能是上升或下降的。否则，两个以上的时间段为复利。

1）一个时间段的单利的资金本身的时间价值计算。

设某一段时期中保险柜里的货币资金的期初值为P，期末的终值为F，通货膨胀率为i，由于是一个时间段，不存在复利问题，故按单利折现，且折现年限为1。

由于

$$F=P(1+1i)$$

故有

$$F=P(1+i)$$

由于

$$P=\frac{F}{1+1i}$$

故有

$$P=\frac{F}{1+i}$$

例如，已知期初时保险柜里有100元钱，在一个时间段（一年或几年）上的平均通货膨胀率为30%，求这个时间段上的期末时的相同的价值的货币数。

这是一个已知期初保险柜里的货币价值现值P=100元，求经过这段时间，在通货膨胀率为30%情况下的期末的价值的货币表示数。

$$F=P(1+i)=100\times(1+30\%)\text{元}=130\text{元}$$

按30%的平均通货膨胀率计算期初的100元钱与期末的130元价值相等，即期初的100元与期末的130元买到同样多的商品。至于以商品表示的价值还是以货币表示的价值是无所谓的，事实上，这才是真正的市场经济的等价交换原理。

再如，已知保险柜里存有2万元钱，如果要求相当于10年前的价值多少，通货膨胀率为300%。这是一个已知终值2万元，求现值的资金时间价值的等值计算问题。

解：

$$P=20\,000\times\frac{1}{1+300\%}\text{元}=5\,000\text{元}$$

即按300%即3倍的通货膨胀率，现在保险柜里的2万元与本时间段10年时间的期初的5 000元所能买到的商品价值是一样的。

再如，如果其间发生了通货紧缩，即通货膨胀率为–20%，则期初的等价值的货币数为

$$P=20\,000\times\frac{1}{1-20\%}\text{元}=25\,000\text{元}$$

即这段时间里的期初的2.5万元与期末的2万元等值。表明随时间的增加，货币所购买商品的能力增加了。用较少的钱买到了较多的商品，此段时间里保险柜里存放的钱带来了无形的增值，而通货膨胀的作用正好相反——使资金贬值。

如果用于投资项目决策分析中，可以把项目期作为一个时间段，然后按该时间段上的平均通货膨胀率单利折现得到其现值或终值，不是分年折现加总的结果，而是这段时间里资金时间价值的平均增值（通货紧缩）或贬值（通货膨胀）的结果。

例如，某项目10期，当中平均通货膨胀率为10%，项目所剩余的各年净现金流量之和为30万元，则这30万元相当于期初的货币价值为

$$P=30\times\frac{1}{1+10\%}\text{万元}=27.27\text{万元}$$

如果没有通货膨胀，即通货膨胀率为零，则有

$$P=30\times1\text{万元}=30\text{万元}$$

如果此间通货膨胀率为–30%，即通货紧缩，则

$$P=30\times\frac{1}{1-30\%}\text{万元}=42.86\text{万元}$$

终值也可以前面的终值公式同样计算。

这样，在进行项目投资决策预测时，就可以将保险柜里的资金时间价值的变化预测得出结果，本例中，如果考虑项目投资回报现值，在预测通货膨胀率为10%时情况下，就只有大于27.27万元的资金回报总数，才是获得了超过保险柜里时间价值自然增值的额外收益。否则，不如放在保险柜里。而在没有通货膨胀时，超过30万元即可；在通货紧缩情况下，资金时间价值是增值的，只有超过42.86万元才值得动用这30万元资金进行投资，否则，不如放在保险柜里。由此也可以看出，通货膨胀现象能够刺激投资，减少保险柜里的资金时间价值的机会成本，投资通过利润可以抵消一下；而通货紧缩时，把钱放在保险柜里，自然会增加价值，原来同样的货币数，过了一段时间买到比原来更多的商品了。这时，用现金投资机会成本就很大

了。本例中，只有超过42.86万时才有格外剩余的投资回报，这时投资决策需要特别谨慎。

2）复利的资金本身的时间价值计算。

对于项目投资决策分析中用于分年预测时，则由于下一年中的通货膨胀率是上一年中的结果，所以应当使用复利方法进行求现值或终值。

如保险柜里现有货币100元，按通货膨胀率为10%分年计算，则有

第一年期初时为100元；

第二年期初时为100（1+10%）=110元；

第三年期初时为110（1+10%）=121元；

第四年期初时为121（1+10%）=133.1元；

……

即同样的100元，每经过一个时间段，就增加了货币表示数。

10%　　10%　　10%

100　　110　　121　　133

第一年　第二年　第三年　第四年

可以看到，同样的100元，在第二年变成了110元，即第一年的100元与第二年的110元买到了同样多价值的商品。而到了第四年，需要133元才能买到第一年的100元能买到的商品。资金随时间增加，购买商品的数量在减少，购买能力降低，货币贬值了。

从商品的保值价格来讲，在第一年时价格为100元的商品，在第四年必须是133元价格才是保值的，否则高于133元是提价行为，而小于这个数是降价行为。

所以，通货膨胀率或通货紧缩率是判断社会物价上升与下降的"晴雨表"。根据通货膨胀率或通货紧缩率进行现值或终值确定的物价是保值物价。对于国家工商管理部门制定价格政策和监管可以提供直接的计算方法。明白一点儿讲，就是中央银行多发行或少发行多少比率的货币，工商部门就要跟着制定允许多大通货膨胀率或紧缩率的物价，以防组织或个人止利用通货膨胀率或通货紧缩率来抬高或降价物价。

这种通过通货膨胀或通货紧缩来控制社会物价的方法，实际是一种商品的价值与价格的"水涨船高"或"水落船低"的同步的监测结果。对于社会经济的判断及理论研究有着不可估量的经济意义。

反映通货膨胀或通货紧缩程度大小的百分比称为通货膨胀率或通货紧缩率，或者说是一个国家的货币发行量大于、等于或小于实际商品价值的百分比比率。

（二）通货膨胀率

通货膨胀率是反映一个国家或社会一定时期或一年中货币流行的数量超过社会实际存在的商品价值的货币表示数所多发行的货币的比率，用百分数表示。

显然，通货膨胀率越大，表示通货膨胀的程度越大，社会“钱毛”的程度越大。此时，保险柜里的资金时间价值贬值得快，反之则慢。与通货膨胀率相反的一个概念是通货紧缩率。

（三）通货紧缩率

反映一个国家或社会一个时期或一年中全部商品价格下降的幅度的百分比指标叫做通货紧缩率。

通货紧缩率越大，表示社会“钱实”的程度越大，保险柜里的资金时间价值增值越快，反之则越慢。

由于通货膨胀是一个国家或社会一定时期或一年中社会全部商品的价格上涨或下降的经济现象，所以反映通货膨胀程度大小的通货膨胀率或通货紧缩率就要以这个国家或社会的一定时期或一年中的全部所有的商品的价格作为定义的内容，而不能只是用部分商品，如只是消费品或部分消费品，如*CPI*来定义，或用部分消费品年增量的国内生产总值*GDP*平减指数来定义，这样会漏掉整个商品的一半的投资类商品的价格的上涨因素。

根据前面对通货膨胀现象产生原因的分析，可以知道，通货膨胀是由于一个国家中央银行多发行货币造成的。这样，通货膨胀率就是货币发行数除以实际商品价值货币数结果换算成百分数就可以了。故得出通货膨胀率计算公式为

$$\text{某一段时期的通货膨胀（紧缩）率}t=\left(\frac{\text{该段时期社会存在的货币总量}}{\text{该段时期社会全部商品价值对应的货币总量}}-1\right)\times 100\%$$

分三种情况讨论：

当$t>0$时，表示这段时期通货膨胀；

当$t=0$时，表示这段时期的通货膨胀率或通货紧缩率为零；

当t<0时，表示这段时期的通货紧缩。

例4 ≫

在一段时期中，某国家社会全部财富对应的商品的价值总量折合成货币单位是200亿元，根据这一价值总量，如果国家发行不同的货币数量，就会产生通货膨胀、无通货膨胀及通货紧缩或通货紧缩三种情况。

如果这段时期的社会货币总量为300亿元，即以超过实际存在的社会财富的商品的价值量来发行货币，或以较多的货币数来表示社会全部财富的商品的价值量，则根据公式有

$$300/200-1=0.5=50\%>0$$

说明此时发生了通货膨胀，且通货膨胀率为50%，即货币贬值一半，是过多发行的占1/2价值量的货币发行的结果。

如果这段时期的社会货币总量为200亿元，即以等于社会全部财富商品的价值量发行货币，此时的社会财富的商品价值量与货币表示的社会财富的商品的价值量是相等的。既没有通货膨胀，也没有通货紧缩，是健康态的金融现象，体现在公式上也是通货膨胀率或通货紧缩率均为零。

$$200/200-1=0$$

此时，任何投资项目决策分析财务预测及一切投资类商品的价值评估预测收益也都不需要进行资金时间价值折现计算了。收益净现值$NPV(i)$，只是各年净现金流量NCF的和。

如果这段时期的社会货币发行量为100亿元，此时，根据上面的通货膨胀率计算公式计算结果为

$$100/200-1=1/2-1=-1/2=-50\%<0$$

说明此时发生了通货紧缩，且通货紧缩率为50%，此时整个社会物价下降了50%。很明显，200亿元的商品的价值货币数只用了100亿元货币来表示，此时1元钱价值的商品只用了0.5元来购买，货币对商品的购买能力增加了50%。此时存放在保险柜里的货币本年中是增值的，增值率是50%，即每一元钱增值35%，即0.5元。

由此可见，通货紧缩率的大小，反映了货币增值的大小，通货紧缩率越大，放在保险柜里的同样数量的货币的时间价值增值越大。反之则增值越小。

在使用通货膨胀或通货紧缩率进行资金时间价值计算时，需要确定通货膨胀或通货紧缩率的单利或复利问题，才能代入单利或复利的折现系数中进行折现。

由于通货膨胀率计算公式是定义在一个时期中的结果。不存在复利问题，所以，通货膨胀或通货紧缩率在一个时期中，是单利的。故在使用时，计算一个计算期内的通货膨胀取单利，按单利的折现系数进行折现。这里的一个时期，通常以一年为好，但也可以使用多年来作为一个计算期。

那么怎样计算一笔固定资金，放在保险柜里后，经过一个计算期，到底增值或贬值多少呢？我们举例说明。

已知年初放在保险柜里的一笔资金为1 500元，试求存在通货膨胀、通货紧缩、无通货膨胀及通货紧缩三种情况下年末的价值是多少。

这是一个已知年初放在保险柜里的资金本身的年初的价值为1 500元，求在通货膨胀、通货紧缩、无通货膨胀及通货紧缩三种情况下资金时间价值的贬值、无变化及增值问题。

解：

第一种情况，设通货膨胀率为5%，由于在一个计算期内，通货膨胀为单利，所以，可以按单利终值系数来求终值。根据单利终值系数计算方法有

$$F=1\,500（1+1\times 5\%）元=1\,575元$$

也就是说，年初的1 500元，在5%的通货膨胀率之下，与年末的1 575元价值相同。反之，年末的1 575元，按5%的通货膨胀率折现到年初现值等于1 500元。

$$P=1\,575[1/（1+5\%）]元=1\,500元。$$

1 500元　　5%通货膨胀率贬值　　1 575元

年初　　　　　　　　　　　　　　年末

即在通货膨胀率为5%的情况下，年初的1 500元与年末的1 575元所能买到的商品的数量一样多。即在年初花1 500元能够买到的商品，到了年末，就要花1 575元才能买到，无形中要多花75元才能买到。这时货币的购买力低了，货币贬值了。

第二种情况，由于没有通货膨胀或通货紧缩，所以，通货膨胀率为零，这时计算结果为

$$F=1\,500（1+0）元=1\,500元$$

或

$$P=1\,500（1/1+0）元=1\,500元$$

此时保险柜里的1 500元，不论在年末还是年初的价值都是一样的，都能买到相同

数量的商品。

1 500元　　通货膨胀率及通货紧缩率都为零　　1 500元

年初　　　　　　　　　　　　　　年末

即在没有通货膨胀或通货紧缩的情况下，即通货膨胀率或通货紧缩率为零的情况下，保险柜里资金本身的价值在年初与年末是相同的。

第三种情况，设通货紧缩率为3%，即通货膨胀率为–3%，则根据单利终值系数有

$$F=1\,500[1+1\times(-3\%)]\text{元}=1\,455\text{元}$$

即年末的1 455元与年初的1 500元能够买到同样多的商品。反之，年末的1 455元，相当于年初的1 500元的价值。求现值结果也是1 500元，即

$$P=1\,455/[1+1\times(-3\%)]\text{元}=1\,500\text{元}$$

即在通货紧缩率为3%的情况下，年初的1 500元与年末的1 455元价值相同。即在年初要花1 500元买到的商品，到了年末，只需要1 455元即可买到，少花了45元，即保险柜里的货币本身的价值增加了。

1 500元　　3%通货紧缩率　　1 455元

年初　　　　　　　　年末

这里的计算期取一年，如果以其他不同的年份为一个计算期，如3年或5年或其他年数，来计算保险柜里资金本身的时间价值的变化，方法与本例是一样的。

二、收益净现值*NPV*（*i*）

在作投资项目决策分析或对一般投资商品进行价值评估时，经常需要进行收益分析，并且是要去掉资金本身的时间价值以后的净的收益结果，因为只有去掉资金本身时间价值以后的收益，才是投资资本的保值前提下的收益。这就是经济、管理、财务、会计、金融及一切投资商品价值判断中经常用到的收益净现值*NPV*（*i*）的概念，并且以净现值*NPV*（*i*）概念为核心形成一整套的动态指标。

由于投资项目决策中对于资金时间价值计算是建立在对各年净现金利润进行时间价值计算基础上的，这个净现值也称为净现金流量*NCF*，所以，我们先来介绍一下净现金流量*NCF*的概念。

1. 净现金流量NCF

净现金流量是建立在对项目各年现金流入与流出的概念基础上的，所以，我们有下面的定义。

现金流入量CI：指投资项目各年现金流入的数量；

现金流出量CO：指投资项目各年现金流出的数量；

净现金流量NCF：指投资项目各年现金流入减去现金流出后的数量。

显然有

$$NCF=CI-CO$$

所谓投资商品（或项目）的收益净现值$NPV(i)$，就是把投资商品（或项目）每年（期）的净现金流量NCF作为终值F分别折现到期初的现值P加总后的价值。

由于已知终值求现值，分为单利和复利两种折现率，所以，在折现时，依照折现率不同，也分为单利折现系数和复利折现系数两种情况。

第一步：在“现金流量表”中找出各年的净现金流量NCF=各年的现金流入CI−各年的现金流出CO。

第二步：分别把各年的净现金流量NCF进行折现，即只需将各年的净现金流量NCF作为终值乘以一个折现系数即可，并区分单利和复利两种情况。

单利折现率时，根据前面的公式（3），各年的现值P求法分别是

$$P=NCF\ \frac{1}{1+in}$$

其中，P为项目某年的净现金流量NCF的期初的现值，NCF表示项目各年回报的净现金相对于期初的终值，$1/(1+in)$为单利折现系数。实际是资金时间价值的不同时间段的一个等值换算。

复利折现率时，根据前面的公式（4）各年的现值P求法分别是

$$P=NCF\ \frac{1}{(1+i)^n}$$

其中，P为项目某年的净现金流量NCF的期初的现值，NCF表示项目各年回报的净现金相对于期初的终值，$1/(1+i)^n$为复利折现系数。实际是资金时间价值的不同时间段的一个等值换算。

第三步：把各年折现结果相加，并得出整个投资项目在整个项目期内的总的现金回报在期初时的价值，用符号$NPV(i)$表示。

故在单利情况下，各年折现系数分别为$\frac{1}{1+ti_t}$

$$NPV(i)=NCF_0+NCF_1\frac{1}{1+1i_1}+NCF_2\frac{1}{1+2i_2}+NCF_3\frac{1}{1+3i_3}\cdots+NCF_n\frac{1}{1+ni_n}=\sum_{t=0}^{n}NCF_t\frac{1}{1+ni_t}$$

折现率i为复利利率时，其复利的终值求现值的折现系数为$\frac{1}{(1+i)^n}$，故此时的净现值$NPV(i)$的计算公式为

$$NPV(i)=NCF_0+NCF_1\frac{1}{1+i}+NCF_2\frac{1}{(1+i)^2}+NCF_3\frac{1}{(1+i)^3}\cdots+NCF_n\frac{1}{(1+i)^n}=\sum_{t=0}^{n}NCF_t\frac{1}{(1+i)^t}$$

上述计算过程，如图8-9所示。

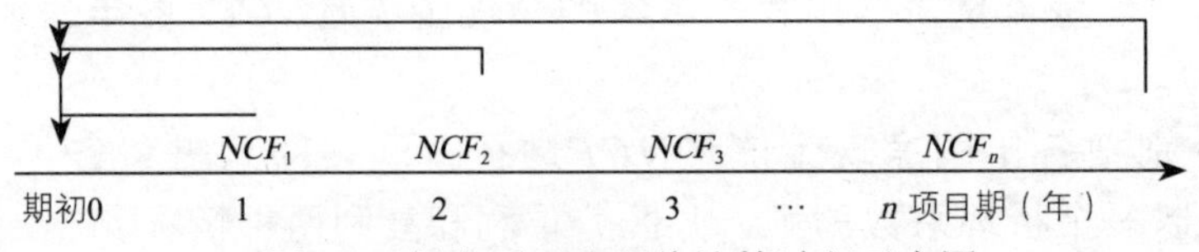

图8-9　投资项目净现值计算过程示意图

从上面的两个净现值计算公式中可以看到，对于同一个各年净现金流量NCF投资项目来说，单利折现系数下计算出来的收益净现值$NPV(i)$要小于复利折现系数下的收益净现值$NPV(i)$。

2．收益净现值$NPV(i)$

通过总结，我们得出净现值的定义：把一个投资项目的各年的净现金流量NCF都按一定的折现率i折现到期初的现值并加总所得到的值就是净现值，用$NPV(i)$表示。

为了明确起见，也可用$NPV(i, NCF)$来表示，意即在取定的折现率i下，在预测的各年净现金流量NCF的基础上的项目去年资金时间价值增值（或贬值）以后所剩余的期初的现金的价值。

单利折现率的折现系数为$1/(1+ni_t)$，复利折现率的折现系数为$1/(1+i_t)^t$。

形成资金时间价值增值的原因如下。

一方面来自于政府的通货紧缩政策，即通过少发货币来实现社会资金时间价值的增值。随着政府宏观调控政策的货币紧缩，货币回笼，少量货币代表着大量的商品价值。经过一段时间以后，自然会买到比以前更多的商品，即货币增值了。

另一方面来自于企业的投资经营，即通过以较少的要素购买投入，通过生产环节形成商品，拿到市场销售以后形成比投入更大回报的价格利润，即货币——商品——货币……的循环环节一次比一次货币增加，这部分利润对应的价值就是企业通过生产经营所创造的货币的价值增值。

而在实践中，项目投资的回报，一方面受政府宏观经济调控货币政策的影响，另一方面也受企业生产经营效果的影响。即通货紧缩率越大，社会资金时间价值增加的就越快，这时，一定量的资金投入某个项目当中所面临的资金时间价值自然增值的机会成本就越大；反之，就越小。而在通货膨胀时，投资不但不会产生这种机会成本，而且只需存物也会保值，即把商品买来，经过一段时间以后自然就会涨价，带来利润的剩余价值。所以，政府如果要想刺激社会经济，让经济趋热，就会大量向社会发行货币，以造成通货膨胀。反之，要想抑制社会经济，防止过热，就会采取货币回笼的政策。

投资项目的收益净现值$NPV(i)$，预测的是各年净现值金流量NCF下的结果，由于各种NCF预测的结果不同，则得出的收益净现值$NPV(i)$的结果不同。另外，在确定的各年净现金流量基础上，净现值还取决于折现率的取法，取不同的折现率，表示对比的资金时间价值的对比标准的不同。例如，取通货膨胀率或通货紧缩率表示资本金本身的裸体时间价值，即保险柜里的资金时间价值，即在没有任何投资下的只考虑通货膨胀或通货紧缩带来的资金时间价值的影响的剩余价值。这是任何投资项目都必须首先计算的收益净现值。而其他折现率的净现值$NPV(i)$只是特殊情况的金融投资对比的收益净现值。例如，取银行存款利率或银行贷款利率为折现率，则表示这笔投资资本金对比银行存贷款时间价值的项目的格外利润的剩余价值；如果取实际折现率，即银行存款利率减去通货膨胀率或加上通货紧缩率的折现率，表示投资资本金去掉银行存款利息及通货膨胀率或通货紧缩率的保值收益以外的剩余价值；取国债利率的折现率表示资本金国债利率收益以外的剩余价值；取行业基准收益率的折现率表示对比同行业最低收益率的额外剩余价值。还有其他不同折现率的不同意义及不同数值的折现率都会得到不同意义和数值的净现值$NPV(i)$结果。

如果在多个方案中，每个方案的收益净现值$NPV(i)$与价格P之比都相等且等于一个常数λ时，即

$$\frac{NPV(i)_1}{P}=\frac{NPV(i)_2}{P}=\frac{NPV(i)_3}{P}=\cdots=\lambda$$

可以根据λ的值对投资收益作出分析判断，分三种情况。

1）如果λ＞1，则$NPV(i)_1 > P_1$，$NPV(i)_2 > P_2$……则说明投资收益净现值$NPV(i)$大于购买价格，则投资者获得了超过购买价值成本的剩余价值，是可取的。此时选择$NPV(i)_1/P$、$NPV(i)_2/P$中比值较大的项目，表明同样的价格P，比值大的，其$NPV(i)$也较大，总之取净现值$NPV(i)$最大的为最终确定的项目。

如对于某个矿业权，支付的使用权的价格为1 000万元，而在项目结束时计算得到的净现值$NPV(i)$为3 000万元，则3 000/1 000=3＞1，通过对该矿业权的购买实现了超过购买价格的收益净现值$NPV(i)$，是可以考虑的，具体获得了2 000万元的利润的剩余价值，即20万Tianhua的剩余价值。而如果另有一个项目的净现值为4 000万元，价格也是1 000万元，则4 000/1 000=4，4＞3，说明第二个矿业权的净现值$NPV(i)$与价格P的比大于第一个矿业权的净现值$NPV(i)$与价格P的比，故选择第二个矿业权购买。在矿业权交易市场上，就可以利用这一方法。其他一切投资商品的购买中的多项目选择都可以如法炮制，且不限于行业对比。不论哪个行业及项目的投资，其收益都是以统一的货币价格和净现值$NPV(i)$表示的，从这一点来说，投资商品有统一性原理。而哪个行业或什么具体商品的项目只是商品的价值本质的外在表现。正如每个人的外在形式不同，但内在的身体本质没有不同，因此有了统一的医学科学。

2）如果λ=1，$NPV(i)_1=P_1$，$NPV(i)_2=P_2$……说明投资者投资收益净现值$NPV(i)$与付出的价格P相等，就是白忙活了。此时，不论投资哪个项目，其回报的结果都是一样的，即只有保本。如果没有其他方面的收益是不可取的。

3）如果λ<1，$NPV(i)_1<P_1$，$NPV(i)_2<P_2$……说明投资者所得到的收益净现值$NPV(i)$还没有购买价格高，这种投资是亏损的，是不可取的。

注意，这里的净现值$NPV(i)$和购买价格P都是项目期初同一时点的比较的结果。

作为净现值$NPV(i)$含义来讲，表示的是项目收益在期初时的现金价值的结果。如果确定了一定的资本金时间价值的收益率i，如何判断是否有超过这个收益率或折现率的回报？在多个项目对比中，可以通过内部收益率与价格比来进行分析。

而整个投资项目的收益净现值$NPV(i)$的最大化，是在项目的投资决策、企业生产经营管理、市场销售、市场类型影响等多个过程和一切环节上实现的。所以，要实现整个投资项目的收益最大化，即投资项目的剩余价值最大化，就要从项目投资决策到企业生产经营管理及市场销售的全过程来体现，这就是企业的价值及剩余价值的实现过程。

最后，根据投资商品的收益等于效用的价值观，当一个投资项目获得投资收益时，表示通过商品或资金为社会提供了相应的效用。例如，一个服装企业，当获得年利润为200万元新增利润的2万Tianhua价值时，表示该企业为社会消费者认可的价值效用是2万Tianhua，对应相应数量的服装满足了消费者的消费需求。这也正是一些企业家经常所说的“天下没有免费的午餐”，即商品等价值交换的原理的体现，正因为如此，合法的企业经营必须受到法律保护。没有这种保护，企业利润无法产出，社会商品剩余价值无法实现，社会经济增长就无法实现。

在2007年中央电视台春节联欢晚会上，赵本山和宋丹丹合作表演的小品《公鸡下蛋》特别引人注目，它分析了公鸡下蛋后的想法及所出现的尴尬局面。美中不足的是，没有分析出公鸡为什么要下蛋？那么，公鸡为什么要下蛋呢？现在我们用商品价值判断的投资收益原理来分析一下。

首先，作为养鸡场的主人来讲，养鸡是一个投资项目，其目的是为了最大限度地获取投资的剩余价值——收益净现值$NPV(i)$。如果他养母鸡，能够得到各年鸡蛋收入折现之和的收益净现值$NPV(i)$。但他养公鸡，不能下蛋，所以收益净现值为零。所以，同样的投入，母鸡的价值大于公鸡的价值。所以，公鸡也只有想办法下蛋，才能取得和母鸡一样价值，才能“保命”。

第三节

消费品剩余价值——利润

一、消费品效用的统一度量

事实上，每种消费品都存在相应的固定效用，如大家坐在同一个屋子里，空调的固定温度就是空调的效用。同一个老师讲课，水平是固定的，效用是固定的；每种饭菜的味道是固定的，效用也是固定的……这样，一切消费品本身的效用都是固定的。

既然一切消费品都有固定的效用，那么怎样统一来度量它呢？这就要看我们能否找到一切消费品的共同点或同一性，如果能够找到一切消费品的共同点或同一性，则一切消费品的效用就可以统一度量了。

我们知道，任何消费品，都是由成本价值与效用价值两部分组成的。作为消费品的成本价值，是生产者生产时投入的价值，要计入商品的价格中并由消费者来承担，即每种商品的成本价值由厂家转到消费者手中，厂家从来不会承担这部分价值，这是天经地义的。只有消费品的效用被消费者认可后，消费者才愿意来承担成本以外的价值增值，也就是我们每次购买消费品时所首先要想到的“花这么多钱购买这个商品是否值得？”反之，作为厂家生产消费品，为了获得利润的剩余价值，也必须通过向消费者提供相应的效用才能实现。这样，消费品的效用与消费品的利润之就间建立了一一对应的关系。于是，我们就找到了一切消费品效用的共同点，即其与价格中的利润相等。所以我们就能以一切消费品的利润作为效用的统一度量单位。又由于消费品的价格受通货膨胀或通货紧缩的影响而具有不确定性，则使用利润定义消费品的效用也有不确定性，而使用利润的价值单位来统一度量一切消费品的效用，就是一个去掉

通货膨胀或通货紧缩影响的度量结果，所以我们就采取商品的价格中的利润价值单位来统一定义一切消费品的效用，即

一切消费品的效用=成交价格的利润的价值单位

事实上，我们消费消费品，就是消费消费品的价值，包括成本价值加上效用价值，而只有效用价值才是真正消费的部分。

在现实社会生活当中，当你走到售楼处时，售楼小姐也总是彬彬有礼地向你打招呼，“请问先生（小姐）打算买多少钱的楼？”意思是花多少钱能买到多大面积和质量的楼。到商场路过服装部时，服务员小姐也总是追着问：“请问先生打算买一件多少钱的西服？”意思是花多少钱能买到什么质量和样式的西服。到饭店订餐时，也会遇到这种情况。还有购买火车票，硬座的位置面积小，晚上只能坐着睡觉，消费效用小；卧铺价格是硬座的三倍，而占有的使用面积也是硬座的三倍，可以舒服地躺着，消费效用大……种种现象表明，要买到一个什么质量、功能的商品，必须花到多少钱，反过来，人们手中有了多少钱，也意味着能够消费到多少消费品。要使一个人能够在城市里生存下来，每月收入不得少于一个底数，于是有了最低生活保障线的政府救济政策。

再例如，在我国20年以来的通货膨胀率为18倍情况下，根据通货膨胀率定义，折现年限取1的单利折现，将1 000元折现到20年前的货币的价值为

$$P=1\ 000\times 1/(1+18)\text{元}=53\text{元}$$

这说明，现在的1 000元钱相当于20年前53元钱的价值，都是0.53Tianhua的价值。

计算如下：

美元/人民币=1/7，则20年前的53元货币的价值为

$$53/7/14.225=0.53\text{Tianhua}$$

这意味着20年前的商品用了较少的货币数来表示价值，“钱实”，而现在用了18倍的货币表示价格表示价值。

消费者消费商品并不是消费价格，而消费的是价值，即商品的实际价值决定着生活水平的高低，如20年前的53元工资收入者，是当时的富裕户，一般人均月收入是30元左右。或者说，20年时间里，整个社会居民的生活水平由平均月30元的价值提高到平均月53元的价值。由30元的价值（换算成价值单位为0.3Tianhua）提高到53元的价值0.53Tianhua的结果。即20年间社会居民平均生活水平的社会财富的商品的价值提高了0.53−0.3=0.23Tianhua的结果。

边际效用

从字面上来理解，边际指限度，则边际效用意思就是指消费者在消费同一商品时

的最大限度的量所对应的效用。亦即人们消费商品时数量要适度，如果超过这个数量就会出现负作用，少于这个量就没有达到消费效果。

现实中，人们过度消费某一种商品或消费不足都是不够经济的消费。一个经济的消费是既要消费到位，又不能过度。例如，房子不能过多，但没有也不行；衣服也是有一些备用的就可以了，而不必要放一大堆，时间长了，过时了，还压资金；小汽车也不能大于家庭人口数而闲置在那里，需要保养看管，但是没有也不方便出行。

在消费者消费同一种商品时，虽然每种商品的每一个单位的效用客观上都是一定的，并且可以用商品的价值单位来测度，但一般都要经历未满足、满足和过量三个阶段，而满足时的效用就是边际效用。随着消费数量的增加，带来总的效用的变化。

从表8-2不难看出，随着中山装或西服的购买数量的增加，越往后所带来的效用越少，因为人们平时不必要存放一箱子的衣服，只用几套就可以了。比如，购买第一套中山装或西服时，是必须的，没有的话，就不能出门了。所以，效用分别为10或9个效用单位。而购买到第3套时，不多不少，此时的效用为边际效用。而到了第4套时，效用为负数，因为太多了，放在箱子里把现钱压死了，不能用于别的方面。

表8-2 边际效用与总效用

服装消费数量	1	2	3	4
中山装效用	10	8	0	–2
西服效用	9	6	0	–1

注：表中的数是服装购买者自己认定的边际效用的大小，给的数大，表明其边际效用大，反之，则小。如表购买2套中山装时的边际效用为8，购买4套中山装的边际效用因为太多了，浪费了，给出负值-2。

不难看出，中山装或西服的效用随着消费数量的增加而不断减少，而消费到第3套时，效用达到极限，变为零，不再增加，再继续购买这些服装，会多余或浪费了，效用为负数了。分别计算总效用变化情况。

1. 购买第3套服装时的总效用

$$中山装的总效用=10+8+0=18$$

$$西服的总效用=9+6+0=15$$

2. 购买第4套服装时的总效用

$$中山服的总效用=10+8+0-2=16<18$$

$$西服的总效用=9+6+0-1=14<15$$

这说明，购买第四套服装时总效用小于购买此前的数量的服装的总效用。原因是当购买到第3套时，已经达到了最佳消费效用，不多不少，而超过了边际数量3时的效用为负数，拉动总的效用下滑。

而在购买1套服装时，因没有达到使用上的方便，即没有达到边际效用的数量，则总效用也较边际效用3时的总效用小。

3. 购买第1套服装时的总效用

购买第1套中山装的总效用=10<18

购买第1套西服的总效用=9<15

这样，只有购买3套服装时，即边际效用为零时的数量的服装的总效用最大，中山装的总效用是18，西服的总效用是15，而其他任何消费数量所带来的总效用都小于18及15，如16及14或10及9。这就是边际效用递减规律。

一般在边际效用数量之前，总效用是增加的；在边际效用数量时总效用不再增加；而在边际效用以后的数量时，总效用反而下降。这就是同一商品消费中的边际效用与总效用的关系。这就是边际效用递减规律决定总效用的变化情况。

边际效用递减规律是指消费者在消费同一种商品时，随着消费数量的增加，每个消费品的消费效用在减少，但总效用在增加，当边际效用为零时，总效用达到最大化，少于、多于这个边际效用为零的数时，总效用即各分效用的和都小于这时的数。

注意：边际效用递减规律是来自于不同的消费者的不同时间、地点及消费习惯的，并不是商品本身的效用的变化，是固定的商品的效用对于不同人的不同时间、不同地点及不同的消费习惯带来的结果。例如，前面的服装的例子中，对于演员等公众人物来说，其边际效用就可能需要大于3套，因为应变的场合较多；而对于农民来说，边际效用可能为2套就可以了。不需要什么应酬使用。

由于消费者超过其边际的数量消费商品时，会带来负的效用，因此他不愿意多花钱买这种商品，于是在价格判断上也不愿意多支付其相应的利润。这时，厂家要促销，就只有让利、降价。所以，在购买较多商品时，都愿意以批发价来购买，而在销售数量较多时，每个商品所分摊的其他平均固定成本的费用也较少，利润空间也较大，所以，批发价格小于零售价格，从生产者来说是由于其固定成本分摊较少带来的价格空间及消费者边际效用数量判断共同拉动的。

现在我们来研究一下消费者在消费多种商品时的效用最大化问题，也就是消费者均衡问题。

对于家庭消费来说，每个家庭在消费结构上根据人口的吃、穿、住、行大致有一个比例，这个比例就是恰好能够满足消费又不过多剩余的比例，每个家庭情况有所不同，比例就有所不同，这是个性化的消费问题。我们把这个比例称做消费者均衡，意即超过这个比例限度会出现过多或不足的消费。

这个比例差别因家庭经济状况不同而不同，如电影明星的收入高，其消费的水平高，对于住房的比例就可能大；而一般收入较低的家庭，住房的比例就会低一些，甚至是只能租房子住，而其他方面支出比例相对大些。

恩格尔系数体现的是一个家庭中在吃的方面的开支占总支出的比例，这个比例越大，则表示生活越贫困，而对于经济发达的国家来说，这个比例是较小的。

恩格尔系数=食品支出金额/生活消费总支出金额×100%

实际上也可以通过住房支出的比例来判断经济的好坏。而且现代社会的住房成为生活水平的重要标志，在生活水平普遍提高的情况下，使用吃的标准来判断经济状况好坏的意义并不大了。

现在我们来讨论一下消费品的价格与效用的关系。用U表示商品的效用，P表示商品的价格，λ为一个常数。

$$\frac{U}{P}=\lambda$$

讨论一下：

$\lambda=1$时，$U=P$，即效用=价格，表示商品效用等于价格，消费者花多少钱买到了多少效用。买卖双方谁也不占谁的便宜。此时，称为均衡价格。或者说，商品的效用与价格成正比例。

$\lambda<1$时，$U<P$，即效用<价格，表示消费者的效用小于付出的价格，高价格买到了低消费，消费者吃亏了。但是卖方却获得了超过平均利润的增值。时间长了，消费者就会减少购买或拒绝购买，这时价格总会向着效用等于价格的均衡价格方向发展。

$\lambda>1$时，$U>P$，即效用>价格，表明消费者花了较少的钱，买到了超过平均效用的效用，消费者占了便宜。但厂家亏损了，商品价值贬值了，时间长了，会收不抵支，企业倒闭，所以，这时商品价格也总会向着效用等于价格的均衡价格方向发展。

由此可见，消费品买卖就像是两人分同一块西瓜，怎样切涉及利益分配。市场上的讨价还价每天每时都在进行，都是对于商品价值进行瓜分的过程，结果价格总是稳定在均衡价格上。

二、消费者消费

每种消费品的效用都是固定的、可以统一测度的，而消费者的消费行为却是千差万别的，同一消费品对于不同的消费者及同一消费者的不同时间及地点感觉是不同的。所以要满足消费者的消费行为，就要树立以人为本的理念，尽量根据不同人的不同时间及地点来进行个性化服务，如一些饭店的自助餐就是个性化服务的表现。通过个性化服务能够满足个性化的消费行为，如一个大学里上大课时，由于学生上百人，虽然同一个老师讲课，效用是一样的。但是，对于不同的学生则接受效果不同，其感觉上的消费者的消费行为就不同。这时，使用一对一的授课方式，就是个性化的消费行为，由于一对一的教学，教师收入过少，就要增加收费，这时增加了消费效用，也就增加了消费利润。或者通过个性化服务增加的消费效用达到增加利润的目的。

注意：各种商品的效用是不可取代的，如不能用住房取代吃饭，所以，无法进行不同消费品之间的效用的相互取代性分析，不同商品效用上的无差异分析是脱离实际的。

如果说，幸福的家庭都是一个模型，体现在吃、穿、住、行、玩、教育、医疗等各种消费品的消费数量应是匹配的，这是幸福家庭的物质基础，而少了这些边际效用的数量，则会出现生活的一定困难。

由于市场上的吃、穿、住、行、教育、医疗、旅游等消费品需求，带来相关商品的企业的生产，并形成各种行业。如为解决吃的问题，形成农业及食品加工业；解决行的问题，产生交通、汽车；而要生产汽车，则需要钢铁行业；要生产钢铁，则要有煤炭行业及各种行业形成产业链。不同行业之间构成比例，一切以消费品生产为最终目的。中间环节的生产与流通也是通过为最终消费品形成提供投入与效用，产生消费品的价值增值，最终通过消费品实现“谁消费、谁埋单”。这样，形成投资与消费的一对一的关系。整个社会生产是在有效率的情况下进行的。而一旦社会消费品需求不存在时，则一切厂家也将不存在。

对于一个家庭来说，如果从生产及消费上都能同时做到少投入、多产出，即少花钱，多办事，也就是做到了经济性。而对于企业来说，通过原料及生产过程的节省及销售上的高价格，就做到了生产上的经济效益。

根据前面所述，我们可以确定一切商品的效用的统一测度方法。

1）对于投资商品，如项目、企业、资产、矿业权、房地产、土地、股票、债券等，不论什么行业、什么投资商品，其效用都是统一的，就是投资收益净现值$NPV(i)$的价值结果。由此可见，投资商品只是形式，而收益净现值$NPV(i)$的大小区别才是投资效用的区别所在，所以，同样的钱，可以用于实业项目投资，也可以用于金融投资或其他投资，但不论哪种投资都只是形式，只有收益净现值$NPV(i)$最大，才是投资的经济效益即创造价值的最大体现。由于一定量的投资资本金用于一种投资就不能用于其他投资，所以，在进行各种投资商品的投资决策中，首先要作资金时间价值自然增值的对比，只有超过资金本身时间价值或其他金融投资的时间价值很大的收益净现值*NPV*（*i*）时，这种实业投资才是有实际意义的。

2）消费品的效用，就是其消费品价格中的利润的价值单位的结果。如上一次饭店吃饭消费，结账时花了800元人民币，当时的价值就是8Tianhua。再如上街买回一塑料袋商品，花了60元人民币，价值就是0.6Tianhua。一切消费品的效用在商品买卖成交，钱货两清时马上就可以计算出来。

第四节

消费者均衡

消费者均衡指的是消费者购买一种或多种商品时，既能够使多种商品数量之间优化组合，又能够做到资金的最大限度利用。

对于消费者均衡理论，我们将采用与生产者均衡相类似的方法加以研究，我们的研究思路仍然是先从两种商品的消费者均衡理论发展为多种商品的消费者均衡理论。

一、两种商品的消费者均衡

1. 两种商品的无差异曲线

在现实的人们生活当中，有时会遇到两种商品的组合能够带来相同消费效用的情况，如大米和小米都有充饥作用，把这两种商品组合起来，如“多用大米少用小米”或“多用小米少用大米”，满足的消费效果是一样的。如表8-3所示。

表8-3 大米和小米充饥的组合 （单位：g）

组合方式	大米	小米
A	1000	200
B	800	400
C	600	600
D	400	800
E	200	1000

不难看出，表中各种不同组合，其结果所带来的满足的充饥消费效果是一样的。从

客观上来说，这些组合与距离问题并无关系。但是，为了研究问题的方便，我们可以把A、B、C、D、E的组合的点画在平面直角坐标系上，如A（1000，200）、B（800，400）、C（600，600）、D（400，800）、E（200，1 000），得到如图8-10所示的图像。所得到的这条曲线称为无差异曲线，我们用*I*表示。

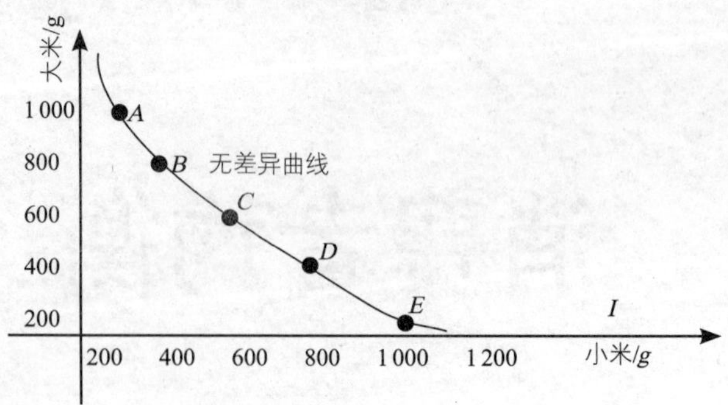

图8-10　两种商品的无差异曲线

2. 两种商品的预算线

预算线又有称为等支出线、消费可能线，它是一条表示消费者收入和商品价格水平一定情况下所能购买到的两种商品的数量最大的组合，即消费者手中的钱购买两种商品进行组合，既没有剩余也不会不够的支出。例如，某消费者手中有100元钱，全部购买甲商品能够买到6个，全部购买乙商品能够购买4个，得到的这两种商品的预算线如图8-11所示。通过该预算线可以得到购买任何这两种商品的组合后花钱总额不会不够也不会剩余的消费情况。如在S点组合时，购买甲乙两种商品的总支出与A、B组合一样，但组合数量比例有所不同，是购买甲商品为3、乙商品数量为2的组合。

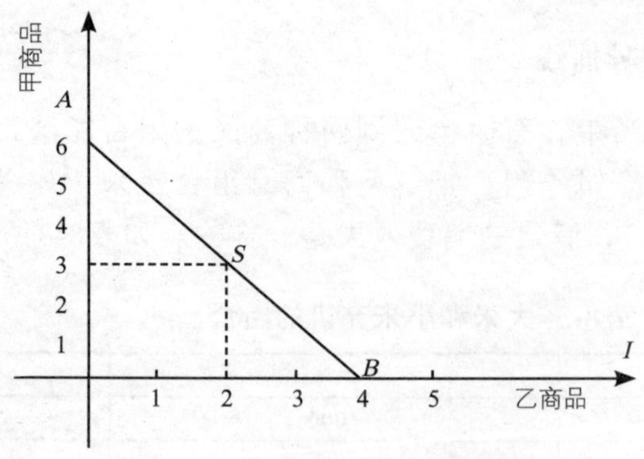

图8-11 甲乙两种商品的预算线

3. 两种商品的消费者均衡

两种商品的消费者均衡是这两种商品的无差异曲线与预算线的切点的情况。如图

8-12中预算线AB与无差异曲线I的切点E确定的两种商品组合数及总支出数，即是这两种商品的优化组合结果，也是资金支付恰到好处的情况。除此以外的情况都不是均衡情况。例如，固定无差异曲线I后，预算线AB以外的其他任何预算线都会与I相割或相离，即会出现或者资金剩余，或者资金支出不足。

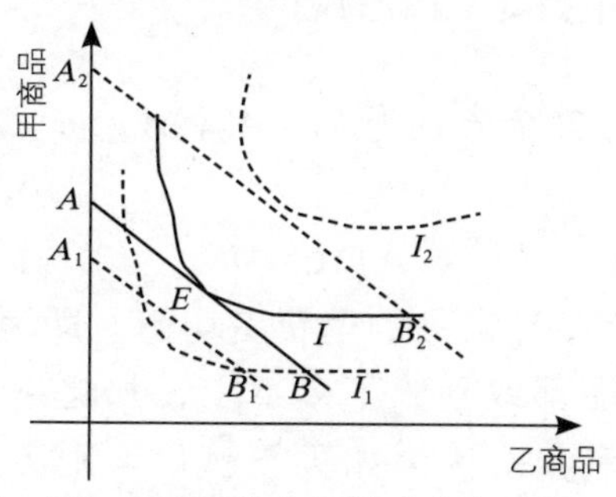

图8-12　两种商品的消费者均衡

对于两种商品的消费者均衡，并不是距离空间中的问题，所以，要把图8-12中的两种商品组合的消费者均衡推广到无距离的空间中来研究。

从图8-12的无差异曲线与预算线的相切、相离与相割的研究规律中，我们可以抛开平面距离的束缚，推广到无距离空间上进行研究。我们从图8-12的图像找出无差异曲线与预算线之间关系的实质所在。

图8-12表示的问题的实质是，甲、乙两种商品各取一定比例数量相加后形成的组合（I上的点的坐标所确定的比例）需要的资金量恰好等于消费者手中的资金数量（AB上的点的资金数量），或者说，从集合上看问题，是甲、乙两种商品的两个集合的并与资金集合AB相交于一个单点集E时，就实现了两种商品的消费者均衡。此时，完全把距离空间上的点的问题，转化为集合上的元素的运算问题，这样，我们就脱离了平面上的距离空间的束缚，而用集合方法表现出了问题的实质。

设甲、乙种商品的集合分别为A_1和A_2，且资$A_1 Y A_2=A$金集合AB用C表示，E是一个单点集，则上述的两种商品的消费者均衡关系可以用集合表示如下：

$$A \cap C=E$$

这就是两种商品的消费者均衡的集合表示法，或称为Tianhua空间上的两种商品的消费者均衡。

另外，对于图8-12中的无差异曲线与预算线AB两条曲线的相离时,表示两种商品的组合结果价格加起来后所需要的资金在预算线点的右侧，即表示资金供应不足，即

$$A \cap C=C$$

或者有无差异曲线与预算线AB相割情况，即两条曲线交于超过一个点以上的两个点

$$A \cap C=A$$

这样，上述的两种商品的消费均衡理论可以推广到两个以上的多种商品的消费者

这样，上述的两种商品的消费均衡理论可以推广到两个以上的多种商品的消费者均衡理论研究上。可推广到两个以上的多种商品的消费者均衡的问题。

二、多种商品的消费者均衡

设多种商品的每一种商品集合分别为A_1，A_2，A_3，…，A_n，且这些商品的集合的并集为A，则有

$$A \cap C = M$$

其中M为一单点集时，为多种商品的消费者均衡，即消费者消费多种商品时，每种商品取一定的数量，各种商品都取到，不多不少，加起来后所用的钱也正好符合预算线。最终做到了资源的最大利用。因为如果不够用，则会无法实现商品的这种组合下的全部购买，如果资金有剩余，则使资金无法做到最大限度的利用，因为闲散资金会有机会成本损失的。即下面的两种集合关系情况。

例如，某消费者现有资金86 400元，要购买多种商品，组合方式为：

A=购买洗衣机1台500元+购买电脑3台×5 000元/台+购买小汽车1辆70 000元+购买棉被3套×300元/套=86 400元，

这说明消费者按此方式组合来购买商品，手中的钱正好花光，不多不少，即实现了消费者均衡。不论这些商品怎样组合，其结果价格都是86 400，就都是实现了消费者均衡。而只要不等于86 400元，则或者大于86 400元，则表示组合后的资金不足；若小于86 400元，是表示资金有剩余，都不是消费者均衡。

即

$$A \cap C = A$$

则表示这种组合带来购买上的资金有剩余。如图8-13所示，剩余部分为集合$C-A$的差，或A的余集部分，即图中的阴影部分。

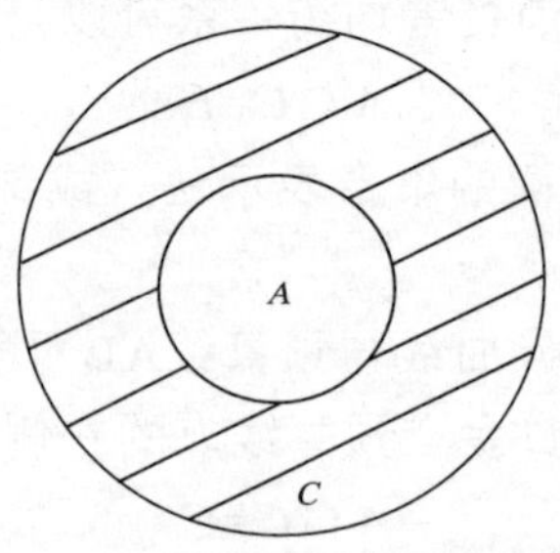

图8-13　多种商品组合结果现金有剩余

例如对于消费者手中的86 400元，购买多种商品的组合为：

A=购买洗衣机1台500元+购买电脑2台×5 000元/台+购买书柜10 000元+购买棉被2套×300元/套=31 000元，

显然，86 400元没有全部花出去，还有86 400−31 000=55 400元没有花出去。带来闲置资金。

同样，对于

$$A\cap C=C$$

即$C\subset A$,表示消费者的多种商品消费已经超过了预算的支出，即资金不够了，即超支了。

超支部分就是$A-C$的差,即图8-14中的集合A的元素减去集合C的元素的差，或集合C的余集，图中的阴影部分。

如某消费者对于多种商品的购买的组合方式为

A=小汽车1辆80 000元+办公桌10个×1 000元/个+电冰箱1个2 000元+空调机2台×3 000元/台+电脑2台×3 000元/台=104 000元，超过了86 400万元的支付能力，难以实现。

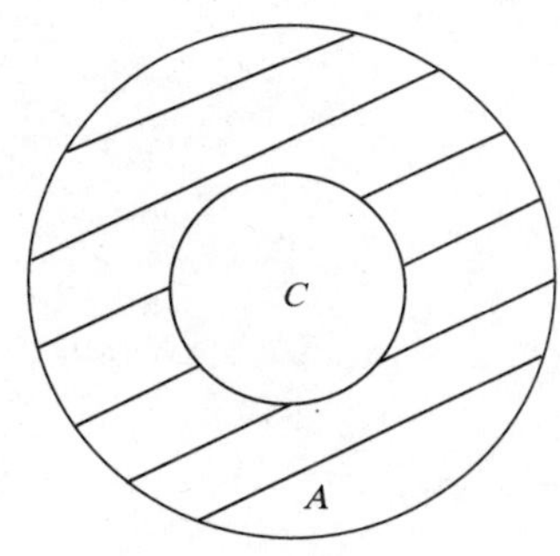

图8-14 多种商品组合结果超支

本章知识网络图

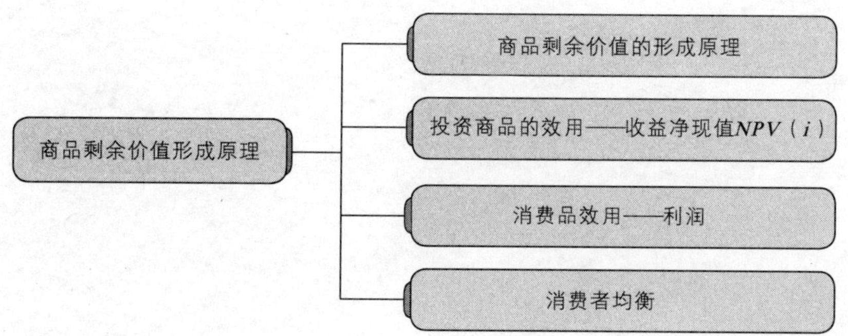

第九章

剩余价值分配原理

如果说企业商品生产经营过程是一个用各种生产要素共同"做蛋糕"的过程，则商品的剩余价值的分配就是一个"切蛋糕"的过程。同时，商品的剩余价值分配问题是一个非常综合而复杂的问题。它涉及社会的政治、经济、法律、文化等各个方面。同时，商品价值增值部分分配，也是社会经济链条生产——分配—— 消费—— 生产……中的一个重要环节，关乎包括员工在内的各种生产要素的继续合作，最终关系到企业的长远发展及经济效益，如资本部分生产要素分配的股东分红。如果分配好了，可能继续形成投资，企业规模扩大，在一定规模范围要求内节省的生产投资，形成后期的剩余价值。否则，可能会对以后的剩余价值形成造成阻碍。所以，商品生产形成的剩余价值的分配，是一个生产的焦点问题之一。

首先，商品的剩余价值是由商品生产经营时各种生产要素共同投入的结果，按照市场经济的分配原则，谁提供商品、服务谁收费，谁接受商品服务谁付费，并且谁提供多少比例的商品服务，就收取多少比例的服务费，谁接受多大比例的商品服务，就支付多大比例的服务费。生产要素本身是商品，它为企业商品生产经营提供了多少比例，也就应当相应的分得多少比例的利润收益，才符合市场经济社会的分配原则，这就是商品的剩余价值的按要素贡献分配原理。

但是，奇怪的是，世界各国市场经济社会几百年来却没有按这一市场经济社会基本分配原则分配商品的利润的剩余价值，只是按生产要素的资本来分配利润的剩余价值，其他要素只享有一次性出卖的销售品的分配方式，如土地费、劳动工资、科技费等，是作为企业的商品的成本来使用，事实上，土地费、劳动工资和科技费由于失去了风险利润的分配权，所以，实际上成了消费品一样。这种分配方式称为按资分配，并形成了资本家阶级和相应的工人阶级——无产阶级，针对这种社会商品剩余价值分配不公的现象，产生了一整套的马克思主义革命理论。

第一节

按资分配的剩余价值分配原理

根据商品利润的剩余价值的形成过程形成了商品剩余价值的分配过程。

一、商品剩余价值第一次分配

商品的利润的剩余价值首先产生于商品的买卖当中，而商品的买卖过程又总是首先在市场上进行的，所以市场商品买卖中的价格决定了商品的剩余价值分配的第一次分割，具体是通过商品买卖中的讨价还价的博弈的结果来体现，这是商品剩余价值的第一次分配。

下面我们用图9-1表示商品买卖中的剩余价值瓜分中的讨价还价行为。

商品买卖交换中，卖方的目的是为了收回商品生产中的各种生产要素投入的成本价格再加上期望的利润，即货币表示的剩余价值。而消费者则是为了以较少的付出，获得物超所值的商品形式表示的剩余价值，以节省货币支出或同样货币获得更多的商品。对于商品的剩余价值，买卖双方如何瓜分，要由市场供求关系而定。

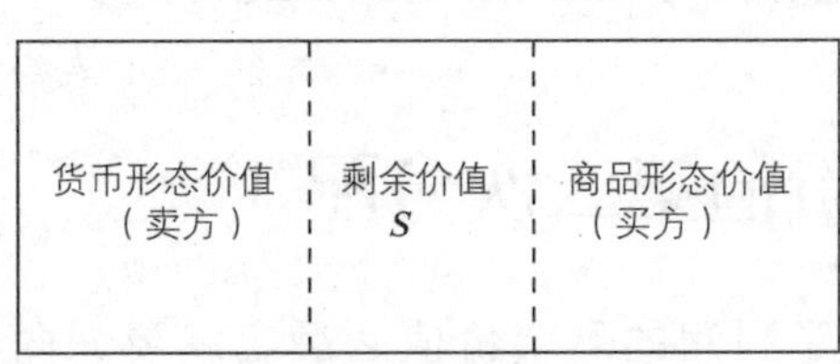

图9-1　商品本身的形态及价值表示

1）当商品市场供大于求时，买方有较大的选择余地，卖方处被动地位，这时，商品的剩余价值面积S更多为买方所占有。

2）当商品市场供小于求时，卖方有较大的选择余地，买方比较被动，这时，剩余价值部分的面积S更多为卖方所占有。

3）当商品市场供等于求时，买卖双方处于势均力敌的均衡状态，这时，剩余价值部分的面积S为双方所平均占有，即以$S/2$定价。

比如，一双鞋的生产要素，包括土地、资本、劳动、科技、企业家等投入的平均成本是60元，产生能保护脚的效用，即增值20元，二者结合起来，构成整个鞋的价值80元。而在市场上，这双鞋并不一定是按80元出售的。

在供大于求时，可能低于80元出卖，但不会小于60元出卖，60元价格是老板强调售货员的出售底价。

在供小于求时，可能大于80元出卖，这时价值增值很大，老板会告诉员工多于这个价可以提成了。

在供等于求时，可能为80元出卖。老板会正常给员工开支。

整个这双鞋的生产销售过程都是围绕鞋的价值增值进行的。购买这双鞋的消费者力争降低价格以获得物超所值，达到商品本身形态上的价值上的增值，少花钱买到质量功能一样的便宜货。而正常时，一分货要一分价买。所以，商品销售中能获得价值增值，往往由于商品生产者或流通者了解商品的生产与进货价格及价值，而主动些，而买方则因为不了解商品的生产过程及产品的性能，往往受骗上当，即常说的“买的没有卖的精”。如果以低价购买到了保质保量的商品，则商品购买中也会获得增值。所以，家庭主妇每天在菜市场上讨价还价，就是为了争得菜所带来的价值的增值。而卖菜的人面对讨价还价，总以“再低就亏本了”应对，也是为了获得货币形态的价值增值。

在实际中还有另一种利润瓜分现象，就是计量上的短斤少两现象，如一个易拉罐的啤酒包装，在下面的底部向上凸起一块，则每个就少装了一部分啤酒，这样，对于每日成千上万个的销售中，同样价格下，就可以少装啤酒，实际上是从消费者口中获得的一块利润价值。这是一个惊人的数字，在市场销售不畅的情况下，甚至还是利润的保障，实质上，这是厂家与消费者对啤酒商品的价值的瓜分的另一种方式。是通过商品形态产生的剩余价值的瓜分方法。而对于相同计量的销售中，用提高或降低价格的方法，则是一种货币形态的剩余价值的瓜分方法。

二、商品剩余价值第二次分配

当企业的商品销售有了利润的剩余价值之后，就要先向国家纳税，只要有利润，就要依税法规定的一定比例纳税，如商品流转过程中缴纳增值税，企业年终要缴纳所得税，进口商品要缴纳进口关税等。这是商品的剩余价值的第二次分割。

关于增值税由买卖双方谁来缴纳，要看情况。如果某商品的市场供应小于需求，或商品的价格弹性较小，即消费者对商品价格不敏感时，厂家会将增值税加入在价格中，由消费者承担，这是按照经济人的自我利益最大化原则得出的结论。

当市场商品供大于求，或商品价格弹性较大，消费者对价格特别敏感时，则增值税会由厂家来承担，实现促销。

当市场上商品供求相等时，一般由双方协商确定。

大宗商品交易时，会在合同中明确标明税目条款。

在我国，国家规定了对于税收的基本法律，即对企业经营成果征收所得税，是利润的25%。另外加上其商品流转中的利润税收，按商品销售利润的17%作为税率标准。此外，对于进出口商品，根据国际贸易的方针政策征收不同的海关税，此外还有其他各种税种和税率，通过国家税法加以限制与规范。

根据增值税及所得税原理，主要是对商品交换当中的及企业经营成果的利润征收的一定比例的税。在商品买卖交换时，就产生了税收额，所以，国家的税收多少取决于企业等纳税人的利润。而利润来自于商品买卖的频率和数量，商品交换的频率越大，数量越多，利润越大，上缴的税收就越多；反之，就越少。从形成看，社会商品交换是横向的圆周运动的同时，国家税收实现了竖直的上升，如图9-2所示。而如果社会商品买卖的利润少，则国家税收就会减少。

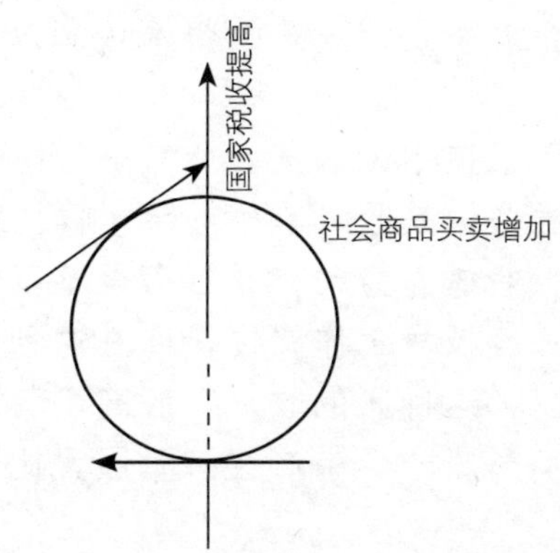

图9-2　社会商品买卖的横向圆周运动，拉动国家税收的纵向上升高度

三、商品剩余价值第三次分配

在进行完商品的剩余价值的两次分配之后，才能在商品的投资的资本方之间进行分配。按筹资时的承诺进行分配，如优先股按优先股分配红利，普通股按普通股息分

配股利等。

按资分配下的三种挣钱方式：

第一种人是用钱来挣钱，如股票生意人及其他金融投资者。对于实业投资经营者，通过对商品的投入与产出的对比，获取价格差来获得剩余价值。当然是建立在风险报偿基础上的。

当然，把科技与经营结合起来挣钱，就能打造出经济的"航空母舰"，如IT业的投资者，就以其科技及投资共同带来商品的利润的增加，形成较高的剩余价值。

用钱来挣钱，就是一切经济原理及管理原理的综合运用，具体说，是企业家的天职。就是要按照市场经济社会的商品价值规律的基本经济规律来挣钱，即通过对少投入金钱、多产出商品的效用，达到对应的利润的剩余价值的资本金的滚动发展效应。而此时，其他一切生产要素，包括土地、资本、劳动者（体力或脑力的）、科技都成了企业家手中挣钱的工具。而当企业实现了利润的剩余价时，就对应着对消费者的消费品或投资者的投资品的需求的满足，通过税收达到了为国家和社会作贡献的社会效应。在现代市场经济条件下，企业家通过以钱挣钱体现的为社会创造的商品的价值并不是一个或多少体力劳动者对商品的效用的价值贡献所能比拟的，所以，企业家通过对企业要素综合运作的技术贡献所形成的利润对比其年薪来说，其年薪只是一小部分。企业家的年薪应该是其对企业利润贡献的一定比例。

作为创业的老板来说，就是以钱挣钱。所不同的是，企业的所有与经营同时集中在一个人身上。而应聘的企业家是打工者，分享年薪，包括工资及利润的一部分。创业老板是为自己经营企业。企业家是用股东的资本金来以钱挣钱，而老板是用自己的原始资本金来以钱挣钱。

第二种人是以自己的专业或技术来挣钱，如教师、医生、科研人员等。通过技术为企业提供脑力劳动的商品服务，其收入等于或高于体力劳动的收入。因为专业技术服务对商品的效用贡献大于一般体力劳动，并且有着不可替代的特点。因而其工资、福利的价格弹性较小，有些关键技术工作岗位，离开这种劳动贡献就无法进行生产，如总经理、总工程师等。所以，这种人的收入一般高于普通专业技术人员及体力劳动人员。在中国由这些群体逐步形成一个中产经济阶层，比企业家、老板收入少，比一般体力劳动者收入较多。

第三种人靠自身的体力来挣钱，即靠消耗自身身体的化学能量来挣钱。由于人体的体力很小，所以，用于生产上的效用就小，因而创造的商品的价值效用部分小，拉动着创造的商品的价值及剩余价值也小。因此，这种人的收入少，生活不够富裕，并且形成了几百年来的生活方式，如农民使用弯钩犁种地、使用锄头铲地、使用镰刀收割等。因此，一个人的体力所能生产的粮食产量很少，再加上粮食产品的技术含量少，属于完全自由竞争市场上的商品，价格由市场决定。所以，粮食价格也总是上不去，每个人所生产的粮食带来的剩余价值——利润很少。

第二节

按要素分配的剩余价值分配原理

由于商品的总价值是由全部的生产要素，包括土地、资本、劳动、科技、企业家共同按比例投入的结果，并且这些要素之间是不可替代的，如不能用劳动替代土地，或不能用资本替代劳动等。所以，就应当按要素投入的比例进行剩余价值分配，只有以此为分配的市场经济社会才能称为标准市场经济社会。

按生产要素贡献分配商品的剩余价值，就是还原生产要素作为投资商品的本质。既然是投资商品，就不像消费品一样，价格中的利润一次性实现，而应当对所投入的商品分享风险利润，即土地、资本、劳动、科技、企业家平等地按贡献比例分配利润剩余价值。

这样，作为企业的生产要素的劳动者，也就理所当然地参与利润分配了，因此，也就消灭了剥削，并且实现了与企业的风险利益共担机制。真正实现了工人阶级的主人翁地位，劳动者也是企业的所有者之一了，每天在为企业工作的时候，也就是在为自己干活。

按生产要素分配商品剩余价值最接近成功企业模型，唯一要说的是没有行业竞争优势，近些年多次获得世界500强企业之首的美国沃尔玛公司，是一个职工人人入股的企业，虽然还不能算做一个完整的按要素分配商品剩余价值的企业模型，但是仅凭它的接近按要素分配商品剩余价值，就创造了这样的世界奇迹。

按要素贡献的比例分配商品的剩余价值，就会从根本上根除社会革命所带来的人类自相摧残，实现社会和谐与发展。

那么，怎样实现按商品的要素贡献比例分配商品的剩余价值呢？现以生产一台汽车的生产要素投入与分配关系来说明。

生产一台汽车需要投入的生产要素，包括土地、资本、劳动、科技和企业家，这些要素投入的比例分别是：

土地—— 折价为1万元；
资本—— 货币直接表示为5万元；
劳动—— 折合为3万元；
企业家贡献—— 折合为2万元；
专利—— 折合为3万元；
共计投入14万元生产要素，生产出这部汽车。

现在计算各种要素投入在整个汽车形成中所占的比例：

土地投入占总价值的比例为1/14；

资本投入占总价值的比例为5/14；

劳动投入占总价值的比例为3/14；

企业家投入占总价值的比例为2/14；

专利投入占总价值的比例为3/14。

现在，这部车子卖了25万元，利润即价值增值为11万元，对这增值的11万元，要按要素投入不同比例的不同贡献进行分配，分别是：

土地按上述比例分配数为1/14×11万元=0.785 7万元；

资本按上述比例分配数为5/14×11万元=3.928 5万元；

劳动按上述比例分配数为3/14×11万元=2.357 1万元；

企业家按上述比例分配数为2/14×11万元=1.571 4万元；

专利按上述比例分配数为3/14×14万元＝2.357 1万元。

以上数据可见表9-1所示。

表9-1　要素价值分配表

项　目	数额 / 万元	投入比例	增　值	投入贡献比例	分配比例
土地费	1	1/14		1/14	1/14×11
资本利息	5	5/14		5/14	5/14×11
工资福利费	3	3/14		3/14	3/14×11
企业家年薪	2	2/14		2/14	2/14×11
科技投入	3	3/14		3/14	3/14×11
总　计	14		11		11

实际上，每种要素并不一定全部用于生产，如劳动者工作岗位不胜任，就不能全部参与分配；设备虽然有投入，但技术效率低，或者闲置，也不能全部参与分配。这时，要将上面的要素投入比例分别乘以一个系数，分三种情况：

1）当某种要素正常运转时，如员工岗位责任制完成，设备运转率正常，系数为1。

2）当某种要素超过正常水平表现出高效率时，如员工技术新发明带来节约或高产，贡献加大，设备技术改进等，系数大于1。

3）当某种要素没有达到标准要求进行生产投入时，则系数应小于1。

这也就体现了按劳动的结果分配的原则，其作用在于为经济人的最大收益目标提供一个舞台，最大限度地挖掘出员工及所有生产要素投入的积极性，也就是先进生产关系的体现，最终是推动了社会生产力的发展。

对于不同性质的生产行业，其分配上会形成各种要素分配上的很大差异性。如资本密集型产业，如汽车、房地产等，资本投入部分比例较大，资本对商品形成贡献最大，相应的就应多分配；而劳动密集型产业，如纺纱厂等，由于劳动力对产品价值形成的贡献较大，因此，应该多分配剩余价值。

本章知识网络图

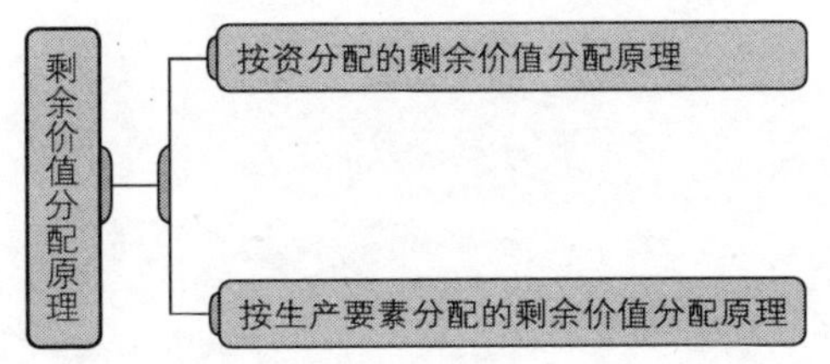

第十章

宏观经济调控价值原理

根据亚当·斯密的基本经济思想，市场经济社会的本质是自由化加开放型的经济。因为只有自由化加开放型的社会经济，才能实现社会资源和人力资源的有效配置，以市场为导向的专业化商品生产、高科技、高效率的管理等带来经济的快速发展。市场本身能够通过商品的供求关系带来的价格变化来自动调整产业结构及资源的配置，并形成自我发展。如果过分强调政府宏观经济调控在市场经济中的作用，就会失去市场经济社会的本质所在。

本章中，我们将通过使用"世界一切商品价值评估计算统一模型"的全面价值论、核心价值观理论观点来分析此前的宏观经济学理论的上述不足，给出从根本上治理社会经济病态的"中医"治疗方法，即通过经济系统本身的作用来治理宏观经济中出现的病态。

第一节

货币政策和财政政策

一、货币政策

货币政策包括狭义的货币政策和广义的货币政策。狭义货币政策指中央银行为实现既定的经济目标，运用各种工具调节货币供应量和利率，进而影响宏观经济的方针和措施的总和。这些经济目标包括稳定物价、促进经济增长、实现充分就业和平衡国际收支。

广义的货币政策指政府、中央银行和其他有关部门所有有关货币方面的规定和采取的影响金融变量的一切措施，包括金融体制改革，也就是规则的改变等。

通过中央银行调节货币供应量，带来通货膨胀或通货紧缩的资金时间价值的变化。影响利息率及经济中的信贷供应程度来间接影响总需求，以达到总需求与总供给趋于理想的均衡。

货币政策分为扩张性货币政策和紧缩性货币政策两种。

扩张性货币政策是通过提高货币供应增长速度来刺激总需求，在这种政策下，取得信贷更为容易，利息率会降低。因此，当总需求与经济的生产能力相比很低时，使用扩张性的货币政策最合适。显然，扩张性货币政策是导致通货膨胀的直接原因。

紧缩性货币政策是通过削减货币供应的增长率来降低总需求水平，在这种政策下，取得信贷较为困难，利息率也随之提高。因此，在通货膨胀较严重时，采用紧缩性的货币政策较合适。显然，紧缩性货币政策是导致通货紧缩的直接原因。

货币政策调节的对象是货币供应量，即全社会总的购买力，具体表现形式为：流通中的现金和个人、企事业单位在银行的存款。流通中的现金与消费物价水平变动密切相关，是最活跃的货币，一直是中央银行关注和调节的重要目标。

货币政策工具是指中央银行为调控货币政策中介目标而采取的政策手段。

货币政策是涉及经济全局的宏观政策，与财政政策、投资政策、分配政策和外资政策等关系十分密切，必须实施综合配套措施才能保持币值稳定。

1. 货币政策的实施

货币政策实施包括以下七个方面。

1）控制货币发行。这项措施的作用是，钞票可以整齐划一，防止币制混乱；中央银行可以掌握资金来源，作为控制商业银行信贷活动的基础；中央银行可以利用货币发行权调节和控制货币供应量。

2）控制和调节对政府的贷款。为了防止政府滥用贷款助长通货膨胀，资本主义国家一般都规定以短期贷款为限，当税款或债款收足时就要还清。

3）推行公开市场业务。中央银行通过它的公开市场业务，起到调节货币供应量，扩大或紧缩银行信贷，进而起到调节经济的作用。

4）改变存款准备金率。中央银行通过调整准备金率，控制商业银行贷款，影响商业银行的信贷活动。

5）调整再贴现率。再贴现率是商业银行和中央银行之间的贴现行为。调整“再贴现率”，可以控制和调节信贷规模，影响货币供应量。

6）选择性信用管制。它是对特定对象进行的专项管理，包括证券交易信用管理、消费信用管理、不动产信用管理。

7）直接信用管制。它是中央银行采取对商业银行的信贷活动直接进行干预和控制的措施，以控制和引导商业银行的信贷活动。

2. 货币政策的手段

实施货币政策，各国中央银行通常采用的方法主要有：短期利率、商业银行的存款准备金、基础货币等。

（1）短期利率

短期利率通常指市场利率，即能够反映市场资金供求状况、变动灵活的利率。它是影响社会的货币需求与货币供给、银行信贷总量的一个重要指标，也是中央银行用以控制货币供应量、调节市场货币供求、实现货币政策目标的一个重要的政策性指标，如西方国家中央银行的贴现率、同业拆借利率等。由于利率有不同的期限结构，而且同一期限的不同资产又有不同的利率，作为操作目标，中央银行通常只能选用其中一种利率。过去美联储主要采用国库券利率，近年来转为采用联邦基金利率。日本采用的是银行同业拆借利率。英国的情况较特殊，英格兰银行的长、短期利率均以一组利率为标准，用做操作目标的短期利率有：隔夜拆借利率、3个月期的银行拆借利率、3个月期的国库券利率。用做中间目标的长期利率有：5年公债利率、10年公债利率、20年公债利率。

（2）商业银行的存款准备金

银行起初只是兑换货币，后来增加新业务，替有钱人保管金银，别人把金银存放在它的保险柜中，它给人开一张收据，并收取一定的保管费。天长日久，有聪明人看出其中门道，虽然每天都有人存，有人取，但银行的保险柜里，总有些金银处于闲置状态，很少有保险柜被提空的情况。于是兑换商玩起借鸡下蛋的把戏，别人每存一笔钱，他们只在手中保留一部分，剩下的则悉数贷出去。被兑换商保留在手里的那部分金银，就是后来的银行存款准备金。

存款准备金，是限制金融机构信贷扩张和保证客户提取存款和资金清算需要而准备的资金。法定存款准备金率，是金融机构按规定向中央银行缴纳的存款准备金占其存款的总额的比率。换句话说，存款准备金是指中央银行强制要求商业银行，将其存款按照一定比率作为准备金，不得随意动用。打比方说，存款准备金率达到10%，相当于老百姓在商业银行每存100元，就有10元被放进了央行，商业银行不得动用这10元去放贷。

存款准备金率变动对商业银行的作用过程如下。

当中央银行提高法定准备金率时，商业银行可提供放款及创造信用的能力就下降。因为准备金率提高，货币乘数就变小，从而降低了整个商业银行体系创造信用、扩大信用规模的能力，其结果是社会的银根偏紧，货币供应量减少，利息率提高，投资及社会支出都相应缩减。

存款准备金率会影响到银行利率，存款准备金率上升，导致银行向外贷款能力降低，社会货币流通少，吸收存款难，导致利率呈上升的压力，体现的是通货紧缩的金融政策。

以准备金为指标还有一个选择何种准备金的问题，因为准备金有各种不同的计量口径。以美国为例，虽然货币主义者普遍认为，总准备金（会员银行的存款准备金总量包括美联储存款、库存现金与美联储借款）是对货币供应量的最佳控制器，但美联储对此持怀疑态度。从1979年10月至1982年夏，美联储采用的指标一直是非借入准备金（准备金总量减去向美联储借入部分，也称自有准备金）。1982年夏末，美联储采取新的步骤，改以借入准备金为指标。

（3）基础货币

基础货币是中央银行经常使用的一个操作指标，也常被称为强力货币或高能货币。从基础货币的计量范围来看，它是商业银行准备金和流通中通货的总和，包括商业银行在中央银行的存款、银行库存现金、向中央银行借款、社会公众持有的现金等。通货与准备金之间的转换不改变基础货币总量，基础货币的变化来自那些提高或降低基础货币的因素。中央银行有时还运用已调整基础货币这一指标，或者称为扩张的基础货币，它是针对法定准备的变化调整后的基础货币。单凭基础货币总量的变化还无法说明和衡量货币政策，必须对基础货币的内部构成加以考虑。因为：①在基础货币总量不变的条件下，如果法定准备金率下降，商业银行法定准备金减少，这时的货币政策仍呈扩张性；②若存款从准备比率高的存款机构转到准备比率较低的存款机构，即使中央银行没有降低准备比率，但平均准备比率也会有某种程度的降低，这就必须对基础货币进行调整。具体做法是，假定法定准备比率已下降，放出1亿元的法定准备金，这1亿元就要加到基础货币上，从而得到已调整的基础货币。

多数学者认为基础货币是较理想的操作目标，因为基础货币是中央银行的负债，中央银行对已发行的现金和它持有的存款准备金都掌握着相当及时的信息，因此中央银行对基础货币是能够直接控制的。基础货币比银行准备金更为有利，因为它考虑到社会公众的通货持有量，而准备金却忽略了这一重要因素。

3. 货币政策目标

货币政策的运用分为紧缩性货币政策和扩张性货币政策。总的来说，紧缩性货币政策就是通过减少货币供应量达到紧缩经济的作用，扩张性货币政策是通过增加货币供应量达到扩张经济的作用。不论是哪种政策，都会带来通货膨胀或通货紧缩的金融危机。

货币政策的最终目标，指中央银行组织和调节货币流通的出发点和归宿，它反映了社会经济对货币政策的客观要求。货币政策的最终目标一般有四个：稳定物价、充分就业、促进经济增长和平衡国际收支。货币政策的最终目标要同时实现是非常困难的。在具体实施中，以某项货币政策工具来实现某一货币政策目标，经常会干扰其他货币政策目标的实现，或者说，为了实现某一货币政策目标而采用的措施很可能与实现另一货币政策目标所应采取的措施相矛盾。因此，除了研究货币政策目标的一致性以外，还必须研究货币政策目标之间的矛盾性及其缓解矛盾的措施。

二、财政政策

财政政策是指国家根据一定时期政治、经济、社会发展的任务而规定的财政工作的指导原则，通过财政支出与税收政策来调节总需求。增加政府支出，可以刺激总需求，从而增加国民收入；反之，则压抑总需求，减少国民收入。税收对国民收入是一种收缩性力量，因此，增加政府税收，可以抑制总需求从而减少国民收入；反之，则刺激总需求增加国民收入。它由国家制定，代表统治阶级的意志和利益，具有鲜明的阶级性，并受一定的社会生产力发展水平和相应经济关系的制约。

财政政策是国家整个经济政策的组成部分，同其他经济政策有着密切的联系。财政政策的制定和执行，要有金融政策、产业政策、收入分配政策等其他经济政策的协调配合。

政府支出有两种形式：其一是政府购买，指的是政府在物品和劳务上的花费，如购买坦克、修建道路、支付公务员的薪水等；其二是政府转移支付，以提高某些群体（如老人或失业者）的收入。

税收是财政政策的另一种形式，它通过两种途径影响整体经济。首先，税收影响人民的收入。其次，税收还能影响物品和生产要素，因而也能影响激励机制和行为方式。

1. 财政政策的内容

财政政策包括国民收入分配政策、预算收支政策、税收政策、财政投资政策、财政补贴政策、国债政策、预算外资金收支政策等。它们之间是相辅相成的关系。

2. 财政政策的形成与发展

财政政策是随着社会生产方式的不断变革而不断发展的。

早期的资本主义国家，一般都实行简政轻税、预算平衡的财政政策。

国家垄断资本主义时期，生产社会化与资本主义私有制的矛盾日益加深。政府的经济职能逐渐加强，财政政策不仅为实现国家政治职能提供服务，而且成为政府干预和调控社会经济的重要工具。特别是20世纪30年代凯恩斯主义的产生，财政政策成为调节经济、挽救经济危机的重要手段。即在经济萧条时实行扩张性财政政策，以加快经济复苏。经济高涨时，则实行紧缩性财政政策，延缓经济危机的到来。

供给学派财政政策是一种主张降低累进所得税率、改革社会福利制度、实现预算平衡的财政政策观点。同凯恩斯主义财政政策相对立。

供给学派曾经断言，在经济增长的自然动力被窒息的地方，用财政支出刺激需求的增长，只能带来通货膨胀。而累进的高所得税率则是窒息经济增长和抑制生产发展的主要障碍。

供给学派认为，减税，特别是降低边际税率，可以对经济产生多方面的积极影响，如鼓励人们加班加点、积极经营、推迟退休、缩短待业期，从而提高收入。这样人们就可以有更多的钱用于支出，特别是有更多的钱用于储蓄。而储蓄与收入的刺激相结合，又可以鼓励投资。

供给学派主张，减税必须按照激励储蓄和工作，并给投资者以鼓舞的方向去设计，主张实行累进税和公司税的削减。它与主张对高收入阶层增税而对低收入阶层减税的自由主义观点相对立。

3. 财政政策的种类

1）扩张性财政政策，是指通过财政分配活动来增加和刺激社会的总需求，表现上就是财政赤字。

2）紧缩性财政政策是指通过财政分配活动来减少和抑制总需求，表现上就是财政盈余。

3）中性财政政策是介于扩张性财政政策与紧缩性财政政策之间的财政政策，指财政的分配活动对社会总需求的影响保持中性的政策。

4. 财政政策的手段

财政政策的手段包括税收、预算、国债、购买性支出和财政转移支付等，是国家为了实现财政政策目标所采取的经济、法律、行政措施的总和。

经济措施主要指财政杠杆，法律措施主要是通过立法来规范各种财政分配关系和财政收支行为，对违法活动予以制裁，行政措施指运用政府机关的行政权力予以干预。

5. 我国财政政策的基本手段

1）国家预算，主要通过预算收支规模及平衡状态的确定、收支结构的安排和调整来实现财政政策目标。

2）税收，主要通过税种、税率来确定和保证国家财政收入，调节社会经济的分配关系，以满足国家履行政治职能的财力的需要，如提供社会公共服务设施、社会最低生活保障等，以促进经济稳定协调发展。

3）财政投资，通过国家预算拨款和引导预算外资金的流向、流量，以实现巩固壮大社会主义经济基础，调节产业结构的目的。

4）财政补贴，是国家根据经济发展规律的客观要求和一定时期的政策需要，通过财政转移的形式直接或间接地对农民、企业、职工和城镇居民实行财政补助，以达到经济稳定、协调发展和社会安定的目的。

5）财政信用，是筹集和使用财政资金的一种再分配手段，是指国家按有偿的原则，在国内发行公债和专项债券，在国外发行政府债券，向外国政府或国际金融组织借款，以及对预算内资金实行周转有偿使用等形式。

6）财政立法和执法。

7）财政监察。

综合起来，货币政策能够带来长久的效果，但治理程序多、时间长。而财政政策则见效快，但容易产生一些其他副作用。所以，宏观经济调控政策的货币政策与财政政策要综合使用，才能发挥各自所长。

第二节

国民经济指标判断体系

国民经济是指一国经济的总体状况，包括经济总量、增量、增速及质量等，通过一系列的指标进行检测和判断，如同对于人体的健康检测是通过各种指标检测一样。由于国民经济是站在一国经济的总体角度看待和研究经济问题的，所以通常也把国民经济称为宏观经济。当然宏观经济是建立在微观经济基础上的，只是看问题的角度是从局部还是全部有所不同而已。

一、国内生产总值*GDP*指标体系

国内生产总值*GDP*是指一个国家（或社会）一年（或一定时期）内所生产出来的全部最终产品和劳务的市场价值的总和。并且在投入等于产出的假设下得出了国内生产总值计算的支出法、收入法和生产法。

现在我们来分析一下作为世界各国长期使用的国内生产总值*GDP*指标的实质。

我们知道，只有消费品才是最终产品，所以，国内生产总值*GDP*的含义实质是一个国家（或社会）一年（或一定时期）中全部消费品及劳务的市场价值总和。又由于一个国家或社会一定时期或一年的新增加的最终产品及劳务并无法完全统计到，如保姆的劳务或走私的产品无法统计到，因此，国内生产总值*GDP*也并不是全部消费品及劳务的市场价值总和，而只能说是一个国家（或社会）一定时期（或一年）当中的一部分消费品和劳务的市场价值总和。在没有其他价值计算方法的情况下，使用了货币计量法，所以，国内生产总值*GDP*

是通过货币来计量的，由于货币存在通货膨胀或通货紧缩，如果一年中遇到了通货膨胀，即使没有实际的社会财富的消费品的增加，也能使*GDP*数得到增加，反之，如果遇到了通货紧缩，即使实际的社会财富的消费品增加了，也可能使*GDP*下降。因此，在使用国内生产总值*GDP*指标体系时要配之以价格平减指数，以消除价格上的通货膨胀或通货紧缩带来的不确定性。而这些计算是非常复杂和难以操作的，但作为一国一年（或一定时期）的经济总的状况来说，并不是只有最终产品即消费品的增加，还有投资商品的价值增加，也是整个社会财富的商品的价值一部分，不能不加计算，否则，就不是一个国家（或社会）一年（或一定时期）经济的全部状况的反映。

不但如此，作为一国的社会财富的经济总量，不但包含消费品价值加上投资商品价值，还包括埋在地下的一些矿藏和大海等自然资源，虽然没有形成商品，也不能不说是一国（或一个社会）一年（或一定时期）存在的社会财富，也是一国的总体经济中的一部分，也应该作为国民经济的总量指标中的一部分。进一步说，一国的消费品占整个国民经济总量只是极少数的一部分，而只有投资商品的资产及自然资源的各种矿藏、森林、大海甚至温度等才是一个国家的经济的主要"家底"，不能抛开这个"家底"来谈国民经济问题。所有这些都没有在国内生产总值*GDP*体现出来，因此，国内生产总值只宜作为衡量一个国家（或社会）一年（或一定时期）的社会福利增长指标。

在国内生产总值*GDP*的计算方法上，存在着收入法与支出法的误差，这是因为，一个国家一定时期的全部收入未必都要全部用于支出，银行储蓄存款就没有支出，这时*GDP*的两种算法就有误差了。

那么，能否找到一个新的指标体系来发展或克服这一指标的不足呢？回答是肯定的，这就是使用"世界一切商品价值评估计算统一模型"的全面价值论下的国民经济TH价值判断新体系。由于它是建立在商品的全面价值论基础上，就能有效克服上述国内生产总值*GDP*效用价值论的片面性，这样，国民经济价值判断指标体系是此前的国内生产总值判断指标体系的推广，这样，我们就"走出一步天地宽了"。

现在我们就来寻找一种能够体现一个国家（或社会）甚至一个城市及地区一年（或一定时期）内的社会财富商品的总量的价值及新增价值的指标，即判断国民经济总量及增量的指标。有了这一指标体系之后，就可以直接测度一个国家（或社会）一年（或一定时期）内国民经济的全貌了。

二、国民经济TH价值判断指标体系

显然，一个国家国民经济的社会财富的全部价值总量及增量是多少的问题是任何经济学所必须回答的一个核心问题。

为了研究的方便，我们把世界的国家分为封闭型和开放型两种类型，并分别加以研究，虽然当今世界实际上很少存在封闭型的国家。

另外，由于一个国家的经济是处于不断增长或衰退的变化之中，所以，要了解一个国家或社会的经济总量、增量或增长率就总是要设定在一定的时点上进行评估，当然为了研究的需要也可以取一个时间段进行分析。

1. 封闭经济下的一国经济总量、增量及增长率

通常，作为一国经济判断的最主要指标是经济总量价值，它体现一国的综合经济实力，而反映经济增长速度的是经济效率指标。

根据“世界一切商品价值评估计算统一模型”，一切商品都存在统一的价值，都可以用统一的价值模型进行计算，所以，宏观经济价值判断的指标可以使用价值模型原理来得出，即市场经济社会的经济总量表现为全部商品价值总量加上潜在资源价值。这样，就可以通过计算一个国家或社会某一时点上的全部商品价值加上潜在资源价值来得出该时点的经济总量指标。或者说，经济总量只有通过具体的商品的价值计算才能确切化。如果用TH_1表示一个国家或社会的财富的商品的价值总量，则显然有

国民经济全部商品的总价值TH_1=全部投资商品的价值+全部消费品价值

或

国民经济全部商品的总价值TH_1=社会全部商品的基础价值+新增价值

基础价值是评估时的现有的商品价值，是一个国家或社会评估日之前已有的社会财富的商品价值，而新增商品价值是整个社会财富的新增加部分的价值，也是整个社会财富的价值一部分。

如果用TH_2表示新增商品的价值，则有

国民经济新增价值TH_2=全部投资商品的收益价值+全部消费品的利润价值

=全部商品年末利润价值–全部商品年初利润价值

如果以年为单位来计算一个国家的经济增长速度，则为年末经济价值总量减去年初经济总量价值。

$$国民经济（年）增速TH_3=\left(\frac{年末经济总量价值}{年初经济总量价值}-1\right)\times 100\%$$

其中，年末经济总量是年末的利润的价值结果，年初的经济总量是年初的利润的价值结果。

例如，某地年末利润为120亿元人民币，年初利润为100亿元人民币，换算为价值单位后，年末的经济价值为1.2亿Tianhua，年初的经济价值为1亿Tianhua。

$$TH_4=[1.2/1-1]\times 100\%=20\%$$

即年初的1亿Tianhua价值经济总量，按20%的增长率，年末价值为1.2亿Tianhua价值。

实际上，一个国家的经济实力与发展速度并不是一回事，如美国的经济实力很

强，但发展速度并不快。所以，其经济总量指标TH_1是很大的，而其经济发展增速指标TH_2是很小的，而中国正好相反。而统一使用国内生产总值*GDP*体系，一来不能全面体现一国的国内生产总值的全部内容，二来不能体现出其经济总量实力及发展增速。

以上我们就国民经济中商品的财富的价值进行的价值判断下的计算。但是，本书开始时我们讲过，社会财富不仅包括商品财富，还包括自然界赋予的非商品的财富，如森林、矿藏和大海等，这些也是国民经济中社会财富的价值中的一部分。对于这一部分潜在价值，我们也可以计算其价值，并把这部分价值加在商品的财富的价值当中，就构成了一个国家或社会的全部的社会财富的价值判断结果。这样，就得到了国民经济TH价值判断体系的TH_4指标，即

国民经济全部价值TH_4=社会全部现实商品价值+潜在资源的价值

现实商品价值就是TH_1的价值，即投资商品的价值加上消费品的价值，而潜在价值指按公允法评估出来的全部资源价值。

由于TH_4中的潜在价值是不能为当时所利用的价值，所以，在进行国民经济TH价值判断时，一般重点研究潜在价值以外的价值。而把社会财富的潜在价值作为经济发展的后劲来考评。当然了，使用哪个指标，要根据需要而定。

由于潜在资源是没有投入的自然资源，所以其价值中的投入部分为零，但并不意味着没有价值，至少还有效用部分的价值。而且对于资源型国家来说，还是国家"家底"的主要部分，如中东一些国家除了石油没有其他的资源，如果把这些国家的地下石油从价值中去除的话，那么中东国家就是穷国了。而事实上，这些地区很富裕，它们通过石油换食品，是商品等价交换的价值转化的结果。

一切潜在的资源的财富的价值就是其资源的储量乘以其资源的单价的结果。其储量需要专业科技部门认定，而同类资源的价格是按评估时的市场的价格确定的。

2. 开放经济下的经济总量、增量及增长率

开放国家经济总量，就是在其本国经济总量基础上，再加上一个出口净收益的顺差价值或减去逆差价值的结果。这样，我们得到开放国家的经济总量指标：

开放国家某时点的经济总量TH_5=国内全部商品的价值 +国内潜在资源的价值+外汇顺差（或减去逆差）的价值

其中外汇顺差或逆差，可以通过国际贸易与金融的国际收支平衡表中的经常性项目的顺差或逆差的货币数对应的价值得到。如果一国国际收支平衡表经常性项目体现的是顺差，则本国的社会财富的商品价值总量就增加了，而对于一些自然资源缺少的国家和地区，如日本、韩国等，其国内的经济总量其实是不占主导的，而主要是通过外向型经济的外贸顺差来支撑经济。这就是亚当·斯密早期的古典经济学重商主义、贸易富国论经济原理的体现。

开放经济下的经济增量价值计算与总量价值计算原理是一样的，即在当年的投入

价值加上收益价值基础上再加上一个外贸顺差或减去逆差的价值即可。

对于开放经济下的经济增长速度的指标，与封闭的经济下的增长速度计算方法是一样的。只要在年末经济量与年初经济量上分别加上或减去外贸易收支的顺差或逆差就可以了。

3. 国民经济TH价值指标判断体系与国内生产总值*GDP*判断体系对比分析

现在来分析一下两个指标体系的差别，以一年的价值总量为例。

国民经济价值TH_5=国内全部投资商品的价值+国内全部消费品的价值+国内全部潜在资源的价值+外汇顺差（或减去逆差）的价值

国内生产总值*GDP*价值=国内部分消费品的价值

由此可见，*GDP*表示的商品的价值集合是TH表示的商品的价值集合的一个真子集。

$$GDP \subset \mathrm{TH}$$

由此可见，国内生产总值*GDP*是国民经济TH价值指标体系中的一部分而已，原因是作为国民经济TH价值判断指标体系是建立在全面商品价值论核心价值观基础上的，所以，得出的国民经济价值判断的结果必然包含了效用价值论下的国内生产总值*GDP*的部分价值。

至于为什么说投资收益也是国民经济财富价值中的一部分，现解释如下。

作为投资收益，如股票的股利、债券利息或贷款利息等，是通过资金使用人，如企业等在融资中实现的，最终要算到商品的价值成本当中去，形成商品的成本价值的一个组成部分。与商品销售利润是一样的，所差的是商品销售利润只是在商品销售时才实现，投资收益是在商品销售之前实现的。如同钱和商品都是有价值的财富一样。或如评估资产价值时，不能不计货币价值一样。所以投资收益不能不算做一国国民经济总财富的价值中的一部分。所以，衡量国民经济财富的价值时，应当把消费品利润与投资收益一起计算得出的结果才是全面正确的。这与会计核算成果的利润表上分设营业利润和投资收益两个项目原理上是一样的，而如果只计算利润价值不计算投资收益则整个会计核算就无法实现平衡。从中也不难看出，*GDP*缺少投资收益带来的整个国民经济经济效益核算上的不平衡。

三、国民经济价值判断指标体系的作用

1. 政府宏观经济调控的基本指导思想

到目前为止，由于缺少对整个社会财富的商品价值的指标判断体系，这样，人们难以对一个城市或地区及整个国家及世界的经济总量和增量作出判断。因此，经济活动的生产经营、消费、投资等只能在盲目的状态下进行。而当有了上述的经济总量及增量价值指标，一个城市或地区直到整个世界的社会财富的商品价值总量及增量就

会一目了然了。我们就可以根据商品价值判断来对整个国民经济体系进行有效宏观调控，通过对社会财富商品价值的总量及增量的把握，就能科学地制定国民经济发展目标，防止经济发展过快或过慢，实现社会经济的科学协调发展。

2. 政府执政业绩考核有了价值判断依据

在市场经济条件下，一个国家或地区的政府执政管理行为实质上是一种社会经营行为，因此政府也应当是社会财富的价值及剩余价值的创造者。

人们常说"人人为自己，上帝为大家"，而市场经济社会的政府与企业的关系是"企业管自己，政府管社会"，各自角色都要到位，整个社会经济才能协调快速发展。作为企业和其他纳税人有为政府提供税收义务，而作为政府也应当有为纳税人提供的社会财富进行保值、增值的经营责任。这是市场经济下权力与义务对等原则所要求的。这种由政府所进行的社会公共服务与管理，称为国家经营、城市经营或地区经营，其中负总责任的是政府首脑及地方政府首长。政府首脑的国家经营和地方首长的地区经营管理与企业家的企业经营管理在价值原理上是一致的，并且与企业家的企业经营管理呈相应之势。只有全社会的政府和企业都在努力创造商品的价值和剩余价值，社会经济才能快速发展，人民生活水平才能尽快得到提高。

政府首脑和地方长官社会经营的结果如何，通过国民经济TH价值判断指标体系就能一目了然。如同对企业家考核及学生考试一样，事实上，我国政府公务员每年年终都要进行干部考核，形成一种制度，只不过这种考核没有建立在价值判断指标基础上。由于偏离全面价值的标准，难以全面反映执政业绩，结果考核的作用并没有发挥出来。

通过使用国民经济TH价值判断指标体系，评价一个城市或地区的经济总量指标及增量指标及增长速度指标，就可以从全方位考核政府的社会经营能力，通过考核结果来确定各级领导的升降奖惩，就能大大激励政府各级经营队伍的工作动力和积极性。通过建立任期目标责任制加上激励机制，就能充分发挥政府首长本人作为经济人的工作动力，而反腐败的法律制裁只是后天的方法，是一种事后的控制。

从市场经济社会法律的基本原理来讲，权力和义务总是对应相等的，政府与社会的关系也是如此，只有权力没有责任的政府不等合法律的基本要求；反过来，只有责任没有权力的政府也是无法执政的。那么，社会纳税人和公民都无一例外地有纳税的义务，理所当然地有平等参与政府社会公共管理的权力。

3. 社会信息指标

通过计算国民经济TH指标，并定期向社会发布，有利于世界各国之间经济信息互通，方便对外交往。另外，在国内，通过这一指标的发布，可以作为招商引资的决策依据，有利于吸引外地资金，发展地方经济。

第三节

对通货膨胀及金融危机治理的启示

一、通货膨胀及金融危机产生的原因分析

1. 传统宏观经济学的分析

传统西方经济学的宏观经济学理论认为通货膨胀产生的原因主要有以下三方面：

一是商品需求拉动，由于商品市场需求大于供给，所以形成整个社会市场物价普遍上升，形成通货膨胀；

二是商品成本拉动，即商品生产中成本过大，带来价格上升，形成通货膨胀；

三是充分就业拉动，认为充分就业以后，社会消费者收入增加带来整个市场物价的上升，导致通货膨胀。

而对于2008年美国引发的世界金融危机来说，专家和媒体都把它归结为“次贷危机”。

2. 国民经济TH价值判断指标体系下的分析

通货膨胀或通货紧缩是政府中央银行与社会的纵向关系所造成的，政府超过现存商品价值量百分比多少发行货币，就会形成多少百分比的通货膨胀率；反之，政府以低于多少现存商品价值量百分比来发行货币，就会形成多少百分比的通货紧缩率。这与社会市场物价、商品成本及充分就业并无关系，或者说，社会商品的物价上升、成

本上升及充分就业，只是货币的横向流动关系。如果一个社会的商品需求增加，会导致价格上涨，则只能剥夺消费者（或投资者）价格中的利润价值部分，即商品的利润的剩余价值只是更多地倾向于商品的供给者，即商家。而如果成本过大，由于社会总货币量一定，并不会导致通货膨胀或通货紧缩，只能导致商家的利润空间减少，整个社会的商品效用减少，即剩余价值减少，导致社会经济发展的速度变慢，而不会形成通货膨胀也不会形成通货紧缩。而充分就业，家庭成员所增加的货币收入是建立在为企业商品生产提供相应的效用价值基础上的，所以也不会带来整个社会的货币的增加或减少，因此也不会导致通货膨胀或通货紧缩。

总之，货币在商品的供求双方间通过价格利润只是解决谁多占或少占利润的剩余价值问题，如肉烂在锅里一样。在纵向关系的社会货币发行量一定时，作为横向关系的商品价格上升与下降只影响剩余价值在商品的买卖双方之间的分割，如同一个试管连通器一样，总量水平一定时，两端水平是一定的，而如一端增加，另一端就要减少，两端之间的分割关系是此消彼长的，不会带来整个社会货币与商品价值的失调。

特别情况，如某一种商品市场需求过大，则因该种商品的稀缺性拉动效用价值的增加，带来价格比平时上升，而这种价格拉动也完全是建立在稀缺性带动的商品的效用价值增加的基础上的，因为利润与效用形成一一对应关系，这并不是通货膨胀。通货膨胀是货币表示的价值小于商品本身的实际价值的结果，而且随着利润的过大，刺激社会投资较多，会很快平抑这种商品需求缺口，使这种商品价格下降。最后回到正常价格甚至亏损，形成新一轮的价格波动，长期来看，价格是平均的，不会形成通货膨胀。

充分就业带来通货膨胀的说法是不可靠的，社会充分就业以后，增加了社会商品的剩余价值，在此基础上增加的货币与TH_2的增加是水涨船高的关系；反之，失业的增加带来了社会商品的剩余价值的减少，在此基础上的TH_2也会减少，此时社会商品的剩余价值与TH_2指标是水落船低的关系。所以也不能使用增加失业的方法来治理通货膨胀。

二、防治通货膨胀与金融危机的方法

（一）传统西方经济学理论的方法

1. 乘数原理的银行存款准备金制度

在传统的西方经济学宏观经济调控理论当中，有一个著名的乘数效应原理，包括贷款的乘数效应和投资的乘数效应。前者指商业银行对于吸收到的社会存款，经过多次放贷，就会创造出新的货币，所以，为了防止过多增加货币，形成通货膨胀，商业银行就要在中央银行保留一部分现金，以备兑现储户现金之用，而这一部分央行的存款，是按商业银行储蓄的存款的数量的一定比例在央行提留的，称为存款准备金率，并作为政府控制社会货币流量的一个砝码。当社会出现通货膨胀时，就提高银行存款准备金率，以减少乘数效应带来的社会货币量过大，从而达到控制通货膨胀的目的。反之，当社会出现金融危机时，就降低存款准备金率，以便创造出更多的货币在社会流通，使金融危机得到抑制。

例如，商业银行原始存款为100万元，则按20%的银行存款准备金率应当将20万元存入中央银行，其余80万元用于向下一级商业银行贷款，然后下一级的商业银行再按20%的存款准备金率即16万元存入央行，剩余的64万元用于向再下一级的商业银行贷款……一直下去，各级商业银行共计新创造出的货币数是

100万元+100×（1–20%）万元+100×（1–20%）×（1–20%）万元+…=500万元

而对于投资也有同样的原理，以原始投资货币的乘数的倍数创造出新的货币。

还有投资的乘数效应原理，也和贷款的乘数效应一样，认为投资能够带来资本金的若干倍数的货币的增加。并且由贷款或投资带来多少倍数的货币增加量，这个倍数就是所谓的乘数。

事实果然如此吗，如果这样做真的可以带来社会货币的增加的话，则由于货币代表社会财富的商品价值，所以我们别的什么也不用干了，只需要每天大量印发货币就可以了，也用不着进行其他经济活动了。如同孙悟空的一根毫毛，可以变出任意多的毫毛来，要多少有多少，而现实我们看不到这种现象。

而对于自20世纪30年代以来的金融危机及继而的长期的高通货膨胀直到2008年的再次超过以往任何一次的金融危机直至经济危机，使用这种方法一直没有根除通货膨胀或金融危机又说明了什么呢?

“实践是检验真理的唯一标准”，既然通过银行存款准备金制度在事实上没有奏效，就让我们重新进行理论分析吧。

首先我们以贷款的乘数效应为例子。作为第一家商业银行来说，当它把存入央行的20万元拿出来以后，剩余的80万元供给下一级银行时，就成为下一级银行的债权人，下一家银行因此成为债务人，两者相抵销，并没有新增加80万元货币，只不过80万元转到了下一家银行手里，如同把“手绢”丢给了别人，再下一家银行与下家银行借贷关系也是这样……就如同丢手绢时，由上一个小孩丢给下一个小孩，手绢只有一个，并不是每往下传递一次就增加了一个手绢，到了最后一个小孩手中，还是一个手绢。

对于投资的乘数原理也同样是难以成立的，当投资者把一定的资本金投放到一个投资项目或投资商品时，可能会产生三种结果。第一种结果是赢利，即形成资本金的剩余价值，其中的利润的剩余价值对应的货币数，是新增加的货币。即这部分价值由货币表示出来，货币对应的是实际的商品的价值。第二种结果是保本，这时，投资多少货币，回来多少货币，没有新创造出货币来。第三种结果是亏损，即收回的货币数小于放出的货币数，这时，货币不但没有创造出来，还会减少。总之，投资不能保证

社会货币增加。

2. “菲利普斯曲线”

对于长期中发生的社会通货膨胀问题，传统的西方经济学有一个著名的菲利普斯曲线，认为通货膨胀与失业是“鱼”和“熊掌”不能兼得，即要想治理通货膨胀，就只能以增加社会失业率为代价。为此，给出了通货膨胀率与失业率之间的反向关系的图形，如图10-2所示。

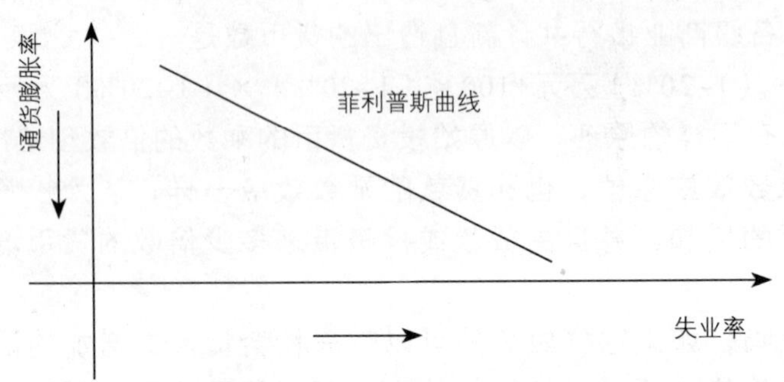

图10-2　菲利普斯曲线——通货膨胀率与失业率的反向关系

从图10-2中可以看到，菲利普斯认为，通货膨胀率与失业率呈反向关系，因此要降低纵轴上的通货膨胀率，必须增加横轴上的失业率。即必须以社会“失业”为代价来治理通货膨胀。而如果真的这样做了，社会失业的人多了，人民生活下降甚至是难以生存了，这种通货膨胀治理还有什么正面的效果呢？这等于人为地制造了经济的灾难，如果社会失业率太高，就会使社会经济不稳，如果产生革命或动荡，情形就更加可怕了。这种通货膨胀治理方法，分明是把社会经济引向了死胡同。

（二）TH价值指标体系对通货膨胀与金融危机治理的启示

根据前面的分析，通货膨胀形成的原因固然很多，但是，货币发行量是根本，要治理通货膨胀，就只有从中央银行的货币发行量进行治理。

货币的供求相等，商品的价值集合与货币的价值集合合二为一，有多少商品，或有多少价值的商品对应多少货币，当然就不会出现通货膨胀了，也不会出现通货紧缩了。通货膨胀与通货紧缩都同样是偏离货币本来所表示的价值，都同样会对整个国民经济造成冲击或带来各种系统上的“病毒”。

设货币供给的集合为A，需求的集合为B。

1）当一国或一个社会的货币的供给与需求相等时，亦即$A=B$表示的商品的价值为均衡价值，表示的商品价格为均衡价格。亦即集合A与集合B重合时的状况表示的货币的价值及价格。此时有$A \cap B=A=B$，如图10-3所示。

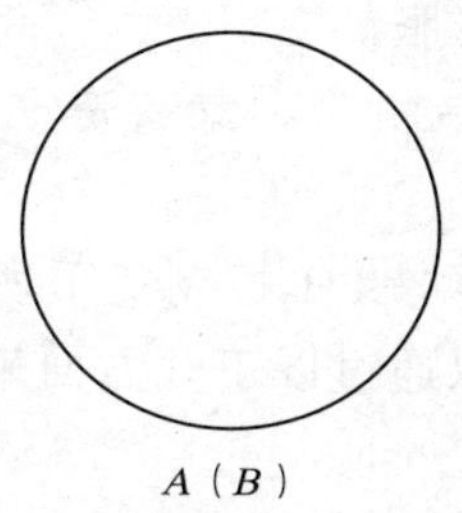

图10-3　货币供求相等时的货币价值与价格

2）当一国或一个社会的货币供给A大于需求B时，$A\cap B\subset B$，即$B\subset A$时，货币会出现贬值，相应地商品价格将上升，如图10-4所示。

3）当一国或一个社会的货币的供给A小于需求B时，$A\cap B\supset A$，即$B\supset A$时，货币会出现增值，此时保险柜里的一定数量的货币经过一段时间以后会购买到比原来更多的商品，如图10-5所示。

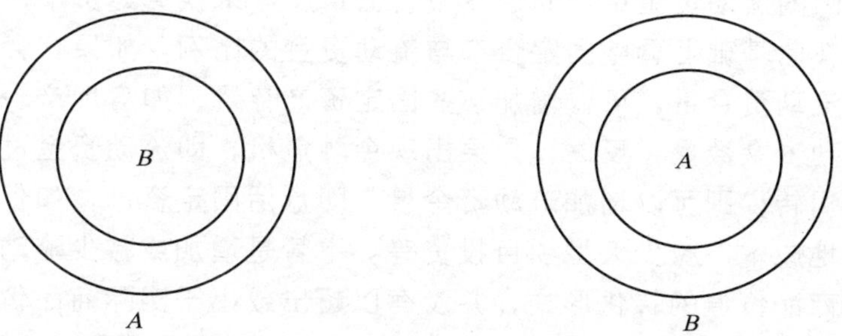

图10-4　货币供大于求时产生通货膨胀　　图10-5　货币供小于求时产生通货紧缩

我们知道，货币的天然职能就是来表示商品的价值，如果货币的发行偏离了商品的价值，如一个国家或社会本来没有那么多的商品或财富，你非要大量发行货币，必然形成通货膨胀。由此可见，通货膨胀形成的原因固然很多，但是，货币发行量是根本，要治理通货膨胀，就只有从央行的货币发行量进行根治。

一个国家或社会通货膨胀或通货紧缩主要是政府人为地以超出或小于实际的社会财富的商品的价值量来发行货币的结果，也就是货币发行量脱离TH_1、TH_2的结果，这样，要从根本上治理通货膨胀和金融危机，就要从改善政府宏观经济调控的方法开始，即由传统的人为的金融政策的制定，改为金融法律监管，把国家货币发行量作为一项基本法律加以固定，而央行的任务由制定政策转为社会财富商品价值信息掌控，做好社会商品的价值的准确计算及货币发行计量工作。当然，从长期的货币政策制度人为治理中转变为货币监管需要一个很长的时期才能见效，而一旦见效后就会长久发挥作用。

另外，对于确定的国民财富总量TH_1来说，我们完全可以全部使用货币来表示，也可以全部使用实物商品来表示。如果是前者的话，虽然不是通货膨胀，但是，社会实物缺少，带来物价上涨，社会经济出现流通上的“高血压”，手中有很多钱，买不到什么商品，产生了表面上的通货膨胀。

对于后者来说，显然是金融危机了，家有资产一大堆，手中没有钱花，形成经济流通中的“断血”。

所以一个健康的社会中，除了按TH_2控制货币发行量以外，还必须调整好货币与实物商品之间的一个合理比例。可以通过以下几方面来控制。

（1）通过财政政策降低税率

通货膨胀时，社会流动资金过多，提高税率，就能减少流动资金；反之，通货紧缩时，社会缺少流动资金，降低税率，就会有更多的流动资金在社会流行，以缓解流动资金紧张。

（2）盘活现有流动资金

通过TH_1指标的计算，确定一国社会财富的价值总量，去掉固定资产的价值量，剩余的就是一国的流动资金量，通过货币价值量反过来换算为货币数，就是一国现有流动资金量。在此基础上调整固定资产与流动资金的比例。如果社会商品物价普遍过高，就要减少流动资金量，可以增加一些固定资产存量，如房地产、大型工业投资项目等，减少流动资金数量；反之，如果出现金融危机，即流动资金过少，影响企业或日常市场资金周转，则可以增加流动资金量，即盘活固定资产，如促进房地产销售、降低房地产土地成本、减少大型项目投资等。不管是增加或减少流动资金量，都是实物商品与货币商品价值的转化形式，并没有以超出或小于实际商品价值的货币数进行调整，即没有脱离TH_1和TH_2的货币发行，不会带来新的通货膨胀或金融危机。

而对于每年新增加的TH_2价值量，也要去掉固定资产总价值量，剩余的就是现金价值量，把这一现金价值量反过来换算为现金数量，作为新货币补充量。中间无论是进行向社会贷款或增加投资都不能超过这个现金量。如新发行债券，就是货币回笼，也要在TH_2的现金数量内进行。直接投资是增加了社会货币量，但不能超出TH_2中的这个现金量。

（3）平衡外汇顺差与逆差

当社会出现通货膨胀时，表明社会流动资金过多，这时，就要减少外贸顺差，以减少流动资金，或者把外汇顺差部分存入国库，或增加进口，换回相应的商品充实市场。

反之，当社会出现金融危机时，表示社会缺少现金流量，这时，要增加外汇投放，以补充社会市场流动资金。

（4）严厉打击假币

维护金融秩序正常，世界各国齐抓共管，才能形成一种合力。

这样，通过社会货币流通总量及速度的控制，双管齐下，就能较好地扼制通货膨胀与通货紧缩交替出现的经济“顽症”。

第四节

失业与充分就业

一、失业

失业问题是当今世界宏观经济中的又一个重大问题。是世界各国所共同面临的一个严重社会问题。那么，如何从根本上解决社会失业和再就业问题呢？

我们知道，引起普遍社会失业的根本原因是社会的企业数量少或质量差，不能容纳社会剩余劳动力。根据全面商品价值论、核心价值观的观点看问题，一个社会的商品生产是由土地、资本、劳动、科技、企业家配套形成的生产与经营，如果一个社会只有这些生产要素当中的某一个，则不可能形成生产经营，也就无法形成企业。比如，只有土地一大片，没有劳动者开发，无法形成生产，也就无法形成企业；同样，只有资本没有劳动或只有劳动没有其他要素相互配套也无法进行生产经营，也无法形成企业。而由于企业数量过少或过多，就会形成整个社会的劳动力的失业或者奇缺。

因此，失业产生的原因是劳动要素供给量大于其他生产要素的需求量结果，如图10-6所示。左边的集合$\overline{A}$表示一个社会的劳动供给量，集合B表示一个社会的全部企业对生产要素劳动的配套需求量，包括土地、资本、劳动、科技、企业家等。劳动是企业生产要素之一，即B的土地、资本、科技、企业家集合以外的一个真子集。对于AL需要的劳动，只用集合A的供给就可以了，而实际劳动供给并不是A，而是A的闭包集合，即有无穷多的A以外的人员没有进入AL中。所以，产生了大量的社会失业，也就是我们所看到的一个岗位有几百个人在竞争的现象。

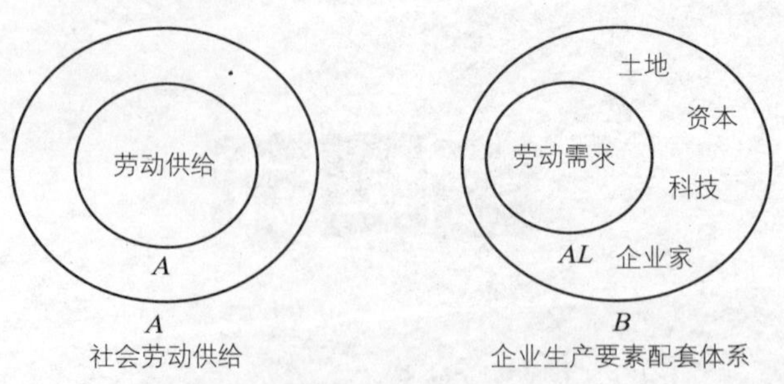

图10-6　失业形成

显然，要解决一个社会再就业问题，只有增加企业规模或新建立大量企业，以形成$\bar{A}=AL$，以安排A以外的$\bar{A}$以内的部分的失业人员的工作问题。而要扩大企业规模或新建立大量企业，这些要素就要增加，如增加企业的土地、资本、科技和企业家，需要放宽这些方面的限制。

而我国目前的企业的其他要素发展不起来，则相应的失业问题就没有根本解决的办法。目前我国土地要素价格过高，提高了企业的经营成本，企业无法设立和经营；科技不发达，人才培养和使用机制还停留在口头上，没有落实到实处，所以科技也是空话；资本上的金融体系不能为企业很好地服务；特别是企业家，数量远远不能满足需求，一直沿用传统的国企观念治理企业，并不是市场经济观念下的价值规律的经营，其结果更可想而知了。企业的生存与发展靠利润的剩余价值来支撑，而这又是企业家综合运用生产要素的艺术的结果。这也成为我国企业无法快速发展的一个主要原因，因此在我国建立职业经理人资格证制度很有必要，甚至关系到整个市场经济改革的成败，而相应地开设大学毕业生创业课也是必不可少的。

此外，在政府宏观调控方面，还要调整产业结构，如对于中国这种劳动力过剩的国家，要大力发展劳动密集型产业、产品深加工产业和第三产业等。而国内市场供给过剩时，可以通过大量的出口满足国际市场需求。深加工产业，由于其产品的技术的独到性而产生垄断性，因而带来垄断利润的剩余价值，如果把劳动密集型产业与产品深加工产业及出口结合起来，就能安排更多的失业人员，也能够使企业产生更多的利润的剩余价值，长久壮大企业的实力。此外，还要把解决失业与实现工业化、城市化经济战略目标结合在一起。

二、充分就业

充分就业是针对所有可利用资源的利用程度而言的。但要测定各种经济资源的利用程度是非常困难的，一般以劳动力的就业程度为基准，即以失业率指标来衡量劳动力的就业程度。所谓失业率，指社会的失业人数与愿意就业的劳动力之比，失业率的大小，也就代表了社会的充分就业程度。失业，理论上讲，表示了生产资源的一种浪费，失业率越高，对社会经济增长越不利，因此，各国都力图把失业率降到最低水平，以实现其经济增长的目标。造成失业的原因主要有以下四个方面。

1. 总需求不足

由于社会总供给大于总需求，使经济社会的各种经济资源（包括劳动力资源）无法得到正常与充分的利用。主要表现为：①周期性的失业。这是在经济周期中的经济危机与萧条阶段，由于需求不足所造成的失业。②持续的普遍性的失业。这是真正的失业，它是由一个长期的经济周期或一系列的周期所导致的劳动力需求长期不足的失业。

2. 总需求分布不平衡

由于总需求在整个经济中分布不均衡，造成某些行业、职业或地区缺乏需求。它是劳动的不流动性造成的。主要表现为：①摩擦性失业。当一个国家某个地区的某一类职业的工人找不到工作，而在另外一些地区却又缺乏这种类型的工人时，就产生了摩擦性失业。②结构性失业。在劳动力需求条件与供给条件的长期变化中，由于劳动的不流动性，致使劳动力供给与需求的种类不相符合。在某些崛起行业中可能出现劳动力不足，而在一些生产不景气的行业中又会出现劳动力过剩。此外，采用新技术也会引起劳动力需求的改变。

3. 季节性失业

有些行业的工作季节性很强，而各种季节性工作所需要的技术工作又不能相互替代，季节性失业可以设法减少，但无法完全避免。

4. 正常或过渡性失业

在动态的经济社会中，平时总有一些人要变换他们的工作，或者换一个职业，或者换一个雇主，有的员工可能被调到其他地区工作，当某项合同到期时也会出现劳动力多余。这些情况中，未找到另一个工作之前，常常会有短暂的失业。

从经济效率的角度看，保持一定的失业水平是适当的，充分就业目标不意味着失业率等于零，美国多数学者认为4%的失业率即为充分就业，而一些较为保守的学者则认为应将失业率压低到2%～3%。

第五节

经济增长

经济增长是经济学要研究的重要问题之一。

什么是经济增长?

经济增长并不是简单的社会货币的增加。如果说，通货膨胀或通货紧缩只是社会货币发行量超过或小于实际的财富的商品的价值量的结果，反映的是货币的价值与实际的商品价值脱节，客观上带来的是社会现金流动的“虚肿”或“断血”，并导致社会经济的瘫痪的话，则经济增长是社会实际财富的商品剩余价值增加的结果，或者说是一个国家或社会一年当中新增加的TH_2的剩余价值的结果，即社会增加了相对应于TH_2的价值效用，包括消费效用增加或者投资收益的增加，这个增加可以用价值对应的货币数来表示。即新增商品的效用价值的换算为货币数量的结果。

比如，一个社会通过政策规定普遍给职工增加工资，在没有相应的实物商品相对应的情况下，并没有带来社会经济的增长，只能说是带来了通货膨胀。

经济增长就是一个国家或社会每年新增加的商品效用的价值，即TH_2指标的商品的价值。

根据“世界一切商品价值评估计算统一模型”原理，一种商品的价值增值取决于商品的效用的利润的实现。而商品的利润的剩余价值最终是通过商品买卖成交实现的。大城市或港口城市，人口密集、交通发达、信息发达、商品交流速度快，商品的利润的剩余价值就容易实现。而人口稀少的地区，商品流通受到限制，尽管有好的资源，也难以发挥经济效益。所以，也可以说，市场经济社会是人口流动经济，因此，作为一个国家的经济发展，要靠大城市或特大城市经济来支撑。

此外，科技生产要素对商品的效用增加贡献最大，因为科技产品的垄断价格提升了商品的价格，拉动商品剩余价值的增加。所以科技发展对经济增长起到重要作用，而科技来自于教育。科技及教育发展对社会经济增长起到基础的关键性的作用，而要发展科技教育，关键又在体制。

经常增长的判断指标，就是前面讲过的一个国家或社会一年或一定时期中的经济总量财富价值及增量财富价值，即TH_1、TH_2、TH_3、TH_4、TH_5指标。

注意：TH_1、TH_2、TH_3、TH_4、TH_5指标结果是以价值单位表示的，是已经去掉了通货膨胀率对资金时间价值的影响，所以是一个稳定的值。

经济增长是一个长期的现象，需要在一个稳定的社会环境中进行，暴乱与战争不能实现经济增长，所以，社会稳定是经济增长的第一要务，“不怕慢，就怕站”。

由于一国经济增长的实质问题是社会财富的商品的利润的剩余价值实现，而商品的利润来自于商品的生产与交换，商品的生产来自于商品的投资，所以，投资是实现社会经济增长的首要条件，即投资称为拉动经济增长的“第一驾马车”。

其次，投资虽然能够带来商品生产，但是，商品生产只有消费者或投资者认可，愿意以高于生产要素成本价格购买时，才能实现利润的剩余价值，这就是消费拉动投资的基本经济增长原理。所以从另一个侧面上看，消费也是促进投资及利润的经济增长的源泉。在买方市场经济下，企业必须以销定产，所以消费是拉动经济增长的“第二驾马车”。

另外，通过商品出口的国际贸易顺差，也能增加本国的外汇，这些外汇所对应的黄金储量，也是一国的社会财富，也是经济增长的一个重要方面。所以净出口是拉动一个国家或社会经济增长的“第三驾马车”。

经济增长=投资±消费±出口

其中的“±”表示增长的速度，如果是“+”，表示正增长；如果为“-”，表示负增长，即放缓。

这一公式体现了一国通过增加消费，拉动投资，增加出口，增加本国社会财富。

综合前面的两个公式可以看出，无论是投资、消费还是出口，都是始终建立在商品的买卖交换之上的。只有通过商品的买卖的利润的增加，才能实现商品的价值的增值，实现社会总财富的增加，即经济增长。

按市场经济的主旨及经济人的假设，市场能够自动调节其商品的生产与供应，如某种行业供小于求，则就会出现价格大于价值，其生产就会增加，其中的外行业也会一窝蜂地涌入，而当大家都在把资金投入一个行业时，就会形成该行业的商品的供给过剩，商品的价格小于价值，这时，就会有一些企业退出该行业，这就是蛛网理论所提示的市场供求原理。这时，只有通过政府的宏观调控，如财政政策及货币政策等来维持一个合理的行业结构。所以，合理、稳定的社会经济行业结构，也是促进经济增长的重要原因之一。

那么一个国家或社会的合理的经济结构应该怎样为好？从发达国家经验来看，一个优化的社会经济结构分为三个产业。第一产业，包括农业、林业等，只占整个国民经济结构的一小部分，主要实行集约化生产；而第二产业，即工业，几乎占整个国民经济结构的1/4；第三产业却占了整个国民经济结构的3/4。而落后的农业生产方式对国民经济发展起到了极大的阻碍作用。所以，要实现经济发展，必须走工业化道路，增加第三产业特别是科技产品的开发，因为科技产品科技含量高，其商品的效用特别，因而容易成为垄断价格，所带来的利润的剩余价值就大。而初级产品的生产及出口，只能是完全自由竞争市场上的产品，其价格完全由市场所决定，因而利润较小，也就是商品的附加价值较小。

最后要指出的是，一个国家或社会的经济增长，是微观经济与宏观经济综合作用的结果。

微观上，通过企业少投入、多产出，如科技自动化生产等节省成本，在同样的商品市场价格下，获得更多的价差的利润的剩余价值。例如，通过科技创新形成新产品，而使商品的效用大增，带来的利润的剩余价值的增加，促进经济增长。此外，特别是专业化分工提高的生产效率是获得商品的生产、消费效用的直接原因。

宏观上，政府营造一个有利的经济增长发展的大环境，包括政治体制、经济体制、文化体制、宗教哲学思想的影响等。其中，最直接的是控制通货膨胀、投资、消费及进出口等。保持平稳的态势是大前提。

第六节

经济周期

社会经济现象之一就是周期性，经济周期也称商业周期。它是指经济运行中周期性出现的经济扩张与经济紧缩交替更迭、循环往复的一种现象，是国民总产出、总收入和总就业的波动，是国民收入或总体经济活动扩张与紧缩的交替或周期性波动变化。过去把它分为繁荣、衰退、萧条和复苏四个阶段，现在一般叫做衰退、谷底、扩张和顶峰四个阶段。

在市场经济条件下，企业家们越来越关心经济形势，也就是经济大气候的变化。一个企业生产经营状况的好坏，既受其内部条件的影响，又受其外部宏观经济环境和市场环境的影响。一个企业，无力决定它的外部环境，但可以通过内部条件的改善，来积极应对外部环境的变化，充分利用外部环境，并在一定范围内改变自己的小环境，以增强自身活力，扩大市场占有率。因此，作为企业家对经济周期波动必须了解、把握，并能制定相应的对策来适应周期的波动，否则将在波动中丧失生机。

经济波动以经济中的许多成分普遍而同期地扩张和收缩为特征，持续时间通常为2～10年。每一个经济周期都可以分为上升和下降两个阶段。上升阶段也称为繁荣，最高点称为顶峰。然而，顶峰也是经济由盛转衰的转折点，此后经济就进入下降阶段，即衰退期。衰退严重则经济进入萧条，衰退的最低点称为谷底。当然，谷底也是经济由衰转盛的一个转折点，此后经济进入上升阶段。经济从一个顶峰到另一个顶峰，或者从一个谷底到另一个谷底，就是一次完整的经济周期。现代经济学关于经济周期的定义是建立在经济增长率变化基础上的，指的是增长率上升和下降的交替过程，如图10-7所示。

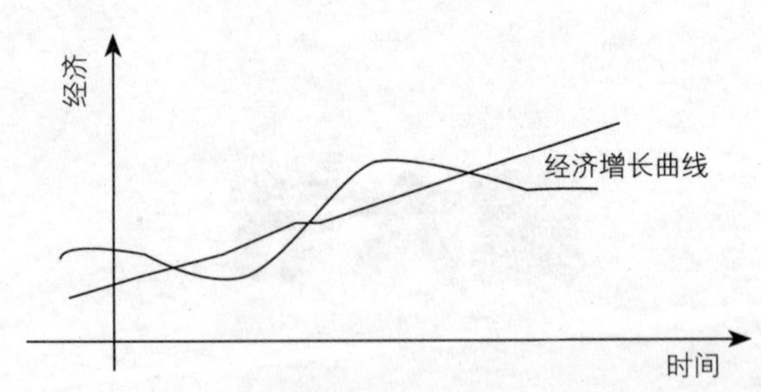

图10-7　平面上的经济增长示意图

经济周期波动的扩张阶段，是宏观经济环境和市场环境日益活跃的时期。这时，市场需求旺盛、订货饱满、商品畅销、生产趋升，资金周转灵便。企业的供、产、销和人、财、物都比较好安排。企业处于较为宽松有利的外部环境中。

经济周期波动的收缩阶段，是宏观经济环境和市场环境日趋紧缩的时期。这时，市场需求疲软，订货不足，商品滞销，生产下降，资金周转不畅。企业在供、产、销和人、财、物方面都会遇到很多困难。企业处于较恶劣的外部环境中。经济的衰退既有破坏作用，又有自动调节作用。在经济衰退中，一些企业破产，退出商海；一些企业亏损，陷入困境，寻求新的出路；一些企业顶住恶劣的气候，在逆境中站稳了脚跟，并求得新的生存和发展。这就是市场经济下优胜劣汰的企业生存法则。

由于经济现象不是平面上的现象，所以，必须通过Tianhua空间来描述经济周期性情况，如图10-8所示。稳定的社会经济量为A，随着时间的增加，可能向外带来扩充剩余价值$\overline{A}$，可能出现经济衰退，向内减少剩余价值形成A^{o}。

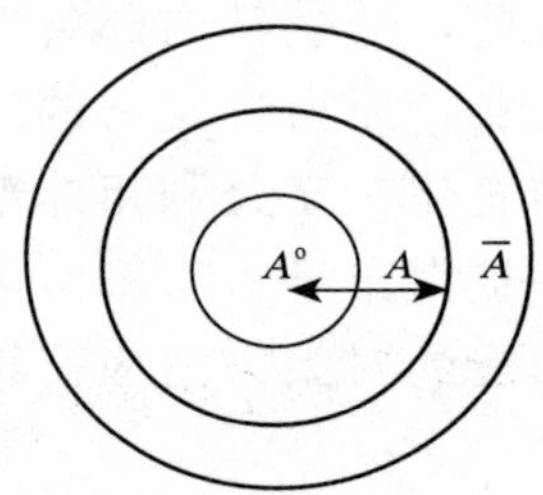

图10-8　Tianhua空间中的经济周期变化

一、经济周期的成因

现在我们介绍一下传统的西方经济学理论对经济周期的解释。

传统的西方经济学对经济周期成因的解释有两种观点：一种是从外因解释，称为外因论；另一种从内因解释，称为内因论。

1. 外因论

这种观点认为，经济周期源于经济体系之外的因素——太阳黑子、战争、革命、选举、金矿或新资源的发现、科学突破或技术创新等。

（1）太阳黑子理论

太阳黑子理论把经济的周期性波动归因于太阳黑子的周期性变化。因为据说太阳黑子的周期性变化会影响气候的周期变化，而这又会影响农业收成，而农业收成的丰歉又会影响整个经济。太阳黑子的出现是有规律的，大约每10年左右出现一次，因而经济周期大约也是每10年一次。该理论由英国经济学家杰文斯于1875年提出。

（2）创新理论

创新理论是美籍奥地利经济学家熊彼特提出用以解释经济波动与发展的理论。所谓创新是指一种新的生产函数，或者说是生产要素的一种新组合。生产要素新组合的出现会刺激经济的发展与繁荣。当新组合出现时，老的生产要素组合仍然在市场上存在。新老组合的共存必然给新组合的创新者提供获利条件。而一旦新组合的技术扩散，被大多数企业获得，最后的阶段——停滞阶段也就临近了。在停滞阶段，因为没有新的技术创新出现，因而很难刺激大规模投资，从而难以摆脱萧条。这种情况直到新的创新出现才被打破，才会有新的繁荣的出现。

总之，该理论把周期性的原因归之为科学技术的创新，而科学技术的创新不可能始终如一地持续不断出现，从而必然有经济的周期性波动。

（3）政治性周期理论

外因经济周期的一个主要例证就是政治性周期。政治性周期理论把经济周期性循环的原因归之为政府的周期性的决策（主要是为了循环解决通货膨胀和失业问题）。

政治性周期的产生有三个基本条件：

1）凯恩斯国民收入决定理论为政策制定者提供了刺激经济的工具。

2）选民喜欢高经济增长、低失业以及低通货膨胀的时期。

3）政治家喜欢连选连任。

2. 内因论

这种观点认为，经济周期源于经济体系内部——收入、成本、投资在市场机制作用下的必然现象。

（1）纯货币理论

该理论主要是英国经济学家霍特里在1913～1933年的一系列著作中提出的。纯货币理论认为货币供应量和货币流通度直接决定了名义国民收入的波动，而且极端地认为，经济波动完全是由于银行体系交替地扩张和紧缩信用所造成的，尤其是短期利率起着重要的作用。现代货币主义者在分析经济的周期性波动时，几乎一脉相承地接受了霍特里的观点。但应该明确肯定的是，把经济周期性唯一地归结为货币信用扩张与收缩是欠妥的。

（2）投资过度理论

投资过度理论把经济的周期性循环归因于投资过度。由于投资过多，与消费品生产相对比，资本品生产发展过快。资本品生产的过度发展促使经济进入繁荣阶段，但资本品过度生产导致的过剩又会促进经济进入萧条阶段。

（3）消费不足理论

消费不足理论的出现较为久远。早期有西斯蒙第和马尔萨斯，近代则以霍布森为代表。该理论把经济的衰退归因于消费品的需求赶不上社会对消费品生产的增长。这种不足又根源于国民收入分配不公所造成的过度储蓄。该理论一个很大的缺陷是，它只解释了经济周期危机产生的原因，而未说明其他三个阶段。因而在周期理论中，它并不占有重要位置。

（4）心理理论

心理理论和投资过度理论是紧密相联的。该理论认为经济的循环周期取决于投资，而投资大小主要取决于业主对未来的预期。而预期却是一种心理现象，而心理现象又具有不确定性的特点。因此，经济波动的最终原因取决于人们对未来的预期。当预期乐观时，增加投资，经济步入复苏与繁荣，当预期悲观时，减少投资，经济则陷入衰退与萧条。随着人们情绪的变化，经济也就周期性地发生波动。

二、经济周期的类型

自19世纪中叶以来，人们在探索经济周期问题时，根据各自掌握的资料提出了不同长度和类型的经济周期。

（1）基钦周期：短周期

是1923年英国经济学家基钦提出的一种为期3～4年的经济周期。基钦认为经济周期实际上有主要周期与次要周期两种。主要周期即中周期，次要周期为3～4年一次的短周期。这种短周期就称基钦周期。

（2）朱格拉周期：中周期

这是1860年法国经济学家朱格拉提出的一种为期9～10年的经济周期。该周期是以国民收入、失业率和大多数经济部门的生产、利润和价格的波动为标志加以划分的。

（3）康德拉季耶夫周期：长周期或长波

是1926年俄国经济学家康德拉季耶夫提出的一种为期50～60年的经济周期。该周期理论认为，从18世纪末期以后，经历了3个长周期。第一个长周期从1789年到1849年，上升部分为25年，下降部分35 年，共60年。第二个长周期从1849年到1896 年，上升部分为24年，下降部分为23 年，共47年。第三个长周期从1896年起，上升部分为24年，1920年以后进入下降期。

（4）库兹涅茨周期：另一种长周期

是1930年美国经济学家库兹涅茨提出的一种为期15～25年、平均长度为20年左右的经济周期。由于该周期主要是以建筑业的兴旺和衰落这一周期性波动现象为标志加以划分的，所以也被称为建筑周期。

（5）熊彼特周期：一种综合

1936年，经济学家熊彼特以他的创新理论为基础，对各种周期理论进行了综合分析。熊彼特认为，每一个长周期包括6个中周期，每一个中周期包括3个短周期。短周期约为40个月，中周期约为9～10年，长周期为48～60年。他以重大的创新为标志，划分了三个长周期。第一个长周期从18世纪80年代到1842年，是产业革命时期；第二个长周期从1842年到1897年，是蒸汽和钢铁时期；第三个长周期从1897年开始，是电气、化学和汽车时期。在每个长周期中仍有中等创新所引起的波动，这就形成若干个中周期。在每个中周期中还有小创新所引起的波动，形成若干个短周期。

第七节

经济系统性价值原理

同世界一切各种社会现象的系统性一样，经济现象也不是孤立存在的，是一个系统性的运作结果，包括内部系统与外部系统的互动。

经济现象的系统性，即一方面本身具有系统性，如对于企业商品生产而言，就要通过前期的建议书、项目可行性研究、项目评估、项目建设、企业生产经营、企业退出或转产等过程。而在商品的销售上，就要通过产品、价格、渠道和促销等有机组合。整个全过程是一个内部运作与社会系统相互交融的过程。另一方面需要整个社会宏观经济的正确指导才能显现出效益来。而实际上从世界各国情况来看，政府的宏观经济调控，特别是在没有全面统一的核心价值观之下的宏观调控不但无益，反而会误导社会经济，这个代价是不可估量的，必须以全面商品价值论的核心价值观为指导来进行。

1. 经济内部系统性

根据本书前面所讲的内容的分析研究，我们看出，区别于封建或计划经济，市场经济的作用和效率的发挥是建立在商品的等价交换及带来的专业化生产的坐标基础之上的，而要实现专业化生产的社会分工，就必须要有能够比较生产出来的商品的结果的价值大小的机制。即价值相等的商品才可以相交换，各种商品都以货币为中介等价物。这就要以商品的价值计算为基本点进行商品买卖，包括国内及国际贸易的实现。

例如，市场经济专业化分工所形成的工业、农业、林业、教育、科技、医疗……各行各业是专业化分工的结果。而各行业所产出的商品又都统一由货币价值表现出来，通过货币的中介物，实现各行业生产结果的商品的等价交换。

市场经济体制是高效率的，一切为了需要而生产，而一切生产又是以专业化分工为基础的，因此，整个市场经济社会所创造的社会财富的奇迹是过去几千年封建经济所不可比拟的。

2. 经济外部系统性

经济外部的系统性原理，是指一个社会的经济活动不是一个孤立的现象，而是要在内部系统有效运行的基础上，与一国的政治、法律、文化甚至宗教等产生良好互动才能进行下去，发挥商品价值规律的作用，或者说，经济本身运行有着独特的规律性，而这些规律又要在与外部环境规律性相协调一致之下才能正常运行下去。不但如此，由于世界各国的资源禀赋的不均衡性，带来各国经济的差异，通过国际贸易可以带来相关各方的商品的价格利润的剩余价值的格外利益，所以，本国经济系统又总是受整个世界经济系统的影响和制约，即经济系统还包含在世界经济系统中，如图10-9所示。下面分别介绍一下这些系统的相互影响关系。

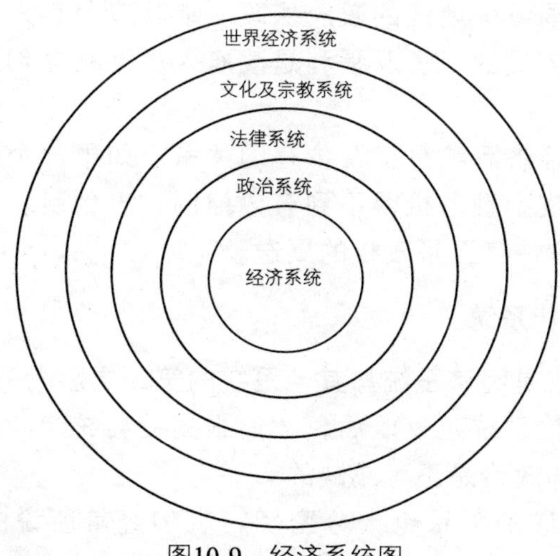

图10-9　经济系统图

（1）经济系统与政治系统

政治系统是与经济系统密切相关的第一个层次的系统。表明一国的政治对经济的直接决定和影响作用。比如，一国政治上实行的是计划经济体制，则市场经济的机制就无法发挥作用。反过来，市场经济也难以使用计划经济的原理。比如，计划经济时代，一切要通过政府计划审批才能完成，这样，不论事大事小，都要经过审批程序，为了上一个投资项目，要经过几道程序，上百个公章才能进行下去。甚至要花上几年时间也办不来，影响经济效率。市场经济体制完全放松经济监管，如滥发货币，也会带来长期的通货膨胀和金融危机，给社会经济带来灾难性后果。在存在着国家的情况下，社会经济系统总是政治系统的附属物，同时，经济系统运行的结果，也会对政治系统产生重要影响，这也就是政治经济学所讲的生产力决定生产关系，生产关系反过来影响生产力发展的原理，政治系统在整个经济系统中的影响作用是怎样体现的呢?

作为经济系统本身在运转中需要社会提供公共保障和服务，如军队、国防、社会治安、法律法规等，只有在一个有秩序的良好状态下运行的社会经济才能是正常的经济规律运转下的经济。否则，经济运行中就会出现病态。所以，市场经济社会的自由化、开放化与政府的宏观调控是相辅相成的，两手都要硬，关键是要找准各自在市场经济中的位置，该社会自由化开放经营的要由经济主体或自然人做好，而该政府管的公共事务包括国防安全、社会治安等，就要由政府管好，相互配合，经济主体不能违法，而政府管理也不能越位。这是市场经济体制的本质要求。

政府是向社会提供公共服务与安全保障的国家机构，通过向社会提供的公共服务和安全保障创造社会价值，通过社会税收来取得这种价值的报偿，也是市场经济价值规律的体现。这样，一国或一地区的政府执政业绩就成为其为社会创造财富价值的判断标准。相应的政府公务员的工资及福利是政府人员为社会创造公共服务商品得到的分享。

总之，政治系统与经济系统是相互依存的关系。如果一个国家的经济系统出了问题，如长期的通货膨胀或金融危机得不到有效控制，直到引发社会经济剧烈动荡，就会影响到政治统治的稳定性甚至是政权的更迭。

（2）经济系统与法律系统

经济系统与法律系统是经济系统与其他系统的第二层影响关系或相关关系。

因为一个国家的政治系统建立以后，才能根据社会统治阶级的利益制定相应的法律，而这种法律对经济与政治是不可或缺的。

经济系统与法律系统的关系也十分密切，我们经常所说的市场经济就是法制经济，是指在一定的政治统治之下，通过法律规范经济运作，一个违反社会法律的经济是难以搞下去的，不论投资多大。

总之，市场经济社会下的一切经济行为都必须遵守商品的价值规律，同时还要受社会法律约束，前者决定剩余价值形成，后者决定经营的可能性。

作为经济学理论，研究的是怎样在生产与生活中做到少投入、多产出，以实现分享的剩余价值最大化，实质上是一定的科学性与艺术性相结合的特点。而作为规范经济的法律，则是经济运行的跑道，不得有任何违规。

经济系统与法律系统的关系，好比体育比赛中的运动员的技艺发挥与体育比赛规则的关系。

当我们在经济系统中运行时，首先要在政治系统及法律系统的约束之下，即经济系统是政治系统及法律系统的子系统。反过来，经济系统运行好坏也决定政治系统及法律系统的运行与存在。

商品的价值规律和法律是不可逾越的，离开了商品的价值规律，就是违背市场经济的基本经济规律，难有剩余价值形成。法律是一种强制力，应该在体现市场经济社会的基本经济规律的前提下制定和实施，这种法律对经济起到积极作用。而在不懂得商品的价值规律的基础上制定出来的各种法律，必然会阻碍商品价值规律作用的发挥，其结果必然搞乱经济和搞死经济。这就是法律对整个社会经济所起的正面或负面作用。

总之，政府的社会管理要体现为社会商品价值创造的服务功能、规范功能。让经济实体在法律规则框架内自由经营，从而形成整个社会的专业化高效率社会分工。

3. 经济系统与文化宗教系统

经济系统与文化宗教系统是第三层次的接触关系，指的是一定的国家、民族和社会的传统文化和宗教对社会经济的影响和制约关系。或者说，经济规律的商品价值规律是一个固定的模式，而一定的文化对经济规律的运用和发挥能够起到相应的影响关系。社会文化对经济的影响作用不同于法律的影响力，法律是通过政府的强制手段，如某个人或企业违反经济法律，可以很快得到法律的制裁，而文化对社会经济的影响则并不是那么直接的，但是它是天长日久的、全社会的。例如，一个社会的文化观念奉行是社会的官治化，企业奉行的是关系化，则这个企业就不能发挥劳动要素的作用，特别是人才、技术难以发挥作用，长期下去，经济就会落后。

4. 一国经济系统与世界经济系统

最后，经济系统不仅仅是一国之内的各种政治、法律、文化等上层建筑系统作用的结果，也还受世界经济大系统的制约。这就是世界经济一体化的问题。例如，日本和韩国都是外向型经济占主导地位的国家，特别是与美国的贸易占主导地位，所以，在一定程度上，它们不但受本国的上层建筑的影响，也会受到国外系统特别是美国经济的影响，如美国的次贷危机带来了日本和韩国经济的衰落。这样，一个经济系统既要受一国内部的政治、法律、文化及宗教等上层建筑的影响，又要受其他国家及世界经济的系统的制约和影响。

如果用Tianhua空间中的集合的包含关系来解释图10-9，我们可得出经济系统集合是政治系统集合、法律系统集合、文化及宗教系统集合、世界经济系统集合的共同的交集，即Tianha空间中这些集合的内部，或者说，政治系统集合、法律系统集合、文化及宗教系统集合、世界经济系统都是经济系统集合的闭包。

而作为政府宏观经济调控，就要同时考虑到国内上层建筑各个系统及世界经济系统，即实行对内改革、对外开放的，与国外经济互动的全球经济一体化的宏观经济调控。

本章知识网络图

政府宏观经济调控价值原理
货币政策和财政政策
国民经济指标判断新体系
对通货膨胀与金融危机治理的启示
失业与充分就业
经济增长
经济周期
经济系统性价值原理

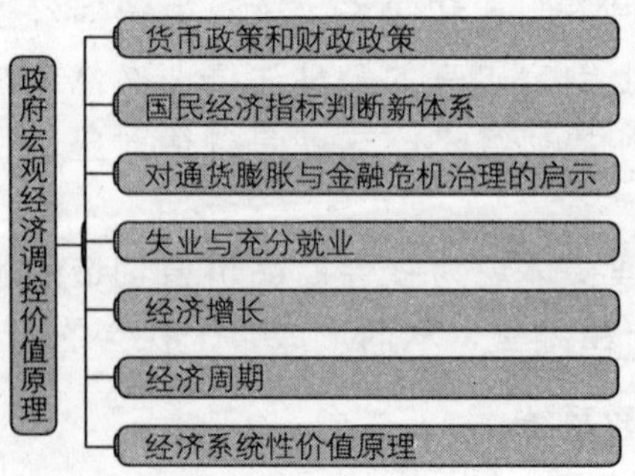

参考文献

[1] 亚当·斯密．国富论[M]．谢铭，译．北京：新世界出版社，2007．
[2] 马歇尔．经济学原理[M]．章洞易，译．海口：南海出版社，2007．
[3] 约翰·梅纳德·凯恩斯．就业、利息和货币通论[M]．高鸿业，译．北京：商务印书馆，1999．
[4] 保罗A萨缪尔森，威廉D诺德豪斯．经济学[M]．萧琛，等译．北京：华夏出版社，1999．
[5] 曼昆．西方经济学原理[M]．北京：机械工业出版社，2005．
[6] 黄中梁．西学经典[M]．北京：同心出版社，2001．
[7] K F 齐默尔曼．经济学前沿问题[M]．申其辉，孙静，周晓，等译．北京：中国发展出版社，2004．
[8] 高鸿业．西方经济学：宏观部分[M]．2版．北京：中国人民大学出版社，2001．
[9] 高鸿业，吴易风，吴汉洪．研究生用西方经济学：宏观部分[M]．北京：经济科学出版社，2006．
[10] 吴伟，游明忠．西方经济学[M]．北京：中华工商联合出版社，2004．
[11] 周惠中．微观经济学[M]．上海：上海人民出版社，1987．
[12] 王雪梅，谢实．西方经济学简史[M]．昆明：云南人民出版社，2005．
[13] 中国社会科学院经济研究所．现代经济辞典[M]．南京：江苏人民出版社，2005．
[14] 丹尼斯R阿普尔亚德，小艾尔佛雷德J菲尔德．国际经济学[M]．龚敏，陈琛，高倩倩，译．北京：机械工业出版社，2006．
[15] 于鸿君．资产评估教程[M]．北京：北京大学出版社，2000．
[16] 矿业权评估指南修订小组．矿业权评估指南[M]．北京：中国大地出版社，2004．
[17] 周天华．项目评估实务[M]．北京：中华工商联合出版社，2005．
[18] 小阿瑟A汤普森．战略管理[M]．蓝海林，李卫宁，黄嫚丽，等译．北京：机械工业出版社，2008．
[19] 加里德·斯勒，曾湘泉．人力资源管理[M]．北京：中国人民大学出版社，2007．
[20] 谢剑平．财务管理[M]．北京：中国人民大学出版社，2004．
[21] 李葆文．现代设备资产管理[M]．北京：机械工业出版社，2007．
[22] 陈荣秋，马士华．生产运作管理[M]．2版．北京：机械工业出版社，2007．
[23] 米歇尔R利恩德斯．采购与供应管理[M]．北京：机械工业出版社，2006．
[24] 迈克尔R索罗门，戈雷格W马歇尔，爱诺拉W斯图尔特．市场营销学原理[M]．4版．何伟群，熊荣生，等译．北京：经济科学出版社，2005．

[25] 肯尼斯 C 劳顿，简 P 劳顿．管理信息系统[M]．薛华成，译．北京：机械工业出版社，2007．
[26] 费雷泽 P 西泰尔．公共关系实务[M]．梁洨洁，罗维正，江林，译．北京：机械工业出版社，2004．
[27] 哈罗德·孔茨，海茵茨·韦里克，约瑟夫 M 普蒂．管理学精要（亚洲篇）[M]．丁慧平，孙先锦，译．北京：机械工业出版社，1999．
[28] 熊金城．点集拓扑学讲义[M]．3版．北京：高等教育出版社，2003．
[29] 涂德辉．公理集合引论[M]．重庆：西南师范大学出版社，2007．